后浪出版公司

骑士团九百年

[英] 德斯蒙德·苏厄德 —— 著　　文俊 —— 译

民主与建设出版社
·北京·

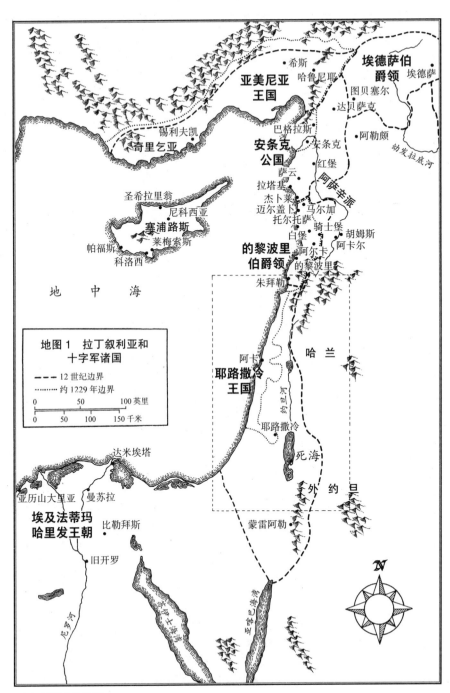

希斯
哈鲁尼耶
埃德萨伯
爵领
埃德萨

亚美尼亚
王国

图贝塞尔

达贝萨克

锡利夫凯
巴格拉斯

奇里乞亚
安条克
公国

安条克

红堡

阿勒颇
幼发拉底河

萨云
阿萨辛派

圣希拉里翁
拉塔基

尼科西亚
杰卜莱
迈尔盖卜
马尔加

塞浦路斯
托尔托萨
骑士堡
胡姆斯

莱梅索斯
白堡

帕福斯
阿尔卡
阿卡尔

科洛西
的黎波里
伯爵领
的黎波里

地 中 海

朱拜勒

哈 兰

阿卡

地图1 拉丁叙利亚和
十字军诸国

耶路撒冷
王国

约旦河

— — 12世纪边界
.... 约1229年边界

0   50   100 英里

0   50   100   150 千米

耶路撒冷

死海

外 约 旦

达米埃塔

亚历山大里亚 曼苏拉

埃及法蒂玛
哈里发王朝

比勒拜斯

蒙雷阿勒

旧开罗

尼罗河

苏伊士海湾

亚喀巴海湾

N

* 本书地图均为原书地图。

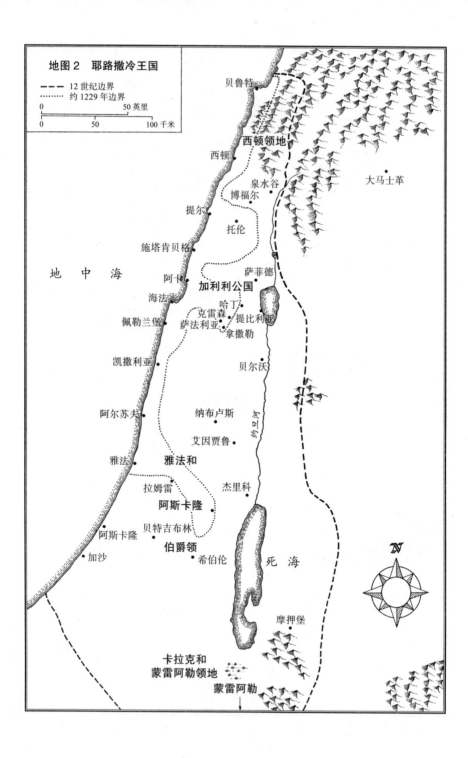

地图2 耶路撒冷王国

- - - 12世纪边界
········ 约1229年边界

0   50英里
0   50   100千米

贝鲁特

西顿领地

西顿

泉水谷

大马士革

博福尔

提尔

托伦

施塔肯贝格

萨菲德

阿卡

加利利公国

地 中 海

海法

哈丁

克雷森 提比利亚

佩勒兰堡

萨法利亚

拿撒勒

凯撒利亚

贝尔沃

阿尔苏夫

纳布卢斯

约旦河

艾因贾鲁

雅法

雅法和

拉姆雷

杰里科

阿斯卡隆

贝特吉布林

阿斯卡隆

伯爵领

希伯伦

加沙

死 海

摩押堡

N

卡拉克和
蒙雷阿勒领地

蒙雷阿勒

地图 3　波罗的海地区

- - - - 条顿骑士团疆域最广时的边界，
　　　　约 1407 年

0　　　　　　100　　　　　　　200 英里

0　　100　　200　　300 千米

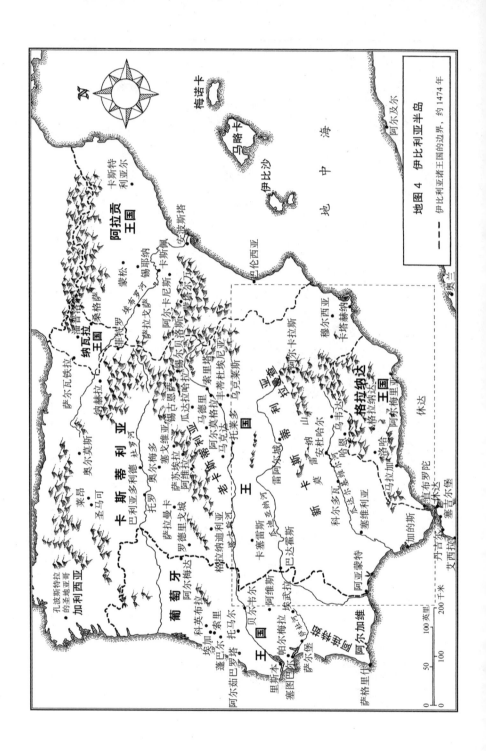

地图 4 伊比利亚半岛

---- 伊比利亚诸王国的边界，约 1474 年

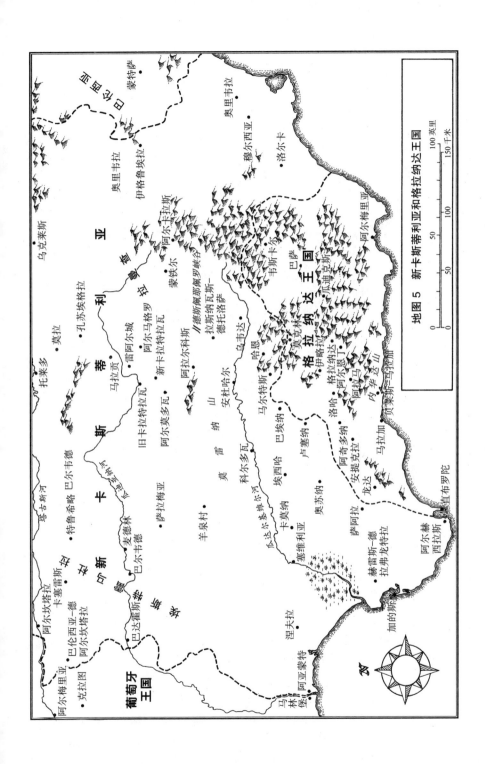

地图 5 新卡斯蒂利亚和格拉纳达王国

尼科波利斯

阿得里安堡

君士坦丁

马尔马拉海

布鲁

伊姆罗兹

莱斯博斯

米蒂利尼

士麦那

尼格罗蓬特

艾登

勒班陀

帕特雷

门特塞

亚该亚

阿克罗科林斯

伯罗奔尼撒

莱罗斯

博德鲁姆

摩里亚

科斯

米斯特拉

锡米

罗得市

迈索尼

特利奇

达湾

莫奈姆瓦夏

林卑斯

罗德岛

干地亚

克里特

地　　　　中

N

地图 6　黎凡特地区

0　　　　　　100　　　　　　200 英里

0　　　100　　　200　　　300 千米

黑　海

尼西亚

安　纳　托　利　亚

亚美尼亚

耳曼尼亚

科尼亚

希斯

阿达利亚

阿亚斯

格里戈斯

亚历山大勒塔

卡斯特洛里佐岛

叙　利　亚

圣希拉里翁

法马古斯塔

尼科西亚

基罗基蒂亚

塞浦路斯

莱梅索斯

科洛西

海

死　海

亚历山
大里亚

达米埃塔

埃　　及

旧开罗

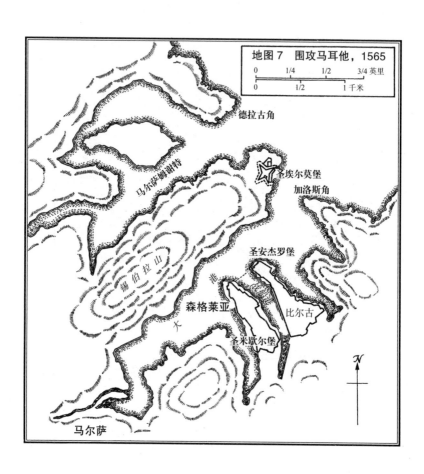

地图7 围攻马耳他，1565

德拉古角

马尔萨姆谢特

圣埃尔莫堡

加洛斯角

圣安杰罗堡

锡伯拉山

森格莱亚

比尔古

圣米歇尔堡

马尔萨

序　言

我很高兴看到这本漂亮的新版《骑士团九百年》面世，共贺耶路撒冷、罗得岛及马耳他圣约翰主权军事医院骑士团（Sovereign Military Hospitaller Order of St John），也就是后来广为人知的马耳他骑士团成立 900 周年。这一骑士团于第一次十字军运动之前在圣地成立，历经 9 个世纪后仍十分活跃、繁荣兴盛，几乎是我们同往昔的十字军战士之间唯一的联系桥梁。医院骑士团成员们承担的使命，不仅在遥远的过去有重大意义，在当下也依旧如此。

尤为恰切的是，作者德斯蒙德·苏厄德还在书中提到了宗教改革期间和之后的英籍医院马耳他骑士团成员。在那段十分艰难的岁月，以及之后的几个世纪，不断有许多英格兰、威尔士、苏格兰和爱尔兰的骑士投身马耳他骑士团。在 17 世纪 30 年代、18 世纪 80 年代、19 世纪 50 年代和 20 世纪 40 年代，他们一直试图恢复英格兰大修道区（Grand Priory），最终在 1993 年获得了成功。

这本书强调，军事修会尽管主要由俗人组成，但本质上仍是宗教修会。马耳他骑士团不再与基督的敌人作战，但依然尊奉有福的热拉尔（Blessed Gerard）在 1099 年成立医院骑士团时的宗旨：侍奉"我主病人"。

当然，其他军事修会也尊奉类似的理念，其中一些至今也依然存在。本书作者也讲述了他们的故事，包括其成立至今的历史。

本书研究十分详尽，叙述风格也很迷人，非常易读，是一本为大众而非学者所写的著作。我强烈推荐这本书。

马修·费斯廷（Matthew Festing）

英格兰大修道长

前　言

本书第一版于 1972 年面世，是 18 世纪以来第一部关于所有军事修会的综合性著作，涵盖圣殿骑士团、医院骑士团（马耳他骑士团）、条顿骑士团，以及西班牙、葡萄牙和意大利的骑士团，讲述了它们自成立至今的全部历史。其他著作只关注中世纪时期。

当前学术界对军事修会有新的认知，尤其近年来有许多研究著作面世，但现代历史学专业性太强，很少有适合大众阅读的著作。我努力尝试在这本书的修订版中，多少反映一些当下学界的新认识。同时我也十分清楚，介绍这一关涉多个世纪、多个国家的主题，是多么需要胆量。

多年来，马耳他骑士团成员给予了我很多鼓励和建议。我尤其要向以下人士致以诚挚谢意：马修·费斯廷，英格兰大修道长；马斯特里克的彼得·德拉蒙-默里（Peter Drummond-Murray），不列颠马耳他骑士团前外务官（chancellor）；切哈诺维茨基（Ciechanowiecki）伯爵，波兰马耳他骑士团副主席；已故的执行长官居伊·德·波利尼亚克亲王（Prince Guy de Polignac），法兰西马耳他骑士团主席；已故的休伯特·科斯（Hubert Kos），英格兰副大修道长；已故的 A. N. 吉尔贝（A. N. Gilbey）阁下，荣誉大十字修道院礼拜神父（chaplain）。

此外，我还要感谢伯纳德·德梅尔（Bernard Demel）博士、维也纳的条顿骑士团圣伊丽莎白教堂主持神父（rector）及德意志骑士团中央档案馆（zentralarchiv）馆长。

一如往常，我还要向大英图书馆和伦敦图书馆的工作人员致谢。

德斯蒙德·苏厄德

目　录

序　言　　　　　　　　　　　　　　　　　　　　　i

前　言　　　　　　　　　　　　　　　　　　　　　iii

第一部分　导　言

第 1 章　战斗修士　　　　　　　　　　　　　　　2

第二部分　拉丁叙利亚（1099—1291）

第 2 章　新使命的诞生　　　　　　　　　　　　　8

第 3 章　耶路撒冷的柱石　　　　　　　　　　　　26

第 4 章　哈米吉多顿大战　　　　　　　　　　　　62

第三部分　波罗的海地区的十字军（1200—1560）

第 5 章　波罗的海十字军　　　　　　　　　　　　78

第 6 章　骑士团国：拥有国家的军队　　　　　　　94

第 7 章　失去目标的十字军　　　　　　　　　　　110

第四部分　再征服运动（1158—1493）

第 8 章　再征服运动　　　　　　　　　　　　　　128

第 9 章 大举进攻 140

第 10 章 国王和团长 162

第 11 章 胜利与报应 184

第五部分 再调整（1291—1522）

第 12 章 再调整和圣殿骑士团的解散 196

第 13 章 罗得岛和海上骑士 215

第 14 章 三次围攻 234

第六部分 最后的十字军（1523—1571）

第 15 章 争夺地中海的战争 258

第七部分 巴洛克骑士（1571—1789）

第 16 章 巴洛克骑士 286

第八部分 在逆境中生存（1789—2000）

第 17 章 在逆境中生存 304

附 录 现代世界中的圣约翰骑士团

附录 1 英格兰大修道区 320

附录 2 德意志语言区 323

附录 3 北美的马耳他骑士团 331

附录 4 圣约翰骑士团（新教） 336

附录 5　圣约翰尊贵骑士团　339

附录 6　自封的圣约翰骑士团　359

文献名缩写　361

注　释　362

参考文献　393

术语表　410

出版后记　413

第一部分

导　言

欢欣鼓舞吧，勇敢的战士，若你在主的里面生活和征服。但如果你死去，回归主的身畔，你应该更加欢喜并感谢主。活着可以使人收获，胜利给人带来荣耀，但为了正义的神圣死亡则更具价值。当然"在主**里面**而死的人有福了"，可那些**为了**主而死的人更加有福。

——明谷的贝尔纳，《新骑士颂》，约 1128 年

第 1 章

战斗修士

本书是 18 世纪以来第一部介绍军事修会总体历史的著作。本书的叙述集中于反宗教改革时期之前，彼时军事修会里还是"持剑的修士"。不过，其中许多军事修会现在依然存在，最著名的便是马耳他骑士团。马耳他骑士团现在主要从事慈善活动，但他们仍然珍视自己的历史和传统。我将在最后一章叙述其后期的活动。

军事修会的骑士成员出身贵族，宣誓甘于贫穷、保持贞洁、服从命令，在既是修道院又是军营的住所中过修道生活，并与基督教的敌人作战。我们可以看到，修士们在礼拜堂内念诵日课（Office），在外则换上统一制服，成为士兵。圣殿骑士团、医院骑士团（马耳他骑士团）和条顿骑士团是三大主要军事修会，圣地亚哥骑士团和卡拉特拉瓦（Calatrava）骑士团的规模也不小。大部分骑士团兴起于 12 世纪，向教会供应十字军运动中的突击队。他们是自罗马时代以来，西方第一支训练有素、组织严密的军队。

他们在许多情况下，是真正想要通过战斗进入天堂。在数不清的战斗中，他们从未怀疑自己的宗教天职。条顿骑士声称："谁与我们为敌，就是与耶稣基督为敌。"这是因为，"神圣战争"曾经是所有西方基督徒信奉的理想，人们对十字军运动的热情持续了好多个世纪。

军事修会的弟兄们在许多土地上战斗和祈祷过 —— 还有许多海域。爱德华·吉本曾写道，在十字军控制下的巴勒斯坦，"耶路撒冷最坚实的堡垒就建立在圣约翰医院骑士团和所罗门圣殿骑士团之上；修道和战斗的奇妙结合，或许表现出宗教狂热，但这是政治所认可的"。得益于他们的牺牲，"海外领地"（Outremer）这片十字军的土地 —— 某种意义上是现代以色列的前身 —— 得以坚持近两个世纪。耶路撒冷王国最终覆灭后，医院骑士团首先在罗得岛，后来在马耳他，继续致力保卫地中海沿岸地区和基督教商人，使其免遭土耳其人和北非巴巴里（Barbary）海盗的侵袭。

这些士兵-修士还在北欧发动了另一场神圣战争，打击普鲁士、拉脱维亚、立陶宛和爱沙尼亚的异教徒，在塑造德意志和波兰的历史进程中扮演了关键角色。这些国家在种族、经济和政治方面都受到了军事修会的影响。德意志人"向东进军"（Drang nach Osten）运动的遗产，在很大程度上就是条顿骑士团的遗赠，骑士团统治疆域一度几乎延伸至圣彼得堡。正是条顿骑士团创造了普鲁士，他们征服了原初定居在这片土地上的异教波罗的语民族，推行了整个中世纪历史上最为深远的殖民运动。他们向立陶宛人发起的"森林攻势"是中世纪最为激烈的战争。1331 年，条顿骑士团于波兰国王"矮子"瓦迪斯瓦夫统治下夺取但泽（格但斯克），这片土地后来演变为"波兰走廊"。普鲁士第一位霍亨索伦王朝统治者，就是控制这个国家的最后一位大团长（hochmeister）。1914 年，陆军元帅冯·兴登堡在马祖里（Masurian）湖区击败俄罗斯军队，特地用 5 个世纪前发生的坦能堡（坦嫩贝格）战役为这次胜利命名。在那场战役中，斯拉夫人杀死了一位大团长，几乎全歼了其麾下的骑士。条顿骑士团的银底黑色十字标志成为铁十字勋章的原型，至今仍是德国军队的象征。

西班牙的圣地亚哥骑士团、卡拉特拉瓦骑士团和阿尔坎塔拉（Alcantara）骑士团是"再征服运动"的先锋。他们不断巩固并向前推进基督教世界的边界，在遭受摩尔人劫掠而无农民敢定居的荒凉高原上放牧。其他骑士团则从葡萄牙开始，用半传教、半商业性质的活动开启了欧洲扩张的征程。圣殿骑士团在葡萄牙的继任者——基督骑士团的团长，"航海者"恩里克（Enrique the Navigator），在萨格里什（Sagres）主持开设了一个研究中心，运用当时最先进的地理知识，派出探险船队，船上飘扬着骑士团的旗帜。

奇怪的是，很少有历史传奇讲述骑士团的故事。1291 年阿卡（Acre）陷落时圣殿骑士和医院骑士力战至死；条顿骑士团大团长永京根的乌尔里希（Ulrich v. Jungingen）拒绝离开注定失败的坦能堡战场；马耳他骑士在伤重难支的状态下，坐在圣埃尔莫（St Elmo）堡垒缺口边的椅子上迎接土耳其人的最后冲锋，这些只不过是骑士团英雄史诗中最广为人知的几个场景罢了。圣殿骑士团的终结——最后一位团长莫莱的雅克（Jacques de Molay）被慢慢烧死——更值得大书特书。（圣殿骑士团其他 21 位团长中，5 人死于战斗，5 人死于伤病，1 人饿死在萨拉森人的监狱中。）爱森斯坦在他的电影《亚历山大·涅夫斯基》（*Alexander Nevsky*）中，设置了一段关于条顿骑士团 1242 年在佩普西湖（Peipus，楚德湖）冰面上惨败的情节。亨利·德·蒙泰朗写过一部名为《圣地亚哥骑士团团长》(*Le maitre de Santiago*)的戏剧。除此之外几乎没有别的了。

　　不论属于哪一个骑士团,不论是在约旦河岸、塔霍河边,抑或是在地中海、波罗的海,激励骑士们战斗的精神力量都是相同的。《圣经》或许告诉我们,凡动刀的,必死于刀下(《马太福音》26:52),但骑士团成员们视自己为基督的战士,也就是"战斗修士"。

第二部分

拉丁叙利亚
1099—1291

十字军和国际性骑士团：

圣殿骑士团 — 医院骑士团 — 圣拉撒路骑士团 —

蒙茹瓦骑士团 — 圣托马斯骑士团

……他们就是上帝为自己拣选的、从地上各个角落汇集到一起的、在以色列征战最勇敢的仆人。他们将警惕又忠实地守卫圣墓和所罗门圣殿，手持宝剑，时刻准备战斗。

——明谷的贝尔纳，《新骑士颂》，约 1128 年

第 2 章
新使命的诞生

　　三大骑士团——圣殿骑士团、医院骑士团和条顿骑士团，都成立于 12 世纪。这是早期文艺复兴的时代，见证了哥特式建筑兴起、教宗君主制达于顶峰，以及一场以托马斯·阿奎那为顶点的智识革命。这一时代最突出的人物或许要数西多会修士明谷的贝尔纳，他是西方教会最后一位教父。1127 年，当贝尔纳遇见圣殿骑士团创始人帕扬的于格（Hughes de Payens）时，圣殿骑士团已经存在十年之久，但这次会面是其真正的诞生之日。在这次会面中，圣贝尔纳迅速意识到，于格的想法将两个原本互相冲突的职业——骑士和修士——结合到了一起。

　　基督教的禁欲主义冲动引发了一场教宗革命。格里高利七世（1073—1085 年在位）将罗马教宗坚定地推上西方基督教世界的领袖和裁判者之位，要求世俗权力从属于精神权力，就像身体依赖灵魂一样。他还设想了一支教宗的军队，即"圣彼得军"（militia Sancti Petri）。欧洲世界怀着新的敬意听从教宗。1095 年，当教宗乌尔班二世呼吁信徒收复耶路撒冷时——耶路撒冷自 638 年起被穆斯林占据——他的号召激起了超乎寻常的热烈响应。人们对基督人性的新的重视，提升了巴勒斯坦的重要性；受难的情景依然在耶路撒冷显明。幸运的是，当时伊斯兰世界一片混乱，从印度到葡萄牙皆是如此。叙利亚比一个世纪前更加脆弱，分裂为许多个诸侯国，由（塞尔柱）突厥的阿塔贝伊（atabeg）们统治，而远在开罗的法蒂玛王朝哈里发统治已进入衰落的末期。1099 年 7 月，十字军席卷了耶路撒冷。

留在巴勒斯坦的十字军主要是法兰西人，他们在新创立的国家复制了故乡的封建体制。耶路撒冷王国包括四块大贵族领地——加利利（Galilee）公国、雅法和阿斯卡隆（Jaffa and Ascalon）伯爵领、卡拉克和蒙雷阿勒（Kerak and Montréal）领地、西顿（Sidon）领地，此外还有 12 个更小一些的采邑。除耶路撒冷王国外，还有三个次级的政权：安条克（Antioch）公国、的黎波里（Tripoli）伯爵领和埃德萨（Edessa）伯爵领。尽管耶路撒冷国王权力很大，但若没有高等会议（Haute Cour）的首肯，理论上任何政治行动都没有合法性。这片"海外领地"的形状像一只沙漏，长约 500 英里（约 800 千米），从红海亚喀巴湾一直延伸至幼发拉底河以东的埃德萨。的黎波里位居其中，东西只有 25 英里宽，南北从未超过 70 英里。

十字军国家长期缺乏人力，其边境的沙漠地带既起不到什么防御作用，也不能提供丰沛的水源和草料。这些"法兰克人"（指生活在地中海东部的西欧人）只能依赖海军和堡垒。热那亚、比萨和威尼斯的舰队很快就控制了海域，他们热衷于做生意，主要在沿岸城镇定居。

巴勒斯坦本地居民也大多信仰基督教，包括马龙派（Maronite）、默尔启派（Melkite）基督徒和叙利亚人、亚美尼亚人。约在 1120 年，沙特尔的富歇（Fulcher of Chartres）曾写道："我们当中的一些人娶了叙利亚人、亚美尼亚人，甚至受过洗礼的萨拉森人……"他们不再是法兰西人，而变成了巴勒斯坦人，被当地人接纳为同乡。[1]耶路撒冷国王鲍德温二世的妻子摩菲娅（Morfia）就是一位亚美尼亚王公的女儿。许多官员、商人都是基督教化的阿拉伯人，大贵族们也雇用穆斯林秘书。虽然从欧洲来的人常常以"小马驹"（poulains）称呼那些出生于叙利亚的法兰克人，但这并不意味着一个新的法兰克-叙利亚种族已经诞生。当地的基督教会常常受到鄙视，教会在耶路撒冷和安条克任命了采用拉丁仪典的宗主教（patriarch）。官方用语是法语，统治者也是法兰西人。这就是欧洲第一块殖民地。

然而，对法兰克人来说，耶路撒冷就是他们的家。耶路撒冷国王身穿金色包头巾呢斗篷（burnous），戴着阿拉伯头巾（keffiyeh），盘腿坐在一块地毯上接见臣民。贵族们头戴长巾（turban），脚上的鞋尖高高翘起，身上穿的丝绸、锦缎、平纹布和棉布衣服都与法兰西贵族常穿的羊毛衣和皮衣很不一样。他们住在城镇中带花园、喷泉和马赛克地板的别墅里，躺在长沙发上听阿拉伯鲁特琴曲，看女孩儿们跳舞。他们吃糖、大米、柠檬和甜瓜，用肥皂在浴缸或浴池里洗澡，他们的妻女则用欧洲人从来没见过的化妆品和玻璃镜。商人们开始习惯在"巴扎"（露天集市）里做买卖，让自己的妻子戴上面纱。基督徒的葬礼上有了专业哭丧人的身影。钱币也印上了阿拉伯文字。不过，这些人在本地成功扎根，削弱了十字军的传教动力。像十字军这样受到憎恶的少数派，要想在敌对的伊斯兰世界边缘立足，传教动力是必不可少的。

此时，邻近的拜占庭帝国在科穆宁王朝统治下迎来最后一次复兴。虽然西方人对东部基督教世界几乎一无所知，但君士坦丁堡及其百万居民震慑了法兰克人。拜占庭帝国军队几乎全部由雇佣军组成，阵容依旧十分骇人。

这一时期，亚美尼亚人还是骁勇的山地战士。他们在亚拉腊（Ararat）山区——挪亚方舟曾停泊之地建立的大亚美尼亚王国已经被拜占庭帝国吞并，王公贵族也被杀死，无法抵挡塞尔柱人的侵袭。这些"埃约人"［Haiots，法兰克人还称亚美尼亚人为"埃曼人"（Hermins），称他们在奇里乞亚（Cilicia）的国家为"埃米尼"（Erminie）］并没有绝望，许多人在 11、12 世纪艰苦跋涉至小亚细亚南部沿海的奇里乞亚。在亚美尼亚最后一位国王的远亲鲁本（Ruben）的带领下，他们在托罗斯（Taurus）山脉的峡谷和峭壁间开辟出一个新国家。亚美尼亚人很欢迎十字军国家的统治，他们的贵族娶法兰克小姐们为妻，在封建体制中取得身份。[2] 他们可以与十字军联合对抗伊斯兰教，但同时也是拉丁国家的对手。

法兰克人在战斗中取胜，主要依靠在精心挑选的战场上巧妙运用特殊装备的骑兵。[3] 法兰克步兵配备长矛、丹麦长斧和弩，可以为骑兵提供护卫，直到骑兵一击制胜的时机来临。[4] 法兰克骑兵有两种，即骑士和军士（sergeant）。骑士的装备包括一只圆锥形钢盔、一件带袖子和兜帽的锁子甲束腰外套，底下套一件絮夹衣和一条带衬垫的马裤，手持一面风筝形的盾牌。后来，盾牌渐渐变小，能遮住全脸的头盔取代了圆锥形钢盔，铠甲长袜开始使用，还有能够遮阳的呢斗篷和阿拉伯头巾。他们的胳膊底下夹着一支长枪，佩一柄双刃长剑，有时候还带一根狼牙棒。骑士在行军途中都骑驽马或驴子，只有在战斗即将打响时才骑上训练有素的战马。这些战马个头高大，通常有 17 掌宽（hand，1 掌宽约为10.16 厘米）之高，比起骑兵的坐骑，与运货马车使用的马亲缘更近些，经训练后会撕咬、冲撞和踢蹬。军士的装备与骑士类似，但不穿锁子甲。他们跟在骑士后面，与骑士一道发起冲锋。[5] 使军队在恰当的时机发起冲锋，在炎炎烈日和敌军箭雨下保持阵形，都需要实实在在的领导力。

突厥人则是弓骑兵，在马鞍上射箭。他们不从正面发起进攻，总是试图将敌军分隔并包围，再挥舞着短军刀或弯刀逼近。他们发射弓箭的速度很快，喜欢趁法兰克人行军时发动攻击，瞄准他们的坐骑，不让他们有时间组织防御阵形。突厥军中也有一些重装骑兵，但这些骑兵也选择骑乘速度较快的阿拉伯小马。[6]

法兰克人对突厥人怀有某种钦佩之情，却有点看不起埃及人。[7] 开罗的法蒂玛王朝哈里发——被法兰克人称为"巴比伦之王"——是什叶派的宗教领袖和统治者，并不听命于巴格达的哈里发，即逊尼派的最高领袖。法蒂玛王朝军队由阿拉伯骑兵和苏丹弓箭兵组成。阿拉伯骑兵一般向敌人要害处冲锋，投掷标枪，或等待迎接法兰克人的冲锋；苏丹弓箭兵则步行作战。不过，在萨拉丁家族征服埃及之前，埃及人就开始使用突厥式的骑兵，从高加索地区被称为马穆鲁克人的奴隶中招募兵员。

法兰克人和他们的马不仅个头更大、装备更沉重，也更擅长近身战斗，能够忍受酷刑。如何招募到充足的像坦克一样的贵族骑兵，是"海外领地"长期面临的大问题。[8]

1118 年，耶路撒冷第一位国王鲍德温一世去世时，这片土地仍处于一片混乱中，盗匪横行。有人曾把拉丁叙利亚地区比作中世纪的植物学湾 [9]（库克船长首次在此登上澳大利亚），确有几分道理。许多法兰克人因犯有强奸、谋杀等重罪，作为惩罚而被送入十字军，他们的老毛病又犯了。朝圣者很容易成为他们的猎物，尽管十字军的初衷之一就是使他们的朝圣之路更加安全。鲍德温一世的继任者鲍德温二世对王国治安也束手无策。一位名叫塞伍夫（Saewulf）的英格兰商人曾记录下 1103 年发生在朝圣者身上的种种惨祸。大约同一时期，在德意志的修道院院长埃克哈德（Ekkehard）的记述中，抢劫和殉道几乎天天发生。提尔的威廉注意到，在耶路撒冷王国建立初期，加利利的穆斯林农民还绑架了落单的朝圣者，把他们卖作奴隶。

帕扬的于格不仅仅是一位冒险家，还是勃艮第马蒂尼（Martigny）城堡的领主，亦是香槟伯爵的表亲，或许还与圣贝尔纳有亲戚关系，因为圣贝尔纳的家族就住在马蒂尼附近。于格 1115 年来到叙利亚，1118 年自封为守护人，保卫从雅法到耶路撒冷这条危险道路上的朝圣者，免受来自阿斯卡隆方向持续不断的骚扰。这位衣衫褴褛的古怪骑士说服了另外七名同样来自法国北部的骑士一起帮助他，所有人都在宗主教面前发誓保护朝圣者，愿甘于贫穷、保守贞洁、服从命令。他们只穿别人赠予的旧衣服，但鲍德温国王感佩于他们的精神，将宫殿一隅，即阿克萨清真寺，也就是人们所认为的所罗门圣殿赐予这些“穷骑士”。鲍德温还和宗主教一起资助他们。[10]

早在十字军运动发起之前，耶路撒冷就有一所专为朝圣者开设的施赈者圣约翰（St John the Almoner）医院，位于圣墓教堂附近。这既是一座医院，也是一所旅馆，[11] 由一些来自阿马尔菲的商人于 1070 年开设。1100 年，某一位名叫热拉尔的修士当选医院的院长。此人生平现已不详，但他很有可能比十字军早到耶路撒冷。耶路撒冷王国建立后，朝圣者数量激增，圣约翰医院亟须重组。热拉尔舍弃了圣奥古斯丁会所使用的本笃规章（Benedictine rule），将另一位更重要的圣徒，施洗者约翰，推为医院的守护者。这一新的修道组织深受崇敬，在许多欧洲国家都获得了地产，[12] 1113 年教宗帕斯加二世还将其置于他的特殊保护之下。[13] 热拉尔有可能雇用了"穷骑士"来保卫遍布整个"海外领地"的医院。

鲍德温国王在 1126 年的特尔沙卡布（Tel-Shaqab）一战中获胜，但损失了很多兵马。只有再来一次十字军运动才能解决当下的困难。不仅帕扬的于格与圣贝尔纳有些联系，香槟伯爵、明谷修道院的建立者于格也加入了"穷骑士"，甚至有可能还包括圣贝尔纳的舅舅。1126 年，两名"穷骑士"来到法国，为圣贝尔纳送来了鲍德温国王的信。第二年，帕扬的于格亲自拜访圣贝尔纳，请他发起一场新的十字军运动。

其他修道组织的创始人也曾咨询过圣贝尔纳的意见，但帕扬的于格直到面见圣贝尔纳时，才将"穷骑士"看作一个修道组织。一份 1123 年的文献称于格为"圣殿骑士团团长"，但他的小团队还只不过是一个志愿组成的兄弟会。一些晚近的研究表明，"穷骑士"在招募成员方面遇到了很大困难，曾濒临解散。[14] 于格拜会圣贝尔纳的目的是发动新十字军，而不是请他制定一份修道规章。

圣贝尔纳非常欣赏于格，承诺为他的组织编写一份规章，并寻觅新成员。"他们将为上帝而战，成为基督的战士。"1128 年，特鲁瓦（Troye）宗教会议召开，于格在贝尔纳的建议下出席了这次会议。贝尔纳本人没有到场，却寄来了一份规章，经会议辩论后获得通过。现存的 13 世纪圣殿骑士团章程抄本明确指出，章程的第一部分是在"（特鲁瓦）会议和尊敬的神父，明谷修道院院长贝尔纳指示下"写成的。[15]

在贝尔纳的构想中，于格的新兄弟会就是军事化的西多会。

特别是，骑士会友们在居室中都穿带兜帽的白色长袍，就像西多会的修士一样；下级会友则穿棕色长袍，就像西多会的在俗修士一样。在战斗时，长袍被换成斗篷。依照西多会的做法，圣殿骑士团同样强调静默，甚至在餐厅中只用手势交流。西多会的圣坛装饰简朴，圣殿骑士团也用极普通的武器和鞍具，从不嵌银镶金。骑士们都睡在宿舍里，穿着衬衣和马裤。除非有夜间执勤，每一个人都必须参加晨祷，一起念诵日课祷词。骑士团不念完整的罗马日课，而是小日课（Little Office）——就算不识字的人也能轻松记诵的圣诗和祈祷词。作战期间，骑士团会在晨祷时念诵 13 遍《天主经》，在每个祈祷时间（canonical hour）念诵 7 遍，在晚祷时念诵 9 遍。宗教礼拜和军事操练交替进行。

骑士团一天吃两顿正餐，吃饭时要保持安静，边吃边聆听法语版《圣经》中的一段经文。骑士团特别重视《若苏厄书》（《约书亚记》）和《玛加伯记》，犹大·玛加伯（Judas Maccabeus）及其弟兄们率军队从残暴的异教徒手中夺回圣地的英勇事迹十分振奋人心。骑士们吃饭时还要两两相对，防止有人持斋禁食而削弱自己的体力。每顿饭都有葡萄酒，每星期吃三次肉——毕竟严酷的战争就是一种禁欲。每位骑士可以养三匹马，但禁止驯鹰和打猎（除了具有标志性意义的猎狮）。他必须把头发剪短，留起胡须，绝不允许亲吻女性，包括自己的母亲和姐妹；骑士团里也不收修女。骑士团团长不仅是军事指挥官，也是修道院院长。就这样，在基督教历史上，战士第一次过上了修士一般的生活。[16]

圣贝尔纳撰写的规章直接或间接地成为所有军事修会规章的基础，不论这一骑士团是以西多会还是以奥古斯丁会为组织框架。因为他定义了一种新的使命。这种新使命的理想形态被写入一本名为《新骑士颂》（*De Laude Novae Militiae*）的小册子，用来为骑士团招揽新成员。圣殿骑士团发现自己一夜之间变成了人人敬仰的英雄，阿拉贡和卡斯蒂利亚国王、佛兰德伯爵和其他许多诸侯的捐赠涌向骑士团。英格兰和苏格兰尤其欢迎于格，[17] 法国兰斯大主教每年都为他募集捐款。

1130 年，于格回到巴勒斯坦，开始建立一套圣殿骑士团地方分团区（preceptory）或指挥官辖区（commandery）的体系。这套体系经历缓慢演变，最终依赖于在耶路撒冷、安条克、的黎波里、卡斯蒂利亚-莱昂、阿拉贡和葡萄牙等前线阵地的骑士团分部，每个分部都由一名团长统治，其他所有团长都听命于耶路撒冷的团长。不过，直到下一个世纪，骑士团组织结构才彻底实现了集中化。骑士团还在法国、英国（包括苏格兰和爱尔兰）、西西里（包括阿普利亚和希腊）、德国等地设立了分团区。这些分团区主要用于管理封地，既训练新兵、征募补给，也作为老年骑士弟兄的居所。

"海外领地"很快开始倚仗这些精锐部队。不久之后，圣殿骑士团开始驻守从沿海的雅法到耶路撒冷的朝圣之路上的关键要塞，包括约 1131 年进驻的贝恩堡（Chastel des Bains，今亚祖尔）、1137 年进驻的托伦（Toron，今拉特伦）和阿努勒堡（Chastel Arnoul，今亚卢）。[18] 从耶路撒冷经杰里科（Jericho，耶利哥）去往耶稣受试探的荒野、受洗礼的约旦河的路途，是一条危机四伏的朝圣之路。圣殿骑士团沿途保护用小瓶子汲取圣水的朝圣者，建造了红池堡（Red Cistern castle）和一座孤塔；还在可以看见约旦河的地方修建了一座堡垒，它早已湮没不存，无人知晓其名。在更北边靠近亚伯拉罕花园的荒野中，圣殿骑士团在试探山

（Mount of Temptation）顶的洞穴里修建了一座要塞。[19]

到 13 世纪中叶，圣殿骑士团的等级结构主要包括一位团长；一位总管（seneschal），为团长的副手；一位元帅（marshal），为最高军事指挥官；一位耶路撒冷领地和王国的指挥官（commander），既是司库，又负责管理海军和骑士团地产；一位耶路撒冷城指挥官，为一名医院骑士；一位司衣官（drapier）——类似于军需长［其他高层官员包括掌旗官（gonfanonier）、副元帅和土科波利尔（Turcopolier，指挥当地军队）］。团长通过精心设计的投票和抽签程序选出，确保不偏不倚。团长权力很大，但重要决定须由全体大会（General Chapter）做出。各地区团长在本地区拥有大团长的全权，除非大团长亲自来到此地。元帅是骑士团第三号人物，各地区元帅都对他负责。圣殿骑士团的组织形式是多年演变的结果，由于骑士团招募的成员剧增，这一体制也越发有必要实行。剧增的这部分成员主要是"同侪骑士"（confrere），他们只是在骑士团短暂服役，捐献自家一半财产，还可以结婚。[20]

骑士团享有很多教会特权。除了可以拥有自己的教士，即招募神父骑士成员，骑士团还免受主教巡视，只对教宗一人负责。教宗通谕《赐福于众》（Omne datum optimum）[21]允许骑士团的礼拜神父（随军神父）在圣事禁令期间主持弥撒、举行圣礼。作为教士阶层，骑士团成员只在教会法庭中受审。

加入骑士团的新成员们不仅是为了战斗，也是为了祈祷。他们认为这二者并不矛盾。用圣贝尔纳的话来讲，"为基督而杀戮"是"除恶"（malecide）而非"杀人"（homicide），是在消灭不公，因而是值得肯定的："杀死一名异教徒就是赢得荣耀，因为这将为上帝带来荣耀。"在十字军运动兴起很久之前，教宗利奥四世和约翰八世就宣称，意志纯净、为教会力战而死的战士将继承上帝之国。死在战场上就是殉道，2万名圣殿骑士在随后的两个世纪中遵循的就是这样一条道路。

不过，圣殿骑士团的理念本质上还是修道主义的。其军事活动一般是像救火队一样，一接到命令，就紧急奔驰，应对突厥人的掠袭。除此之外，骑士们都过着禁欲的生活。修道生活中最艰难的部分，就是服从上级下达的最微不足道的命令。若未获批准，一名圣殿骑士甚至不能调整自己的马镫。在战场上，他们对敌人从不心慈手软，也从不乞求敌人从宽发落，还不允许索要赎金。"他们不关心生活，却准备为基督而死。"根据埃克哈德的描述，这种弥漫在第一次十字军运动中的神圣的狂热，也充满了圣殿骑士们的内心。[22]

这些留着短发、身穿白色兜帽长袍的战士与众不同。他们一旦被俘，必死无疑。1119年血田（Field of Blood）战役之后，突厥阿塔贝伊托特金（Togtekin）曾把法兰克俘虏交给部下用作射箭的靶子，或者砍下俘虏的手脚，扔在阿勒颇街上，让市民动手杀死他们。这还是在圣殿骑士团成立前，骑士们所遭受的比这还要残酷得多。如果一名骑士失掉了圣殿骑士团的黑底白十字旗（Beau Seant，早期），他就会被骑士团开除。这是圣殿骑士团的最高刑罚，投奔萨拉森人、异教徒以及杀害基督徒同胞者也会受到这种惩罚。

从一开始，就有一些西方基督徒不相信圣殿骑士团的理念。一位英国神秘主义者，西多会修道院院长埃图瓦勒的伊萨克（Issac of Etoile），在叙述圣贝尔纳生平时写道：

有人把这些新兴军事修会称作"第五福音修会",但它
们实际上糟糕极了,其目的就是用刀剑迫使不信教者接受基
督教。这些军事修会成员认为自己有权攻击任何一个不称颂
基督之名的人,夺走他的一切,而若是他们在向异教徒发起
不义的战争时被杀,他们就是为信仰而死的殉道者……我并
不是说他们的所作所为全都是错的,但我认为,他们的行为
在未来可能会生出很多邪恶。[23]

1136 年,当帕扬的于格在病榻上去世时,圣殿骑士团已经有
了一个竞争者——施洗者约翰医院骑士团。1120 年,皮伊的雷蒙
(Raymond du Puy)接替热拉尔成为医院骑士团团长,他是一位
天才组织家。医院骑士团看护病人的活动已经使它声名远播,积
累了很多财富。每年,医院骑士团在耶路撒冷要接待超过 1000 名
朝圣者,其下属医院、旅馆遍布整个王国。医院骑士团接受了布
永的戈德弗鲁瓦(Godefroi de Bouillon)赠予的土地,在法兰西、
意大利、西班牙和英格兰也有地产。雷蒙掌管着骑士团在欧洲的
所有财产,设立了许多旅店(house),其收入用来为医院置办食
物、酒、衣物和毛毯。其中一些旅店专门生产奢侈品,例如给病
人吃的白面包。教宗授予医院骑士团许多特权:英诺森二世禁止
各地主教向骑士团的礼拜堂下达圣事禁令,阿纳斯塔修四世允许
骑士团拥有自己的神父,英裔教宗阿德里安四世则允许骑士团建
立自己的教堂。

1126 年,医院骑士团有关文献的记载中出现了"治安官"
(constable)一职,意味着骑士团有了某种军事组织。不过,骑士
团第一次有确切日期的军事活动是在 1136 年,耶路撒冷国王富尔

克（Fulk）把加沙到希伯伦路上的一处关键地点——贝特吉布林（Beit Jibrin）——授予骑士团。这就是医院骑士团第一座大型要塞，"吉贝林"（Gibelin）堡垒。多亏了圣贝尔纳，骑士团才有可能武装起来。如果没有这位伟大的西多会修士，圣约翰医院的骑士弟兄永远不会演变成为一个军事修会。到了1187年，医院骑士团已经控制了"海外领地"20多座大型堡垒。[24]

医院骑士团的规章也在缓慢变化。骑士们宣誓甘于贫穷、保守贞洁、服从命令；除了保持基本生存所需的面包和水，其他什么都不应该吃；每天看望病人，满足他们的要求。还有一些专为骑士团中的军医所做的规定，但规章的主要关注点仍在医院的日常维护和管理上。像圣殿骑士团一样，医院骑士团成员也分为四个等级：骑士、军士、杂役弟兄（serving brethren）和礼拜神父（随军神父）。同样，医院骑士团规章中也有关于同侪骑士的条款。1178年，教宗亚历山大三世的一份通谕中写道，"根据雷蒙的惯例"，只有在十字旗展开时——保卫耶路撒冷王国或攻击一座异教徒城市时，医院骑士团才能拿起武器。骑士们身穿黑色斗篷，胸口绣着一个白色的十字，身形像一个钟罩样的帐篷，在战斗中略显笨拙；头上戴一顶黑色无檐帽（在室外有时会戴一块白色头巾）。[25] 每个医院都有负责看护病人的修女。在12世纪，战斗只是医院骑士团比较次要的活动（甚至直到1182年才在骑士团规章中提及），骑士团的军事化也经历了一个漫长的过程。

最终，医院骑士团的组织结构变得与圣殿骑士团十分相似，骑士阶层占了主导地位。骑士团的行政官员，也就是高层领导，包括：团长，经由和圣殿骑士团一样的程序选出，也是唯一终身任职的行政官员；耶路撒冷大分团官〔grand preceptor，有时被称为大指挥官（grand commander）］，是团长的副手；司库；元帅；司衣官或军需长；医院骑士；还有土科波利尔，统领土科波尔军（Turcopoles，仆从军，字面意思为"突厥后裔"），即当地人组成的军队。[26] 骑士和军士组成小队，每一支小队掌管附近的地产，若干小队即为一个指挥官辖区。在叙利亚，指挥官直接对团长负责，其他地区的组织结构则更复杂一些。在欧洲，数个指挥官辖区合为一个修道区（priory），数个修道区合为一个分团省（province），相当于一国的疆域。

同圣殿骑士团相似，医院骑士团的最高权力在全体大会。一个更小的集会，即修道大会（conventual chapter），既像秘密议事会（privy council）一样协助团长处理政务，也像公共会议一样听取诉讼。还有一定数量的人组成"尊贵财务厅"（the venerable chamber of the treasury）。每个省、修道区和指挥官辖区都有自己的修士大会。[27]

医院骑士团的日常惯例也充满了修道意味，丝毫不亚于圣殿骑士团。医院骑士每天都要念诵小日课。亡者小日课中的圣诗显然对战士们有很重要的意义，他们常常要以寡敌众，死亡随时都有可能降临。例如，《圣咏集》（《诗篇》）第27篇"耶和华是我的亮光"："我还怕谁呢？耶和华是我性命的保障，我还惧谁呢？……虽有军兵安营攻击我，我的心也不害怕；虽然兴起刀兵攻击我，我必仍旧安稳。"第18篇"耶和华，我的力量啊，我爱你"：

因为你曾以力量束我的腰，使我能争战，你也使那起来攻击我的，都服在我以下。你又使我的仇敌在我面前转背逃跑，叫我能以剪除那恨我的人。他们呼求，却无人拯救……我捣碎他们，如同风前的灰尘；倒出他们，如同街上的泥土。

当骑士团的小型中队向压倒性的敌军挺进时，当骑士团的要塞被围、守军匮乏时，他们就热切地念诵这些诗句。

医院骑士团致力为穷人和病人开办旅馆和医院，这些活动深化了骑士团的精神生活。由于很难找到合适的住所，朝圣者往往对骑士团充满感激。像圣殿骑士团一样，医院骑士团也为来往于巴勒斯坦沿岸和耶路撒冷的朝圣者提供护卫。

在 1187 年之前访问过耶路撒冷的一名德意志修士告诉我们，骑士团的医院有 11 间病房、1000 张床，男女皆可入住。穆斯林和犹太人也不会被拒之门外，因为他们同样是"基督的穷人"。若遇上战争或饥荒，需要更多病床时，骑士们就会睡在地上。除了骑士，医院里还有领薪的内、外科医师（可能还有助产士，因为医院里还有产科病房，放置着婴儿用的小床）和许多护理员。病人吃的都很好，一周能吃上三顿肉。作为猪肉的替代品，穆斯林和犹太人还能吃上鸡肉。医院也有孤儿院的功能，能收容所有弃婴，他们被称为"圣约翰之子"（filii beati Johannis）。医院还定期向穷人发放食品和衣物，特别是装满婴儿衣服的衣篮。[28]

医院骑士团还向军队提供医疗队。在行军打仗的过程中，他们不仅医治伤员，还照料那些锁子甲下面生了坏疽、休克或中暑的人。他们先在帐篷搭的野战医院里为伤员简单包扎，然后用马匹、驴子、骡子或骆驼把伤员送回耶路撒冷的大医院。

圣殿骑士团和医院骑士团在"海外领地"发挥了关键作用，

同时管理这样大规模组织的难度也很大，因此，骑士团便脱离了主教的控制。若管闲事的主教插手骑士团事务，往往会把事情弄得更糟。骑士团运营需要大笔资金，既要为前线战士提供最好的装备，又要维护要塞设施、供应粮草，还要支持旅馆和医院的运转。于是，大部分圣殿骑士和医院骑士都住在欧洲，管理着恩主们捐赠的地产，把地产所得送到"海外领地"——有些骑士甚至从未到过"海外领地"。这些成员由修道长（prior）和指挥官统领，他们通常是已届中年、由巴勒斯坦送回欧洲的骑士，在个别情况下也有礼拜神父和军士。

圣殿骑士团和医院骑士团都开始劫掠附近的伊斯兰国家，使其统治者不敢派劫掠队前来骚扰"海外领地"。"打了就跑"（hit-and-run）的劫掠战很快成为骑士生活的常态。到了 13 世纪，这种战术被人们称为"旅行突袭"（caravans）——有可能是因为骑士团会带回许多战斗中缴获的马匹、骆驼和牛羊，看起来就像是平民旅行队一样。不过，这种作战通常由寥寥可数的精英骑士率领当地征召军或雇佣军进行，骑士团成员在其中只占很小一部分。

圣殿骑士团规章还做出特别规定，要求身患麻风病的骑士必须离开骑士团，加入"圣拉德雷"兄弟会（brethren of St Ladre）。[29] 这里的"麻风病"包括所有类型的皮肤病，在叙利亚很流行。在圣殿骑士团和医院骑士团之后，圣拉撒路医院骑士团（Hospitallers of St Lazarus）是最早建立的骑士团。早在十字军征服耶路撒冷之前，当地很可能已经有了一个圣拉撒路麻风病院，由遵守巴西尔规章（Basilian rule）的希腊或亚美尼亚信徒经营。巴西尔规章是东方教会的修道规章，相当于西方教会的本笃规章。12 世纪初，遵守奥古斯丁规章的法兰克医院骑士接手了这一麻风病院。有传说称，圣拉撒路医院骑士团的第一任团长就是热拉尔——圣约翰医院骑士团的第一任团长。这或许指的是，热拉尔提供了一部分弟兄，组建了这个专门的看护机构。根据医院骑士团的惯例，染上了麻风病的人必须脱下骑士团的长袍——就像圣殿骑士团一样，他们可能也加入了"圣拉德雷"兄弟会。甚至还有一个奇特的传说，认为早期的骑士团团长都是麻风病患者。他们在叙利亚和欧洲建立了一个"麻风病院"网络，其辖区组织结构和圣约翰医院骑士团十分相似。

第二次十字军运动之后，路易七世在奥尔良附近的博瓦尼（Boigny）建立了一所麻风病院，同时莫布雷的罗歇（Roger de Mowbray）在莱斯特郡的伯顿拉撒路（Burton Lazars）建了另外一所。[30] 法国和英国境内的许多麻风病院都依靠圣拉撒路骑士团辖区支持，这些辖区又依靠远在耶路撒冷的骑士团总部支持。骑士团总部得到许多赞助，的黎波里伯爵雷蒙三世就是骑士团的"同侪骑士"（荣誉骑士）。圣拉撒路骑士团的衣袍可能是黑色的，与医院骑士团相似，直到 16 世纪才采用了绿色的十字架标志。骑士团成员始终不算多，只有数名健康骑士承担安全护卫工作，但到了危急时刻，连患病的骑士也要拿起武器。圣拉撒路骑士团也参与了几场战役，但其首要职能始终是看护病人。

除上述骑士团，12 世纪在"海外领地"作战的只有蒙茹瓦圣母骑士团（Knights of Our lady of Montjoie）。[31] 1180 年，教宗亚历山大三世颁布了一道通谕，承认其为遵守西多会规章的修道组织，他们除赎回俘虏外，还发誓同萨拉森人作战，并将收入的四分之一用于战斗。蒙茹瓦是坐落在耶路撒冷城外一座小山上的堡垒，意思是"快乐山"，得名于朝圣者们站在山巅眺望圣城时发出的喜悦呼喊。蒙茹瓦骑士团真正的创立者是西班牙人罗德里戈（Rodrigo）伯爵，他曾是圣地亚哥骑士团成员，把自己在卡斯蒂利亚和阿拉贡的土地赠予新成立的蒙茹瓦骑士团，耶路撒冷国王鲍德温四世也把位于阿斯卡隆的几座高塔委托给了他们。蒙茹瓦骑士团的衣袍是白色的，上面有红白两色的十字标志。

　　蒙茹瓦骑士团第一任团长罗德里戈个性反复无常，骑士团没能发展起来。大部分西班牙人更愿意加入他们本国的骑士团，蒙茹瓦骑士团很难招募到新成员。1187 年后，蒙茹瓦骑士团退居阿拉贡，以"特鲁法克骑士团"（Order of Trufac）之名为人所知，其位于卡斯蒂利亚的辖区交由圣殿骑士团管理。

第3章
耶路撒冷的柱石

埃德萨伯爵领位于幼发拉底河两岸，更像是美索不达米亚的边境区，而非一个叙利亚国家，在众多法兰克人领地中最容易受到攻击。这里有大片肥沃的粮田，堡垒却不多。在这些堡垒中驻扎的法兰克骑士数量虽少，却是保卫埃德萨伯爵领不可或缺的力量。领地内一切事务都依赖于伯爵的决断。若斯兰一世（Joscelin I）是一个了不起的英雄人物，只要他在领地内，就能威慑住来犯之敌。然而，他那拥有一半亚美尼亚血统的儿子是个优柔寡断的懦夫。若斯兰二世于1129年继任埃德萨伯爵，他更喜欢住在幼发拉底河西岸安逸舒适的图贝塞尔（Turbessel）城堡，而不愿意到危机四伏的首都去。他把首都的防卫交给一支从亚美尼亚和叙利亚商人中招募来的城镇卫队。1144年11月，阿勒颇的"蓝眼恶魔"，赞吉（Zangi）阿塔贝伊突然围攻埃德萨，在平安夜之前席卷了这座城。

明谷的贝尔纳用最后的气力，为发动第二次十字军运动奔走布道。在1147年秋天，两支军队抵达安纳托利亚半岛，一支由神圣罗马帝国皇帝康拉德三世率领，另一支则由法国国王路易七世号令。10月，康拉德三世的德意志军队在多利莱乌姆（Dorylaeum）遭突厥军队伏击，大败之后逃到尼西亚，与法国军队会合。康拉德生病，返回君士坦丁堡。而路易继续前进，穿过

安纳托利亚，一路上不断受到突厥弓箭手的骚扰。到了第二年 1
月，由于冬季风暴肆虐，加之食物短缺，路易军队的士气崩溃了。
在一场战斗中，埃莉诺王后险些被俘，路易国王差点被杀。此役
之后，路易终于丧失了指挥的信心，把军队指挥权交给圣殿骑士
团团长。

团长巴尔的埃韦拉尔（Everard des Barres）率一支 300 人的
西班牙圣殿骑士分队在法国加入了路易的队伍，他们当中有很多
人可能只在十字军运动期间加入骑士团服役，还可以通过交纳一
定的代役费免于参军。这是圣殿骑士团第一次在长袍上缝上红色
十字标记。埃韦拉尔非常擅长与拜占庭人打交道，他手下的骑士
始终保持着良好的军纪，这些都给路易留下了深刻的印象。获得
指挥权后，埃韦拉尔恢复了军队的秩序，率这支残兵败旅来到海
岸边。路易带着骑士们乘船离去，留下步兵自生自灭。

尽管损失了数千人，康拉德依旧重整军队，同法兰西人、德
意志人和叙利亚人组成联军，于 1148 年 6 月在阿卡城下集结。医
院骑士团团长皮伊的雷蒙应邀出席了战争筹备会议，这是对骑士
团军事重要性的肯定。然而，会议做出了一个灾难性的决策：进
攻唯一渴望同法兰克人结盟的萨拉森诸侯，大马士革埃米尔乌努
尔（Unur）。由于法兰克军队内部相互揭短，战斗失败了。十字
军认为这些“海外领地”的贵族，小马驹，将变成半个突厥人；
而本地的叙利亚拉丁人则认为这些从欧洲来的十字军都是危险的
狂热分子。1149 年，第二次十字军运动走向失败，也对法兰克人
的威望造成了难以修复的损害。

耶路撒冷依然屹立不倒，这在很大程度上得益于鲍德温三世
（1143—1162 年在位）和弟弟阿马尔里克一世（1162—1174 年在

位）的能力。阿马尔里克性情暴躁易怒，出生于叙利亚，拥有亚美尼亚血统，又娶了拜占庭公主为妻。他们兄弟二人都是充满干劲的战士，渴望开疆拓土。这时候，法兰克人已经开始在巴格达到开罗的商道上的亚喀巴湾一带修建堡垒。

鲍德温三世于 1153 年攻占阿斯卡隆。在这场战役中，圣殿骑士团团长特雷默莱的贝尔纳（Bernard de Tremelay）做出了令人尤为不齿的举动。这位"为基督服务的复仇者、基督徒的解放者"率分遣队突破了城墙，让一些人留下来守卫缺口以防其他法兰克人进入，并率领亲自挑选出的 40 名骑士攻入城内。他们被城内敌军全歼，一个也没能活下来。时人认为，贝尔纳的举动并不是出于勇武，而是受贪婪驱使。[1]另外，鲍德温国王坚持围城，也是受了医院骑士团团长皮伊的雷蒙的鼓励。医院骑士团也开始作战了。

在当时，两个骑士团加起来，总共可以派出近 600 名骑士上战场，相当于耶路撒冷王国一半的军事力量。骑士团的财产也在不断累积。的黎波里伯爵雷蒙二世（1137—1152 年在位）是医院骑士团的同侪骑士。1144 年，他把领地内一处战略要地托付给骑士教友驻守，这就是庞大的霍森堡（Qalat al-Hosen）要塞，后来经骑士团重建为骑士堡（Krak-des-Chevaliers）。雷蒙三世（1152—1187 年在位）也是医院骑士团的同侪骑士，在他被突厥人俘虏期间，骑士团得到了阿尔卡（Arka）、阿卡尔（Akkar）和其他许多堡垒。就这样，医院骑士团成为的黎波里伯爵领中最大的土地所有者。圣殿骑士团也不差，他们在伯爵领北部有很多地产。安条克公国也以类似方式分土地给两大骑士团，耶路撒冷王国境内许多堡垒也交由他们驻守。两大骑士团团长加入了耶路撒冷国王的高等会议，在安条克、埃德萨的骑士团指挥官也纷纷进入王公和伯爵的宫廷。收藏着耶路撒冷王冠的王室宝库有三把钥匙，分别交给耶路撒冷宗主教、圣殿骑士团团长和医院骑士团团长保管，这是他们权威的恰如其分的象征。

各路诸侯继续将土地分封给骑士团。许多领主喜欢退隐住在海岸边的别墅里，而骑士团既有人力也有财力管理叙利亚的一众堡垒，还能顺便解决一些麻烦事，例如帮助领主们的女继承人寻觅夫婿，为未成年领主配备护卫等。捐赠和新兵源源不断地从欧洲流入骑士团。

对骑士团的指责主要来自当地教士阶层。军事修会几乎是教会中的教会，其神父不仅免于主教的巡视，还不必向当地教会缴纳任何财税。骑士团同主教争夺捐税、什一税、管辖权，还被指控接纳遭教会绝罚者入团。1154 年，耶路撒冷宗主教命令骑士团停止活动，但医院骑士打断了他的布道，大声喊叫淹没他的声音，还用箭射向他的教堂会众。圣殿骑士团稍微克制一些，只是用箭射了他的教堂门。1155 年，耶路撒冷宗主教来到罗马，请求教宗将骑士团置于其权威之下。但雷蒙随后而至，拿到一纸保证书，确认了医院骑士团享有的全部特权。"海外领地"的教士极不情愿地接受了骑士团的独立，但教会的编年史家总是对骑士团给予恶评。

骑士团的适应力极强。一些骑士弟兄学会了阿拉伯语（高级官员有萨拉森人秘书），其间谍活动举世无双。骑士团还填补了一些领域的空白，例如银行业，因为只有他们才拥有开展业务所必需的金库、组织网络和诚信道德。圣殿骑士团成了专业的银行家，所有为圣地募集的资金都通过他们来转递，由圣殿骑士团在欧洲的地方分团送往耶路撒冷。普通朝圣者甚至穆斯林商人也把现金存在当地的圣殿骑士团据点。圣殿骑士团需要钱来购买武器和装备、建造堡垒、支付雇佣兵薪金、收买敌人，肯定不能让存在金库里的钱闲置。他们便想方设法绕过教会的高利贷禁令，把利息加在偿付总额里，并雇用阿拉伯专业人士处理在巴格达和开罗货币市场上的交易，还提供相当优质的货币兑换服务。

为了节省费用，医院骑士团和圣殿骑士团都用自己的船只运送军队，朝圣者也可以搭乘。有一段时期，圣殿骑士团每年运送的朝圣者数量高达 6000 名。[2] 他们的船配备了一支小型护卫舰队，不会像一些意大利商人那样把朝圣者当作奴隶卖到穆斯林的港口，很值得信赖，因而十分受朝圣者欢迎。船舱里的空位自然会被用来装载货物，于是圣殿骑士团充分利用其免缴关税的特权，从阿拉伯世界进口香料、丝织品、瓷器和玻璃，很快就同在他们那里存钱的黎凡特商人形成竞争关系。这些活动很难与"穷骑士"这一称号相协调。后来，阿卡主教维特里的雅克（Jacques de Vitry，1216—1226 年在任）评论称，圣殿骑士团没有个人财产，却似乎渴望共同拥有一切。

1154 年，法蒂玛王朝年轻的哈里发被他的同性恋宠臣纳斯尔（Nasr）杀害。纳斯尔逃到叙利亚，被圣殿骑士团俘虏。为图自保，他请求皈依基督教。实际上，他确实希望成为基督教徒，并非欺骗圣殿骑士团。但圣殿骑士团收了开罗给的 6 万第纳尔，让埃及人用铁笼子把纳斯尔押回去。纳斯尔遭哈里发的四个寡妇的摧残，还活着，然后被活活钉死在扎维拉门（Ziwila Gate）边的十字架上，尸体悬挂了两年。圣殿骑士团的商业嗅觉如此敏锐，这让当时的编年史家感到很不安。

可以肯定，有一名亚美尼亚人成了圣殿骑士，可能还有许多亚美尼亚人进入了骑士团的军士阶层（这一层级中还有信仰基督教的阿拉伯人）。圣殿骑士团在接纳姆莱（Mleh）入团一事上吃了大亏。姆莱是奇里乞亚统治家族的成员，是"大奸大恶之人"（hom pleins de grant malice et trop desleaus）。他宣誓加入"穷骑士"后，试图谋杀他的兄长索罗斯（Thoros）王公，随后逃到大马士革皈依伊斯兰教。1170 年，姆莱率突厥军队袭击圣殿骑士团在巴格拉斯（Baghras）的要塞，占领奇里乞亚。"这个不忠的埃曼人"（ce desloial Hermin）仇恨曾与他信仰同一宗教的教友，对待圣殿骑士团俘虏的手段尤为残酷。最终，臣民对他的叛教行径忍无可忍，把他处死了。[3]

1158 年，医院骑士团团长雷蒙去世，阿萨伊的吉尔贝（Gilbert d'Assailly）继任团长。直到 1168 年前，耶路撒冷国王阿马尔里克始终采取实用政策，与埃及什叶派哈里发的维齐尔（Vizier）们结盟，共同对抗逊尼派的努尔丁（Nur ed-Din），阿勒颇和大马士革的统治者。然而，法蒂玛王朝已明显走向衰亡，阿马尔里克也与拜占庭皇帝曼努埃尔结成了盟友。拜占庭人可以从海上进攻，同时耶路撒冷王国全军从陆上出击。这一战略成功与否，取决于拜占庭人是否配合，而这时拜占庭正与塞尔维亚人交战。阿马尔里克国王决定先等等，但吉尔贝提出用 500 名骑士和 500 名土科波尔战士，同国王交换比勒拜斯城（Bilbeis）。[4]（大部分骑士都是雇佣兵，并非骑士团成员。）

得知这一诱人的条件，耶路撒冷王国的贵族们都不愿意再等了，要尽早享受开罗的繁华。圣殿骑士团团长布朗什福的贝特朗（Bertrand de Blanchefort）却拒绝参与这次远征。他认为，王国并没有足够的兵力，能在发动远征的同时抵御东北方向必然来袭之敌。

法兰克人占领了比勒拜斯，但军队失去控制，造成了一场包括当地基督徒在内的大屠杀。埃及人吓坏了，哈里发亲自写信给努尔丁请求支援。努尔丁派来了库尔德将领谢尔库赫（Shirkuh）和8000名骑兵，绕过阿马尔里克的军队，进入开罗。谢尔库赫当上了埃及的维齐尔，但很快暴饮暴食而死。他的侄子萨拉丁·尤素福·伊本-阿尤布，也就是著名的萨拉丁，继承了他的职位。两年后，法蒂玛王朝最后一位哈里发去世，什叶派统治下的埃及重归逊尼派。埃及原来是法兰克人的保护国，现在却成了开罗-阿勒颇轴心联盟的一部分，"海外领地"正面临前所未有的威胁。

医院骑士团为这次远征调动了所有可用资源，几乎倾家荡产。1170年夏天，团长吉贝尔的精神似乎崩溃了。他退居哈兰（Harran）的一个山洞里，做起了隐修士。虽然他最终迫于劝诱走出山洞，但无论骑士团全体大会如何请求，他都坚持要退位。后来，他在横跨英吉利海峡时落水淹死。医院骑士团用了许多年，才慢慢恢复了损失的人力和财富。

1173年，"新玛加伯人"——教宗阿德里安四世如是称呼圣殿骑士团——与耶路撒冷国王就阿萨辛派（Assassins）问题发生了激烈争执。阿萨辛派又被称为"印度大麻吸食者"（Hasishiyun），是伊斯兰教什叶派中的一个极端派别，其创立者特别强调"护教战争"（jihad）思想——在与不信教者的战争中牺牲的人将升入天堂。阿萨辛派用涂毒的匕首作武器，用薄饼作标记，对穆斯林和基督徒都发起恐怖暗杀活动。这个派别的组织结构从表面上看很像军事修会，他们在黎巴嫩的诺赛里（Nosairi）山脉中有几个"鹰巢"，首领称为"谢赫·贾贝尔"（Sheikh al-Gebel），意为

"山中长老"。

法蒂玛王朝的覆灭，让 1173 年时任阿萨辛派首领的拉希德·丁·希南（Rashid ed-Din Sinan）十分忧心。他突然派使者来觐见耶路撒冷国王阿马尔里克，宣布自己即将皈依基督教，希望国王减免其向圣殿骑士团纳贡的义务。国王深知拉希德的皈依虚多实少，但若能恢复诺赛里山区的和平，并获得阿萨辛派的情报网，仍值得冒险一试。于是，国王免除了阿萨辛派的贡赋，宣布其将派使者前去面见希南。阿萨辛派使者回归途中，遭遇以独眼的梅尼勒的戈蒂埃（Gautier de Mesnil）为首的部分圣殿骑士伏击，使者全部被斩首。阿马尔里克国王极为震怒，他的廷臣觉得他几乎失去了理智。[5] 国王以前就和圣殿骑士团有过节，曾因圣殿骑士团不经其同意就向敌人献出堡垒，而绞死了 10 名骑士。他命令圣殿骑士团团长圣阿芒的厄德（Eudes de Saint-Amand）交出罪犯，厄德拒绝了，但同意把罪犯移送罗马——只有教宗才有权审理此案。然而，阿马尔里克冲进团长的居所，抓住戈蒂埃，把他关进了监狱。

第二年，努尔丁去世了。萨拉丁控制了开罗和大马士革，并于 1176 年在巴格达哈里发的正式册封下，成为埃及和叙利亚之王。萨拉丁原本是一位库尔德冒险家，却一路拼杀登上王位，成为穆斯林中的"圣路易"。他过着神秘、禁欲的生活，时时斋戒，睡在粗糙的垫子上，不断施舍穷人。用爱德华·吉本的话来讲："他尽力效仿那阿拉伯先知的节制，却在守贞方面远远超过了他。"[6] 他的志向就是让逊尼派穆斯林重归一统。法兰克人十分欣赏萨拉丁的勇敢和宽宏大量，有一个传说甚至称，萨拉丁年轻时曾被耶路撒冷治安官册封为骑士。

阿马尔里克也在这一年去世，麻风病国王鲍德温四世继位。他登基时年仅 13 岁，就在他确诊麻风病一年后。他在统治期间健康状况不断恶化，受尽苦楚，却展示出了现实主义的政治手腕和卓越的领导力。

"海外领地"的战略环境正在迅速恶化。1176 年，以哥念（Iconium，今土耳其科尼亚）的塞尔柱苏丹在密列奥塞法隆战役中歼灭了拜占庭皇帝曼努埃尔的军队。拜占庭作为一个军事强国的历史结束了，再也没有能力干涉叙利亚事务。小亚美尼亚不断蚕食安条克公国，厚颜无耻，准备与穆斯林邻国结盟。更糟糕的是，耶路撒冷王国陷入了包围圈中。萨拉丁将于 1183 年占领阿勒颇，不断巩固他的帝国。

1177 年 11 月，萨拉丁亲率全军共 2.6 万名突厥人、库尔德人、阿拉伯人、苏丹人和马穆鲁克人，出击拉姆拉（Ramleh）和阿斯卡隆之间的平原地区。他将鲍德温四世和一小支守备军封锁在阿斯卡隆，向耶路撒冷城进发。鲍德温突围而出，集合了 300 名骑士，又得到圣阿芒的厄德带来的 80 名圣殿骑士襄助，疾驰包抄萨拉丁大军。这支小部队在蒙吉萨（Montgisard）的峡谷打了萨拉丁一个措手不及，年轻的麻风病国王和阿卡主教亲自高举"真十字架"，法兰克重装骑兵向埃及大军猛扑过去。萨拉丁及其军队逃进西奈沙漠，因缺水而几乎被全歼。

下一次战役中，鲍德温就没那么幸运了。1179 年 6 月 10 日清晨，鲍德温率军在泉水谷（Marj Ayun）伏击了萨拉丁侄子率领的一支劫掠队。战斗告一段落，鲍德温正在休息，不料几个小时后萨拉丁突然率一整支大军出现。鲍德温损失惨重，队伍被打散。圣殿骑士团过早出击，团长厄德被敌军俘虏。按照骑士团的规矩，厄德拒绝赎身。提尔主教威廉曾抨击这位性情火爆的团长，认为他是"傲慢自大之徒"（homo nequam superbus et arrogans）。[7] 但厄德是一个有原则的人，他一年后在监狱中去世，有可能是饿死的。

1185 年，邪恶的黎德福的热拉尔（Gerard de Ridefort）成为圣殿骑士团团长。他本来是一个身无分文的佛兰德贵族，以迎娶波特隆（Botron）领主的女继承人为条件，在的黎波里的雷蒙三世麾下效力。雷蒙没有信守诺言，热拉尔一气之下加入了圣殿骑士团。他野心勃勃，很快就爬上了高位，骑士团的种种缺陷也集中体现在他身上。作为骑士团团长，他一定要和各路诸侯在一起生活，还住在一栋引人注目的大房子里，以满足自己病态的虚荣心。他拥有私人保镖和阿拉伯秘书，两名骑士团高级官员始终随侍左右。[8]

1185 年，鲍德温四世去世。他留下两位女继承人，其中一位是他的姐姐西比拉（Sibylla），嫁给了吕西尼昂的居伊（Guy de Lusignan）。居伊长得很帅气，却是一个头脑简单的冒险家。当西比拉的儿子，幼王鲍德温五世于 1185 年夭折时，"海外领地"许多人都希望由西比拉的妹妹伊莎贝拉继承王位，因为她会把国事交给黎波里摄政雷蒙三世，他有能力拯救王国。然而，耶路撒冷宗主教和心怀怨愤的圣殿骑士团团长热拉尔支持居伊。热拉尔要求医院骑士团团长穆兰的罗歇（Roger des Moulins）交出王室宝库的第三把钥匙，罗歇将钥匙扔出窗外，但这并不能阻止加冕仪式举行。居伊在圣殿骑士团方阵护卫下加冕为耶路撒冷国王，热拉尔评论道："这顶王冠的价值可与波特隆家的婚姻相媲美。"

1187 年初，外约旦领主沙蒂永的雷纳尔（Reynald de Chatillon）从他位于沙漠中的摩押堡（Krak-en-Moab）要塞出发，屠戮了一支大马士革来的商旅队。其时正值停战期间，苏丹的妹妹也在这支商队中。雷纳尔是一个典型的强盗贵族，他最疯狂的举动发生在 1182 年，当时他把船队拆成碎片，穿过沙漠运到红海边上重新组装起来，劫掠前往麦加的朝圣者，招致整个伊斯兰世界对法兰克人的普遍仇恨。他胆大包天，肆无忌惮，与热拉尔颇有几分相似。

5 月，150 名骑士在拿撒勒附近的克雷森之泉（Spring of Cresson）阻截了 7000 名外出劫掠的穆斯林骑兵，其中包括圣殿骑士团团长热拉尔、90 名圣殿骑士、40 名在俗骑士，以及医院骑士团团长穆兰的罗歇、元帅马伊的雅克（Jacques de Mailly）和他们的护卫队。当时，热拉尔挑衅罗歇说："你太过爱惜你那金发的头颅了。"[9] 一名穆斯林亲历者记载道，法兰克骑兵朝他们猛冲过来的气势十分骇人，就连一头黑发都会吓白。但双方兵力差距实在太过悬殊。罗歇和雅克战死了，浑身插满羽箭，只有热拉尔带着两名骑士逃脱，但也身受重伤。

1187 年 7 月 1 日，萨拉丁率 6 万大军跨过约旦河。为抵御萨拉丁，整个"海外领地"的武装力量都被动员起来，大约有 1500 名骑士以及 2 万名军士、土科波尔和步兵。骑士中，有 300 名来自圣殿骑士团，250 名来自医院骑士团。此外，有一小支来自蒙茹瓦骑士团，可能还有一小支来自圣拉撒路骑士团。安条克王公博希蒙德三世派他的儿子带来 50 名骑士。耶路撒冷王国派出的骑士至多不超过 600 名，这就是其"现役骑士"的总数。

这支大军并不是从外国来的远征军，而是一支由当地人组成的、保家卫国的军队。许多骑士团成员、大部分在俗骑士和军士都出生于本地，其中有混血儿、叙利亚人和亚美尼亚人，甚至还有一些是纯粹的阿拉伯血统。共同的基督教信仰和外来威胁让殖民者和本地人团结在一起。

居伊国王并未相信经验丰富的雷蒙伯爵的判断，反而依靠沙蒂永的雷纳尔和圣殿骑士团团长热拉尔。萨拉丁攻占了提比利亚（Tiberias，太巴列），把雷蒙伯爵的妻子围困在城堡里，但伯爵依然建议居伊在有水源的萨法利亚（Saffaria）据守。热拉尔为了劝国王改变主意，日暮时来到国王帐中，[10] 说雷蒙伯爵是个叛徒，如果国王不能夺回提比利亚，将在上帝和他的臣民面前蒙羞。7月3日星期五，是那个异常炎热的夏天中最热的一天。法兰克军队经历一场沙漠运动战，在两座名叫"哈丁角"（Horns of Hattin）的小山上扎营。士兵们打下水井，但一滴水也没见着。萨拉丁已率军包围了两座小山，法兰克军队度过了一个干渴的夜晚，等待死亡降临。

第二天清晨，穆斯林军队点燃了灌木丛，烈焰和浓烟向山坡上迅速蔓延。法兰克步兵很快溃不成军，成百上千名士兵被屠，但骑兵仍在顽强战斗。居伊国王率骑兵发起一次又一次冲锋，每次都被一阵箭雨挡回来，最终剩下没了坐骑的150人，只得向穆斯林投降。穆斯林军队还缴获了装在黄金圣物箱中的"真十字架"。[11] 萨拉丁展现出仁慈姿态，对居伊国王礼遇有加，还释放了大部分俘虏。但有两件事例外。萨拉丁亲自处死了沙蒂永的雷纳尔，那位猎杀朝圣者的恶徒。他还明确下令，将每一位圣殿骑士和医院骑士斩首。阿拉伯编年史家伊本·阿西尔（Ibn al-Athir）认为，萨拉丁之所以处死骑士团成员，"是因为他们是法兰克人中最骁勇善战者"。

萨拉丁一面把叙利亚的法兰克男性驱赶到大马士革的奴隶市场上，一面不断攻占他们的城池。耶路撒冷妇女儿童与成年男性的比例已高达 50 比 1，但与 1099 年十字军占领耶路撒冷时不同，大部分市民都可以为自己赎回自由。由于没有人来主持大局，圣殿骑士团和医院骑士团的财务官员都吝啬至极，丑恶可耻，不愿拿出钱来。不过，萨拉丁也释放了那些身无分文的人。阿卡城也在同样条件下投降了。不到一个月，除了几个城堡外，只剩下安条克、的黎波里和提尔城还在顽强抵抗。当时，一位编年史家把哈丁角之败归咎于耶路撒冷的肮脏、奢靡和奸淫。不过，无论失败的原因是什么，基督教世界毕竟失去了这座"万王之王城"，所罗门圣殿和圣约翰医院也随之而去。

拉丁王国只剩下的黎波里、托尔托萨（Tortosa）、安条克和阿卡，似乎即将迎来末日。雷蒙伯爵也在悲痛中去世。幸运的是，萨拉丁并未继续进逼，而是集中精力对付内陆地区几个阻碍其补给线路的要塞。

骑士团发现，继续抵抗有利于减轻几个沿海城镇的压力。1188 年 1 月，贝尔沃（Belvoir）的医院骑士团在加利利成功击溃了包围军。一年来，穆斯林不断将兵力倾注于贝尔沃的医院骑士团和萨菲德（Safed）的圣殿骑士团，用投石机轰击这两座城堡，日夜不停在城墙下挖地道，发起一轮又一轮冲锋。冬季的大雨和湿泥差点击溃了围城军，但萨菲德最终于 1188 年 12 月投降，紧接着贝尔沃也在 1189 年 1 月投降。1188 年 6 月，萨拉丁围攻骑士堡，但医院骑士团没那么容易被吓倒，守住了城堡。随后，萨拉丁将锋芒转向托尔托萨，却被那里的圣殿骑士团守军击败。他没有进攻医院骑士团在海边的要塞迈尔盖卜（Marqab），因为从西西里来了 200 名骑士吸引他的兵力，在 7 月末解救了骑士堡。9 月，在达贝萨克（Darbessaq），圣殿骑士们安静地站在城堡缺口处一动不动，让穆斯林军队深感震撼。这座城堡顽强抵抗了两周，在博希蒙德王公的许可下投降了。圣殿骑士团的另一座要塞巴格拉斯也是如此，其守军退回了安条克。这些战斗牵制了萨拉丁的兵力，使基督徒抵抗活动的中心提尔城没有受到太大损失。

1188 年 7 月，萨拉丁释放了居伊国王，令他承诺在有生之年不再以武力对抗伊斯兰世界。不久之后，热拉尔获许为自己赎身——这是对圣殿骑士团规章的公然违背。热拉尔在提尔召集了许多圣殿骑士，还有刚刚从欧洲赶来的医院骑士。随后，在 1189 年 4 月，一支比萨舰队送来了更多增援。当年 8 月，居伊国王突然包围阿卡城，但阿卡的守军人数是其三倍。居伊国王打破对萨拉丁的承诺，可能是听了热拉尔出的坏主意：在受胁迫的境遇下对不信教者许下的诺言，不具有效力。阿卡围攻战旷日持久，堪比特洛伊围城，但这是法兰克人实力恢复的开端。

萨拉丁挥军指向居伊的军营，这支围城军发现自己被敌人反包围了。但是，法兰克人的增援军源源不断从海上来，这是一股股小规模的法国、德国和丹麦十字军。10 月 4 日，自哈丁角之战后，居伊首次向萨拉丁发起进攻。双方打了个平手，但指挥军队前锋的热拉尔拒绝撤退，被敌军俘虏了。萨拉丁立即就处死了他。十字军还在陆续抵达，包括一支伦敦来的分队。同时，自 1189 年 5 月起，神圣罗马帝国皇帝腓特烈·巴巴罗萨就率领一支 10 万人的大军向圣地进发。1190 年，腓特烈在渡过塞琉西亚（Seleucia）的一条河时不慎溺水，德意志大军随即解体——只有不到 1000 人抵达阿卡。阿卡之围还在继续，法兰克人拿不下阿卡城，穆斯林也没法击败法兰克人。军中爆发了饥荒和瘟疫，到了1191年春天，十字军开始绝望了。

1191年4月20日，法国国王腓力·奥古斯都的舰队来到阿卡城外，带来了粮食、援军和攻城器械。第三次十字军运动终于实现了。腓力国王一面令军队轰击阿卡城的主要防御工事诅咒之塔（Tour Maudite），一面推迟发动总攻的日期，直到6月7日英国国王理查一世抵达。圣殿骑士团和医院骑士团也有自己的投石机。

理查国王为了准备这次远征，先在国内向臣民大肆征收重税，随后一路上悠闲从容地行军，树敌颇多，还在半道上征服了拜占庭帝国控制下的塞浦路斯。到圣地后，他又变成了受人敬仰的"狮心王理查"。诅咒之塔倒塌后，十字军向阿卡城发起多轮猛攻。在7月11日英国人一波异常猛烈的攻势后，阿卡城守军的士气崩溃了。第二天，医院骑士团与守军谈判，阿卡城终于向十字军投降。

法国国王腓力进驻阿卡城的圣殿，招致圣殿骑士团强烈抗议。骑士团新团长是萨布莱的罗贝尔（Robert de Sable），来自曼恩，他当选靠的是英国国王理查的支持。腓力很快就从圣殿搬了出去。能让法国国王做出如此耻辱的让步，表明圣殿骑士团的力量不可小觑。到了7月末，腓力启航返回法国，理查成为十字军当仁不让的领袖。

萨拉丁曾要求圣殿骑士团保证俘虏的生命安全，但骑士团知道理查国王生性残暴、喜怒无常，拒绝了萨拉丁的要求。8月20日，理查命令英国军队处死了近3000人，包括男人、女人和儿童。两天后，他率军沿着海岸线向阿斯卡隆进发，用海域保护其军队的侧翼，让医院骑士团充当前锋，圣殿骑士团负责断后。后来，两个骑士团又交换了位置。因沼泽密布，莎草丛生，大军被迫折向内陆，来到阿尔苏夫（Arsuf）附近的平原上。

1191 年 9 月 7 日是一个酷热难耐的星期六。不断有马匹倒在穆斯林的箭雨下，但理查仍按兵不动，想等战线全面展开后再发起冲锋。医院骑士团位于十字军左翼，团长纳布卢斯的加尼耶（Garnier de Nablus）曾是英格兰修道长，他告诉理查，军队受苦最多，急于出击，已经按捺不住了。最终，医院骑士团元帅失去了耐心，向敌人发起冲锋，所有法兰克骑士都跟着他一齐向前。这次冲锋一举击溃了萨拉丁的军队，理查获得了决定性胜利。

萨拉丁开始撤出沿海各城镇的守军。不幸的是，理查没有继续向耶路撒冷进军，而是耽搁了一些时日加固雅法城。11 月，他启程去耶路撒冷，到次年 1 月时离城墙只剩下 12 英里。但由于冬季大雨滂沱，萨拉丁又紧随其后，理查听从了骑士团和当地贵族的建议，撤回阿斯卡隆。在圣殿骑士团提议下，理查开始加固阿斯卡隆的防御工事。

1192 年的头几个月，十字军爆发了对耶路撒冷王位继承问题的纷争。1190 年，西比拉王后去世，没有留下子嗣，叙利亚的贵族们渴望借此机会摆脱她那位可悲的丈夫。西比拉的妹妹伊莎贝拉本来嫁给了软弱的托伦领主汉弗莱（Humphrey de Toron），但这场婚姻在贵族强迫下失效，伊莎贝拉抗议无果，只得于 11 月嫁给了蒙费拉的康拉德（Conrad of Montferrat）。由于居伊曾是普瓦图领主，英国国王理查是其封君，1191 年 7 月，居伊在理查的支持下赢得了耶路撒冷王位。之后，理查对居伊的品行了解更深，他在 1192 年 4 月召集所有叙利亚贵族开会，会上大家一致推举康拉德为耶路撒冷国王。然而，就在一个星期之后，康拉德被阿萨辛派刺杀。又过了一个星期，伊莎贝拉嫁给了理查的外甥香槟伯爵亨利。亨利年轻有为，人气颇高，代替康拉德登上了耶路撒冷王位。

但如何安置前国王居伊的问题并没有就此解决。理查来巴勒斯坦的途中，把新征服的塞浦路斯卖给了圣殿骑士团。圣殿骑士团对岛上居民的管理十分傲慢粗暴，激起了民愤。1192年，岛上爆发起义，圣殿骑士团指挥官阿尔芒·布沙尔（Armand Bouchart）、14名骑士和100名士兵不得不躲进尼科西亚（Nicosia）的堡垒中暂避。几天后，阿尔芒发动了一场血腥的反攻，取得了胜利，但圣殿骑士团最终把塞浦路斯交还给理查。理查把塞浦路斯卖给居伊，随后永远离开了圣地。居伊向的黎波里的商人们借钱，交清了购岛的首付。

9月，理查与萨拉丁订立了停战协定，规定停战期为5年，法兰克人拥有提尔至雅法之间海滨城镇的控制权。第三次十字军运动没能夺回耶路撒冷，此后，十字军国家变成一条囊括多个沿海城镇，大约90英里长、10英里宽的狭长地带，这就是新的"海外领地"。1192年10月，理查离开巴勒斯坦。

第二年，萨拉丁在大马士革去世。他死的时候像个圣徒，与自己的佩剑葬在一起，因为先知曾说过："天堂就在宝剑的阴影之下。"穆斯林与十字军的敌对行动也逐渐减弱。萨拉丁的继承者阿尤布王朝忙着瓜分他的遗产，"海外领地"在亨利国王的有力领导下慢慢站稳脚跟。所罗门圣殿和圣约翰医院都随耶路撒冷而陷落，圣殿骑士团和医院骑士团就把总部搬到了阿卡。

1197年9月，亨利国王从一处窗口坠落，不治而亡。伊莎贝拉王后第四次结婚，嫁给了吕西尼昂的阿马尔里克，也就是前国王居伊的弟弟。1194 年居伊去世后，阿马尔里克继承了塞浦路斯，近来又经神圣罗马帝国皇帝亨利六世加冕为塞浦路斯国王。阿马尔里克在阿卡城定居，与骑士团保持着良好的关系：当他与亨利国王发生争执时，骑士团就会介入，并站在他这一边。阿马尔里克建立的塞浦路斯王国延续了三个世纪。

吕西尼昂家族统治下的塞浦路斯与"海外领地"很相似，都有说法语的国王和贵族，还有意大利商人阶级。塞浦路斯的城堡和教堂都仿照法国样式修建，文化上带有拉丁和封建特色，任用罗马天主教教士，迫害东正教徒。医院骑士团和圣殿骑士团都在这里建立了指挥官辖区，其中最有名的当属科洛西（Kolossi），现在那里还出产甜美的圣约翰葡萄酒。但是，骑士团在塞浦路斯从未获得像在叙利亚一样大的权力，因为塞浦路斯王权较强，而13 位贵族相对处于弱势。这是一个美丽的国度，远离边境战争之扰，最终将毁掉"海外领地"。定居者偏爱塞浦路斯的肥沃土壤、柠檬树、柑橘园和宜人气候，不喜欢巴勒斯坦的石滩、炎热的天气和危险的环境。叙利亚贵族们在塞浦路斯修建了庄园，对耶路撒冷的存亡也就不那么上心了。

阿马尔里克统治时期的一个重要事件就是 1197 年的德意志十字军运动。这次运动最终没能成形，其唯一成果是在 1198 年创建了第三个大军事修会——条顿骑士团。条顿骑士团会址位于阿卡城的圣尼古拉门。由于条顿骑士团之后主要在波罗的海地区而非耶路撒冷王国活动，我们将在另一章讲述它的故事（见第 5 章）。

大约在同一时期，阿卡城内成立了另一个军事修会，名叫英格兰坎特伯雷的圣托马斯医院骑士团，通常被称为阿卡圣托马斯骑士团（Knights of St Thomas Acon）。在围困阿卡期间，圣保罗大教堂总铎（dean）派驻十字军的礼拜神父威廉，不忍于英国十字军战士的悲惨遭遇，开始照料伤员。十字军占领阿卡后，在理查国王的支持下，威廉修建了一座小礼拜堂，买下一块墓地，成立了一座医院连同一个看护病患的兄弟会，由英籍守律教士团（canons regular）组成。[12] 这个组织并不参与战斗，直到1128 年温切斯特主教下令其变更为一支"军队"（militia）。他们穿白色斗篷，上面有红色十字标记和一个扇贝形图案。骑士团在塞浦路斯、西西里、南意大利和后来的希腊拥有土地，其英国总部是伦敦的阿卡圣托马斯医院，位于现在的绸缎商会堂（Mercer Hall）——这里是圣托马斯·贝克特出生的地方，由他的妹妹和妹夫赠予骑士团。圣托马斯骑士团的成员一直不太多，大部分英国人更愿意加入圣殿骑士团或医院骑士团。

　　作为"海外领地"最有权势的组织，两大骑士团不可避免地卷入政治斗争的旋涡，越陷越深。圣殿骑士团决心阻止亚美尼亚王国和安条克公国结盟，展露了他们最糟糕的一面。奇里乞亚的亚美尼亚王国受法兰克人影响很深，其教会以罗马教廷为尊，"纳卡拉尔"（Nakharar，军事领主）变成封建贵族；双方的统治家族还相互通婚。但圣殿骑士团对姆莱国王的惨痛教训始终心有余悸。更难以原谅的是，当萨拉丁大军将圣殿骑士团赶走后，莱翁（Lavon / Leo）国王占据了巴格拉斯堡，控制了安条克与奇里乞亚之间的交通要道，还拒绝将堡垒还给圣殿骑士团。

　　莱翁国王的女儿①嫁给了安条克公国的继承人雷蒙，但雷蒙的父亲博希蒙德三世在世时雷蒙就去世了。1201 年博希蒙德去世后，

---

① 疑为作者笔误，是莱翁的侄女爱丽丝嫁给了安条克的雷蒙四世。——译者注

圣殿骑士团新团长普莱西耶的菲利普（Philippe de Plaissiez）反对博希蒙德的孙子、带有一半亚美尼亚血统的雷蒙-鲁本（Raymond-Ruben）继承爵位，支持博希蒙德的小儿子的黎波里的博希蒙德[1]。这场爵位争斗旷日持久，延续了近 20 年，托罗斯山脉陡峭的沟谷里爆发了无数次突袭、追击和伏击战。

医院骑士团和条顿骑士团也卷入了争斗。有一阵子，教宗英诺森三世还批评圣殿骑士团团长，说骑士团的任务是对抗穆斯林，而不是医院骑士团。同时，莱翁国王将东奇里乞亚的一个关键要塞锡利夫凯（Selefke）授予医院骑士团。他们以此为据点，在条顿骑士团协助下，频繁掠袭穆斯林领土。无疑，条顿骑士团大团长赫尔曼·巴尔特（Hermann Bart，另作海因里希）就是在 1210 年的某一次掠袭中被杀。条顿骑士团与医院骑士团建立了友谊，进一步恶化了其与圣殿骑士团的仇怨。圣殿骑士团一直质疑条顿骑士团穿着白色长袍的权利，还一度将其赶出阿卡城。

1210 年，圣殿骑士团与阿勒颇的马利克·扎希尔（Malik as-Zahir）和科尼亚的凯卡瓦斯（Kaikawas of Konya）结盟。骑士团弟兄与不信教的突厥人并肩战斗，进入奇里乞亚，占据了位于山区的帕通克（Partounk）要塞，威胁亚美尼亚首都希斯（Sis）。莱翁国王为了求和，让出了巴格拉斯堡。

1213 年，的黎波里的博希蒙德之子雷蒙在托尔托萨被阿萨辛派刺杀，第二年，耶路撒冷宗主教也遭遇了同样的厄运。由于宗主教生前经常指责医院骑士团，而阿萨辛派向医院骑士团纳贡，当时便有人怀疑他们默许了这场谋杀。

---

[1] 雷蒙本继承了其教父的的黎波里，后博希蒙德希望雷蒙继承安条克，就派小博希蒙德去接手的黎波里。——译者注

最终，雷蒙-鲁本于 1216 年占领安条克，并从圣殿骑士团手中夺回城中堡垒，成立了一支由医院骑士团组成的守备队，锡利夫凯的城堡主巴拉斯的费朗（Ferrand de Barras）担任队长。他还把杰卜莱（Jabala）要塞授予迈尔盖卜的城堡主茹贝尔（Joubert）。但在 1219 年，安条克市民起义，迎回博希蒙德四世，他下令没收了医院骑士团的所有财产。医院骑士团向罗马教廷申诉未果，但教宗设法让医院骑士团和圣殿骑士团在 1221 年达成和解。自从莱翁国王去世、雷蒙-鲁本被杀后，圣殿骑士团就没有再介入亚美尼亚政治。直到 1231 年，博希蒙德才与医院骑士团达成和解。

医院骑士团冷酷无情，丝毫不亚于圣殿骑士团。1222 年，博希蒙德四世的小儿子菲利普迎娶了已故莱翁国王的女儿萨贝尔（Zabel / Isabella），成为亚美尼亚国王。亚美尼亚教会已同罗马教廷决裂，但菲利普还是加入了亚美尼亚教会，医院骑士团依然支持他。菲利普行事十分傲慢，1226 年即被谋杀，年仅 16 岁的萨贝尔王后被迫改嫁亚美尼亚摄政康斯坦丁的儿子赫图姆（Hethoum，或海屯）。她趁夜逃婚，来到锡利夫凯要塞向医院骑士团求助，而城堡主贝特朗却把她和要塞一并卖给了康斯坦丁摄政。后来，医院骑士团每年向亚美尼亚提供 400 名骑士，康斯坦丁和赫图姆都成了骑士团的同侪骑士。赫图姆国王让亚美尼亚教会与罗马教廷和解，结束了医院骑士团的干涉。

各大骑士团中，几乎没有骑士能读懂拉丁文，但这并不意味着所有骑士都目不识丁。圣殿骑士团中有几位行吟诗人，使用法国南部或北部方言创作诗歌，其中包括团长萨布莱的罗贝尔。大约在 1180 年，一位不知名的"布鲁尔圣殿骑士"（Bruer，林肯郡斯利福德附近的圣殿骑士团辖区）将《泰依丝》（*Thais*）和一些有关敌基督和圣保罗进入地狱的拉丁语诗歌翻译成诺曼法语，其中一首献给他的上司"阿尔西的亨利（Henri d'Arci），所罗门圣殿骑士"。他还用散文体翻译了《沙漠教父言行录》（*Vitae patrum*）。[13]

医院骑士团中最优秀的学者可能要数圣斯特凡诺的古列尔莫（Guglielmo di Sant Stefano）了。他写了一部医院骑士团简史，还撰写了一些法律论文，体现他出对罗马法和亚里士多德《尼各马可伦理学》的丰富认识。1286 年，他委托阿卡一名教士将西塞罗的作品翻译成法语。令人惊讶的是，古列尔莫并非礼拜神父，而是一名骑士。[14]

1204 年，教宗英诺森三世发动了第四次十字军运动。同往常一样，十字军主要由法国人组成，但这次他们雇用了威尼斯船队。威尼斯总督恩里克·丹多洛（Enrico Dandolo）随十字军同行，他虽双目失明，但头脑十分精明。在路上，他成功劝说十字军帮助阿莱克修斯·安格洛斯夺取拜占庭帝国皇位。十字军成功了，但这位新皇帝没法兑现对十字军夸下的海口。于是，十字军于 4 月 12 日洗劫了君士坦丁堡。三天之内，他们对同样信仰基督教的市民疯狂抢掠、大开杀戒。就连教士也加入了，这场暴行在亵渎东正教的"圣彼得大教堂"——圣索菲亚大教堂的行动中达到了顶峰：十字军让一名喝醉了的妓女坐上牧首的宝座。随后，十字军选出了一位拉丁皇帝和一位宗主教——一名法国人和一名威尼斯人，并把拜占庭希腊的疆域划分为数个公爵领和男爵领，分封给自己人。

教宗听到这个消息后，感叹道：希腊人痛恨拉丁人，称之为背信弃义的狗，这并不是没有原因的！然而，他没有让原来的东正教牧首复位，反而确认了拉丁皇帝和宗主教的合法性。不过，若是能恢复和平，拜占庭帝国就会像历史上多次重演的那样，逐渐复苏，成为对抗伊斯兰教的坚强堡垒。

第四次"十字军"运动的另一大恶果，是加强了天主教徒将东正教徒视为"裂教分子"（schismatic）的倾向。维特里的雅克记载道，军事修会成员的职责不仅是与萨拉森人和异教徒作战，如果得到上级授意，他们还会攻击东正教徒——无论是在希腊还是别的什么地方。不久之后，这就意味着条顿骑士团和罗斯人之间爆发的惨烈战争。

现在，法兰克殖民者可以从希腊或爱琴海上的岛屿获得土地，愿意踏足巴勒斯坦的人就更少了。对贵族们来说，"罗马国"（Romania，东罗马帝国）就是一处天堂，亚该亚（Achaia）王公的宫廷可与亚瑟王的卡美洛宫（Camelot）相媲美。圣殿骑士团、医院骑士团和条顿骑士团都在希腊设置了辖区。

与此同时，"海外领地"进入了一个相对安宁的时期。1205年阿马尔里克国王去世后，其子于格国王继承了塞浦路斯，耶路撒冷则由其年幼的继女玛丽亚女王继承，她于1210年嫁给了布列讷的约翰（John de Brienne）。约翰年届六十，但依然精力旺盛，是个兵痞冒险家。他虽长年征战，但头脑冷静，只要有办法避免冲突，绝不轻启战端。苏丹赛义夫·丁·阿迪勒（Saif ad-Din al-Adil，法兰克人称他为萨法丁）同样倾向和平，他自1201年起开始统治萨拉丁留下的帝国。萨法丁曾积极主张与十字军为敌，还是一个穆斯林兄弟组织的成员（这一组织以特制的裤子同他人相区别），但他年事渐长，被家族争斗耗尽了心力。萨法丁对基督徒采取了宽容相待、互不干扰的政策。

"海外领地"享受了六年的和平时光，另一个原因是阿尔比十字军运动开始了。这表面上是针对反叛的清洁派教徒——他们是憎恶肉体的摩尼教二元论者——的神圣战争，在很大程度上却是为了满足法国北部贵族的贪欲，他们垂涎于朗格多克贵族的领地。圣殿骑士团和医院骑士团在法国的辖区在这次运动中参与不多，但一时间西方基督教世界的注意力无疑为此吸引，暂时从巴勒斯坦地区转开。

1217 年发起的第五次十字军为叙利亚的法兰克人带来了隐忧。当年 9 月，匈牙利国王安德烈二世和奥地利公爵利奥波德在阿卡登陆。11 月，塞浦路斯国王于格与他们会合。耶路撒冷国王约翰召集了他的贵族，还有骑士团团长们——圣殿骑士团的沙特尔的纪尧姆（Guillaume de Chartres）、医院骑士团的蒙太古的加兰（Garin de Montaigu）、条顿骑士团的萨尔察的赫尔曼（Hermann von Salza）。然而，十字军接下来几个月的征战都白费力气，没取得什么成果。最终，约翰国王认为，与其直接进攻耶路撒冷，向埃及发起猛攻更有可能夺回圣地。

1218 年 5 月，十字军舰队从阿卡启程，抵达尼罗河口，进军达米埃塔（Damietta，杜姆亚特）。埃及人布设了横跨尼罗河的大铁链，想把十字军阻断在海上，但十字军在 8 月占领了"铁链塔"，打通了通往城墙的路线。萨法丁羞愤而死。欧洲的增援部队抵达埃及，同来的还有一名傲慢的教宗使节——枢机主教贝拉基（Pelagius）。每个骑士团都有攻城器械，不断轰击达米埃塔。1218 年 10 月 9 日，埃及人向十字军营地发动突然袭击，却被约翰国王和医院骑士团元帅雷隆的艾马（Aymar de Layron）率领

30 名骑士击退，后来援军抵达，把马穆鲁克兵赶到了尼罗河里。1219 年 8 月 29 日，十字军试图进攻达米埃塔，却因损失惨重没能成功，圣殿骑士团损失了 50 名骑士，医院骑士团损失 32 名，包括元帅在内。

最后，萨法丁的儿子和继承人卡米勒（al-Kamil）提出，若十字军放弃攻城，愿归还包括耶路撒冷在内的整个巴勒斯坦地区。约翰国王和条顿骑士团打算接受这个条件，但贝拉基和其他骑士团表示拒绝。11 月 5 日，达米埃塔陷落，十字军占领这座城市两年。卡米勒听说成吉思汗的铁骑正大举入侵伊斯兰世界，再次向十字军提出和谈：用巴勒斯坦来换达米埃塔。这一次，三大骑士团都站在国王一边，而枢机贝拉基仍不同意，他想要开罗。约翰国王愤而退回阿卡，但 1221 年贝拉基又把他召回。卡米勒第三次提出了慷慨的和谈条件，但 7 月十字军开始向开罗进军。

十字军不可思议地被困在开罗城下的水道网中，四面八方都是突厥军队。他们粮草枯竭，孤立无援，约翰国王只得用达米埃塔换回了自己和部下的性命。埃及苏丹卡米勒很有风度，他邀请十字军将领赴宴，还给十字军送补给。达米埃塔必须归还的消息传回，意大利商人利用此城作为商港的希望落空，他们在城内发动暴乱。暴乱导致一名圣殿骑士死亡，一名条顿骑士受伤。十字军四年的艰苦努力因一名枢机主教的愚蠢而付诸东流。

阿西西的圣方济各在这段时期来到"海外领地"，甚至面见了卡米勒苏丹，这位基督教托钵僧激起了苏丹的好奇心。各大骑士团也有类似的圣徒。医院骑士热那亚的圣于格是一位神秘主义者，因苦修而闻名于世。他常常同医院里的病人睡在一起，做着最卑微的工作，例如擦洗病人的身体、搬运尸体等等。他能够担任圣殿骑士团的热那亚指挥官，一定也身经百战。波洛涅的圣热尔朗（St Gerland de Pologne）是卡尔塔吉罗内（Caltagirona）的指挥官，也是一名娴熟的外交官，代表医院骑士团团长驻在神圣罗马帝国皇帝腓特烈的宫廷。他是西西里穷人的传奇教父，因擅长修复破裂的友谊而著称。医院骑士中还有一位圣徒：名叫杰拉尔德·梅卡蒂（Gerard Mercati）的杂役弟兄。他后来做了方济各会修士，1241 年在隐修中去世，死时还穿着绣有白色十字标记的灰长袍。医院骑士团的女护工中也产生了一位圣徒——受人爱戴的乌巴尔德斯卡（Ubaldesca）。

千万不可低估骑士团使命中蕴含的精神力量。医院骑士的入团仪式中即有誓言："要为穷人和病人服务，捍卫天主教信仰。"医院骑士团和圣殿骑士团都是"善良的撒玛利亚人"的效仿者。[15] 吟游诗人埃森巴赫的沃夫拉姆（Wolfram von Eschenbach）在这一时期访问了"海外领地"，对骑士团精神深感钦佩，在诗作《帕西法尔》（Parsifal）中把圣殿骑士比作圣杯骑士（Holy Grail）。[16]

在欧洲，女护工原本隶属于医院骑士团辖区，但后来逐渐聚集到一起，住进了分隔的居所，过上了默想的生活，为那些同异教徒战斗的弟兄们祈祷，不再承担看护病人的职责。她们身穿红色长袍，披一件绣有白色十字标记的黑色斗篷。第一座修女院坐落于阿拉贡的锡赫纳（Sijena），1188 年启用。位于英格兰萨默塞特郡巴克兰（Buckland）的那所著名修女院曾经是奥古斯丁会守律修女（canoness）的居所，集中了全英格兰所有的医院骑士团女护工，还配有礼拜神父。这些修女院都要把收入上交给团长，就像骑士团辖区。

神圣罗马皇帝腓特烈二世从来自欧特维尔家族的母亲那里继

承了西西里，他虽然是霍亨斯陶芬家族的成员，但更像一个诺曼人，一个"受过洗礼的苏丹"，拥有阿拉伯卫队和后宫。罗马教宗称他为"敌基督"，但他受到条顿骑士团大团长萨尔察的赫尔曼的忠诚拥护。多年来，赫尔曼都是腓特烈最信赖的代理人，他在皇帝推行的各项政策中发挥关键作用，但也不忘从腓特烈那里为自己的弟兄们争取特权。尽管遭到圣殿骑士团的激烈反对，腓特烈仍想办法从教宗那里为条顿骑士团争取到了穿白色长袍的权利。在里米尼的金玺诏书中，皇帝还把当时尚未开化的普鲁士赐给了条顿骑士团。很有可能是赫尔曼劝说腓特烈迎娶了布列讷的约翰的女儿，耶路撒冷王国的女继承人约兰德（Yolande），腓特烈借此取得耶路撒冷王位。婚礼结束后，约兰德很快就降级为后宫女眷。约翰出乎意料地和他的女婿腓特烈在意大利打了一仗，却未能获胜，他自己当上了君士坦丁堡的拉丁皇帝。

　　腓特烈发动的第六次十字军运动从一开始就不顺利。他刚刚被罗马教廷施以绝罚，在塞浦路斯短暂停留期间，又与叙利亚贵族们结下了梁子。他于1228年抵达巴勒斯坦，除了条顿骑士团，当地教士都反对他。即便如此，腓特烈仍施展了一次外交绝技。他统治下的西西里王国有萨拉森居民；他会说一口流利的阿拉伯语，十分了解穆斯林，并对他们有好感。他的对手卡米勒苏丹也是一位文明、宽容的统治者，不喜欢打打杀杀。卡米勒苏丹听说这位怪异的皇帝穿得像个埃米尔，还把《古兰经》经文绣在自己的丝袍上，遂被吸引。

　　最终，腓特烈与卡米勒签订协议，得到了拿撒勒、蒙福尔／施塔肯贝格（Montfort／Starkenberg）和托伦的城堡、耶路撒冷以及雅法到耶路撒冷的走廊地带，而穆斯林则保留了圆顶清真寺和

"所罗门圣殿"。毫无疑问，赫尔曼曾建议腓特烈给苏丹留点面子，让出一点土地。赫尔曼还给罗马的一位枢机主教写信说："别忘了，在圣地失落前，萨拉森人在几乎所有基督教城市中都能自由地实践自己的信仰，正如今天在大马士革和其他伊斯兰土地上，基督徒也享有宗教信仰自由。"[17]

圣殿骑士团团长蒙太古的皮埃尔（Pierre de Montaigu）和医院骑士团团长泰西的贝特朗（Bertrand de Thessy），因这份协议签订时未经其盖印，感到十分愤怒。两大骑士团都随腓特烈一同去接管耶路撒冷，但并不听其号令，而是服从"以基督之名"下达的命令。腓特烈入驻耶路撒冷的医院，把老王宫赐予条顿骑士团。当这位"敌基督"在圣墓教堂加冕时，除了不可或缺的赫尔曼和条顿骑士外，其他人都没有到场。[18]

随后，圣殿骑士团团长蒙太古的皮埃尔给苏丹写信，提出在腓特烈回阿卡的路上刺杀他。卡米勒苏丹立即将这封有意思的信转给了腓特烈，腓特烈随即下令包围阿卡城的圣殿，但皮埃尔团长很精明，拒绝现身。[19]此后不久，腓特烈回到意大利，没收了圣殿骑士团在意大利的所有分团区财产。在叙利亚的圣殿骑士团予以反击，将条顿骑士全部赶出阿卡城。腓特烈始终认为，教宗格里高利是皮埃尔刺杀阴谋的幕后指使，但由于赫尔曼从中斡旋，他最终与教宗握手言和。教宗1231年承认腓特烈和他的儿子康拉德为耶路撒冷国王。

接下来的十年里，腓特烈的支持者与十字军贵族在叙利亚争斗不断。此地的形势可谓合法的无政府状态。不过，这也是一段开疆拓土的时期。法兰克人收复了1187年以来失去的要塞。蒙古人入侵波斯给穆斯林带来巨大灾祸，让卡米勒苏丹惊恐不已。他根本无暇顾及耶路撒冷的基督徒。

骑士团的总部设在阿卡，但要塞都在外围。条顿骑士团占有附近的施塔肯贝格，医院骑士团在的黎波里海岸地带有一座迈尔盖卜堡，圣殿骑士团拥有佩勒兰堡（Chastel Pelerin）。佩勒兰堡位于阿特利特（Atlit），与其说是座城堡，不如说是筑防的半岛，三面环海，朝向陆地的一面有一堵高大的石墙，城堡内部有淡水井、树林、果园、畜群，甚至还有盐井。三大骑士团还占有许多堡垒，它们的名字依然能唤起人们对"海外领地"的浪漫想象：红堡（Chastel Rouge）、鲁瓦塞尔岩堡（Roche de Roissel）、贝尔沃堡，阿拉伯作家还把贝尔沃堡称为"坐落在繁星中的猎鹰之巢"。在施塔肯贝格，一座巨大高耸的瞭望塔与城郭分开，从山顶上俯视着这片土地，修道院房舍坐落在堡垒的坚固主休内，四周有一圈幕墙（curtain-wall）。

最著名的堡垒可能要数医院骑士团的骑士堡，这是"中世纪军事建筑的顶峰"，由一圈圈高大的围墙和棱堡环绕。堡内有一座修道院、一栋修士大会会堂，还有一间漂亮的会议厅——可能是城堡主的住所——其精巧的肋架拱顶和石雕玫瑰让人联想起法国的修道院。[①]

在十字军统治叙利亚的时期，大部分土地都是城堡主通过坐落于战略要地的堡垒来控制的。[20] 这些堡垒还是行政和商业中心，人们在这里交税，商旅在这里歇脚。[21] 骑士团花费大量时间守卫

---

① 骑士堡的大柱廊里有一段令人印象深刻的奇特铭文："你或许拥有财富、智慧和美貌，但只要骄傲找上门来，一切都将归于渣滓。"见 P. Deschamps, *Les Châteaux des croisés en Terre Sainte. Le Crac des Chevaliers*, P.218。（全书脚注未标者均为作者原注）

它们，迈尔盖卜堡的城墙下有 4 名骑士和 28 名军士往返巡逻。这些堡垒往往装饰华丽，有马赛克地板和壁画，其中礼拜堂、餐厅和城堡主居所更漂亮，他们在这里款待来访的贵族。对骑士团来说，堡垒中的生活除了军事训练，就是虔诚修道。

不过，骑士在堡垒守军中只占很小的一部分，他们住在一处单独的院子里，它又充当修道院。一些城堡的守备队理论上说至少有 1000 人，其中大部分是土科波尔雇佣兵，从当地阿拉伯人中招募而来。可以说，其中大部分甚至绝大多数人都是穆斯林，对骑士团不甚忠诚。这样的军队并不可靠，在危险降临时往往一哄而散。招募、武装和供养这支军队以及建造和维护堡垒的费用十分可观，渐渐耗尽了骑士团的资源。

当危机来临，堡垒的守备队就会大大缩减，许多骑士都加入了骑士团的主力军。如果他们没有回归，即便这座堡垒距离海岸只有区区几英里，其中的人也无法得知战况究竟如何。堡垒的城墙应当是坚不可摧的，补给和水也足够维持 1000 人的守备军，但往往由于守城的军队不甚可靠，无法发挥其应有的防御力。

除非守军主动投降，否则围城军决不会放他们一条生路；而"海外领地"的军队人数太少，几乎不可能来增援。这些巨大、安静的堡垒中气氛日渐紧张。敌军不断发起突袭，伴随着马穆鲁克部队的刺耳叫喊和攻城器械射石的轰击声。攻城器械投出的炮弹包括装有"希腊火"的燃烧桶，这是一种硫黄和石脑油的混合物，有点像中世纪版的凝固汽油弹。敌军还在城墙基下挖地道，先用坑柱支起来，然后一齐烧掉，让城墙轰然倒塌。有时候，守备军会挖掘反地道，用铁叉、匕首袭击挖地道的工兵，或用恶臭弹把他们熏出，甚至放水把他们冲走。土科波尔雇佣兵很容易恐慌，围城战很快就变成一场精神力的较量，因而堡垒很少因敌军进攻而坍塌，守军总是有条件地投降。1187 年，法兰克人最坚不可摧的萨云（Sahyun）城堡仅仅过了三日就向萨拉丁投降了。

除了三大骑士团，其他小骑士团都没有堡垒。或许唯一的例外是圣拉德雷塔，紧挨着阿特利特和凯撒利亚之间的麻风病院。即便如此，英国小小的圣托马斯骑士团也在持续稳健地发展。1231 年，温彻斯特主教罗什的彼得（Peter de Roches）将阿卡的一座新教堂赐予骑士团，从他们那里索要了一大笔钱。[22]

1239 年，纳瓦拉国王提奥巴尔德（Tibald / Theobald）率许多法国领主和 1000 多名骑士，在"海外领地"登陆。但在那年11 月，一些部队在阿斯卡隆附近被围歼。幸运的是，提奥巴尔德和三大骑士团没有和他们在一起。穆斯林军队还洗劫了耶路撒冷，随后撤出。不过，提奥巴尔德收复了博福尔（Beaufort）、萨菲德和阿斯卡隆。康沃尔伯爵理查紧随其后（他后来做了德意志国王），凭借高超的谈判技巧收复了西南部许多土地。

这段时期，穆斯林势弱，十字军本来有可能取得一些真正的胜果，但圣殿骑士团和医院骑士团争吵不断，与神圣罗马帝国的代理人相互勾结，在阿卡城的街巷深处相互争斗。当提尔这座帝国最后的堡垒被圣殿骑士团和叙利亚贵族们夺占时，腓特烈皇帝仍得到医院骑士团和条顿骑士团的支持。

早在 1170 年，圣殿骑士团和医院骑士团的关系就已不和。1197 年，两大骑士团为争夺的黎波里境内的一块小领地大打出手，冲突进一步升级。此后多年，尽管教宗三令五申禁止骑士团之间斗殴，但小辈的骑士在街上一看到对方的成员，仍会拔剑相向。1218 年蒙太古的皮埃尔当选为圣殿骑士团团长后，曾与其兄弟，1208 年至 1228 年任医院骑士团团长的蒙太古的加兰合作，两大骑士团短暂地和睦相处。但两人一死，双方的关系就又恶化了。

圣殿骑士团 1214 年占领纳布卢斯，屠杀城民，包括信仰基督教的阿拉伯人。1243 年，他们占领了耶路撒冷的圣殿，随即开始重新加固圣城的防御设施。然而，阿尤布苏丹和因蒙古人入侵逃亡到此的花剌子模突厥人（Khwarizmian Turks）结成盟友。当年 7 月，1 万名野蛮的部落民席卷了耶路撒冷，从此法兰克人永远失去了这座圣城。与此同时，"海外领地"和北叙利亚的穆斯林诸侯也开始整军备战。十字军贵族召集了 600 名骑士，而圣殿骑士团团长佩里戈尔的阿尔芒（Armand de Perigord）召集了 300 名，医院骑士团团长沙托讷的纪尧姆（Guillaume de Chateauneuf）也有 300 名。条顿骑士团派来了一支小分队，连圣拉撒路骑士团也派出了一些骑士，此外还有来自安条克、的黎波里的骑士，以及数千名土科波尔雇佣军和步兵。叙利亚诸侯召集了一支大军，由马穆鲁克和贝都因骑兵组成。

1244 年 10 月 17 日，在加沙附近的拉佛比（La Forbie），联军与埃及军队展开激战。联军立刻就遭到了扛着红飘带长矛的花剌子模部队的猛烈进攻。法兰克人守住了右翼，但中部和左翼抵挡不住，叙利亚人只得掉头逃跑。花剌子模和埃及的突厥人包围了法兰克人，将他们截作数段。至少有 5000 名基督徒阵亡，其中包括圣殿骑士团团长阿尔芒、元帅蒙太古的于格和 312 名圣殿骑士；325 名医院骑士阵亡，团长被俘；圣拉撒路骑士全部阵亡。[23] 只有 26 名医院骑士、33 名圣殿骑士和 3 名条顿骑士逃脱。[24]

即便埃及苏丹没工夫征服整个"海外领地"，小小的耶路撒冷王国也禁不起这么大的人员伤亡。医院骑士团团长在开罗的监狱里待了 6 年，幸运的是，骑士团早有应对此类状况的办法，推举了他的副手，耶路撒冷地方的大分团官罗内的让（Jean de Ronay）为副团长。

耶路撒冷王国本身并没有一个中央政权，尽管摄政塞浦路斯国王亨利任命了伊贝林（Ibelin）家族的许多成员来做地方执行长官（baillis）。不过，耶路撒冷王国迎来了一位上帝派来的领袖——法国国王路易九世，他于 1249 年登陆达米埃塔。路易是整个基督教西方世界的英雄国王，他曾经说过，与异教徒争论的唯一办法就是把剑刺入他的肚腹。他虽说过这样可怕的话，但他既仁慈又风趣，对他同时代的人，包括穆斯林，都有一种磁铁般的吸引力。他从未打破自己的承诺，即便对萨拉森人也言出必行。

路易率 2000 名骑士攻占了达米埃塔，其中包括法兰克人的"罗马国"的 400 名骑士，以及圣殿骑士团、医院骑士团和条顿骑士团的全力援助。路易等待尼罗河水退去后，才向开罗进发。但由于尼罗河河网密布，路易的军队行进艰难，于是当年 12 月他们在尼罗河最大的支流赛吉尔河（Bahr as-Saghir）前驻扎下来，就在曼苏拉城（Mansourah）附近。

1250 年 2 月 8 日"忏悔星期二"这一天，路易的弟弟阿图瓦伯爵罗贝尔（Robert d'Artois）不顾禁止进攻的严令，在黎明时分率军涉过浅滩。伯爵罗贝尔既鲁莽又傲慢，一过河就下令发起冲锋。埃及军队猝不及防，马穆鲁克人迅速逃走，其指挥官，年老的维齐尔法克丁（Fakr ad-Din）正在染胡子，被砍倒在地。罗贝尔下令追击，圣殿骑士团的团长索纳克的纪尧姆（Guillaume de Sonnac），"正直而英勇的骑士"，费尽力气想制止他，却被他奚落为"马驹"和"胆小鬼"。这位老人回应道，他和他手下骑士都不惧怕，愿与罗贝尔并肩同行，但他们谁都不可能活着回来了。一位钦察将领，"弩手"拜巴尔斯·鲁克丁（Baibars Rukd ad-Din 'Bundukdari'），率领突厥人在曼苏拉街上伏击十字军。罗贝尔被拉下马杀死了，纪尧姆失去了一只眼睛，他带去的 200 名骑士中只有 5 名生还。

　　拜巴尔斯随后向路易发起攻击，冲锋一轮接着一轮，一直持续到日落时分。最终，十字军将马穆鲁克人击退了，他们自己也筋疲力尽，几乎抵挡不住三日后同样猛烈的一轮进攻。突厥骑兵每次冲锋时，空中是黑压压的箭雨，马穆鲁克的弩炮不断射出装满"希腊火"的木桶。老纪尧姆竭力保卫一座被石脑油点燃的街垒，在火海中英勇战斗，直到失去剩下的一只眼睛，受了致命伤倒在地上。不过，在路易国王英雄气概的激励下，十字军最终守住了阵地，击退了拜巴尔斯的军队。

　　在接下来的 8 个星期，十字军饱受痢疾和伤寒之苦，他们的船也被埃及舰队夺走了。路易决定于 4 月撤退，但他的军队太过衰弱，轻易就被敌人团团围住。经过一通无望的抵抗，路易患上了危险的斑疹伤寒，只得投降。没钱的十字军要么被杀戮，要么被赶到奴隶市场上卖掉。不过，在经受了种种屈辱之后，到了 5 月，路易和手下骑士获准用达米埃塔和 100 万贝占特（Bezant）巨款为自己赎身。路易想向圣殿骑士团借 6 万贝占特，但骑士团指挥官奥特里库尔的艾蒂安（Etienne d'Otricourt）和元帅维希耶的雷诺（Renaud de Vichiers）拒绝了。路易勃然大怒，派忠心耿耿的茹安维尔（Joinville）去圣殿骑士团的一条大船上收集钱财。由于圣殿骑士团司库拒绝交出钥匙，茹安维尔只好用斧头劈开了财宝箱。

　　之后路易在阿卡停留了 4 年，以治理这个国家，他还不留情面地惩罚了圣殿骑士团的高级官员。圣殿骑士团元帅茹伊的于格（Hugues de Jouy）未得到路易允许就同大马士革签署了协定，团长维希耶的雷诺只得收回协定，光着脚来到路易跟前，当着整支大军的面跪下请求赦免。结果于格被流放，终生不得再踏入圣地。

　　路易还设法让埃及人释放了许多重要俘虏，包括医院骑士团团长沙托讷的纪尧姆、他手下的 30 名骑士，以及 15 名圣殿骑士、10 名条顿骑士。当圣殿骑士团企图与大马士革结盟时，路易与埃及的谈判还差点崩盘。

　　由于大马士革军队进攻雅法，法兰克人向其发动了一场报复性远征。在这次远征中，一支圣拉撒路骑士团小分队遭难。[25] 茹安维尔记述道：

　　　　正当路易国王君临雅法时，圣拉撒路骑士团团长［弗洛里的雷纳尔（Reynald de Flory）］探知三里格（league）外一座小镇拉姆雷附近有许多牛羊和财物，想要去那里搜刮一些值钱的战利品。他在军中本就无足轻重，平素又爱随心所欲，于是未向国王报告就离队朝那个方向去了。他收获了许多战利品后，突然遭到萨拉森人的袭击，被彻底击溃了。他带去的人中只有四个侥幸逃回。[26]

　　路易本想让法兰克人与埃及人结盟，却没有成功，他签署的最为持久的协定，是在圣殿骑士团和医院骑士团团长斡旋下，与阿萨辛派订立的。路易的母亲，法国摄政布朗歇太后于 1254 年去世，路易回到了故土。他留下一位王室总管萨尔金的若弗鲁瓦（Geoffroi des Sargines）和一支法国卫队，但拉丁叙利亚从此再没有过稳定的政府。即便是圣徒降临，也拯救不了"海外领地"。

第 4 章
哈米吉多顿大战

拉丁叙利亚只剩下一串沿海港口，商人、市民和教士团体在这些港口城镇中争斗不休。塞浦路斯国王竭力要在这里树立权威，却徒劳无功。大部分贵族都搬到了塞浦路斯居住，只有军事修会还固守在内陆零星几块土地上，成为这个垂死王国的最后支柱。但他们也互相争吵打斗。

在这自毁的无政府状态中，拉丁王国还时时面临一个好战的马穆鲁克苏丹国的威胁，但十字军仍幻想同蒙古人结盟，虚妄地盼望着救兵。1256 年，因争夺阿卡城圣撒巴（St Sabas）修道院的控制权，热那亚人和威尼斯人的矛盾演变为一场内战。威尼斯人得到了比萨和普罗旺斯商人、圣殿骑士团、条顿骑士团、圣拉撒路骑士团和圣托马斯骑士团的支持，热那亚人背后则有加泰罗尼亚商人、医院骑士团和提尔领主蒙福尔的菲利普（Philippe de Montfort）撑腰。双方在阿卡城内展开巷战，医院骑士团和热那亚人取得了暂时的胜利。此后战端又起，热那亚人退回了自己的势力范围。[1]

即便如此，在赖弗尔的于格（Hugues de Revel），"贤明的团长"的领导下，[2] 医院骑士团还是迎来了一段发展期。于格可能是一个英国人，来自德文郡的柯里赖弗尔（Curry Rivel）。医院骑士团实现了彻底军事化，礼拜神父成员地位降低，完全从属于骑士，

骑士堡内景（上）、外景（下）。骑士堡1144年由伯爵的黎波里的雷蒙赠与医院骑士团。骑士团重修并加固了工事，直到1271年，经五周的围攻，城堡落入拜巴尔斯手中。

马林堡外景，可见巨大的圣母雕像。水彩画，19世纪中期。

唐豪瑟，瓦格纳作品中的英雄，身着条顿骑士团披风。摘自《大海德尔贝格歌曲手抄本》，约 1130 年。

马林堡，位于今波兰马尔堡。有修道院和城堡，是 1309—1466 年条顿骑士团总部和大团长驻所。1945 年毁于战火，后为波兰政府重建。

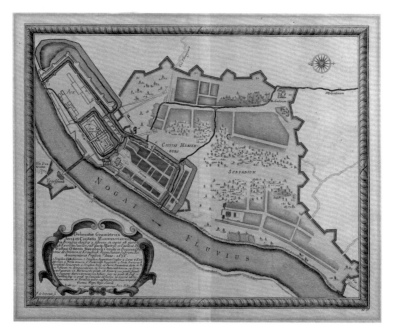

马林堡平面图。

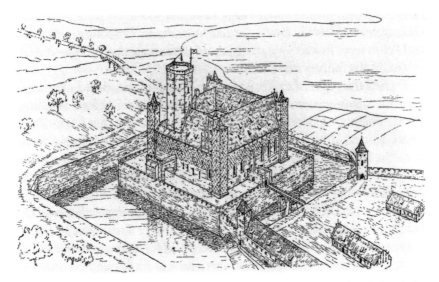

条顿骑士团在雷登的堡垒，应该出现于 13 世纪末。四个翼部是礼拜堂、宿舍、食堂、修士会堂。

昔日阿尔罕布拉宫场景。

古斯曼的路易斯，卡拉特拉瓦骑士团团长（1414—1443 年在任），身着有红色十字的骑士团白披风，手持卡拉特拉瓦之剑。下方他的弟兄们履行基督徒七项义务，其他人在称赞圣经的译本。摘自《阿尔巴圣经》，约 1430 年。

卢纳的阿尔瓦罗，圣地亚哥骑士团团长（1445—1453 年在任），身着骑士团白披风，头戴红无边帽，身后是圣方济各。摘自托莱多大教堂萨莫拉的桑乔的祭坛后高架画，15 世纪中叶。

统帅卢纳的阿尔罗瓦多的葬礼。爱德华多·卡诺·德拉佩尼亚绘，1858年，藏于普拉多博物馆。

还建立了官员等级制。修道院执行长官（conventual baillis）地位最高，其次是叙利亚执行长官，再次是海外执行长官。所有修道长、指挥官都要将收入的三分之一上交骑士团，以填补因马穆鲁克夺占土地而导致的亏空。

骑士团也越来越强调军事和贵族血统。到了 1248 年，医院骑士不再穿着笨重的黑长袍上战场，而穿一件绣白色十字的无袖黑外套，随后又改成绣白色十字的红外套。传统服装只有在修道院里才穿。早至 1250 年，圣殿骑士团规章中就写明，任何加入骑士团并成为一名骑士的人，都必须证明自己的父亲或祖上是骑士，而神父成员可以担任的职务变少了。医院骑士团的规定也做了类似调整。[3]

"海外领地"能够陷于"圣撒巴之战"（1256—1270 年）而没有遭遇灭顶之灾，只是因为他们的敌人穆斯林正遭受蒙古人的入侵。有一部分蒙古人信仰聂斯托利派基督教（Nestorian，景教），而叙利亚地区又广泛流传着"祭司王约翰"（Prester John）的传说——相传这位神秘的基督教君主来自东方，这有可能源于埃塞俄比亚科普特国王的传言——因而人们都对蒙古的蒙哥汗怀有十分美好的愿望。路易国王向哈拉和林的蒙古库里台大会派遣使者；同一时期，亚美尼亚国王赫图姆亲身前往蒙古，以向蒙哥汗称臣为代价，请求蒙古人出兵支持。

1259 年，蒙哥汗的弟弟，波斯的伊尔汗旭烈兀派大军进入叙利亚。旭烈兀的妻子脱忽思哈敦和最优秀的将领怯的不花都是景教徒，还有一支精锐的亚美尼亚和格鲁吉亚骑兵与其同行。阿勒颇很快陷落，北部其他穆斯林城市也纷纷投降。1260 年 3 月 1 日，怯的不花、亚美尼亚国王赫图姆和安条克王公博希蒙德六世进入大马士革。在巴格达，旭烈兀已经表现出对聂斯托利教派的特别青睐；在大马士革，怯的不花也对天主教徒一视同仁。此时，埃及以东已经不存在任何强大的伊斯兰国家了。

可惜的是，蒙哥汗突然去世，随后的王位争夺战迫使旭烈兀抽调了大部分兵力。怯的不花留在大马士革，身边只有一小支军队，而埃及苏丹古突兹（Qutuz，忽都斯）正率大军攻入叙利亚。怯的不花向基督教领主们求援，高等会议也确实怀着一丝同情心认真讨论了他的请求。然而，蒙古人只愿别人接受他们的指挥，不能允许盟友独立；法兰克人认为蒙古人太过野蛮，更愿意接受开化的异教徒。不过，条顿骑士团大团长桑格豪森的安诺（Anno von Sangerhausen）警告说，萨拉森人如果取得胜利，就会调转枪头对准法兰克人。于是，"海外领地"决定保持中立。1260 年 9 月 30 日，蒙古人和马穆鲁克人在"歌利亚之池"艾因贾鲁（Ain Jalud）决战，怯的不花被围，他的军队被全歼，自己也被俘虏并砍头——突厥将领还用他的头颅来打马球。一个月后，古突兹也被拜巴尔斯谋杀，后者篡夺了他的苏丹之位，成为开罗和大马士革的君主。

这位击败了法国国王圣路易的"弩手"，"至高无上的苏丹，胜利者（an-Nasr）鲁克丁"，是个天才将领，虽然法国史学家把他描绘成一个奸诈狡猾、残暴成性的野兽。[4] 他原本只是个奴隶，却控制了整个萨拉丁的帝国，还在领土上修建了无数条道路，使马穆鲁克军队获得前所未有的机动力。拜巴尔斯决心消灭法兰克人和亚美尼亚人，于 1265 年向他们挥起了大锤。

他先攻占凯撒利亚，随后包围了阿苏尔（Arsur），医院骑士团不久前才从伊贝林家族手中买下了这座城。城内有 270 名骑士，他们英勇奋战了 40 天。最终，马穆鲁克军队凭借重型火炮和架在移动塔上的投石机，打破了下城的城墙。此时，守军中已有 90 人阵亡，城中堡垒挤满了难民和靠不住的本地军队。城堡主在三天后投降了。攻守双方本来达成协议，让城堡主带着手下骑士退往阿卡，但拜巴尔斯将他们用锁链铐住，抓到了开罗。

接下来的夏天，拜巴尔斯挥师进攻圣殿骑士团在加利利的萨菲德堡垒。这座巨大的石头要塞控制着 160 个村庄。听闻马穆鲁克人来袭，仆从军队再次恐慌。拜巴尔斯发动三次进攻失败后，许诺将赦免所有土科波尔士兵，他们就当了逃兵。圣殿骑士们也开始害怕了，派一位叙利亚军士利奥去和拜巴尔斯谈判。利奥带回了拜巴尔斯的承诺，允许圣殿骑士安全退回海岸地带，骑士们接受了这一条件，打开城门。然而，苏丹却令他们在皈依伊斯兰教和死亡之间做出抉择。第二天，骑士们被迫在城墙下游街示众，给出他们的答案。城堡主踏出一步，恳求兄弟们不要背叛自己的信仰。拜巴尔斯将他活剥，砍了所有骑士的头，还用他们的头颅装点这座城堡。

与此同时，埃米尔盖拉温（Qalawun）突袭奇里乞亚。赫图姆国王的两个儿子和来自巴格拉斯的圣殿骑士在达贝萨克迎战盖拉温。但他们寡不敌众，马穆鲁克人杀了索罗斯王子、俘虏了莱翁王子后，横扫亚美尼亚王国的首都希斯，把它烧成了灰烬。

三年后，拜巴尔斯占领了雅法和圣殿骑士团的博福尔要塞，向安条克席卷而来。除了惯常的暴行，还发生了一件连突厥人都震惊不已的事。圣约翰骑士团的守律修女们为避免被强暴，用剪刀剪掉了自己的鼻子，划伤了面颊。穆斯林被她们吓到，当场就把她们都杀了。除了孤悬在外的海滨小镇拉塔基（Latakieh），安条克公国已无领地。叙利亚北部陷落后，圣殿骑士团明智地退出了巴格拉斯和鲁瓦塞尔岩堡两处据点。如拜巴尔斯的臣民所言，苏丹"在摧毁错误信仰的藏身所时，总是将它付之一炬或淹没在血泊中"。拜巴尔斯还写了一封信讽刺身在的黎波里的安条克王公博希蒙德，祝贺他当时不在安条克城内，躲过了一劫。他还得意地描述起他制造的破坏，讲他是如何屠杀安条克的教士和居民，亵渎教堂，如何将妇女贱卖到奴隶市场。

1269 年，于格三世在提尔加冕，他是 1186 年以来首位黎凡特出身的国王，但此时耶路撒冷王国已经日薄西山。拜巴尔斯不断发起进攻，快把医院骑士团的资源都耗尽了。1268 年，团长赖弗尔的于格写道，他的骑士团在叙利亚只能召集 300 名骑士。拜巴尔斯在 1271 年又狠狠地羞辱了他们。

拜巴尔斯已从圣殿骑士团手中夺走了白堡（Chastel Blanc），3 月 3 日，他又包围了骑士堡。骑士堡是整个基督教世界最坚固的堡垒，曾经抵挡过萨拉丁的大军，由医院骑士团元帅和他手下 200 名骑士和军士守卫。一位穆斯林曾写道，这座宏大、孤零零的堡垒就像"插在穆斯林喉咙上的一根刺"。3 月 15 日，拜巴尔斯的投石机击破了第一道幕墙的门楼。3 月 26 日，投石机轰穿内墙，轰开了一道口子。大部分骑士退守在一座巨塔中，但拜巴尔斯在院子里架设了投石机，持续不断的轰击让这座最后的避难所摇摇欲坠。4 月 8 日，骑士团向拜巴尔斯投降，被送往的黎波里。拜巴尔斯得意扬扬地写信给赖弗尔的于格道："你加固了这座城堡，还派最精锐的部队来镇守它。一切都是枉然，你不过是让他们来送死而已。"

6 月，拜巴尔斯包围了施塔肯贝格，城堡主萨克森的约翰

（Johann von Sachsen）手下的骑士少得可怜，土科波尔军队则怕得发疯。他在一周后就投降了，还幸运地为自己和手下的军队争取到安全退回阿卡的待遇。

西西里和东罗马也给不了任何援助。拉丁人统治的拜占庭帝国已于 1261 年回到希腊人手中，亚该亚的法兰克领主们正在为生存而战。塞浦路斯也在 1271 年遭到埃及舰队袭击，不过马穆鲁克人不善海战，塞浦路斯人很轻易就将他们打退了。这座小岛是法兰克贵族的天堂，正值鼎盛时期。被贵族们称为"爱之神"的圣希拉里翁（St Hilarion）城堡外常年举办骑士比武大会，就是他们生活的缩影。事实上，塞浦路斯国王们时常想着离开这座美丽的小岛，去解救那另一个危机四伏的王国，这可谓卓越非凡。

5 月，英格兰国王爱德华一世来到了巴勒斯坦，但只带来不到 1000 人。如果多带一些人来的话，这位行事有条理的高个子冷酷国王或许能展现出色的战斗力。塞浦路斯国王于格拒绝帮助爱德华，但伊尔汗国的可汗阿八哈十分慷慨，他尊崇怯的不花时代的辉煌。他派 1 万名蒙古骑兵进入叙利亚，狠狠地教训了马穆鲁克人。然而，这支蒙古军队还不够强大，无法抵抗使出全力的拜巴尔斯。当拜巴尔斯率大军从大马士革赶来时，蒙古人撤退了。爱德华发起了几次小型突袭，除此之外毫无建树，但他的表现足以给拜巴尔斯留下深刻印象。拜巴尔斯于是同阿卡签订了为期十年的休战协定。

拜巴尔斯十分重视爱德华这个对手，甚至找人暗杀他。传说，爱德华那年轻的妻子曾帮他从刀伤中吸出毒液。还有一个说法则不大浪漫：圣殿骑士团的英格兰团长托马斯·贝拉尔德（Thomas Berard）为他找来了解毒药。

爱德华也为英国的骑士团做了很多贡献，他帮助圣托马斯骑士团在阿卡修建了新教堂，还给他们大量赏赐。从圣托马斯骑士团后来写给爱德华的许多信件中可以看出，爱德华似乎很关心骑士团的情况。然而，爱德华于1272年乘船离开了阿卡。在拜巴尔斯统治的余下几年，法兰克人过上了相对平静的日子。

于格三世最终在1272年放弃了令人心烦的耶路撒冷王国。圣殿骑士团新任大团长博热的纪尧姆（Guillaume de Beaujeu）[5] 是法国王室的亲戚，他一直在阻挠于格国王的政策，并在于格放弃王位的第二年支持安茹伯爵查理当上了国王。于格在1279年试图夺回王位，也得到了医院骑士团的支持，但圣殿骑士团用武力表示反对。于格愤愤然回到塞浦路斯，将莱梅索斯（Lemesos/Limassol）和帕福斯（Paphos）的圣殿骑士团分团区付之一炬。

然而，查理在1282年丢掉了西西里，他的政府也倒台了。于格国王回归，遭到圣殿骑士团和医院骑士团的双双反对，于1284年在提尔去世。到这个时期，耶路撒冷王国已真正变成了一个封建"共和国"，商人、骑士团和贵族们在此争斗不休。1279年，圣托马斯骑士团还写信给爱德华国王，讲述圣地面临的危急情势和他们对未来的不祥预感。

圣殿骑士团卷入了博希蒙德七世和朱拜勒（Gibelet）领主古伊·恩布里亚克（Gui Embriaco）在的黎波里的可悲争斗之中。圣殿骑士团一向不愿屈从于权威，常常支持恩布里亚克反对其封君博希蒙德，把波特隆城堡夷为平地（黎德福的热拉尔特曾垂涎这座堡垒）。圣殿骑士团的船队还经常袭击博希蒙德的船队。这场争斗从1277年一直持续到1282年，自古伊绑架了一名女继承人起，直到他和他的兄弟们被齐脖儿埋在一条深沟之中，活活饿死为止。

　　法兰克人也取得了一些胜利，但从战略上看，其地位在不断衰落。1280 年 10 月，一支蒙古军队占领了阿勒颇。同月，迈尔盖卜的医院骑士团派出一支突袭队，被 5000 名土库曼（Turcoman）士兵追击，后来突然杀个回马枪，把追击者截成数段。蒙古大军撤退后，克拉克（原骑士堡）的埃米尔率 7000 名萨拉森人组成的复仇之师，包围了迈尔盖卜要塞。要塞里只有不到 600 名守军，他们在骑士团的指挥下穿上红外套，一举出击，将围城军打了个措手不及。1281 年秋天，又一支蒙古远征军进入叙利亚，同他们一道的还有亚美尼亚国王莱翁三世的军队和一支格鲁吉亚军队。迈尔盖卜要塞派出一支小分队协助他们，其中包括圣约翰骑士团的英格兰修道长，来自克勒肯维尔的昌西的约瑟夫（Joseph de Chauncy）。然而，这支联军在霍姆斯城外被击败了。两年后，马穆鲁克人攻占了安条克公国最后一块领土拉塔基。"海外领地"山河破碎，每一次战斗都要损失不少人力。①

　　1285 年 4 月 17 日，苏丹盖拉温突然率大军出现在迈尔盖卜要塞前。医院骑士团在城墙的高塔上架起投石机，成功击坏了敌人的攻城器械。然而，5 月 23 日，马穆鲁克人挖的一条地道使一处十分重要的高塔倒塌。城堡主这才发现，马穆鲁克人还在护城河下挖了好几条地道，一直延伸至城内的塔下。他意识到此城必失，随即设法与盖拉温讲和，争取到十分优厚的投降条件。守军

---

① 海外领地最后 20 年的历史，我们主要参考《提尔的圣殿骑士团编年史》（Chronicle of the Templar of Tyre），见于《塞浦路斯功业记》（Gestes des Chyprois）。作者可能是蒙雷阿勒的热拉尔，巴勒斯坦绅士阶层出身，他不是圣殿骑士，只是团长博热的萨拉森书记员或阿拉伯秘书。

获准退往托尔托萨，其中圣约翰骑士团的 25 名骑士还能带走自己的武器和个人财产。自此，迈尔盖卜要塞那漂亮的礼拜堂里再也没响起过日课念诵声。

叙利亚沿海领地的面积虽然不幸减小，但它依然是西欧领地。十字军贵族们丢失了大部分封地，都住在城镇里。其中一些贵族的小儿子加入了军事修会。农民们仍在耕种城镇附近的土地，一些农民还到内陆城堡附近去种地。

阿卡城的建筑是法国风格的，十分华丽：有王室宫殿、贵族和商人的豪华居所，一座新建不久、非常漂亮的哥特式圣安德烈教堂，还有各骑士团宏伟的总部。医院骑士团的教堂十分壮观，以至于阿卡城又被称为"阿卡的圣让"（St Jean d'Acre）。阿卡城坐落在一个海岬上，有双重城墙和许多防御塔，守备军也经过精挑细选，没有人会想到异教徒能够占领这座强固的海港城。

医院骑士团在阿卡的常驻骑士大约有 30 名，圣殿骑士团也大致相当。大部分骑士都在各大堡垒值守，或分散在各自的地产，忙于管理田地，征收税款，视察物资储备库。资源日渐紧张并不是削弱军事修会战斗力的唯一原因，与其他修会一样，军事修会也出现了纪律日益松弛的迹象。骑士们不再睡集体宿舍，而是睡在他们各自的小房间里，高级军官们还能享受更加舒适的居住条件。

1286 年，亨利二世加冕为耶路撒冷国王，这位身患癫痫的年轻人也是塞浦路斯国王。他的宫廷举办了为期两周的庆祝活动，整个阿卡城都洋溢着欢乐的气氛。除了昔日的耶路撒冷老宫廷，巴勒斯坦的人们从未见过如此有趣、花哨的活动。这里有骑士比武会，有奢侈的宴会，人们在"圣约翰医院的旅馆"（Herberge del Ospitau de Saint-Johan）[6] 里表演"亚瑟王和圆桌骑士"历史剧，叙利亚和塞浦路斯贵族们扮演"兰斯洛特、特里斯坦和帕拉墨得斯"，还有其他游戏。[7] 庆典结束后，国王就回塞浦路斯了，留下两位伊贝林家族的人做执行长官。然而，阿卡城混乱依旧，1287年，热那亚和比萨的船队还在港口打了起来。热那亚人甚至还想将比萨俘虏卖到穆斯林的奴隶市场，被义愤的骑士团阻止了。

1289 年 2 月，苏丹盖拉温率军进入叙利亚。圣殿骑士团密探从他们收买的一位埃米尔口中得知，苏丹的进攻目标是黎波里。的黎波里的商人们生意十分红火，他们忙碌在肥沃的田园、丝织厂和学校中，没有人愿意相信这个消息。但到了 3 月末，盖拉温率 4 万名骑兵、10 万名步兵和一队攻城车兵临城下。即便如此，的黎波里看起来依然足够强固。热那亚人、威尼斯人和塞浦路斯人组成守军，还有意大利舰队抵挡着任何来自海上的进攻。除此之外，还有一支规模较大的圣殿骑士团分队，由元帅旺达克的若弗鲁瓦（Geoffroi de Vendac）率领；一支医院骑士团小分队，由元帅克莱蒙的马蒂厄（Matthieu de Clermont）率领。不过，为谨慎起见，许多市民仍然启程前往塞浦路斯避难。

马穆鲁克人的 19 架投石机日夜不停地轰击，终于打破了城墙上两座关键的棱堡。威尼斯人认定此城必破，于是乘船撤军了。此后不久，在 5 月 26 日，马穆鲁克人向防守不足的防御墙发起一次决定性的冲锋，城防终于崩溃了。大多数骑士都在这场猛攻中死去，两位元帅倒是乘小船逃脱了。城内大部分男性居民被杀，他们的家人被卖到奴隶市场。"海外领地"风雨飘摇。

1290 年夏天，意大利北部一群失业劳工决定踏上十字军征途，之后乘船于 8 月抵达阿卡。他们不过是一群醉醺醺的乌合之众。当时，巴勒斯坦喜获丰收，许多商队从大马士革来到阿卡。阿卡城一片欢腾，挤满了穆斯林访客。这伙新来的"十字军"没待多久，就发起暴动，砍杀了遇到的每一个萨拉森人。骑士团和当地法兰克人想尽一切办法阻止他们，却没能成功。苏丹盖拉温震怒，准备入侵叙利亚。圣殿骑士团密探又一次听到了风声，但法兰克人又一次拒绝听从骑士团的警告。大团长纪尧姆很担忧，自发同开罗方面讲和。但盖拉温开出了天价和谈条件：一片金叶换一位市民的项上人头。阿卡市民指责纪尧姆是懦夫，用一片吼声将他淹没。

11月，盖拉温去世，临死前让他的儿子阿什拉夫（al-Ashraf）发誓，要摧毁基督徒的首都阿卡。1291 年 3 月，一支马穆鲁克大军向阿卡进发——16 万步兵和 6 万骑兵，其攻城队有不少于100 台投石机。两台最大的投石机是"曼苏尔"（al-Mansour，胜利者）[8] 和"加达班"（Ghadaban，狂怒者），其他小一些但同样颇具威力的弩炮被称为"黑公牛"。"曼苏尔"能投出重达 1 英担（50.8 千克）的大石。4 月 5 日，阿什拉夫的大军开始进攻。

这次，法兰克人已有准备。骑士团征召了所有能战斗的成员，因此在阿卡城 5 万居民中，就有 1.4 万名步兵、800 名骑兵。骑士团还不乏经验丰富的领袖。所有团长都参加了战斗，圣殿骑士团的博热的纪尧姆、医院骑士团的维莱尔的让（Jean de Villers）、条顿骑士团的福伊希特旺根的康拉德（Konrad von Feuchtwangen）。可惜的是，康拉德只带来了寥寥数名骑士。圣拉撒路骑士团提供了 25 名骑士，圣托马斯骑士团团长也带来了 9 名骑士。其他部队还有：一支塞浦路斯分遣队、比萨和威尼斯舰队、格拉伊的让（Jean de GraJlly）率领的法国兵团、瑞士人格朗松的奥托（Otto de Grandson）率领的几名英国人、阿卡城民兵、引发了这场战争的意大利暴徒。

亨利国王的弟弟阿马尔里克王公是名义上的总司令。阿卡守备军分成 4 个分队，每一个分队负责守卫一部分双重城墙。这些城墙和 12 座巨塔状态良好。阿卡城大部都被水环绕，法兰克人还控制着海面，船只可以自由进出，运来粮草和援兵。

4 月 15 日夜，博热的纪尧姆率 300 名骑士和英国军队出城，想要烧毁马穆鲁克人的攻城器械。但他们的马匹被敌人设下的绊马索绊住，又被赶回城内，损失了 18 名骑士。后来，医院骑士团也发动了一次夜袭。这次袭击选在一个漆黑的夜晚，但结果同样糟透了。守军士气低落，直到 5 月 4 日塞浦路斯国王亨利率 500 名步兵和 200 名骑士来增援时，才又重新振奋起来。

年轻的亨利国王和他的顾问们很快意识到，阿卡城已经没救了。苏丹工兵不停地破坏塔基，投石机日夜不停地轰击，防御塔已经开始动摇，巨大的石块和木料如冰雹般跌落。还有一些轻型投石机则不断投来装满"希腊火"的罐子或燃烧弹，这些弹药一击中目标就爆炸开来，密集的火箭矢都要把天空点燃了。亨利试图同苏丹讲和，但阿什拉夫愤恨难消，一定要让法兰克人彻底投降。

5 月 15 日，第一道城墙和墙上的高塔都被攻破了。在 300 名骆驼鼓手的激励下，萨拉森人用士兵和马匹的尸体、沙袋填满护城河，涌进主城门。圣殿骑士和医院骑士在马背上与敌人展开巷战，将他们赶了出去。但到了傍晚，绝望的法兰克人再也抵挡不住，只得退回内城墙内。第二天，许多市民携家带口登上船，准备去塞浦路斯避难，但风浪太大，没能启航。

1291 年 5 月 18 日黎明前，苏丹下令发动总攻。一架巨大的铜鼓敲响第一声进攻令，随后鼓钹喧天、军号齐鸣，"发出十分可怕的声响"。[9] 投石机向这座即将毁灭的城市投来密密麻麻的火焰弹，弓箭手的箭支"像雨一样落下来"，马穆鲁克人组成的敢死队由戴着白头巾的军官率领，排成纵队穿过萦绕在城墙周围的浓烟，向城内发起进攻。在圣安东尼门，他们被医院骑士团的总司令、元帅克莱蒙的马蒂厄击退。克莱蒙随即率一队圣殿骑士和医院骑士展开反击，试图夺回"诅咒之塔"。

克莱蒙没有成功。他在圣殿骑士团总部短暂休息了一会儿，看到团长的尸体被弟兄们抬回，决定出城直面自己的死亡。圣殿骑士团的编年史家写道，元帅率领全部弟兄回到了战场，没有一个人愿意弃他而去。他们来到"热内维街"，在这里英勇战斗。"他和同伴们杀死了许多萨拉森人，最终像英勇的骑士那样死去，他们是虔诚的基督徒，愿上帝垂怜他们的灵魂。"[10]

年长的博热的纪尧姆也试图收复"诅咒之塔"，但他只有十多个人。他在路上遇到了医院骑士团团长，两人在四散奔逃的士兵中开出一条道路，直奔向马穆鲁克人。但他们人数实在太少，无法扭转局势。纪尧姆和他的卫士们奋力战斗，一小支意大利部队也加入了他们。随后，一支弩箭射中了纪尧姆的左腋肢窝。意大利人求他留下来作战，但纪尧姆喊道："诸位，我无法再继续作战了——看看这个伤口！"[11] 他倒了下去，助手将他抬回了圣殿，他就死在了那里。很快，维莱尔的让也受了严重的伤，他的弟兄们抬着他，一边哭一边大声抗议，把他送到了一艘船上。[12]

阿卡陷落了。惊恐的市民涌向港口，许多人仍选择战斗至死。亨利国王已经起航离开，留下的船不多了，人们在防波堤上激烈争斗，一些船严重超载，沉入水中。一位名叫布卢姆的鲁特格尔的圣殿骑士决定逃跑，他抢占了一艘大船，向上船的女士们索要高额船费，大赚了一笔。更糟糕的是，海上突然起了风暴。萨拉森人很快冲到拥挤的码头上，大肆屠杀逃命的人。条顿骑士团除大团长外，所有人都在这次战斗中死去了，圣拉撒路骑士团和圣托马斯骑士团也未能幸免。在马穆鲁克人抓获的一些男性俘虏中，还有几位叛教的圣殿骑士。几年后，有人在开罗还见到了曾做过圣殿骑士的奴隶。不过，大部分没有被杀的圣殿骑士聚集到海边的圣殿中，坚持抵抗。

圣殿骑士团元帅塞夫雷的皮埃尔（Pierre de Sevrey）指挥战斗。许多妇女儿童也逃进了圣殿，圣殿骑士让尽可能多的平民登上他们的大船，待风暴平息后送他们去和亨利国王的舰队会合。所有圣殿骑士，包括伤者在内，都选择留下。一位目睹船队离去的目击者后来写道："看到船队起锚，每一位留下来的圣殿骑士都大声欢呼，随后船队离开了阿卡。"几天后，阿什拉夫提出了较为宽厚的投降条件，皮埃尔接受了。但几名马穆鲁克人进入圣殿后，随即开始奸淫妇女、掠夺男孩，圣殿骑士团又把他们杀死。

当晚，元帅派指挥官蒂博·戈丹（Tibald Gaudin）搭上最后一条船，带着圣殿骑士团的财宝、圣物和一些平民离开。第二天，苏丹再次提出投降条件，承认被杀的马穆鲁克人罪有应得。皮埃尔出城谈判，立即被抓住并斩首。留下来的圣殿骑士一些是老人，大多是病残，但仍坚持抵抗，打退了敌人一波又一波攻击。然而，他们对敌人的投石机和地道束手无策。5 月 28 日，地道爆炸了，一部分厚墙体坍塌，2000 名马穆鲁克士兵冲进殿内，骑士们迎上去血战。但由于墙体损毁严重，再也无法支撑屋顶的重量，圣殿在这时轰然倒塌，把圣殿骑士和萨拉森人一同掩埋。[13]

"海外领地"随着首都阿卡的陷落而灭亡。法兰克人仍握有托尔托萨、贝鲁特、西顿、提尔、海法和佩勒兰堡，但他们在阿卡一役中伤亡惨重，已耗尽了元气。这些地区很快就被放弃了，只有西顿的圣殿骑士仍在尝试抵抗。到了 8 月末，只有距托尔托萨海岸两英里的一座缺水小岛鲁阿德（Ruad，艾尔瓦德）还未失陷，那里有一小支圣殿骑士守备军。"海外领地"的基督徒和拉丁裔农民都逃入深山，"甜美的叙利亚"成为一片荒土。马穆鲁克军队为阻止法兰克人再次回归，掘断灌溉水渠，砍倒果树，在水井里下毒，还把农田全部荒毁。阿卡成为一座鬼城。（编年史倾向于给读者留下阿卡城被彻底摧毁的印象，但考古发掘表明，这座城还剩下三分之一，特别是包括医院骑士团食堂和热那亚人居住的街道。）逃脱了死亡魔爪的法兰克人在塞浦路斯定居。

尽管"海外领地"的军事修会有各种缺陷，但没人能否认他们的良好初衷。当然，圣殿骑士团既贪婪又爱争强斗胜，医院骑士团也一样，但二者在保卫他们热爱的土地时，是不吝于牺牲生命和财富的。争权夺利是人性之常，而好勇斗狠则是前线部队所必需的品质。在拉丁叙利亚这场漫长而必败的战争中，骑士团的贡献无可估量。

第三部分

波罗的海地区的十字军
1200—1560

普鲁士和利沃尼亚的德意志骑士团：

条顿骑士团—宝剑骑士团

七名条顿骑士和一些贵族在库尔默兰的一棵神圣的橡树边建造了一座堡垒。据说，他们一开始要与数不清的当地人作战，但随着时间流逝——大约过了 53 年——他们把当地人都赶走了，人人都臣服在信仰之轭下。这全赖永福的上帝耶稣基督之助。阿门。

——杜伊斯堡的彼得鲁斯，《普鲁士编年史》，约 1330 年

第 5 章
波罗的海十字军

相传在 1127 年，一所德意志人的圣玛利亚医院在耶路撒冷落成。1187 年大溃败后，这一组织的成员加入了不来梅和吕贝克商人于 1190 年阿克被围时设立的战地医院。他们的第一个总部是一顶帐篷，用船的主帆制成，竖立在海岸边。[1]

1198 年，一些随德意志十字军前来的贵族加入，成立了一个军事修会，"耶路撒冷圣玛利亚医院的条顿骑士团"。莱茵兰人巴森海姆的海因里希·沃尔波特（Heinrich Walpot von Bassenheim）出任团长，骑士团开始招兵买马，建章立制。骑士团的规章与圣殿骑士团类似，又吸收了一些医院骑士团的条款。骑士团成员分为三类：骑士、教士和军士。骑士穿白色斗篷，白色上衣上绣着一个黑色十字标记，到后来必须是贵族出身、有德意志血统才能成为骑士；教士的衣着与骑士类似，但下摆更长；军士的斗篷是灰色的，其十字标记上端被截去，只余下部三条臂。在某些医院里还有第四类成员 —— 看护病人的女性，又被称为异姓姐妹（half-sister）。

这一新兴骑士团的等级制度与圣殿骑士团相似。最高领袖为大团长（magister generalis），其下是大指挥（grosskomtur）、大元帅（ordensmarschall，后来改名 grossmarschall）、医护官（spittler）[①]、

---

① 医护官的总部将设于西普鲁士维斯瓦河河口的埃尔宾，今埃尔布隆格。

司库（tressler）和军需官（trapier），这些官员组成大议事会。骑士团全体大会选举大团长，每年 9 月举荣圣架节时开会。一个骑士团辖区至少有 12 名骑士，由一名辖区长（pfleger 或 hauskomtur，同辖区指挥官）统领。一省区的所有辖区组成一个领区（landkomturei 或 ballei，同执行长官辖区）。德意志诸领区的主管是分团长（landmeister），总部设在法兰克尼亚的梅根特海姆（Mergentheim）①。最终，这一建制将在欧洲的许多地方得到复制。

起初，大团长驻在圣地，其他地方的骑士受分团长统辖，如普鲁士、利沃尼亚（Livonia）、德意志、奥地利、阿普利亚、"罗马国"（希腊）、西班牙和亚美尼亚。

在意大利，神圣罗马帝国皇帝腓特烈二世和其子曼弗雷德国王授予阿普利亚分团长 14 个在阿普利亚的辖区和 10 个在西西里的辖区，此外还有一个伦巴第领区和一个威尼斯修道区。在西班牙，骑士团有一个卡斯蒂利亚的辖区，又因帮助费尔南多三世抗击摩尔人获得了一些土地。在希腊，骑士团与拜占庭人和土耳其人双线作战，他们的总部设在伯罗奔尼撒北部山区的莫斯特尼扎（Mosteniza）。1500 年前，总部设在迈索尼（Methoni / Modon）。

骑士团早期军事活动主要集中在中东地区。1229 年，骑士团在"海外领地"阿卡城东北方向修建了蒙福尔要塞（施塔肯贝格），作为其主要堡垒。这座堡垒最初是为了保卫连通耶路撒冷与海岸的狭长走廊地带。除此之外，骑士团还拥有附近的尤丁（Judin）城堡和国王堡（Castellum Regis）。

---

① 之后每个省区由一名分团长掌管，不限于德意志地区。——译者注

条顿骑士团的实力无法与圣殿骑士团或医院骑士团媲美，因此，其早期在亚美尼亚十分活跃，莱翁国王还是条顿骑士团的同侪骑士。1209 年，条顿骑士团的成员还不足 20 人，第三任大团长海因里希·巴尔特与大部分骑士都在一次偏僻的奇里乞亚征战中死去。赫图姆国王将亚美尼亚山国的东部边区交给骑士团守卫，他们在那里修建了阿穆达（Amouda，简朴的莱茵兰要塞）和哈鲁尼耶（Haruniye）两座主要堡垒。

海因里希·巴尔特的继任者萨尔察的赫尔曼是条顿骑士团光辉成就的奠基人。[2] 赫尔曼大约出生于 1170 年，早年进入图林根公爵的宫廷，学会了不凡的贵族风度，自然也就知道如何获得诸侯的欢心。1219 年，为纪念条顿骑士团在围攻达米埃塔时的英勇，并奖励大团长赫尔曼的战功，耶路撒冷国王布列讷的约翰授予赫尔曼在骑士团黑色十字标记中加入耶路撒冷金十字标记的殊荣。1226 年，腓特烈二世授予赫尔曼及其继任者以帝国诸侯的爵位，罗马教宗赠予他一枚戒指，此后历任大团长就职仪式都会用到这枚戒指。这表明，赫尔曼政治手腕十分高超，与皇帝和教宗都能保持良好关系。1229 年，在被绝罚的腓特烈二世"加冕"成为耶路撒冷国王的仪式上，条顿骑士团负责圣墓教堂的安全保卫，赫尔曼亲自用法语和德语朗读了皇帝的公告。

不过，条顿骑士团在巴勒斯坦没有足够的活动空间，始终笼罩在圣殿骑士团和医院骑士团的阴影之下。只有在欧洲，条顿骑士团才真正找到了使命。

特兰西瓦尼亚（Transylvania）东部惨遭不信基督的库曼人（Kumans）劫掠，使匈牙利国王安德烈二世十分忧虑。1211 年，他把多山的巴尔卡沙格（Barcaság）区域授予条顿骑士团。骑士团运用在叙利亚和亚美尼亚学到的战术，建造了一系列木堡垒。事实证明，比起安纳托利亚半岛上的土耳其人，半岛上的库曼人数量并不多，战争技艺也并不高超。到了 1225 年，这片"布尔岑兰"（Burzenland）不仅恢复了和平，还成为德意志人的殖民地。安德烈国王渐渐担心起来；不管怎样库曼部族正在被马扎尔人（匈牙利人）吞并。突然有一天，安德烈率大军来到布尔岑兰，驱逐了条顿骑士团。赫尔曼高声抗议未果，只得另寻他所。

利沃尼亚，也就是现在的爱沙尼亚和拉脱维亚，原来是信仰异教的波罗的和芬兰部族的居所。这片土地的东边是罗斯诸王公的地盘，北边则有一些丹麦人零星定居于雷瓦尔（Reval，今塔林）。在北欧，"神圣战争"思想本来不是什么新鲜事。1147 年，远近闻名的圣贝尔纳曾呼吁所有德意志人加入十字军，对抗居住在易北河流域的异教徒文德人。对渴望封地的条顿骑士团来说，利沃尼亚是个相当值得期待的美地。1201 年，布克斯赫夫登的阿尔布雷希特（Albrecht von Buxhövden）率一支满载殖民者的庞大舰队从吕贝克出发，在德维纳河（Dvina）河口建立了里加城（Riga）。这座城市逐渐繁荣起来，许多利沃尼亚人皈依了基督教。

无论如何，这片小小的殖民地都不可能仅凭零星的十字军来保卫自己。1204 年，已就任里加主教的阿尔布雷希特，成立了宝剑骑士团（Sword Brethren），采用圣殿骑士团的规章。骑士团成员穿白衣，左肩上绣着一柄红色的宝剑和一个红十字标记。其宗旨是保卫"圣母马利亚的土地"，在入会仪式上骑士团团长的祷词这样说道：

你从我手上接过这柄宝剑，

为着保卫上帝和圣母马利亚的土地。

按规定，宝剑骑士团本应接收非贵族出身的申请人，但近年来的研究表明，这仅仅是一个传说。[3] 1208 年，团长罗尔巴赫的文诺（Wenno von Rohrbach）被一名骑士谋杀，[4] 但总的来说，宝剑骑士是相当优秀的士兵。

对阿尔布雷希特而言，十字军运动除了传教，另一个重要的功能就是殖民。在他的领导下，宝剑骑士团建造了文登（Wenden）城堡作为总部，后又率领一支半数是德意志人、半数是利沃尼亚人的军队入侵爱沙尼亚，深入茂密的松树林中，击败了当地居民及其罗斯盟友。1227 年，宝剑骑士团占领了厄瑟尔岛（Oesel / Saaremaa），塔拉皮拉神（Tarapilla，猫头鹰神）的圣地。德意志人在这些新城镇里定居，阿尔布雷希特主教 1229 年去世前，殖民地已有了稳固的根基。

里加主教（后来升级为大主教），是马林兰（Marienland，圣母之地）真正的统治者。一开始，主教和骑士团之间有分配统治区的办法，运转十分良好。德意志贵族被授予大片地产，以换取他们服军役。阿尔布雷希特死后不久，宝剑骑士团宣布对"北方萨拉森人"发起神圣战争，并稳步发展。他们拥有 6 个分团区，每个分团区由一名守护者或"指挥官"（vogt）管理，文登和费林（Fellin）是其主要堡垒，团长的驻地则在里加的于尔根霍夫（Jurgenhoff）。根据编年史家拉特兰 / 利沃尼亚的海因里希（Heinrich von Lettland / Livonia）的记载，宝剑骑士团里也有礼拜神父。不久之后，骑士团从主教手中抢夺最高权力，占据教会土地，其严酷统治也引发了臣民的一次次暴动。1237 年，第二任团长福尔克温·申克（Wolquin Schenk，可能是瑙姆堡伯爵的一个儿子）和 55 名骑士弟兄在希奥利艾（Siauliai）被库尔兰人（Kurs/Curonians）和立陶宛王公明道加斯（Mindaugas）的联军击败并杀害——"像女人一样被砍倒在沼泽地里"。[5]

与此同时，条顿骑士团大团长萨尔察的赫尔曼在别处寻到了良机。从维斯瓦河到涅曼河（Niemen）的海滨地带，以及其内陆湖泊、沼泽、沙石荒原和松林地带，[6] 居住着信仰异教的普鲁士人（Prusiskai），这是波罗的人（Balts）的一个支系，其语言与立陶宛语联系比较紧密。立陶宛人居住在波兰以北、以东的原始森林中，除了内部不团结，其他方面与普鲁士各部族很像。此时，在有才干的明道加斯统治下，立陶宛人逐渐团结在一起。波罗的人崇拜神圣树丛和田地中的偶像，认为所有生物皆有神性，包括他们自己饲养的牲畜。[7] 他们还实行人祭，把人烧死或砍头，还会在葬礼上将动物活埋。死去的战士要摆出骑在马上的姿势，同他们的马一起火化，寡妇则常常要被迫上吊殉夫。城镇和神庙的围栏上挂有动物头骨装饰，用来驱除邪眼（evil eye）的诅咒，巫祭司和占卜师为阴森的圣所服务。老人、病人、盲人和跛子都会被杀死。人们的主要消遣是饮蜂蜜酒和发酵过的马奶，一些部落民还直接喝活马血。部落间的纷争无处不在。赫尔曼认为，普鲁士是一个绝佳的训练场，可以为"海外领地"的战争做准备。

普鲁士人的掠袭消磨了马佐维亚（Mazovia）公爵康拉德的士气，他放弃了整个海乌姆诺（Chelmno）省的土地。1222 年，库亚维（Cujawia）和普沃茨克（Płock）的主教招募了数名德意志骑士，组成一个新的军事修会，以保卫这一地区不受异教徒约特文吉亚人（Jadzwings）袭扰。这就是维斯瓦河的多布林 / 多布任（Dobrin / Dobrzyn）骑士团，但团里只有 15 名成员，基本上没发挥什么作用。康拉德将海乌姆诺地区授予赫尔曼，承诺让条顿骑士团占有其征服的任何一块土地。1223 年，赫尔曼从他的好朋友神圣罗马帝国皇帝那里得到了一份文件，即里米尼的金玺诏书。这份诏书后来经教宗批准，授予条顿骑士团在所占土地上的全部主权，而教宗只拥有名义上的宗主权。1229 年，两名条顿骑士来到此地，在维斯瓦河畔修建了福格尔桑（Vogelsang，鸟鸣）城堡，但这两名骑士不久之后就被普鲁士人杀死了。[8]

在随后的一年，一位条顿骑士团的大英雄率 20 名骑士和 200 名军士前来接管福格尔桑堡。这就是赫尔曼·巴尔克（Hermann Balke），是一位辖区长，他的战争技艺高，为人又十分谦逊、慷慨。他手下大部分人都是志愿参军，以"十字军"自居。骑士团既是军事指挥部，又是重装部队。神圣罗马帝国皇帝将阿普利亚的部分土地授予骑士团，他们在这些土地上建立了数个南意大利辖区，为前线战场提供军费。波希米亚和西里西亚也提供了一些帮助。擅长航海的吕贝克商人负责运输服务。

1231 年，赫尔曼率军跨过维斯瓦河，席卷了一座神庙要塞，把普鲁士酋长绞死在他自己的神圣橡树上。赫尔曼还吸收了敌人的林间伏击战术。起初，普鲁士人对这支小部队不屑一顾，但很快就开始害怕了。这些白袍骑士像冬季幽灵一样，在雪地里，骑跨冰河，甚至冲出暴风雪向他们发起冲锋。他们的白色斗篷就是伪装。"战斗常常在奇异的北极光下，在覆盖着河流和沼泽的冰雪中打响，直到坚硬的冰面在战士的重压下裂开，战斗双方都陷入冰冷的厄运。"[9]

部落民中有使剑和战斧的骑兵，也有使弓的步兵，但他们很快发现自己完全无法抵御这些可怕的异乡人的攻击，他们与毫无纪律的波兰征召军队很不一样。普鲁士人撤退到简陋的堡垒里，条顿骑士团用大型投石机砸墙，用弩射杀墙上的守军，就能轻易击破之。赫尔曼还同一个部落联盟对抗另一个部落，只要普鲁士人承认并接受基督教信仰，就能保留自己的土地，并应募成为辅助部队。就这样，赫尔曼一步步地挤压维斯瓦河和涅曼河之间的土地，向河流上游不断渗透，沿途用木制碉堡巩固战果。

击败普鲁士人的并不只有重装骑兵。因为骑士的人数很少，条顿骑士团招募了许多步兵，大多数都是打算在这里定居的。除了给他们分发剑和长矛外，骑士团还发给他们威力强大的层压筋角（laminated horn）弩，比普鲁士人的木弓或手掷投枪更加致命。骑士团在木制碉堡的军械库里大量生产、囤积这些弩与弩箭，以备不时之需。

让这些步兵骑上当地的粗毛矮种马"斯威克"（sweike），骑士团就能在短时间内把兵力集中起来，出其不意地攻击敌人，或派兵守备一些意料之外的危险地点。骑士团还用"斯威克"作驮畜或驿马，并建立了日夜运转的快马驿传系统，能够快速收发信息。［立陶宛境内还有这种矮种马，又被称为"小萨莫吉希亚马"（žemaitukai）。］[10]

骑士团用大弩和投石机从栅栏后向外射击，能够在任何大规模进攻下保卫碉堡。不过，木制碉堡有个很大的弱点：很容易被敌人点燃。一旦条件允许，骑士团就会建造矮小的石塔来加固碉堡，其内部最多容纳 20 人。"在 13 世纪 50 年代，普鲁士地区大约只有不到 5 座这样的石塔，利沃尼亚可能有 10 座，但它们的作用很关键：当小股守军寡不敌众时，能够凭借石塔活命"，埃里克·克里斯琴森在《北方十字军》（*The Northern Crusades*）一书中写道。"到 14 世纪，更加便宜、易得的砖块将取代石头，成为建造堡垒的主要材料。"[11] 最终，这些碉堡和石塔都将被带有壕沟、各个角落竖立着防御塔的辖区堡垒所取代。

1232 年，条顿骑士团在维斯瓦河左岸建造了库尔姆城（Kulm，海乌姆诺城），1233 年建造了马林韦尔德城（Marienwerder）。同年发起了一支北方十字军，条顿骑士团和马佐维亚公爵康拉德、东波美拉尼亚（Pomerellen，波美拉利亚）公爵斯维托佩尔克（Swientopelk）的军队会合，在杰日贡河（Dzierzgoń / Sirgune）赢得了一场大胜利，歼灭了 1500 名普鲁士人。1234 年，大团长亲自视察库尔姆和托伦（Thoruń）。第二年，多布任骑士团并入条顿骑士团。1237 年，条顿骑士团在维斯瓦河河口附近建造了埃尔宾（Elbing），由此可以沿着弗里舍浅潟湖（Frisches Haff）岸发起进攻。1238 年，骑士团彻底征服了波美萨尼亚人（Pomezanien）和波格萨尼亚人（Pogezanien）。一种新的政体出现了，这就是骑士团国（Ordensstaat），由一名普鲁士分团长统治，其下官员同条顿骑士团大团长僚属相类似。骑士团国从德意志、佛兰德和波兰吸引殖民者、贵族、市民和农民迁移至此，赐予他们土地。

1237 年，宝剑骑士团遭遇了一次灾难性的惨败，幸存者申请并入条顿骑士团，[12] 得到罗马教宗批准。赫尔曼·巴尔克率 60 名骑士离开普鲁士，出任利沃尼亚分团长。不久之后，条顿骑士团控制了约 150 英里的海岸线，将从那里发起对内陆的征服战。

与普鲁士不同，利沃尼亚的统治者里加大主教和其下四个主教本就是基督徒，对付里加市民也需要一些策略。在寥寥数个城镇之外，除了居住在城堡里的德意志贵族，再无定居者。他们是波罗的海贵族的先祖。除了控制、转化信仰异教的拉特人（Letts）和爱沙尼亚人，条顿骑士团还向诺夫哥罗德、波洛茨克（Polotsk）和普斯科夫的东正教徒宣战。

普鲁士人好侵而野蛮，在遍布沼泽和森林的土地上来去无踪。他们很狡诈，擅长打伏击，对待俘虏毫不心慈手软。条顿骑士团的编年史家描绘了两位骑士的悲惨命运。其中一位被塞进用绳子拉开的树干裂缝中，普鲁士人一放松绳子，树干立即合拢，把可怜的骑士挤死，他们再点燃整棵树。另一位被绑在自己的马背上，人和马一起被吊在一棵橡树顶上，底下生一堆烈火。普鲁士人通常的做法是，在当地神明的圣所前，让俘虏的骑士身穿盔甲，生生将他烤死。

突然间，在 1237 年，基辅罗斯公国被蒙古铁骑征服，成吉思汗的孙子拔都于 1240 年烧毁基辅，将所有人屠杀殆尽。随后，拔都向西方进军。拜答尔指挥的一支分队于 1241 年 3 月歼灭了"贞洁者"博莱斯瓦夫（Boleslav the Chaste）公爵的波兰军队。4 月 9 日，拜答尔与西里西亚公爵亨利的军队在莱格尼察（Liegnitz）相遇，亨利手下有 3 万名波兰和巴伐利亚士兵，以及一支圣殿骑士团、医院骑士团、条顿骑士团联军。基督徒被蒙古军队的密集阵形所误导，以为自身兵力大大不如，而且蒙古军队似乎打了他们一个措手不及。基督徒大军在迎风飘荡的蒙古九旄白旗（Nine Yak Tails）前崩溃了，被全部歼灭。公爵的头颅被钉在一根长矛上，蒙古人割下九麻袋敌耳，进献给拔都。侥幸逃脱者还以为自己是被巫术打败的——蒙古人的九旄白旗像极了"有一张邪恶面孔和长长灰白胡须"的魔鬼。幸运的是，拔都收到窝阔台汗的死讯后，就拔营回蒙古去了。（医院骑士团把匈牙利王室阿尔帕德家族带到达尔马提亚海岸之外的一座筑垒小岛上避难，挽救了他们的性命。）

斯拉夫人遭难，让利沃尼亚分团长赫尔曼十分鼓舞。他没有被基督徒在莱格尼察的惨败吓退，决心向裂教的罗斯人进攻，扩大自己的领土。1240 年，条顿骑士团渡过纳尔瓦河（Narva），直取普斯科夫。他们的目标是诺夫哥罗德，德意志商人早已带来了有关此地财富的诱人信息。诺夫哥罗德由亚历山大·雅罗斯拉沃维奇（Alexander Yaroslavovitch）王公统治，他于 1240 年在涅瓦河畔击败了瑞典人，因而得名"涅夫斯基"。4 月，亚历山大用计让条顿骑士团踏上佩普西湖的冰面，此时冰面已经变薄，能够支撑轻装的斯拉夫人，却支撑不住德意志重装骑兵；若《利沃尼亚韵文编年史》（Livlandische Reimchronik）资料可信，则骑士团的兵力严重不足，与敌军兵力约为 1 比 60。在这一战中，20 名骑士死去，还有许多跟随他们而来的辅助部队被歼。爱森斯坦的电影《亚历山大·涅夫斯基》描绘了这一幕，不过至少点出了条顿骑士团在波罗的人和斯拉夫人中引发的恐惧。骑士团巨大的战马、遮住面孔的头盔、有黑色十字标记的盾牌和在风中飘扬的白色斗篷，对他们来说都好像噩梦一般。这场"冰上屠杀"终结了条顿骑士团跨过纳瓦尔河、进占罗斯的美梦。

作为基督徒，东波美拉尼亚公爵斯维托佩尔克一开始热心与条顿骑士团结盟，后来变得越发焦虑不安。像匈牙利国王安德烈一样，他发现一股危险的势力在卧榻之侧崛起。已经有太多德意志人在东波美拉尼亚定居。除了普鲁士的德意志化之外，条顿骑士团在维斯瓦河畔兴建埃尔宾城，并宣布维斯瓦三角洲归其所有，也让他越发警惕。莱格尼察和佩普西湖的惨败给了他应对这一威胁的机会。1242 年末，他在没有事先警告的情况下突袭条顿骑士团，派 20 艘舰船从河上进攻。与此同时，普鲁士部落趁机反叛，重新回归异教阵营。仅在库尔默兰（Kulmerland，海乌姆诺地区）一地，就有 4 万德意志人死去。只有波格萨尼亚部落还保持忠诚，但也只剩下托伦和几个堡垒还在坚守了。

明道加斯统一了立陶宛，将不听话的王公杀死或令其俯首称臣，自己当上了立陶宛国王，把利沃尼亚变成了一片荒土。他用从德意志人或斯拉夫人处缴获的剑和锁子甲装备自己的骑兵，还为他们配备了短投枪。这支军队用蒙古人的战术，但不用箭，而是在较短的距离内投掷标枪。他的步兵装备长矛、战斧和弩。他将整个王国扎在军事基础上，每一位身体健全的男性都被征发入伍，参与细心谋划的劫掠战和破坏战。他还在斯拉夫人的地盘上不断扩张自己的领土，后者要么臣服于他，要么向他纳贡。他建立的王朝今后还将延续他定下的组织架构和扩张政策。

不过，条顿骑士团已经在全德意志地区建立了辖区，它们能够源源不断提供人力，供其应对这一局面。1250 年，德意志诸领区的 100 个辖区长出席了全体大会，决定发动一场全面的十字军运动，拯救陷入危难的普鲁士弟兄。1254 年，哈布斯堡的鲁道夫和波希米亚国王奥托卡二世率德意志人和捷克人组成的 6 万大军赶来襄助。普鲁士人口最密集的区域 —— 普雷格尔河（Pregel，普列戈利亚）河口以北的萨姆兰（Samland）半岛被大军攻克。此地人口最多的普鲁士部落 —— 萨姆比亚人（Sambians）被征服。大军建立了柯尼斯堡，因奥托卡国王而得名（"国王堡"）。条顿骑士团大团长奥斯特纳的波普（Poppo von Osterna）终于恢复了秩序，并在 1260 年征服了西边所有部落。（不过在东波美拉尼亚，骑士团让本地斯拉夫贵族继续保有土地，因为他们是坚定的基督徒。）

在利沃尼亚，立陶宛人被击败了，同时两位能干的分团长格吕宁根（Grüningen）和斯蒂尔兰（Stierland）驯服了库尔兰人，条顿骑士团修建了梅梅尔（Memel）阻断库尔兰人的武器供应。明道加斯求和，表示愿意皈依天主教，并在教宗的祝福下加冕为立陶宛国王。但他的皈依只不过是做做样子，他仍然在暗地里敬奉野兔神迪维利克斯（Diveriks），从来不敢进入有野兔出没的树林。现在，条顿骑士团的目标转为占领立陶宛沿海地区，将利沃尼亚并入普鲁士。

然而，利沃尼亚在 1260 年遭到明道加斯所不愿控制的部落的突袭。分团长霍恩豪森（von Hornhausen）中了库尔兰人的计谋，在杜尔贝（Durbe）遭遇伏击，连同普鲁士的元帅和 150 名骑士一道阵亡。明道加斯撕下基督徒伪装，向条顿骑士团宣战，与占领了多尔帕特（Dorpat）的罗斯人结盟。库尔兰人和爱沙尼亚人起兵反抗骑士团统治。1263 年，明道加斯的侄子，立陶宛大公特莱尼奥塔（Treniota）在里加城外的一场夜战中击溃了利沃尼亚条顿骑士团，进军普鲁士。但或许是上帝的旨意，明道加斯、特莱尼奥塔和亚历山大·涅夫斯基都在那一年先后死去。1267 年，条顿骑士团最终征服了库尔兰人。

即便如此，杜尔贝仍陷入了一场持续 13 年的普鲁士人叛乱，条顿骑士团称之为"大背教"。各部落在赫尔库斯·蒙特（Herkus Monte）和格拉彭（Glappon）的领导下联合在一起，这两位有能力的普鲁士首领曾经在德意志地区生活，了解条顿骑士团的战术、林地作战的潜力以及如何围攻城堡。他们获得了弩和投石机，又切断了水路。几乎所有骑士团辖区都陷落了，包括马林韦尔德；柯尼斯堡在利沃尼亚分团长的驰援下才获得解救。

为了生存，条顿骑士团奉行"谁反对骑士团，就是反对耶稣基督"原则。那些既崇拜蛇又崇拜野兔的人犯了双重背教罪，不可能指望获得任何怜悯。[13] 从此，部落消失殆尽，他们的村庄被毁，普鲁士人的首领（capitanes）被绑架或被追捕。条顿骑士团效仿普鲁士人的战术，由友好的部落民带路，派突袭队进入林区，不放过任何一个敌人。[14] 1273 年，普鲁士分团长蒂尔贝格的康拉德（Konrad von Thierberg）已经一劳永逸地击溃了叛军，继续征讨不服从命令的部落。普鲁士人最后一位首领斯库尔多（Skurdo）烧毁了自己的田地，带领族民来到立陶宛。到 1283 年末，普鲁士境内只剩下 17 万普鲁士人。[15]

早期的条顿骑士以一丝不苟地遵守骑士团规章而闻名。① 骑士必须完全放弃个人财产，只留下一柄剑、[16] 一件长袍和吃面包喝水的权利。骑士不能用带有家族纹章的武器装备——除了圣母马利亚和圣格奥尔格（圣乔治）的旗帜，[17] 只允许用条顿骑士团的黑十字标志。② 在波罗的海地区过冬所必备的毛皮外衣，也是用山羊或绵羊皮制成的。骑士必须留须，平时和衣睡在武器旁边，

① 恩格斯堡（Engelsburg）辖区得名于骑士团的"天使般的生活"——无疑普鲁士人会给它取另一种名字。
② 后来各辖区采用自己的旗帜。到 15 世纪，骑士们使用自己的家族纹章，在上面加上有骑士团十字的小盾。16 世纪时他们开始在十字上展现自己的纹章（有时上面盖着家族冠冕）。这和之后演变成骑士勋章的十字形状一样，也和他们斗篷上的黑底银边、末端粗大的十字（cross patty）一样，后者启发了 1813 年的普鲁士铁十字勋章。

在夜里还要起身念诵日课。在四旬斋和降临节都没有肉吃，只能喝粥，偶尔会加个鸡蛋。每一顿饭都要读《圣经》。每个星期五，骑士还要鞭打自己。为进一步磨炼皮肉，骑士们有时候还会贴身穿链甲衣。征战期间，骑士团每天都要举行弥撒。弥撒通常于黎明前在元帅的帐篷中举行，他们还在规定的时刻吟诵日课。不论在居所，还是在行军，骑士都保持静默。在战场上，元帅用一根棍棒执行纪律。不出所料，这些严苛的纪律在 13 世纪末开始松动了。

即便如此，条顿骑士团仍然对圣母马利亚忠心耿耿，相信她曾一次又一次将他们从危难中解救出来。条顿骑士团出击时，通常举着三面旗帜。首先是圣格奥尔格旗（红色，画着圣格奥尔格屠龙像），最后是大团长旗（白色，画着一个黑底金色十字架，十字架上装饰着帝国之鹰和圣路易百合花），中间是圣母旗，上面有圣母的肖像。每年，条顿骑士团的征战都是在有关圣母的主要节日发动的，有圣烛节、圣母升天节和圣母诞生日，分别是 2 月 2 日、8 月 15 日和 9 月 8 日。许多辖区的礼拜堂门上都有圣母雕像，部分教堂还以圣母命名。在马林堡的高堡（Hochschloss）礼拜堂外高处，竖立着一座巨大的圣母圣子像，俯视着方圆数英里的土地。（1945 年，这座雕像毁于俄国人的炮火。）

条顿骑士团在波罗的海地区胜利之时，也是"海外领地"崩溃之日。1271 年，施塔肯贝格陷落。1291 年，阿卡的德意志医院也随城破而失陷了。亚美尼亚落入马穆鲁克人手中，"罗马国"回归拜占庭人的统治。条顿骑士团大团长在威尼斯徒劳地等待着下一支十字军来收复圣地。随后在 1308 年，里加大主教想夺回城市控制权，以其"奢侈、残暴和不公正"为由，请求教宗克雷芒五世解散条顿骑士团。不久后，就有针对条顿骑士团鸡奸糜烂、施行巫术的指控。

　　1309 年，为了拯救条顿骑士团，大团长福伊希特旺根的西格弗里德（Siegfried von Feuchtwangen）明智地将大指挥辖区（grand commandery）从威尼斯移到马林堡，普鲁士分团长和大团长之职合二为一。

第 6 章

骑士团国：拥有国家的军队

马林堡（1945 年起改称马尔堡）大指挥辖区的修道院、堡垒和首府，标志着条顿骑士团的辉煌年代。这一辖区控制着维斯瓦河流域，普鲁士和波兰商人就从这条河去往波罗的海。条顿骑士团大团长的宫廷十分宏伟壮丽，比许多访问过那里的欧洲王公的还要好。大团长通常身穿绣有黑金两色大十字的白袍，身边有四名骑士侍从守卫，以防止 1330 年的悲剧重演。那一年，大团长奥瑟恩的维尔纳（Werner von Orseln），一位严格的长官，惩罚了某位宾多夫的约翰的不道德行为。在 11 月某个漆黑的深夜，当大团长在自己的礼拜室里做晚祷时，这名一心报复的骑士潜入房中，把他刺死了。

维尔纳的继任者不伦瑞克公爵卢德尔（Luder）热心音乐，在他统治下，马林堡变成了另一个瓦特堡（Wartburg），其环境如同歌剧《唐豪瑟》里描绘的那样。马林堡经常举办歌曲比赛。在某一次比赛中，一位普鲁士竖琴师用几乎已经被人遗忘的方言演唱了一首歌曲。条顿骑士们嘲笑了他，送给这可怜鬼一袋朽烂的胡桃作为奖赏，然后将他赶回他那神圣的橡树林。马林堡大指挥辖区的盛景确实存在于瓦格纳之前，游吟歌手唐豪瑟似乎也曾短暂做过德意志骑士。

一名年轻的条顿骑士要在前线堡垒中服几年兵役，但大部分生涯都会待在自己的辖区里。他可能会被派到黎凡特——希腊或亚美尼亚，同时在意大利甚至法国还有辖区；不过在 13 世纪以后，德意志和波罗的海地区之外就几乎没有条顿骑士的身影了。有人认为，萨尔察的赫尔曼为骑士团制定了一套官僚体系，这一体系沿袭自诺曼西西里，从地中海到波罗的海都遵循统一的模式。[1]骑士团官员们发展出一套科学的文书保管制度：他们雇用财政、法律专家，仔细地留存档案，甚至每一名骑士都有个人档案。

医护官是条顿骑士团的高级官员之一，在埃尔宾建有单独的总部，就在骑士团的主要医院"圣灵"院旁边。不像圣约翰医院骑士团，看护病人对他们来说没那么重要。[2]即便如此，条顿骑士团也很强调照顾病人和穷人，礼拜神父和异姓姐妹们运营着 60 家医院和收容所。每个辖区内都有病房，在马林堡还有一所类似切尔西医院（Chelsea Hospital）的机构专门照顾年老骑士。

每一位领区指挥（landkomtur）都要负责所在地区的殖民任务，后来则负责收税、维护道路和学校、加固城防，还是本区地方庭（Landthing，民众集会）的主席。骑士们的主要消遣是打猎，并非为娱乐，而是为了消灭威胁居民和糟蹋庄稼的狼、熊、猞猁、驼鹿、野牛等野兽。大部分骑士来自莱茵兰或威斯特伐利亚。威斯特伐利亚人在利沃尼亚占主导地位，更加阴沉、保守，不喜欢莱茵兰人的活泼，认为他们轻佻浮夸。独身在中世纪骑士中很普遍，不像在现代那么稀罕，骑士团还为那些继承不了家族地产的幼子们提供了颇具冒险性的人生机会。还有很多不务正业的人，出于逃避犯罪惩罚的目的加入骑士团。为防止裙带关系，骑士团在 1400 年以后就不再接受普鲁士本地人加入，不论其祖上是德意志人还是波罗的人。

波罗的海地区尤其是普鲁士的开拓，是中世纪最重要、在经济上最成功的殖民成就。在骑士团的支持下，普鲁士和利沃尼亚兴建了近 100 个城镇和 1000 个村庄。农耕区顺着维斯瓦河一直向内陆延伸，直至南部和东南部边境地区。德意志农民和荷兰农民自由保有（freehold）土地，缴纳地租，由土地官员（locator）[3]带领。一名土地官员既是移民中介，又是村庄的管理者。这里的农民不向封建主提供劳役，因而是可以自由流动的。贵族们也来到此地，得到地产，形成新一代乡绅（gentry）。[4]条顿骑士团还与西多会结成同盟，后者掌握先进农业技术，知道如何将森林和沼泽变为良田。大部分普鲁士人则沦落成农奴，尽管他们持续地德意志化。人们抽干沼泽，在海边建造防波堤，砍伐森林，用沉重的德意志铁犁开垦沙质土地。这里征收关税，但在内陆精心保养的道路、河流上不设关卡，还有骑士团巡逻。可以想见，这里很少有强盗出没。到了 14 世纪，普鲁士有全欧洲最满足的自由保有农群体。

骑士团从黎凡特学到了贸易的重要性，拥有一支商船队。他们照搬圣殿骑士团的银行体系，在大一些的辖区开展了汇票业务。他们还统一度量衡，铸造自己的货币。1263 年，在普鲁士人造反的巅峰时期，骑士团从教宗那里获得了贸易特许权，能够从自己的封地向外大量出口谷物。大牧官（gross-schaffer）直接向马林堡的大指挥负责，实际上是一位主管贸易的官员。他管理着西普鲁士的粮田，雇用商人买卖谷物。柯尼斯堡大元帅的大牧官则监管东普鲁士的田地，也负责出口琥珀——一种用来制作念珠串的昂贵材料，骑士团有琥珀专卖权。

除此之外，骑士团国还出口银、木材、盐、布料、蜡、毛皮、马匹和猎鹰，从西德意志地区进口铁、铜和葡萄酒，从英格兰进口羊毛和布料。作为汉萨同盟的成员，骑士团大团长很能照顾他手下商人的野心，他们越来越富有，对骑士团感恩戴德。这些商人隶属于"兵器俱乐部"，在紧急状态下也会全副武装，与骑士一同战斗。

骑士团国的每一位土地所有者，不论是德意志贵族还是普鲁士酋长，都从骑士团领有土地，并回报以军役。他每年需要交 1 蒲式耳谷物，还要为自己的每一"犁"（plough）土地再交 1 蒲式耳。[1 犁地等于 4 海得（hide），1 海得是养活一家人所需的最小面积土地。]移民至此的小土地所有者（smallholder）用谷物和银交什一税 —— 1 海得土地交 1 马克银。磨坊主每年除了交纳谷物，还要交 55 马克银。客栈老板每年交 4 马克。即便是最穷的普鲁士农奴，只耕种区区 1 海得土地，也得交三分之二蒲式耳小麦、黑麦或燕麦，还要在骑士团的土地上服一定时间的劳役。

当现任大团长去世，大指挥就会立即召集所有领区指挥（高级指挥官）。这是新团长选举的第一阶段，以防指挥们拉票。随后，他们会指派一名主席，由主席选出 12 名选举人 —— 7 名骑士、4 名军士和 1 名神父，每名选举人一经选出就加入挑选大团长的议程。当 12 名选举人都选出后，他们就选出新任大团长。

大团长是权力受限的君主，他的执行长官们组成一个议事会，很像现代国家的内阁，大团长自家收入与骑士团国的财政收入也是分开的。大团长和议事会通过一套法律治理普鲁士，法律对俗人和教士一视同仁。教会就像是骑士团国的仆从。这里没有大主教，所有四个主教都是骑士团的神父成员。骑士团国统一的法律和行政管理、协调一致的外交政策，以及国内政府、教会事务、贸易和产业等方方面面，都可以证明，普鲁士就是最早的现代国家。

尽管许多大团长像当时的王公一样都不会读写，但骑士团国也有可夸耀的文学成果。[5]一些骑士撰写了圣经评注或圣徒传记。直到 14 世纪末，条顿骑士团才出现了神秘主义者，但很早就有伟大的历史学家了。杜伊斯堡的彼得鲁斯（Petrus of Dusburg）的《普鲁士编年史》（*Chronica Terre Prussie*）开启了骑士团的史学传统。这部著作后来被耶罗钦的尼古拉斯（Nikolaus of Jeroschin）翻译成德语韵文，经大团长的传令官马尔堡的维甘德（Wigand of Marburg）续写到 1394 年。15 世纪普希尔格的约翰（Johann von Pusilge）的《年鉴》（*Annals*）把骑士团史学推上了巅峰。[6]骑士团还翻译了《旧约》，尤其是《约伯记》和《玛加伯书》，这些经文和编年史一样，都是要在食堂里朗读的。

利沃尼亚也出现了很多编年史家。利沃尼亚的海因里希（1259 年去世）的《旧利沃尼亚编年史》（*Chronicon Livonicum Vetus*）详细记录了条顿骑士团征服、定居，与宝剑骑士团合并，以及马林兰的早期历史。瓦特贝格的赫尔曼（Hermann von Wartberge）续写了下一个世纪的历史。这些早期的利沃尼亚编年史都明显带有阴森色彩，混杂了野蛮暴力和焦虑，即便与十分严酷粗粝的普鲁士编年史相比也毫不逊色。波罗的海北部地区的德意志人比在普鲁士更不安稳——这些由条顿骑士和定居者组成的"十字军"认为自己是四面被围的守军。

条顿骑士团真正的美学成就在于建筑领域。一座典型的条顿骑士团修道院住所（domus conventuali）既体现禁欲苦修色彩，又能满足战略需要。到 1300 年，普鲁士就有 23 座这样的修道院屋舍。一开始，这些房屋都包含一座坚固的莱茵兰式瞭望塔，四面有幕墙，中间是木制的修道院建筑，整体建筑之外环绕着壕沟和土木工事。不过，到 13 世纪末，骑士团开始建造经特殊设计的辖区治所。礼拜堂、宿舍、食堂和修士礼堂分别占据四个粗大的翼部，外面筑有防御工事，还有一座独立的瞭望塔。这其中还有回廊，但通常建在第二层，以防敌人进到院子里来。骑士团的建筑师们从叙利亚、意大利、法国甚至英国吸收灵感，逐渐形成并保持自己的独特风格。

马林堡是其中的杰出代表。这座要塞城市中的堡垒——"中央堡"（Mittelschloss）和"高堡"占地 5 英亩。高堡原来是普鲁士分团长的修道院，使用 13 世纪的基本形制：带有双层回廊的四边形建筑，中间围出一块空地，四角上各有一座防御塔。到下一个世纪，这种四条边变成了四个翼部，每一翼都有几层楼高，带有连拱柱廊（在冬天用火炕加热），开放式礼拜堂、修士礼堂、宿舍、厨房、军械库和数不清的小屋子与翼部分离。这种堡垒原本是用石头建造的，但新一些的建筑，如中央堡、西翼和外垒则是砖砌的。中央堡内有一座大食堂，食堂有星形的拱顶，由纤细、坚固的花岗岩石柱支撑。大团长的居所在西翼，他的起居室、迷人的"夏季食堂"都坐落在一根柱子周围，柱子支撑着一个巨大的雕花砖拱顶。

骑士团在托伦、雷登（Rheden）、米维（Mewe）、柯尼斯堡和海尔斯贝格（Heilsberg）也有巨大的辖区城堡，但没有这么漂亮。在马林韦尔德，主教的宫殿是一座庞大又华丽的红砖建筑，既是城堡，又是一座有防御工事的大教堂。骑士团辖区城堡支配着普鲁士的景观，但普鲁士也有其他带有骑士团风格的建筑：带围墙的城镇和教堂，例如但泽的圣母教堂（Marienkirche），有着美妙奇特的红色山墙。

利沃尼亚的石料很多，砖用得少，但其建筑风格与普鲁士十分相像。城镇中都有巨大的堡垒，作为防御性建筑。利沃尼亚的主教们很有独立意识，他们效仿普鲁士的同事们修建城堡，形制很像条顿骑士团的修道院屋舍，因为座堂总铎和全体教士对建筑的要求，与骑士团辖区长及其 12 位弟兄的要求也没什么两样。

利沃尼亚与普鲁士还有很多地方不太一样。里加大主教和座下主教们与骑士团争夺权力，经常向教宗甚至向不信基督的立陶宛人求援。条顿骑士团大团长在当地的总督——利沃尼亚分团长几乎不受普鲁士控制，一些历史学者甚至以为他和手下的 13 名指挥官仍属宝剑骑士团，而非条顿骑士团。（任命分团长时，利沃尼亚的指挥官们挑出两个人选，供条顿骑士团大团长定夺。）利沃尼亚分团长并无绝对权力，他做决策通常要征求当地议会（landtag）的同意。不过，这一地区的外来定居者很清楚，他们的生存全仰仗条顿骑士团。定居者大多住在城镇里，只占利沃尼亚人口的很小一部分，远远比不上波罗的人和芬兰-乌戈尔人居民。[7] 里加和杜纳明德（Dünamünde）、于克斯屈尔（Uexküll）、伦讷瓦尔登（Lennewarden）、阿舍拉德（Ascherade）、杜纳堡（Dünaburg）、文登、费林等骑士团辖区都被河流连在一起，一旦当地人起事，骑士团援军就能迅速赶到。

1343 年 4 月 22 日夜，在丹麦人统治下的爱沙尼亚，当地人杀害了 1800 名德意志男女和儿童，随后进攻雷瓦尔。在那里，利沃尼亚分团长德莱勒本的布尔夏德（Burchard von Dreileben）将他们击溃，迅速恢复了秩序，不久后从丹麦人手中买下了雷瓦尔。[8]

斯拉夫、波罗的和德意志历史学家都认为，条顿骑士团的行为体现了德意志民族主义，但这是不对的。拉丁语或德语在在行政管理中广泛使用，是因为波罗的诸语言没有文字。普鲁士人不能住进德意志人的村庄，是因为他们不擅长农耕，不会使用沉重的德意志犁。移民被禁止与本地人通婚，是因为本地人大多信仰异教，而不是为了保持德意志血统纯正。在萨姆兰，皈依天主教的普鲁士酋长们几乎被彻底同化，娶德意志贵族的女儿为妻，建大庄园，采用纹章，与德意志贵族毫无二致。到 13 世纪末，普鲁士人和波美拉尼亚的斯拉夫人也被接纳进入条顿骑士团，其中一些人还当上了指挥官。骑士团对本地人的偏见主要是宗教和经济方面的，并不是种族。他们首先是天主教徒，其次才是德意志人。骑士团国的首要目标是消灭异教。

当利益攸关时，骑士团可以变得冷酷无情。1331 年，波兰国王"矮子"瓦迪斯瓦夫请骑士团协助扑灭但泽的叛乱，他们就顺势将这座城市据为己有。第二年，波兰人在普沃夫策（Płowce）击退了骑士团，但不能一举将他们打垮。1343 年，波兰国王卡齐米日三世放弃抗争，通过《卡利什条约》（Treaty of Kalisz）将但泽和波美拉尼亚让给骑士团。

立陶宛的异教信仰是条顿骑士团存在的理由。在大公格季米纳斯（Gediminas，1315—1341 年在位）领导下，立陶宛人吞并了乌克兰，将领土延伸至基辅附近，建立了欧洲面积最大的国家。邻近的鲁塞尼亚人（Ruthenians）试图教化这些野蛮人，并成功地让一些人皈依了东正教。[9] 同时，格季米纳斯也鼓励波兰商人和艺术家来立陶宛定居，开始建立一个更加集权的政府。然而，立陶宛大公是火神佩库诺斯（Percunos）、水神波特利波（Potrempa）以及最糟糕的野兔神迪维利克斯的高级祭司，他继续在维尔纽斯（Vilnius）宫殿旁的一片魔法橡树林里，用甜腻腻的琥珀点起一堆圣火，虔诚地侍奉着神圣的绿蛇。

　　骑士团与立陶宛大公的臣民开始了无休无止的战争。立陶宛境内是一片野地：原始森林、荒原和灌木丛地中点缀着数不清的湖泊和沼泽地。夏天，骑士团从海上发起进攻，经河流溯游而上。他们的科格船为鱼鳞式（clinker-built）船壳，比所有立陶宛船只都要大，能装下 500 人。或者，经过普鲁士追踪者的林地特训，骑士团能穿过茂密的树林和沼泽，向敌人发动突袭。他们用驮畜背着装备和给养，他们的装备比从前更重，直到涅曼河岸边才能穿上。骑士们有时候会遭遇伏击，有时候会在遮天蔽日的丛林中迷路，因为忧郁沮丧而发疯，或是活活饿死。有时候，骑士们还会消失在危险的沼泽地里。

　　到了冬季，骑士们裹着羊皮袄，牵着马，用雪橇拖着装备、给养和草料，排成一列缓缓地走在雪地里或冰湖上，一边祈祷着天气足够冷，冰面足够厚，能支撑住他们的重量。若冰雪突然融化，可能带来灾难性后果，切断骑士团的退路。他们有时候还会被暴风雪吞没。

　　除了要与凶恶的敌人和可怕的自然条件做斗争，一旦被俘，骑士就可能被活活烧死在神圣的橡树林里，就像 1389 年拉绍的马克瓦德（Markward von Raschau）的遭遇那样。尽管如此，在 1345—1377 年间，骑士团仍从普鲁士向立陶宛发动了 70 次突袭，从利沃尼亚发动了 30 次。[10] 对立陶宛的进攻延续至 15 世纪。

　　骑士团的目标是毁坏敌人的领地，驯服异教徒，尽可能多地杀死或奴役他们。第二目标则是创造一个无人区，用作封锁线。立陶宛人也穿过这片荒野，从同一条道路突袭普鲁士和利沃尼亚，搜捕奴隶——远在骑士团到来前，他们也是这样对待其他波罗的人的。

　　骑士团最重要的突袭是"夏季攻势"（sommer-reysa），由大团长从普鲁士、分团长从利沃尼亚共同发起，大元帅任总协调，事先派出斥候查探敌情，储备好粮食和草料，并召集舰队。"冬季攻势"（winter-reysa）的规模比较小，只有数百名骑士参加，从草草搭设在敌境内的营地出发，穿过雪地发起进攻。立陶宛的天气比战士更危险；暖冬简直就是灾难，河流和沼泽都无法穿越。

　　若战斗得胜，骑士团就会带回牛群、马匹和成百上千名俘虏，俘虏都被绑在马尾或雪橇上拖回来。一旦敌军试图救回俘虏，或雪和泥拖慢了骑士团的行军速度，骑士团就会杀掉俘虏。不过，双方都会交换有身份的俘虏——但并不经常这么做。大部分立陶宛人都没什么身家财产，他们自身就是战利品，被卖掉或充作苦力，成为骑士团或当地容克贵族庄园里的农奴。14 世纪中期爆发大瘟疫后，来自西欧的移民潮中断了，当地俘虏就取代了他们的位置，在森林中开垦出新的田地。

　　立陶宛人很害怕条顿骑士团。1336 年，当骑士团袭击涅曼河畔的皮雷奈（Pilenai / Pillen）要塞时，立陶宛人宁愿死也不愿被俘，在一个巨大的火堆上烧掉所有财物，杀光妇女儿童，随后相互砍头而亡。一位年长的女祭司用一把斧头砍掉了 100 多个战士的头颅，在骑士团冲进要塞的瞬间劈开了自己的脑袋。

　　立陶宛沿海的萨莫腾（Samaiten / Samogitia）地区居住着一个非常凶猛的部族（萨莫吉希亚人），将普鲁士和利沃尼亚分隔开来。条顿骑士团中有一个人能够胜任消灭这一部族的任务，那就是克尼普罗德的温里希，他 10 岁时就加入条顿骑士团，于 1351—1382 年间担任大团长。[11] 他是一个快活的莱茵兰人，因战功赫赫被选为大团长，就任后迅速推行了一系列改革，使整个骑士团重新焕发活力。在马林堡这样一个本就十分壮观的堡垒，温里希又兴建了一座新的宫殿——华丽无匹的"中央堡"及其漂亮的花园。他以南德意志人的快活劲儿掌管一座辉煌的宫廷，接待络绎不绝的外国访问者，为他们提供丰盛的宴席和娱乐，有音乐，也有各类戏法。罗得岛骑士团也从他们自己在德意志的辖区慕名而来。[12] 这里经常举办骑士比武会（依照宗教规定，骑士团成员是不参加的）。不过，大团长这么豪爽好客是有原因的。罗马教宗给协助条顿骑士团的人士授予了原属于十字军的全部宗教特权，整个 14 世纪，欧洲的王公贵族蜂拥而至，同立陶宛人作战。他们为条顿骑士团提供了无偿兵源。

后来死在克雷西战场上的波希米亚盲国王约翰，就是在萨莫腾失去了视力。他当时在秘书、作曲家马肖的纪尧姆（Guillaume de Machaut）的陪伴下来到普鲁士。法国骑士布西科（Boucicault）元帅曾与条顿骑士团一同作战，[13] 德比伯爵亨利，即后来的英格兰国王亨利四世，曾两次到访条顿骑士团大团长的宫廷，但不是在温里希主管的时期。[14] 毫无疑问，他曾被条顿骑士团吸收为同侪骑士。一位兰开夏人，来自普雷斯顿附近霍顿塔的爵士，霍顿的亨利（Henry de Hoghton），曾陪同亨利伯爵一起参加过条顿骑士团的"夏季攻势"。[15]

一位约克郡年轻人，20 岁的乔弗里·斯克罗普（Geoffrey Scrope）爵士——未来约克大主教的兄长——在 1362 年随同温里希作战时死去，被埋葬在柯尼斯堡大教堂中，多个世纪来始终有一扇窗用来纪念他。[16] 许多英格兰人和苏格兰人都加入了这场"德意志骑士的大团长"的战争，乔叟讲述自己骑士生涯的故事提到这一经历，广为人知：

> 在普鲁士庆功宴上有他，
>
> 这位佼佼者多次坐首席；
>
> 从立陶宛直打到俄罗斯，
>
> 同级的骑士都大为逊色。[①]

　　骑士团国的征战就像 19 世纪流行的大型狩猎一样有吸引力。温里希这位温文尔雅、富有魅力的大团长很清楚如何充分利用这种战斗狂热。

　　温里希试图提高骑士团的宗教层次和受教育水平。他在每个辖区安插了两名有文化的骑士、一名神学家和一名律师，在马林堡设立了宗教学校，还一度设想建立库尔姆大学。加入骑士团的新人太多，没有足够的岗位来安置他们。在温里希统治末期，普鲁士可能有将近 700 名骑士。为了解决人员过多的问题，温里希除增添辖区之外，还设置了许多修道所。一座修道所能容纳 12 名骑士和 6 名教士成员，重点在做日课祷告，过灵修生活。在马林堡一地就有 4 座这样的修道所。

　　越来越多的容克贵族受雇担任官员，他们征召组建了一支庞大的军队。不过，温里希保护农民不受容克贵族侵犯，他也确实收获了“农民之友”的赞誉。[17]温里希同样保护城镇居民享有的特权，保护他们不受外国竞争冲击，还发行了一种质量很高的新货币。

[①] 参范守义译本。——译者注

温里希的首要关切点仍是与立陶宛人的战争。条顿骑士团装备精良，但立陶宛人多势众，温里希就在每一条穿越湖区和沼泽的道路上设置要塞，封堵荒野，并通过这些要塞向立陶宛境内发动攻势。双方进行了 30 年不间断的战争，敌方始终由两位非常优秀的大公阿尔吉尔达斯（Algirdas）和凯斯图蒂斯（Kestutis）率领。转折点发生在 1370 年，一支立陶宛大军进攻柯尼斯堡，在萨姆兰的鲁道（Rudau）被大团长击退。大团长失去了元帅亨宁·辛德科普夫（Henning Schindekopf）[18] 和 26 名骑士，但帅旗被夺的立陶宛人从此再也不敢正面迎击温里希了。他还挑拨两位大公之间的关系，与波兰人交好。此外，温里希还善于革新，在 1381 年的"冬季攻势"中首次使用了舰载大炮。到第二年温里希去世时，他们已经占领了萨莫腾和特拉凯（Trakai），距维尔纽斯只有区区 14 英里。这是骑士团国的巅峰时刻。

但立陶宛人也获得了大炮。更糟糕的是，1386 年，大公约盖拉（Jogaila）娶了波兰女王雅德维加（Jadwiga）为妻，成为波兰国王瓦迪斯瓦夫二世。维尔纽斯的圣火从此永远熄灭了，第二年，约盖拉开始令臣民改信基督教。然而，条顿骑士团宣称，许多立陶宛人还是异教徒，或是信仰东正教的裂教分子。就在不久前的 1377 年，大公阿尔吉尔达斯死后，还在森林里与他的战马一同火葬。直到 1413 年，一位法兰西旅行者拉努瓦的吉耶贝尔（Guillebert de Lanoy）还注意到，一些部落民仍旧将死者穿戴整齐，在神圣树林中的橡木火堆上施行火葬。[19]

波兰和立陶宛并没有真正融合为一个国家，约盖拉在立陶宛的总督，大公维陶塔斯（Vitautas）——"疯狂的维陶德"（Mad Witold）——就自行其是，甚至同条顿骑士团结盟，放弃了萨莫腾。萨莫腾居民不愿屈服，还坚守在沼泽和森林里，但条顿骑士团大团长永京根的康拉德（Konrad von Juningen，1394—1407 年在位）已经意识到，如果骑士团再一味表示反对，波兰和立陶宛很有可能会真正融为一个帝国。于是，他劝说维陶塔斯向东扩张。1399 年，大公维陶塔斯率立陶宛和鲁塞尼亚波雅尔贵族（boyar）大军跨过罗斯平原，进攻金帐汗国。这支军队中既有流亡的鞑靼可汗脱脱迷失，也有一支 500 人的条顿骑士团分队。帖木儿·忽格鲁特的将军额地该（Edegey）在沃尔斯克拉河（Vorskla，第聂伯河支流）边与其交战。他用了蒙古军队在莱格尼察使用过的战术，歼灭了维陶塔斯三分之二的军队，在他身后穷追不舍。

这场战斗终结了"疯狂的维陶德"攻取金帐汗国领土的野心，他于是转而进攻骑士团国。康拉德想尽办法维持和平，还试图与喀山汗国结盟。在康拉德统治下，骑士团国繁荣兴旺，民众安居乐业。只要不同时与所有敌人产生冲突，骑士团国生存无忧。不过，在 1407 年，这位爱好和平的康拉德去世了。他死于胆结石，据说他不屑地拒绝了医生的疗法 —— 同女人行房，因而病情恶化。

1397 年，萨莫吉希亚人攻陷梅梅尔，将骑士团国一切为二，但骑士团于 1406 年收复了这座城镇。这就是条顿骑士团领土扩张的极限了。1402 年，骑士团从皇帝西吉斯蒙德一世那里买下勃兰登堡的诺伊马克（Neumark），对波罗的海海岸线的控制力无人能匹，直到 17 世纪瑞典帝国兴起。

1398 年，骑士团发兵征讨瑞典海盗控制下的哥得兰岛（Gotland），这些"海上粮贩"袭扰汉萨同盟的商船。骑士团将海盗清理出去，加强海上巡逻。后来，这座岛屿被丹麦人占据，骑士团于 1404 年率 1.5 万人的大军回归，夺回岛屿和 200 艘丹麦舰船，还在岛上的首府维斯比（Visby）建立了汉萨同盟站点。1407年，新任大团长永京根的乌尔里希将哥得兰岛还给丹麦女王玛格丽特，换得女王保证保护汉萨同盟。

国王瓦迪斯瓦夫二世想尽办法挑衅骑士团。他禁止波兰商人同普鲁士和利沃尼亚市民做生意，而由于汉萨同盟的衰落，这些市民本就越来越难管束，还对骑士团的私营贸易感到不满。应瓦迪斯瓦夫要求，波美拉尼亚公爵阻断了骑士团国通往德意志地区的道路。瓦迪斯瓦夫利用普鲁士容克贵族对莱茵兰出身的指挥官不满，挑拨他们的反对情绪，还劝说萨莫吉希亚人反叛骑士团。大团长永京根的康拉德死前留下遗言，请求骑士团不要选举弟弟乌尔里希为大团长，因为他既骄傲又鲁莽，臭名远扬。

1409 年，双方的暗中较劲终于转变成公开战争。瓦迪斯瓦夫和维陶塔斯纠集了 15 万大军，其中包括他们的所有征召兵力、鞑靼人和哥萨克人的军团，以及扬·杰什卡（Jan Žižka，未来胡斯战争中的军事天才）率领的捷克人、瓦拉几人（Vlach）和匈牙利人的雇佣军。骑士团的所有兵力，包括骑士、雇佣兵和志愿兵，总共有 8 万人。瓦迪斯瓦夫的军队除了波兰骑兵，主要由轻骑兵组成，而骑士团的军队大部分是重装骑兵，一小部分是装备了新型钢制弩的劲弩兵（arbalestier），还有一些从坦能堡带来的火炮。虽然利沃尼亚的弟兄们未能如期赶到，但条顿骑士团仍相信自己一定会获得胜利。

1410 年 7 月 15 日，两军在普鲁士坦能堡相遇，四面是马祖里的沼泽地。大团长自居上帝的捍卫者，不屑于对敌军发动突然袭击。波兰军队唱起了圣阿达尔伯特（St Adalbert）的战歌，骑士团则以复活节颂歌"基督复生"回应。[20] 一阵短暂的火炮声过后，骑士团的重装骑兵高声呼喊着"上帝与我们同在"，全副武装向敌人冲去。骑士团迅速击溃了由捷克人和立陶宛人组成的左翼，几乎歼灭了右翼。

然而，波兰军队顽强地守在中间，其盟军也很团结。骑士团的左翼还没重新整队，乌尔里希就率整个预备队冲上去，不忠的库尔默兰容克贵族却叛逃了，削弱了攻势。波兰军队又一次守住了阵地。经过几轮冲锋，这漫长的一天行将结束，骑士团已经被敌人包抄，马背上作战变成了剑与斧的肉搏战，鞑靼人包围了骑士团。大团长乌尔里希拒绝撤退，穿着他那身闪光的盔甲，在黑十字旗下力战至死。[21]（当人们找到他时，他的遗体遭到严重损毁，几乎不能辨认。[22]）据称，骑士团国有 1.8 万人在这场战斗中死去，包括大指挥、大元帅、许多辖区长和 400 名骑士。1.4 万人被俘，其中有许多骑士团成员——大部分都遭到虐待或被砍头；50 面骑士团军旗被当作战利品，挂在克拉科夫大教堂里。就算这个数据有一些夸大，但坦能堡之战对条顿骑士团来说，无疑就是十字军的哈丁角之战。

施韦茨（Schwetz）的指挥官普劳恩的海因里希率 3000 人从波美拉尼亚赶到马林堡，将其付之一炬，以防敌人据守。一支波兰军队包围了大指挥辖区城堡，用缴获的火炮轰击城墙，普鲁士主教们也与侵略者里应外合。库尔默兰容克贵族派使者送来辱骂信。[23] 但普劳恩坚持抵抗，寄希望于利沃尼亚的援军。军中传言圣母显灵，重振了骑士们的士气。此时波兰军中爆发了痢疾，8 个星期之后，瓦迪斯瓦夫撤军了。1411 年，双方签署《第一次托伦和约》，骑士团只割让了多布任地区（位于库尔默兰东南）给波兰，萨莫腾地区给立陶宛。但普鲁士十字军运动已经走向终结。

第 7 章
失去目标的十字军

坦能堡之战打碎了"谁反对骑士团，就是反对耶稣基督"的信条。自此之后，在战场上死去的条顿骑士不再是"殉道者"，因为立陶宛人不再是异教徒。条顿骑士团的军事失败还伴随着严重的经济危机。欧洲一再爆发大面积瘟疫，导致人口锐减，对小麦的需求也持续减少，而粮食贸易曾是骑士团国走向繁荣的基础。

波兰小说家亨利克·显克维奇在《十字军骑士》一书中，想象出一位波兰贵族在 14 世纪访问马林堡，被当地普鲁士农民破落受蹂躏的生活所震惊的情景。事实上，普鲁士农民的境况还是要比波兰农奴好一些，因为普鲁士领主不得鞭笞农奴，所以许多波兰农奴逃到了普鲁士。但到了 1410 年，普鲁士的土地大面积抛荒；由于劳动力日益短缺，条顿骑士团和普鲁士乡绅很难继续耕种他们的庄园。只有骑士团才可以强迫劳动，这让乡绅们很不满。1397年，库尔默兰的乡绅就组建了"蜥蜴联盟"（Eidechsenbund），发泄他们的怨气。

当收入日渐枯竭时，条顿骑士团发现自己已经没有足够的钱来支付波兰人在《第一次托伦和约》中索要的赔款。1412 年，已就任大团长的普劳恩的海因里希设立了普鲁士各阶层的地区大会议（Landesrat），其中包括 20 位贵族和 27 位市民代表。为了让地区大会议同意提升纳税额，普劳恩承诺，未来无论征税、开战，都必须获得地区大会议的同意。但没有一位贵族或市民支持他。

许多骑士因设立大会议而愤怒，普劳恩下令将逃到德意志的骑士用锁链押解回普鲁士，也让很多人十分反感，他因而在骑士团中树敌颇多。普劳恩在骑士团外的敌人也不少，尤其是在但泽，他把坦能堡之战后欢迎波兰人入城的市民领袖砍了头。

瓦迪斯瓦夫国王不断派掠袭队进入普鲁士，这位年轻的大团长最终忍无可忍，命令大元帅进攻波兰。但普劳恩事先没有按规定征询骑士团高级官员的意见，大元帅拒绝出兵，他只好召集全体骑士开会。大会于 1413 年 10 月召开，罢免了普劳恩大团长之位。[1] 在普劳恩的短暂统治期，他几乎激怒了包括骑士和俗人的所有臣民。显而易见，他的支持者主要是莱茵兰人，反对者主要是北德意志人。地域偏见已经削弱了骑士团的活力。

普劳恩的颠覆者和继任者，年长的大元帅施滕贝格的米夏埃尔·库赫迈斯特（Michael Kuchmeister von Sternberg）曾在 1414 年至 1422 年率骑士团作战，深知骑士团再也经不起一场恶战。他命令骑士团守在坚固的堡垒中，只趁夜出城掠袭。波兰人反击，骑士团国遭遇屠杀和饥荒，整个国家人口不断减少。① 在康斯坦茨公会议上，罗马教宗甚至很高兴听到波兰人抱怨条顿骑士团的恶行，骑士团代表好不容易才避免了教廷的谴责。1422 年，双方矛盾达到顶峰，波兰军队大举入侵普鲁士。大团长鲁斯多夫的保罗·贝利泽（Paul Bellizer von Rusdorf）求和，割让萨莫腾和涅沙

---

① 400 年后，波兰伟大的浪漫主义诗人亚当·密茨凯维奇在《康拉德·瓦伦罗德》（*Conrad Walenrode*）史诗中描绘了波兰人对骑士团历来的憎恨。在诗中大团长这样描绘立陶宛："城镇焚毁，血流如海：这是我的功业，我所兑现的誓言。"

瓦（Nieszawa）——这是 13 世纪波兰人给骑士团的第一个城市。德意志分团长为此狠狠地斥责了他。

1430 年，大团长鲁斯多夫的保罗做最后一次尝试，企图打破波兰和立陶宛之间的联盟。当时，有两个人在争夺立陶宛的王权：立陶宛大公斯维特里盖拉（Svitrigaila），得到东部信仰东正教的波雅尔贵族支持；西格曼塔斯（Zigmantas），是西部信仰天主教的大贵族首领，得到波兰人支持。保罗与斯维特里盖拉结盟，在 1431 年进攻波兰。1433 年，利沃尼亚分团长和新盟友孤注一掷，却被瘟疫摧垮。[2] 1435 年，西格曼塔斯的支持者歼灭了斯维特里盖拉的军队，大部分利沃尼亚骑士团成员也难逃一死。利沃尼亚的骑士团花了很长时间才恢复元气。

波希米亚受宗教战争拖累，再也无法像 13 世纪那样与骑士团联盟对抗波兰。因为条顿骑士团参与了西吉斯蒙德皇帝镇压胡斯派的十字军战争，胡斯派与他们也结下了梁子。胡斯派军队从波希米亚出发劫掠骑士团国，用怪异的战车碾轧普鲁士的土地。他们还唱一首阴暗的战争歌曲《我们是上帝的战士》，最后一句是"砍砍砍，砍倒所有人"——他们或许还带来了战鼓，鼓面是用他们可怕的失明首领，已故杰什卡的皮做成的。

1433 年，扬·恰普科（Jan Czapko）袭击了迪尔绍/特切夫（Dirschau / Tczew）和奥立瓦。[3] 他们的"战车堡垒"（wagenburg）是一种用铁链把装甲的农用大车绑在一起组成的车阵，农民可在后面用火门枪（handgun）射击，必要时带着大镰刀和连枷冲出去；它成为一种相当有效的武器，有点像现代的坦克。大团长鲁斯多夫试图雇用英格兰长弓手来对付这种战车，但即便他成功了，也起不了什么作用。波希米亚"祸根"塔波尔派异端不断侵袭这片教士的国度，以四处毁坏、虐杀教士和容克贵族为乐，还把平民抓回去做俘虏。

随后，瘟疫、歉收和饥荒次第爆发。道路上劫匪横行。贸易不断萎缩，汉萨同盟早在 1425 年斯科讷（Scania）鲱鱼捕捞业破产后就开始衰落了。中世纪货币是金银复本位制，由于银矿日益稀缺，银币的成色不断下降。利沃尼亚的产品在诺夫哥罗德卖不出去，普鲁士的城镇商业又被大量进口货物冲垮。条顿骑士团颁布贸易限令，征收关税并垄断谷物贸易，激怒了濒临破产的市民。普鲁士土地平坦多沙，雾气重重，本来就是一片阴郁之地，而现在正在变成一片荒漠。［康拉德·比钦（Conrad Bitschin）对此感到很伤心，他在编年史中用将近一页的篇幅写了一首哀歌，题为《悲叹胡斯派恶行》（*Exclamacio dolorosa contra maliciam Hussitorum*）。］

1450 年，条顿骑士团的成员已经减少了三分之一，一些出身不好、品行不佳的人也被接纳入团。至少在一个辖区，任何来到指挥官面前抱怨的人都会被扇耳光，并告知："滚开，王八蛋！你只需知道，我就是大团长。"但仍有骑士在坚守入团时的信念。15 世纪，法兰克福辖区一位不具名的神父写了《德意志神学》（*Theologica Germanica*），这是一本以埃克哈特大师生平为素材的神秘主义小册子，流传甚广。在大部分辖区，仍有很多人大体遵守骑士团规章，发扬骑士团的传统。

15 世纪 20 年代，西吉斯蒙德皇帝日益担忧土耳其人崛起带来的威胁。匈牙利是他治下领土，他向大团长鲁斯多夫提出，条顿骑士团应当保卫特兰西瓦尼亚地区。1429 年，雷德维茨的克劳斯（Klaus von Redwitz）在小瓦拉几亚的塞维林堡（Turnu

Severin）设立了骑士团司令部，靠近铁门峡（Iron Gate）的瀑布，这是多瑙河上的战略要地。骑士团还得到了喀尔巴阡山脚下的几座堡垒，但匈牙利贵族敌视他们，总是与他们作对。1432 年，大部分堡垒都落入了土耳其人之手，只剩下三座。西吉斯蒙德皇帝于是取消了一个重振骑士团的计划，表示要让骑士团将普鲁士土地分给周边的王公贵族。这一计划变得可疑，骑士团在 1434 年放弃了塞维林堡和剩下的堡垒。[4]

利沃尼亚分团长的外交政策总是与普鲁士有所区别，因为他们的主要敌人来自罗斯各公国，而非立陶宛。在两个世纪里，利沃尼亚骑士团与罗斯打了不下 30 场战争。骑士团一直觊觎普斯科夫和大诺夫哥罗德，尤其是后者庞大的商业帝国。1444 年，利沃尼亚骑士团开始有策略地打击诺夫哥罗德。他们跨过纳尔瓦河，不断向罗斯发动小规模突袭，意在摧毁其战斗意志。1445 年，通过高超的外交手腕，骑士团差点把丹麦国王拉入针对诺夫哥罗德的战争。这个商人国家遭到封锁，同利沃尼亚城镇的贸易路线被切断。骑士团还利用其贸易垄断权，禁止向诺夫哥罗德出口谷物。然而，尽管精心策划，这场战争依旧失败了，1448 年骑士团与罗斯人签订了和平协议。战争带来灾难性后果，不仅动摇了利沃尼亚的根基，还给普鲁士的港口贸易造成损失。

1440 年，容克贵族和市民代表在马林韦尔德开会，成立了普鲁士联盟（Preussische Bund）。该联盟成为国中之国，自行征税。条顿骑士团无力镇压联盟，大团长试图同联盟达成某种临时协定。这一努力不可能成功，因为同普鲁士贵族共享政治权力，就意味着动摇骑士团国的整个思想根基。骑士团也难以缓解市民的困难。

双方剑拔弩张，局势恶化。1453 年，大团长埃里希豪森的路德维希（Ludwig von Erlichshausen）向神圣罗马帝国皇帝腓特烈三世申诉，皇帝正式宣布解散普鲁士联盟，但他无法执行这一命令。[5] 1454 年 2 月，他们的雇主的使节遭诡秘谋杀，普鲁士联盟——其中有 21 个城镇——宣布不再忠于条顿骑士团大团长，发动了叛乱。在两个月内，普鲁士联盟占领了 56 个堡垒，反叛军首领、原骑士团成员拜森的汉斯（Hans von Baisen）来到克拉科夫，向波兰国王卡齐米日四世献上普鲁士的"王冠"。普鲁士联盟真正的目的，是要争取波兰贵族所拥有的无政府的自由。

卡齐米日国王来到普鲁士，没有受到欢迎，却引发了一场长达 13 年的战争。骑士团国在战争中四分五裂，容克贵族、市民相互征战。在柯尼斯堡，海员和镇民在狭窄的街巷里、码头上战斗，但泽的商人王公对骑士团恨之入骨，却仍用大船运送骑士团的支持者。卡齐米日几乎没什么军队，但普鲁士联盟和但泽的寡头政权给了他很多钱，他用这笔钱招募了雇佣军、捷克人和"海杜克"（Heyduck，或译黑盗客）——来自匈牙利或克罗地亚——不断袭扰骑士团国的领土，大肆烧杀抢掠。

条顿骑士团又出了一位普劳恩，那就是大团长普劳恩的远房侄子，医护官普劳恩的海因里希·罗伊斯。[几乎在同一时期，《条顿骑士团团长简史》（Historia brevis magistrorum ordinis Theutonici）的作者激情洋溢地称呼普劳恩为"赫克托耳和阿喀琉斯第二"。] 1454 年 9 月，普劳恩率军驰援柯尼茨（Könitz），卡齐米日国王正率波兰人、雇佣兵和普鲁士联盟组成的 4 万大军围攻这座城市。普劳恩手下只有 9000 人，但他灵活运用沼泽地形缩短阵线，找到敌军轻骑兵所暴露出的软肋，用 1000 名重装骑兵发起冲锋。卡齐米日国王的军队分崩离析，他自己好不容易才脱身，帅旗也落入了骑士团手中。

这时，骑士团里的军士已不多了，一个中队里的骑士与征召兵或雇佣兵的比例，与现代步兵团中的军官、士官与普通士兵的比例差不多。持火门枪的步兵代替了弩手，波希米亚军队也开始使用战车。温里希时期那些充满浪漫色彩的冒险家已经消失了。坦能堡之战击碎了骑士团的尊荣，立陶宛战争也不再是十字军运动。当人们能在离家不远的地方获得战争经验时，没人愿意再跋涉千里去北欧。只有那些自由兵还肯来，渴望获得报酬和战利品。在这场"十三年战争"中，大部分战斗都是劫掠和围攻，几乎没有阵地战。城镇遭洗劫、焚毁，村庄夷为平地，大量田地抛荒，一群群农民惨遭屠戮。

雇佣军常常讨价还价，改变阵营。为了支付雇佣兵的报酬，大团长路德维希试图卖掉一些城堡和庄园，甚至打起了城镇的主意，但没有成功。田产已经无利可图，资金成了稀缺品，地租和税收不复存在。德意志分团长伦特斯海姆的乌尔里希（Ulrich von Lentersheim）与普鲁士的骑士团弟兄们并肩作战，给他们一些资助，但远远填补不了这个巨大的亏空。大团长路德维希走投无路，许诺用 20 个城镇和堡垒支付军费，并很快占领了这些城镇、堡垒。利沃尼亚分团长想把马林堡买回来，但没有成功。[6] 1457 年，波希米亚人把马林堡卖给了卡齐米日。

大团长乘一艘小船逃到了柯尼斯堡，他的同情者送来了一桶啤酒，但没有钱。医护官普劳恩劝忠心耿耿的马林堡市长巴托洛梅乌斯·布卢门（Bartholomaus Blumen）为他打开城门，两人共同率一小支军队抵抗围在城外和占据城中堡垒的波兰人。1460 年，两人终于寡不敌众，布卢门市长被砍头，普劳恩逃了出去，继续抵抗。

1462 年 8 月，条顿骑士团在扎尔诺维茨（Zarnowitz，普茨克）被一小支敌军击败，骑士团的军队只剩下 3000 多人。这次失败被视为"十三年战争"的转折点，[7] 但次年在维斯瓦河河口的海战则重要得多。条顿骑士团派出 44 艘战船对抗但泽的舰队，但泽商人们把妻女的珠宝都贡献出来充作军费。但泽的盟友埃尔宾人及时赶到，条顿骑士团损失了所有战船和 1500 人。这是一次战略性的大败，通往西普鲁士的水路被彻底截断。骑士团还在负隅顽抗，但其据点越来越少了。

1466 年，条顿骑士团大团长终于宣布投降，他这时已经花掉了 1600 万匈牙利弗罗林，战争双方共损失了 10 万多人。在战后签署的《第二次托伦和约》中，波兰得到但泽和西普鲁士，后来这片地区得名"王家普鲁士"（Royal Prussia）；骑士团保留了东普鲁士，但未来至少有半数条顿骑士都将来自波兰。大团长路德维希须为他的普鲁士领土向波兰国王宣誓效忠，他在托伦的行会会堂中举行了这一耻辱的仪式，"流着泪，身着破衣烂衫"。骑士团失去了马林堡，也不可能夺回来，就将总部设在柯尼斯堡。

《第二次托伦和约》还导致了骑士团的分裂。普鲁士之外的骑士团成员很难接受一个在波兰众议院中坐在国王左手边的封臣做大团长。利沃尼亚骑士团获准自行选任分团长，而德意志分团长正式采用了"德意志团长"（Deutschmeister）称号，更加独立自主。自 1494 年起，德意志团长位列帝国诸侯。

利沃尼亚骑士团实力犹存。1471 年，莫斯科大公伊凡三世兼并诺夫哥罗德，利沃尼亚骑士团试图反击并占领普斯科夫，一直等到 1480 年金帐汗国最后一次入侵，伊凡忙于迎击蒙古人时才迎来了机会。1480年1月1日，分团长德博格的伯恩特（Bernt von der Borg）率一支装备精良的大军[8]穿过雪地，袭击了小镇维斯哥罗德（Visgorod），并在当月末派一支军队迂回包围普斯科夫，另一支军队有组织地破坏其周边乡村地区。因一支莫斯科军队突袭利沃尼亚，伯恩特撤军，不过3月1日在佩普西湖的冰面上击退了普斯科夫人，随后袭击并烧毁了科贝尔镇（Kobyle），撤退前杀死了近4000名居民。分团长的掠袭极大动摇了普斯科夫的士气。8月，伯恩特率"十万大军"突然回归，普斯科夫陷入绝望，但他又一次撤退了。就在这次进攻的当口，金帐汗国入侵失败，伊凡有精力来保护普斯科夫了。

普鲁士骑士团决定夺回自主权。1498年，他们选任了一名强有力的公爵做大团长，那就是萨克森的弗雷德里希，萨克森选帝侯的弟弟。柯尼斯堡几乎变成萨克森官员管理的贵族宫廷，大团长公爵的财富为骑士团带来了虚假的繁荣。他拒绝臣服波兰国王，要求波兰归还西普鲁士。

到本世纪末，利沃尼亚也日渐衰落，分裂为三个阵营——主教、市镇和骑士团，骑士团内部还有莱茵兰人和威斯特伐利亚人争斗分裂。伊凡三世驱逐汉萨同盟和所有德意志人，里加、雷瓦尔和多尔帕特失去了在诺夫哥罗德的大宗产品贸易权。不过，1467年以后，利沃尼亚和普鲁士的市民就已经抛弃了汉萨同盟。利沃尼亚骑士团和鞑靼人始终保持着良好关系，派使者去喀山和阿斯特拉罕，但金帐汗国已走到穷途末路。伊凡娶了一位拜占庭公主为妻，莫斯科成为"第三罗马"。大公想得到波罗的海的出海口，在纳尔瓦河对岸建造了一座新堡垒"伊凡哥罗德"（Ivangorod），对骑士团在纳尔瓦河上的堡垒和城市形成威胁。

但马林兰即将迎来一段安宁的日子，人们通常称之为"黄金时代"。1450 年出生于威斯特伐利亚的普勒滕贝格的沃尔特（Wolther von Plettenberg）于 1494 年当选分团长。他有大团长温里希般的才干，容貌帅气，风度翩翩，既是英勇的战士，又是高超的外交家，就像是从骑士团的英雄时代走出来的人物，为这个薄暮时代带来了微光。他限制利沃尼亚的准入权，只对威斯特伐利亚人开放；他纵横捭阖；控制城市和主教，与里加大主教始终保持着特殊关系。1509 年至 1524 年的里加大主教加斯帕·林德（Caspar Linde）是他的好朋友和支持者。市民也很感激沃尔特长达半个世纪的仁慈统治。[9]

1499 年，莫斯科大公国和克里米亚鞑靼汗明格里·格莱（Mengli Gerei）向立陶宛大公亚历山大宣战，亚历山大与伏尔加河的鞑靼汗谢赫·阿合马（Sich Achmed，亦称赛克赫阿里，阿黑麻汗之子）、条顿骑士团是盟友。1501 年，罗斯人歼灭了立陶宛军队，入侵利沃尼亚。亚历山大派不出援军，谢赫的军队又在路上耽搁了。8 月 27 日，普勒滕贝格在伊兹博尔斯克附近的施里察河（Siritsa River）边独力迎战罗斯人。普勒滕贝格有 430 名骑士、8000 名步兵和 4000 名轻骑兵。罗斯一方是莫斯科大公国和普斯科夫王公的军队，约有 4 万人。普勒滕贝格虽两次被围，一次差点失败，却用火炮和重装骑兵相结合的战术击溃了敌军。根据编年史家巴尔塔扎·吕索（Balthasar Rüssow）的说法，他用 1.2 万名士兵击杀了罗斯 4 万名士兵的大部，其他罗斯人则逃到了普斯科夫。这时，骑士团中爆发了严重的痢疾，普勒滕贝格只得撤军。

1501 年 11 月，罗斯大军又回来了，这次是 10 万莫斯科军队、3 万鞑靼军队，[10] 由伊凡最优秀的将军丹尼尔·谢尼亚（Daniel

Shchenya）率领。骑士团的主力部队以多尔帕特城外的赫尔莫德（Helmed）要塞为据点，迎战罗斯大军，虽有先进的火炮相助，但依然被全数歼灭。他们甚至派不出一名信使去通报普勒滕贝格。随后，莫斯科军队在东马林兰大肆抢掠，俘虏或杀死了 4 万利沃尼亚人。

　　普勒滕贝格没有被吓倒。1502 年春，他向普斯科夫发动了几次快速突袭，9 月包围了普斯科夫。在莫斯科援军到来前，普勒滕贝格下令撤军，一路诱敌深入，将莫斯科军队引到斯莫利纳湖（Smolina）的陷阱。他再次运用骑兵加熟练的炮手来作战。许多骑士在这场战斗中阵亡，但骑士团得以顺利撤退。此后不久，亚历山大大公与伊凡和解，1503 年 5 月，骑士团的使者与罗斯人签订了 50 年的停战协定。罗斯和德意志编年史家对这场战争的胜负各有说法，都宣称自己一方取得了胜利。[11] 无论真相如何，骑士团能长时间牵制住一支规模大大超过自身的军队，维持领土完整，已相当出色。这一成就可与 1940 年苏芬战争中芬兰的表现相媲美。

　　1512 年，21 岁的霍亨索伦的阿尔布雷希特（Albrecht von Hohenzollern）当选大团长，他是勃兰登堡和安斯巴赫边区伯爵（margrave），虽然没什么钱，但野心勃勃，无所顾忌。他拒绝接纳波兰人加入骑士团，与丹麦和莫斯科大公瓦西里三世结盟，并在 1517 年要求波兰归还"王家普鲁士"，为 50 年的占领做出赔偿。最终，他在 1519 年进攻自己的舅舅，波兰国王齐格蒙特，发动了一系列围攻、突袭和火烧行动，但没打过一场阵地战。这场战争毫无益处，只有长枪雇佣兵（Landsknechts）挣到了钱。1521 年，阿尔布雷希特同意休战 4 年。

但条顿骑士团正面临一个新的敌人——新教运动。1523 年，马丁·路德写信给大团长阿尔布雷希特：

> 阁下的骑士团是一个奇怪的团体，尤其在于其成立的目的是打击异教徒。为了实现这一目的，骑士团必须用世俗之剑、行世俗之事，但又必须过灵修生活，发誓保守贞洁、甘于贫穷、服从命令，必须像其他修会一样遵守誓言。

在路德的描述中，条顿骑士团就是一个阴阳同体的组织。1523 年圣诞节，萨姆兰主教波伦茨的格奥尔格（George von Polenz）——也是骑士团成员——在柯尼斯堡大教堂的一次布道中公开接受路德教义："今天是基督新生的日子。"路德教义已经在市民中广为传播，骑士中也有不少人接受。

1524 年，大团长阿尔布雷希特在纽伦堡的帝国议会上见到路德，皈依了新教。1525 年 4 月 8 日，大团长签署了《克拉科夫协定》。自此，他受封为世袭公爵，从波兰国王那里领有普鲁士。第二天，他在克拉科夫市场上向舅舅齐格蒙特国王宣誓效忠。[12]

几乎没什么人反对阿尔布雷希特，因为他故意让大指挥和大元帅之职空缺，他在柯尼斯堡最后一次全体大会上只召集了 55 名普鲁士骑士。梅梅尔指挥官不伦瑞克-沃尔芬比特尔的埃里克（Erich of Brunswick-Wolfenbüttel）是唯一试图反抗的指挥官。其他人只是感到不快，但什么也没有做。因斯特堡（Insterburg）指挥官克罗伊茨的菲利普（Phillip von Kreutz）写了一份"报告"（Relatio），认为大团长的行为是"一次肮脏的交易"，将大团长比作伊索寓言中那些把鹳当作国王的青蛙（见《青蛙求王》）。他还承认，自己之所以保持沉默，是为了保全他辖区内的财产。一些骑士结了婚，组建了普鲁士贵族家庭，但其他人回到了德意志。阿尔布雷希特公爵的统治一直延续到 1568 年他去世的那一天，他的儿子继续统治到 1618 年，后来勃兰登堡的霍亨索伦家族继承了普鲁士公爵领。

1527 年，克龙贝格的瓦尔特（Walther von Cronberg）在梅根特海姆当选德意志团长。前一年，农民起义爆发，德意志大指挥辖区遭到一群暴民的袭击。1530 年，瓦尔特当选大团长。第二年，神圣罗马帝国皇帝查理五世将这位大团长兼德意志团长册封为帝国诸侯，骑士团在施马尔卡尔登联盟的宗教战争中为皇帝提供了小规模援助。查理五世没有选择普勒滕贝格，并非因为他倾向于路德教义 —— 如一位条顿骑士团撰史者所认为的那样，而是因为他对威斯特伐利亚人有偏见。这时，普勒滕贝格已经 75 岁了，里加离不开他。1526 年，查理五世也册封他为帝国诸侯。

路德的学说很快在利沃尼亚市民中流传开来，但骑士团没受多大影响。普勒滕贝格凭借敏锐的外交嗅觉察知，路德派和罗马教宗之间有可能达成和解，于是他安排天主教徒和路德派教徒公开论辩。在 1522 年的沃尔马尔（Wolmar）帝国议会上，路德派的市民代表和一部分骑士团成员抗议教宗对路德的绝罚令，1524 年里加和雷瓦尔爆发了反天主教运动。教堂遭到亵渎，教士和教团被赶走。在 1526 年的第二次沃尔马尔帝国议会上，与会者要求普勒滕贝格效法大团长阿尔布雷希特，放弃天主教信仰，成为利沃尼亚公爵。但普勒滕贝格和善地谢绝了，会议也表示尊重他的决定。此外，莫斯科大公国也时时威胁着利沃尼亚骑士团。1533 年，83 岁高龄的普勒滕贝格的沃尔特去世；他统治利沃尼亚骑士团 44 年，至死依然是个虔诚的天主教徒，葬在他最钟爱的文登城堡。[13]

宗教运动毁灭了利沃尼亚，骑士团国的世俗化使其再也得不到普鲁士的支援。不过，利沃尼亚分团长们仍然享受了 20 年的和平。[①] 1557 年，沙皇"恐怖的"伊凡四世宣布骑士团是"背弃了基督教信仰、烧毁罗斯偶像"的罪犯。这位沙皇的军队比他的祖父伊凡三世的要强大得多，而且他已经征服了喀山和阿斯特拉罕的鞑靼人。1558 年 1 月，王公伊凡·库尔布斯基（Ivan Kurbsky）率军入侵东爱沙尼亚，一路烧杀抢掠。10 岁至 20 岁的年轻人被掠卖到鞑靼人的奴隶市场，但凡是德意志人都难逃一死，妇女被割掉乳房，男人被砍去四肢。在多尔帕特城门口，就有超过 1 万人惨遭屠杀。1559 年 5 月，库尔布斯基进占纳尔瓦河；7 月，舒伊斯基（Shuisky）王公席卷多尔帕特。到了 9 月，罗斯人已经占领 20 个城镇，他们在冬季撤退，只留下一些守备军。

骑士团罢免了病弱的分团长菲尔斯滕贝格（von Fürstenberg），选举杜纳堡指挥官戈特哈德·克特勒（Gotthard Kettler）为分团长。马林兰发动最后一支军队，在鼓乐声中举着圣母马利亚的旗帜走上战场。尽管骑士团只有 2000 名骑兵和一些火绳枪手、长矛兵，克特勒还是借助冬季气候优势，击败了一些守备军。伊凡迅速行动，于 1559 年 1 月率 13 万罗斯大军踏雪回归。这一次，就连襁褓中的婴儿也未能幸免。

---

① 即便这一时期，威斯特伐利亚人仍支配着骑士团。末期有一位分团长海因里希·冯·加伦（Heinrich von Galen），其家族出了一位明斯特采邑主教；到了现代，又出了一位明斯特主教及枢机主教克莱门斯·冯·加伦伯爵，他因违抗纳粹政权而闻名。

　　20 年后，杰罗姆·霍西爵士穿过利沃尼亚到莫斯科去办理俄罗斯公司的事务，与战争目击者有过交流。他写道：

> 噢！多么悲惨的呼号，多么残忍的屠杀！人们被淹死、烧死，妇人和女孩被强暴，在冬季的严寒中被无情地扒光衣服。三四个人一起被绑在马尾巴上拖着往前走，死人和活人的血染红了一路，街上到处堆满了老人、妇女和小孩的尸体。[14]

　　不过，伊凡现在担心克里米亚鞑靼人入侵，向骑士团提出停战，要求利沃尼亚分团长亲自来谈判媾和。

　　波兰人要求沙皇结束同骑士团的战争，伊凡回答说："自伟大的罗斯王公留里克时代起，全能的上帝就让利沃尼业成为罗斯的领土。"[15] 1560 年，罗斯人又一次入侵利沃尼亚，造成了更大损失。祸不单行，爱沙尼亚也爆发了农民起义。条顿骑士团早已破产，军队所剩无几，再也守不住他们的堡垒了。8 月，库尔布斯基王公席卷了前分团长菲尔斯滕贝格的府邸费林，把他带回莫斯科。伊凡想让他做自己的封臣，成为操纵骑士团的傀儡，但已经太迟。

　　利沃尼亚陷入分裂。1562 年，条顿骑士团打了最后一场胜仗：魏森施泰因被围困五周后，一位年轻的骑士奥登博克的卡斯帕（Caspar von Oldenbock）仅率 2000 人击败了罗斯 3 万大军。[16] 但应雷瓦尔商人的急迫请求，瑞典人占领了爱沙尼亚北部，丹麦人占领了近海的岛屿。克特勒放弃无谓的抵抗，在 11 月签署《维尔纽斯条约》，将所有骑士团土地让给了波兰，他自己仍保留分团长头衔，直至 1562 年。波兰、瑞典、丹麦和利沃尼亚人联合起来，将沙皇俄国的势力赶走。

条顿骑士团就此解散。一些人满怀伤感地回到了德意志，还有一些人留下来成为路德派教徒，娶妻生子，包括克特勒本人。克特勒保留了利沃尼亚西南部的土地，成为库尔兰（现库尔泽梅）公爵，波兰国王的封臣。这是一片富有魅力的沿海地带，克特勒的后代一直统治着这片土地，直到 18 世纪。

中世纪德意志最杰出的成就至此烟消云散。遗憾的是，出于迥然不同的动机，这段历史不断被重写，模糊了条顿骑士团的真实动机和主要目标，那就是让波罗的海的异教徒皈依基督教。从很多方面来看，这场向北方进军的"十字军运动"都是一部壮丽的史诗，充满自我牺牲和英雄主义。时至今日，条顿骑士团的事迹依旧激励着人心。

第四部分

再征服运动
1158—1493

西班牙和葡萄牙的骑士团：

卡拉特拉瓦骑士团 — 圣地亚哥骑士团 — 阿尔坎塔拉骑士团 —

蒙特萨骑士团 — 阿维斯骑士团 — 基督骑士团

为避免将我们的战士与那些属于恶魔而非上帝的战士相混淆，我们将简短地讲述这些基督的骑士在战场上、在修道院里的生活，看看他们所珍视的是什么，为何上帝的战士与尘世的战士如此不同。

——明谷的贝尔纳，《新骑士颂》，约 1128 年

第 8 章
再征服运动

"再征服运动"的故事与"海外领地"正相反，是基督徒土著驱逐穆斯林入侵者的过程，持续了近 800 年。在西班牙，圣地亚哥骑士团、卡拉特拉瓦骑士团和阿尔坎塔拉骑士团等军事修会比圣殿骑士团或医院骑士团还要有名。这些骑士团都是基督教与伊斯兰世界交战数个世纪的产物，只是在最终形态上仿照了圣殿骑士团的先例。

711 年，阿拉伯人、叙利亚人、柏柏尔人等侵略者跨过直布罗陀海峡，在不到 5 年的时间里征服了整个伊比利亚半岛，只剩下半岛北部一些贫瘠的山地。753 年，后倭马亚王朝哈里发阿卜杜·拉赫曼（Abd al-Rahman）来到安达卢斯，创立了科尔多瓦王朝，其北部边界从埃布罗河延伸至塔古斯河（Tagus，塔霍河），从科英布拉（Coimbra）到潘普洛纳（Pamplona）。尽管如此，到 11 世纪，该地区还是出现了 5 个基督教王国：加利西亚（和葡萄牙）、莱昂、卡斯蒂利亚、纳瓦拉和阿拉贡。当地居民常常遭遇袭击，农作物被偷，牛羊被抢，农田被糟蹋，他们自己也常常被人赶到奴隶市场上卖掉。

半岛北部这些野蛮的王国虽然很不起眼，但他们从未忘记自己是这里的主人。再征服运动是一场神圣战争。加利西亚地区曾发现圣雅各的遗体，他就是"马塔摩罗斯"圣地亚哥（Santiago

Matamoros，"摩尔人杀戮者"圣雅各），从天堂降世，来领导虔诚的信徒——他在孔波斯特拉（Compostella）的遗迹成为西欧最著名的朝圣之地，在法兰克人前往耶路撒冷之前，以他之名发起的战争就已经是一场十字军运动了。

1031 年，哈里发王朝分裂为数个泰法小国（taifas）。几年内，基督徒就掌握了军事主动权，在 1085 年占领了西哥特古王国的首都托莱多。各泰法王公祭出撒手锏，请柏柏尔"穆拉比特"（al-murabbitun / Almoravids，意为"聚集在堡垒中的圣战者"）来拯救他们。这支部族有狂热的信仰，曾统一了野蛮的萨拉森部落。他们很快来到伊比利亚半岛，将安达卢斯纳入其帝国的疆土。柏柏尔人在各地设立了"里巴特"（Ribats），这是一种带有防御工事的修道所，部落民在其中苦修，履行神圣战争的宗教义务。他们在边境地区的巡逻队"拉比托"（rabitos），与哈里发的"突袭队"（razzias）一样可怕。不过，基督徒仍尽力守住了塔古斯河的边界。

在不到两代人的时间里，穆拉比特人就拜倒在西班牙葡萄酒和歌女的魅力之下，但这时又有"伊非利及亚"（Ifriqiya，北非）的人来挽救。这是住在阿特拉斯山区的另一支柏柏尔人，即"穆瓦希德人"（almuwahhidun / Almohads，意为"一神论者"）。他们将神圣战争视为宗教义务，其统治者总是带一支苦行僧（fakir）队上战场。1147 年，阿卜杜勒·穆明（Abd al-Moumin）入侵安达卢斯，带来更多柏柏尔人。他们统一了安达卢西亚，加固了城防。

1130 年之后的 10 年间，圣殿骑士团在这里建立了许多支部。医院骑士团虽然在此之前就设立了一些机构，但其主要办理自身事务，并向远在叙利亚的医院骑士运送资金和补给。阿拉贡国王"战士"阿方索一世在1134年去世后，将王国留给了圣殿骑士团、医院骑士团和圣墓教堂的教士团。圣殿骑士团进驻桑格萨（Sanguesa）王宫，还得到了许多城堡。毫无疑问，圣殿骑士团的同侪骑士，巴塞罗那伯爵拉蒙·贝伦格尔四世（Ramón Berenguer IV）也给了他们很多帮助。1143年，圣殿骑士团得到蒙松（Monzon）的一座大要塞，1146年又在蓬特拉雷纳（Punta la Reyna）设立了总部，但他们在卡斯蒂利亚的势力相对较弱。早在1128年，圣殿骑士团就得到了葡萄牙索里（Soure）的一座城堡，在靠近蓬巴尔（Pombal）和埃加（Ega）的荒原中设立了前哨站。

医院骑士团也在这一地区建立了组织。1148年，骑士团获得埃布罗河河口附近的安波斯塔港（Amposta），作为阿拉贡医院骑士团的总部所在地。4年后，骑士团建立了安波斯塔城堡辖地（castellany，后来移至萨拉戈萨），"安波斯塔城堡主"成为未来阿拉贡修道长的头衔。但是，即便有重兵把守，安波斯塔仍主要作为前往圣地的一个出海口，而非前线堡垒。与之相反，卡斯蒂利亚的医院骑士团驻守着一些前线堡垒，例如1144年获得的奥尔莫斯（Olmos）堡、1183年拉曼查（La Mancha）的孔苏埃格拉（Consuegra）堡——这座堡垒附近区域因此而得名"圣胡安的土地"。在葡萄牙，医院骑士团也冲在战争前线，于1194年在塔古斯河北岸的贝尔韦尔（Belver）修建了一座要塞。不过，医院骑士团的主要关注点仍是"海外领地"，对打击摩尔人不够上心。

基督教信仰下的西班牙早就有武装兄弟会，这些"埃梅内吉尔达"（hermangildas，源自西哥特语，意为"巨大致敬"）原本只是由当地农民组成的小支队伍。或许是效仿穆瓦希德人的"拉比托"，这些队伍开始带一点宗教色彩，其成员可能还立誓在一段时期内保持独身、保卫基督徒。他们无疑推动了西班牙本地骑士团的兴起。

卡斯蒂利亚首都托莱多周围有高山阻隔，但在这条山脉和保卫着科尔多瓦的莫雷纳山脉（Sierra Morena）之间，是开阔的梅塞塔高原。穆斯林"突袭队"可以迅速越过这片台地，出其不意地进攻托莱多。在托莱多山脉的另一边设置一座前哨据点，很有必要。向南 65 英里，卡拉特拉瓦要塞（Qalat Rawaah，意为"战争堡"）坐落在瓜迪亚纳河（Guadiana）上游多沼河岸边，地理位置相当优越。1147 年，穆瓦希德人入侵的那一年，皇帝阿方索七世占领了这座要塞，并将它托付给圣殿骑士团，但骑士团并不确定自己是否能守住它。1157 年，有传言称，非洲的穆斯林将军们正计划进军，圣殿骑士团随即告知卡斯蒂利亚国王桑乔三世，他们即将撤出卡拉特拉瓦。

一位西多会修道院院长拉蒙·谢拉（Ramón Sierra），从纳瓦拉王国的菲特罗的圣玛利亚（Santa María de Fitero）修道院出发，到托莱多公干；桑乔国王的朋友，一位名叫迭戈·贝拉斯克斯（Diego Velásquez）的贵族修士与他同行。这位修道院院长来到桑乔国王面前，提出由他来保卫卡拉特拉瓦。桑乔国王没有别的选择，1158 年，他将卡拉特拉瓦要塞及周边土地授予菲特罗团体，要求他们保卫要塞，使其免遭基督之敌侵袭。拉蒙很快将修道院的所有修士转移到卡拉特拉瓦，布道发起十字军运动。许多纳瓦拉士兵加入了他的行列，迭戈·贝拉斯克斯将修士和俗人集合在一起，组建了一支高效的战斗队伍，还为这支队伍拟定了简单的规章。[1]

　　1164 年，拉蒙去世，卡拉特拉瓦并没有遭到袭击。诵经修士（choir monk，专事修道祈祷）们选举了一位新修道院院长，但骑士和俗家弟兄挑选了一位团长，唐加西亚。修士们撤回锡尔贝洛斯（Cirvelos），但迭戈留下来，招募了一些教士做礼拜神父。加西亚则发誓遵守西多会规章，请求西多会将他的骑士团员们纳为白袍修士（西多会修士）。[2]西多会愉快地答应了，将这些卡拉特拉瓦的"修士"（freiles）接纳为完全共融（full communion）的真兄弟，而不仅仅是同侪骑士。修道院院长吉尔伯特欣喜地说，这些骑士"不再是尘世的士兵，而是上帝的战士"。同年，教宗亚历山大三世颁布通谕，正式授予卡拉特拉瓦骑士团以宗教组织的教会法身份。

　　卡拉特拉瓦骑士团的基本架构在 20 年内搭建完成，但其规章制度直到 15 世纪才确立下来。骑士团总部主要由"教阶修士"（freiles clerigos）组成，其职司是为战争胜利而祈祷；一个标准的骑士团辖区则由 12 名"骑士修士"（freiles caballeros）和 1 名礼拜神父组成。当团长去世，其副手大指挥官（comendador mayor）要在 10 日内召集所有骑士和礼拜神父到卡拉特拉瓦，选出一名继任者。新团长被高高举起，授予骑士团的印章、宝剑和旗帜，骑士们在一旁吟唱《感恩赞》（Te Deum）。随后，团长要向卡斯蒂利亚国王宣誓效忠，坐在团长宝座上接受骑士们的效忠礼，最后举行一场感恩大弥撒。由于卡拉特拉瓦骑士团附属于勃艮第的莫里蒙修道院（Morimond，菲特罗修道院的上级），像所有西多会的分支修道院一样，每一位新选出的团长都要经莫里蒙修道院院长批准，每年还要接受一次巡视。

团长驻地设在一个比较大的骑士辖区。除团长和大指挥官外，卡拉特拉瓦城堡主（clavero）是骑士团的第三号领导，由一名副城堡主（sub-clavero）和一名工官（obrero）辅佐，工官的职责与军需官相似，负责城堡的日常维护和生计。第四号是骑士团的高级神职人员——大修道长，由一名教堂管理人（sacrista）辅佐。大修道长通常是从莫里蒙修道院来的法兰西西多会修士，作为拉蒙的继承者，戴主教法冠、佩牧仗，在卡拉特拉瓦主持教阶修士的每日会议。他们的生活和西多会修士一般无二，采用西多会的日课书（breviary）。

卡拉特拉瓦骑士团穿带兜帽的束腰白袍（后改为灰袍）。骑士的白袍比教士的稍短，以便骑马。作战时，骑士穿一件类似于圣殿骑士团的无袖长斗篷，上面不绣十字，有些时候穿一件带毛皮衬里的披风。骑士的盔甲通常是全黑的。在室内，骑士和教士都穿西多会诵经修士的全套服装，包括"兜帽斗篷"（cowl），这是一种打褶的束腰外套，有很宽的袖子。[3] 成员们向修道院院长宣誓信仰（后来向团长宣誓，"把他当作修道院院长"），修道院院长在一年见习期结束后"为团员披上白袍"；团员要做简短的服从宣誓，表示愿意守贞、甘于贫穷。每位成员都被经常提醒要牢记基督徒的七种职责："为病人、穷人和受折磨者喂食、喂水、穿鞋、穿衣，看望和安慰他们，埋葬死者。"骑士团每周只吃三次肉，如果团员犯了通奸等罪行，要遭受鞭笞。在礼拜堂、食堂、宿舍和厨房中要保持安静，每位骑士每年都要念诵十遍圣咏集。不过，骑士有时会与礼拜神父一同做完整的日课祷告；1221 年以后，骑士可以进入西多会辖区的任何一座修道院，与诵经修士们坐在一起。[4] 作战期间，骑士要复诵《天主经》和《圣母颂》一定次数。

在圣诞节、复活节和圣灵降临节，卡拉特拉瓦要召开全体大会，所有骑士都必须参加，并领受圣餐。每个骑士团辖区都要接受 1 名骑士和 1 名礼拜神父的年度巡视，以确保规章得到遵守，防御工事得到修缮。骑士团辖区治所中有 12 名经验丰富的骑士，治所也用作本地区的碉堡，一旦危机来临，辖区指挥官就会动员本地区所有四肢健全者参与战斗。1179 年，骑士团在阿拉贡的阿尔卡尼斯（Alcañiz）设立了一个辖区，同巴伦西亚的摩尔人作战。这个辖区成为骑士团的一个大分部，有许多礼拜神父，其修道生活与卡拉特拉瓦很相似。

就在修道院院长拉蒙开启他的伟大事业不久后，卡塞雷斯（Cáceres）附近的一支"埃梅内吉尔达"前往莱昂拜访圣埃洛伊（St Eloi）的教士团，提出为前往孔波斯特拉的圣地亚哥的朝圣者提供保护。长期以来，这条朝圣之路上的信徒们常常受到强盗的侵袭。从保卫朝圣道路开始，到后来抗击摩尔人，这一转变合情合理。

约 1164 年，卡塞雷斯的骑士团被授予乌克莱斯（Uclés）辖区，以便守卫瓜迪亚纳河以南的卡斯蒂利亚边疆。1171 年，时任教宗使节的枢机主教亚钦托（Jacinto）为他们制定了一份规章。1175 年，教宗亚历山大三世承认其为圣雅各宝剑骑士团。[5] 1184年，当骑士团第一位团长恩卡拉多泉的佩德罗·费尔南德斯（Pedro Fernández de Fuente Encalato）在卡塞雷斯围城战中死去时，这个新生的骑士团已经取得了很大发展。骑士团从葡萄牙国王桑乔一世那里得到了几座城堡，包括帕尔梅拉（Palmela），随后又在法兰西、意大利、巴勒斯坦、卡林西亚、匈牙利甚至英格兰得到了土地。"口齿不清者"（el Baboso）阿方索九世将莱昂境内铸造的十分之一的货币都给了卡塞雷斯骑士团。

卡塞雷斯骑士团（又称圣地亚哥骑士团）的规章以奥古斯丁会规为基础，其组织架构又颇有原创性。守律教士负责照料骑士们的属灵生活，骑士宣誓甘于贫困、严守贞洁、服从上帝，⁶还有守律修女在单独的客栈和医院中照料朝圣者。每一个辖区都有13 名骑士，代表基督和他的十二门徒。大议事会（Treces）也是由 13 名独身的辖区指挥官组成，由他们选出骑士团团长。这些人在礼堂中穿教士团的黑袍。莱昂、卡斯蒂利亚、葡萄牙、阿拉贡和加斯科尼的大修道长，乌克莱斯和圣马科斯（莱昂）的修道长，皆戴主教法冠，和修道院院长同级。

圣地亚哥骑士团的独特之处在于，它还吸收已婚骑士入团，不把他们当作同侪骑士，而是当作完全的骑士团成员。这些已婚骑士放弃了他们的"父权"（patria potestas），其财产和家人都是骑士团的一部分。⁷ 在一年中的某些时候，他们会回骑士团辖区休养，在大斋节和基督降临节期间要与妻子分居，但其他时候都过正常的婚姻生活。["贞洁"在这里被解释为"婚内守贞"，骑士团规章称："结婚比在火焰上烧死要好。"（第 1 条）] 骑士穿一身白袍，肩上绣一个红色十字标记，十字下端化为宝剑剑锋形状。这个特别的十字剑（espada）又有一个绰号叫"蜥蜴"。圣地亚哥骑士团的可怕口号是"愿宝剑被阿拉伯人的血染红"（Rubet ensis sanguine Arabum）。他们还在战场上呼喊"圣雅各封守西班牙"（Santiago y cierra Espana）。[骑士团规章称："我们的目的是保卫上帝的教会，将灵魂献给耶稣基督，反抗摩尔人。我们不以劫掠为目的，而是要增进对上帝的信仰。"（第 34 条）]

虽然不是医院骑士团，但圣地亚哥骑士团会照料有病或受伤的骑士，还会看护得病的本地穷人。大多数骑士团辖区都设有疗养所，也用作年老和残疾骑士的养老院。

1170 年前，一小支"埃梅内吉尔达"在莱昂边境地带，"在萨拉森人的口里"活动，这支队伍名叫"佩雷罗的圣胡利安骑士团"（Knights of San Julian de Pereiro），未来将成为阿尔坎塔拉骑士团。骑士团的撰史者们后来杜撰出一个传奇故事，证明骑士团诞生时间要早于卡拉特拉瓦骑士团。据传，在 1156 年，一位名叫苏埃罗·费尔南德斯·巴里恩托斯（Suero Fernández Barrientos）的人从萨拉曼卡来到圣胡利安（距离罗德里戈城约 25 英里），一位隐修士指给他修建堡垒的地址。苏埃罗立志通过抗击摩尔人来拯救自己的灵魂，但他不久后就在一次战斗中死去了。

不过，阿尔坎塔拉骑士团在 1176 年肯定是存在的。当时，其领袖戈麦斯·费尔南德斯（Gómez Fernández）得到了莱昂国王费尔南多二世授予的土地，教宗亚历山大承认其为一个修会组织，有权选任修道长。[8] 1183 年，教宗卢修斯三世授予戈麦斯"团长"头衔。1187 年，"圣胡利安骑士团"（Sanjulianistas）寻求卡拉特拉瓦骑士团的庇护，发展出与其相似的组织结构，不过他们的修道长是选出来的，也不是西多会修士。"圣胡利安骑士团"成员也分为骑士和教士两类，身穿朴素的白袍。

葡萄牙的"圣玛利亚骑士团"据称是第一任葡萄牙国王的兄长——唐佩德罗·恩里克斯（Dom Pedro Henriques）建立的。[9]有证据显示，在 1162 年，有一支同样名号的"埃梅内吉尔达"在保卫阿连特茹（Alemtejo）省的大平原。4 年后，骑士团在里斯本东南 100 英里以外的埃武拉（Évora）得到一处修道院，采用了本笃规章，一名西多会修道院院长若昂·齐里塔（João Zirita）根据骑士团的特点对规章稍做修订。不过，虽然骑士团获得"圣本笃骑士团"头衔，但其灵感主要来自西多会，还接受塔罗卡（Tarouca）修道院院长的巡视。后来，圣本笃骑士团也接受卡拉特拉瓦骑士团的领导，照搬了它的组织架构。但是，埃武拉的防御实在太过脆弱，阿方索国王最终把它交给了圣殿骑士团，并于1169 年承诺授予圣殿骑士团其所征服土地的三分之一。通过此次馈赠，圣殿骑士团得到了著名的托马尔（Thomar）要塞。[10]

这些骑士团联合在一起，守在摩尔人时常入侵的道路上。"阿方索八世将圣地亚哥骑士团安排在莫拉（Mora）和彼德拉内格拉（Piedra Negra），让卡拉特拉瓦骑士团守在卡拉特拉瓦、阿拉科斯（Alarcos）、马拉贡（Malagón）和阿塞卡（Aceca），守住通往托莱多的南部道路。"德雷克·洛马克斯（Derek Lomax）在《西班牙的再征服》（The Reconquest of Spain）一书中写道。"至于东部道路，他把索里塔（Zorita）、阿尔莫格拉（Almoguera）交给卡拉特拉瓦骑士团，乌克莱斯、奥雷哈（Oreja）和丰蒂杜埃尼亚（Fuentidueña）交给圣地亚哥骑士团，在塞维利亚到萨拉曼卡的路上，圣地亚哥骑士团得到了卡塞雷斯、蒙弗拉圭（Monfragüe）和后来的格拉纳迪利亚（Granadilla）；在里斯本以南，圣地亚哥骑士团获得了帕尔梅拉，以及塔古斯河和萨杜河（Sado）之间的整个半岛。"

骑士团不间断地滋扰敌方领地。卡拉特拉瓦骑士团第二任团长费尔南多·埃斯卡萨（Fernando Escaza）率军席卷了费拉尔（Ferral）堡之后，摩尔人追上了他。他在堡垒中被困了 10 天，骑士团从卡拉特拉瓦要塞赶来救援，他得以安全脱身，还带回了许多俘虏和一大群牛羊。摩尔人占领阿尔莫多瓦（Almodovar）要塞后，费尔南多的阿拉贡继任者——西奥内斯的马丁·佩雷斯（Martín Pérez de Siones）率军进击，将抓获的 200 名俘虏统统处死。1176 年，圣地亚哥骑士团失去了乌克莱斯堡，但同年又把它夺回，骑士团团长还特地为此去圣地朝圣，感谢上帝的恩典。[11]圣胡利安骑士团也没闲着，戈麦斯为莱昂国王费尔南多二世提供了宝贵的支持，下一任团长贝尼托·苏亚雷斯（Benito Suárez）占领了阿尔梅达（Almeida）。后来，在托莱多大主教指示下，圣胡利安骑士团扫荡了从哈恩（Jaén）到科尔多瓦之间的地区。

1194 年，卡斯蒂利亚国王阿方索八世向穆瓦希德王朝哈里发雅各布·伊本-尤素福（Yakub ibn-Yusuf）下战书，要他来西班牙决战。第二年，优秀的战士雅各布率一支大军和一伙奴隶贩子从马拉喀什（Marrakesh）出发，渡过海峡来到安达卢斯，一路向北。阿方索急忙率军迎战。但或许是因为他曾夸耀说卡斯蒂利亚骑士有能力独自应战，莱昂和纳瓦拉国王大概感到被冒犯，没有派兵前来支援。不过，卡拉特拉瓦骑士团团长基尼奥内斯的努诺·佩雷斯（Nuño Pérez de Quiñones）、圣地亚哥骑士团团长莱莫斯的桑乔·费尔南德斯（Sancho Fernández de Lemos）曾经发过弟兄誓约，因而与阿方索一同出战。尽管兵力不足，但他们在哈里发大军面前并没有退缩。

西班牙人使用的武器和护甲是欧洲大陆常用之物：剑、长矛、钢盔、锁子甲和盾牌。其战术是向敌人发起决定性的单次冲锋。不过也有人穿轻量护甲，骑阿拉伯马。辅助的骑兵队通常只用一根长矛、投枪或一把匕首。步兵队中有长矛兵、投石兵，以及携带剑或战斧的弓箭手。

穆瓦希德骑兵——不论是柏柏尔人或安达卢斯人——都穿链甲衫，戴有尖刺的洋葱形头盔，冲锋时将矛举过肩头，或投掷标枪。他们的武器是轻巧的短弯刀，盾牌呈心形，护甲通常镀一层金或银，用套索或带倒钩的长矛把对手拉下马。其步兵队通常由黑人组成，装备宽刃穿刺矛和兽皮盾，弓箭手和投石兵从旁支援，投石兵可以将陶制弹丸投到很远的距离之外。摩尔骑兵通常凭借兵力优势一拥而上，快速将西班牙骑兵团团围住，防止他们选择有利地形或组成精巧的阵形。即便西班牙人能够发起冲锋，其攻势也往往被大量的摩尔步兵吸收，步兵有时还会用绳子连在一起。

1195 年 7 月 18 日，阿方索的军队在雷阿尔城（Ciudad Real）附近的阿拉科斯堡外与柏柏尔人展开决战。雅各布巧妙运用兵力优势，在一片喧闹的呼号和战鼓声中，将卡斯蒂利亚军队全数歼灭。约 2.5 万人被杀或被俘，其中包括桑乔和许多骑士团成员，但阿方索国王和卡拉特拉瓦骑士团团长逃脱了。他们一路被柏柏尔人骑兵穷追不舍，一直逃到瓜达雷萨（Guadalherza）辖区才勉强守住。另外一路军队试图守住拉萨苏埃拉（La Zarzuela）附近的一条小道，但惨遭屠戮，只剩下一个人。雅各布率军缓缓向北，在两年内占领了瓜达拉哈拉（Guadalajara）、马德里、乌克莱斯和卡拉特拉瓦——卡拉特拉瓦的礼拜神父被杀，礼拜堂变成清真寺。但他没能攻占托莱多。

第 9 章
大举进攻

阿拉科斯一役造成的损失难以弥补。1197 年，两大骑士团的总部都沦陷了，大部分骑士死去或成为奴隶。人们士气低落，纷争随之而来。

卡拉特拉瓦骑士团在萨尔瓦铁拉（Salvatierra）堡设立了新总部，这一堡垒十分靠近甚至就在穆斯林领地的包围中。骑士团里的阿拉贡人试图脱离组织，另立一个新骑士团，选举指挥官莫凡蒂的加西亚·洛佩斯（Garcia López de Moventi）为团长。教宗英诺森三世立即命令他们停止分裂行为，新骑士团流产，但阿拉贡人始终愤愤不平。1207 年，团长安瓜斯的鲁伊·迪亚斯（Ruy Díaz de Anguas）明智地承认阿尔卡尼斯辖区指挥官为阿拉贡国王在骑士团中的特别代表。[1] 即便内部有种种不满，卡拉特拉瓦骑士团仍是一支战斗力很强的队伍。

国王们开始依赖本土骑士团的战斗力，也把希望寄托在外来的骑士团身上，只是这些骑士团很少在本地部署 20 人以上的兵力。圣殿骑士团和医院骑士团在本地的首领须经国王御准，但国王们经常挪用本该汇到"海外领地"的收入。[2] 除了卡斯蒂利亚的修道区，圣约翰骑士团的领地范围与各个王国的边界并不吻合。葡萄牙修道区的领地包括加利西亚和纳瓦拉人居住的阿拉贡北部地区，巴伦西亚是安波斯塔城堡辖地治下的一个独立区域。有时候，一名执行长官会带上"西班牙大指挥官"的头衔，但他只有理论上的管辖权，并无实际意义。在职务晋升方面，带兵抗击摩尔人与在圣地服役是同等的。

1190 年，穆瓦希德人入侵葡萄牙南部，只有埃武拉和瓜迪姆·帕艾斯（Gualdim Paeis）的圣殿骑士镇守的托马尔要塞抵挡住了袭击。国王桑乔一世学乖了，随后在塔古斯河对岸为圣本笃骑士团设立了许多辖区。1211 年，阿方索二世将阿维斯（Aviz）城授予埃武拉历史上有记载的第四位团长费尔南·罗德里格斯·蒙泰罗（Fernão Rodrigues Monteiro），他的骑士团后来被称为阿维斯骑士团。[3]

同时，前线战争依然十分残酷。1211 年，萨尔瓦铁拉守军顽强抵抗了三个月后被迫撤退，穆瓦希德军队大举入侵的消息传到罗马教廷。教宗宣布发动十字军，托莱多大主教拉达的罗德里戈·希门尼斯（Rodrigo Jimenez de Rada）开始宣传神圣战争。第二年夏天，一支大军集结起来，伊比利亚半岛上除莱昂外的所有王国都有军队参加，各大骑士团也派出了许多分遣队。此外，还有很多从法兰西、意大利来的十字军，纳博讷大主教带来了 150 名骑士。包括阿拉贡和纳瓦拉国王的每一个人，都听从阿方索的号令——就是那位在阿拉科斯惨败的阿方索。

1212 年 6 月，这支军队从托莱多出发，罗德里戈大主教走在最前面，举着座堂的银色大十字架。7 月 1 日，大军收复了卡拉特拉瓦，将其归还卡拉特拉瓦骑士团。随后经历了短暂的给养匮乏时期，从外国来的十字军很不高兴，就此离去了。虽然战斗力削弱，士气不足，这支基督徒大军仍决定继续进军。

摩尔人的军队，包括非洲人和安达卢斯人在内，一共约有 46

万人。这个数字高得吓人，几乎不可能是真的，但其兵力无疑是十分雄厚的。年轻的哈里发穆罕默德三世·伊本-雅各布——西班牙人给他起了个好听的名字叫"米拉马莫林"（Miramamolin）——在伊森乌卡布（Hisn al-Uqab），也就是后来的拉斯纳瓦斯-德托洛萨（Las Navas de Tolosa）选了一个据点。这个地方只有一条狭窄的山路可通，他希望在这条山路上伏击西班牙人。然而，在7月15日夜，基督徒大军用武力打开了这条通道，来到了一片适合重装骑兵作战的开阔平地上。第二天早上，基督徒排好了战斗队形。中军由阿方索国王率领，右翼是纳瓦拉国王桑乔八世的军队，骑士团都集中在左翼，由阿拉贡国王佩雷二世（Pere Ⅱ）率领。医院骑士团的统帅是卡斯蒂利亚修道长阿米尔德斯的古铁雷（Gutierre de Armildez），圣殿骑士团的统帅是卡斯蒂利亚团长戈麦斯·鲁伊斯（Gómez Ruiz），卡拉特拉瓦骑士团统帅是鲁伊·迪亚斯。圣地亚哥骑士团团长佩德罗·阿里亚斯（Pedro Arias）在中间，是军队的掌旗官。

战斗一开始并不顺利。基督徒的冲锋被打退了，摩尔人集中兵力进攻中军和左翼，雅各布在一顶红丝绒帐篷中发号鼓气。他身穿祖传的黑色斗篷，一手握着短弯刀，另一手举着《古兰经》，身旁簇拥着一群苦行僧，还有一支用铁链拴在一起的高大黑人护卫队。佩德罗被砍倒后，阿方索开始动摇。阿拉贡的圣殿骑士只剩下一个人，卡斯蒂利亚的圣殿骑士也遭受了惨重损失。卡拉特拉瓦骑士团几乎被全歼，鲁伊失去了一只胳膊。不过，穆瓦希德人的攻势被止住了。随后，桑乔国王向非洲人发起了决定性的最后一击，冲到了雅各布帐前，将他的护卫全部砍倒。[4]

安达卢斯的丧钟敲响了，这次胜利打通了瓜达尔基维尔河谷

新卡拉特拉瓦的礼拜堂，建于约 1216 年。

卡拉特拉瓦骑士团的马克达堡垒，最初是摩尔人的要塞，约 1177 年由骑士团重建。

苏尼加的唐胡安，卡拉特拉瓦骑士团团长，参加内夫里哈的安东尼奥的讲座，安东尼奥是西班牙第一部语法书的作者。胡安和一名坐在右下的骑士修士，披风上有卡拉特拉瓦的绿十字。摘自内夫里哈的安东尼奥的《拉丁语基本原则》。

摩尔人杀戮者圣雅各，西班牙的守护圣徒，骑白马，红锦缎飘扬，披风上有红色十字剑。弗朗西斯科·卡米罗绘，藏于普拉多博物馆。

莫莱的雅克，圣殿骑士团大团长，1314年被处火刑。圣殿骑士团在法国国王腓力绞杀下瓦解。

圣埃尔莫堡在马耳他之围中，落入土耳其人之手，1565年6月23日。

土耳其人冲击比尔古的卡斯蒂利亚岗哨，1565年7月29日。两幅均为马泰奥·佩雷斯·达雷西奥所作油画，16世纪晚期。

解除马耳他之围。马耳他伤损失惨重，但土耳其人终被击溃，教士举行感恩仪式。夏尔·菲利普·拉里维埃绘。

安东尼奥·马尔特利，墨西拿修道长，上衣有骑士大十字，没有穿修士披风。卡拉瓦乔作于马耳他，1607—1608 年。

马耳他骑士团大团长拉斐尔·科托内尔的大加利恩帆船。水彩画，18 世纪。

弗雷德里克，黑森-达姆斯塔特特封邦伯爵，1639年任马耳他骑士团加莱战船司令，后为德意志大修道长王公，甚至成为布雷斯劳的司祭和枢机采邑主教。萨比内斯科绘。

地，让科尔多瓦核心地带暴露在基督徒的兵锋之下。军事修会是这次大举进攻中当仁不让的突击队，各骑士团团长也发挥了战略顾问的作用。他们派出的斥候和密探带回大量有关地形和敌军部署的情报，其他人无可匹敌。国王们不仅把骑士团当成战场上的冲锋队，还用他们来巩固胜利果实，将广袤的土地授予他们。此前，吸引移民到南部定居并不容易，摩尔人的掠袭队常常在南部边境的村庄大肆屠戮。现在，殖民者得到了很好的保护。对那些死守在村庄教堂里抵抗"拉比托"的农民来说，骑士团的到来无疑就像是上帝的援手。[5]

骑士团辖区建筑通常以修道区城镇的形式存在，而不是孤立的堡垒。辖区总部通常设置在一个四边形的西班牙式碉堡主楼（torre del homenaje）中央，碉堡四角上建有角楼，角楼上开堞口，方便弓箭手射击或往下泼油。一般而言，碉堡城墙外都有瞭望塔，通过一座木板桥与碉堡相连，例如卡拉特拉瓦骑士团的洛斯卡内斯的索里塔（Zorita de los Canes）辖区。辖区里的教堂通常十分富丽堂皇，新卡拉特拉瓦辖区的教堂就有漂亮的大玫瑰花窗。这座建筑通体用石块或黄砖砌成，反映出摩尔人风格的深刻影响。但卡拉特拉瓦骑士团马克达（Maqueda）辖区的堡垒——位于托莱多城西北，从马德里到埃斯特雷马杜拉的路上——是一座法兰西风格的建筑，很像带有许多圆塔的方形巴士底狱。在旧卡拉特拉瓦辖区，有一座类似的带方形棱堡的城堡，俯视着周边的城镇，旁边是修道院建筑和一座小型堡垒。堡垒的风格很朴素，后来又加上了带马蹄形拱的穆德哈尔式（Mudéjar）连拱廊，堡垒中的礼拜堂是由清真寺改造而来的。在阿维斯，堡垒和修道区建筑按照伊比利亚半岛的惯例分开来，旁边兴建了一座城镇。伊比利亚半岛本土的骑士团从未发展出一种特殊的修道院住所建筑样式；一些辖区有加装了防御工事的修道院，如巴伦西亚的阿尔法马（Alfama）辖区、卡拉特拉瓦骑士团在塞维利亚附近的奥苏纳（Osuna）辖区，但堡垒和修道院建筑通常是分开的，例如在阿尔卡尼斯辖区，两者组成一个建筑群，外面围着一道幕墙。

除了辖区建筑，骑士团还兴建了城镇和市场、修路、架桥、盖磨坊、设立地方法庭。（其领土范围内统一使用一套法律，对法庭裁决不服者可上诉于团长。）骑士团还修建了上百座教堂、修道院，修士们向本地穆德哈尔农民传道，让他们改宗。

1217年，莱昂国王阿方索将阿尔坎塔拉堡授予卡拉特拉瓦骑士团新任团长金塔纳的马丁·费尔南德斯（Martín Fernández de Quintana），这座堡垒守卫着葡萄牙边境塔古斯河上的罗马大桥（"阿尔坎塔拉"意为"桥"）。第二年，马丁与圣胡利安骑士团团长努诺·费尔南德斯达成协定，将这座堡垒和卡拉特拉瓦骑士团在莱昂境内的所有财产转交给圣胡利安骑士团。于是，圣胡利安骑士团［有时候被称为特鲁希略（Trujillo）骑士团］改称阿尔坎塔拉骑士团。其第二大辖区在马加瑟拉（Magazella），也是一个修道辖区（priory-commandery）。

1218年，卡拉特拉瓦骑士团将葡萄牙的所有资产转给阿维斯，更专心地巩固其主要领地，这片领地位于托莱多和内华达山（Sierra Nevada）之间，包括拉曼查和瓜迪亚纳河、瓜达尔基维尔河的上游地带。1216年，骑士团总部搬到位于阿塔拉亚山（Sierra de Atalayo）的新卡拉特拉瓦，因为旧卡拉特拉瓦已经失去了战略价值。拉斯纳瓦斯一役中退位的瘸腿团长鲁伊·迪亚斯，像一位圣徒一般，在这里度过生命中的最后时刻。

骑士团用穆德哈尔奴隶来耕种他们的庄园，还充分利用这片荒凉的高原，每年夏季将牛、马、山羊、猪，尤其是绵羊等半野生的牲畜赶到山上放养。骑士团中的杂役弟兄都是放牧的好手，放牧产出的羊毛、肉类和兽皮能赚不少钱。从摩洛哥引进美利奴羊后，畜牧业的利润更高了。

除了放牧，骑士团还在一些更肥沃的土地上大规模种植小麦和大麦。他们开辟了巨大的葡萄园和橄榄园，还有高度商业化的菜园和果园，种植亚麻、大麻、玫瑰花和药用植物。[6] 为了灌溉干旱的土地，骑士团还建起水力磨坊。农民也要使用水磨坊来灌溉他们的土地，骑士团正好借此又大赚了一笔。定居者追随骑士团的脚步一路向南，每到一处，这里的土地就焕发生机，自罗马时代以来就未曾见这种风气。

1217 年，西班牙的"圣路易"成为卡斯蒂利亚国王费尔南多三世。"圣费尔南多"严格遵循基督教正统信仰，憎恨异教徒，丝毫不亚于法兰西的那位圣路易国王。费尔南多是方济各第三会（Tertiary，或在俗会）成员，穿苦行者的刚毛衬衣，持斋，花很长时间祈祷，宣称害怕贫苦女基督徒的一句咒骂，远远甚于害怕所有摩尔人的愤怒。在他眼里，"再征服运动"的神圣性不亚于叙利亚的十字军运动。当圣路易邀请他来"海外领地"时，费尔南多回答道："我的王国并不缺少摩尔人。"每场战斗前夜，他都要在祈祷中度过，他的个性是军事修会成员的典型。[7] 德雷克·洛马克斯评论称，即便从最严格的定义来看，费尔南多的征战都是货真价实的十字军运动。

正是在 1217 年，医院骑士团、圣殿骑士团、圣地亚哥骑士团和卡拉特拉瓦骑士团联合起来，围攻位于葡萄牙南部塞图巴尔

（Setúbal）附近的穆斯林城市萨尔堡（Alcácer do Sal）。大军在城墙下挖地道，用攻城塔攻击城墙，还有一支舰队从萨杜河上进攻。塞维利亚、哈恩和巴达霍斯（Badajoz）的摩尔人试图解围，却被基督徒击退。萨尔堡投降，被授予圣地亚哥骑士团，骑士团将其作为征服附近地区的一个据点。

1221 年，圣地亚哥骑士团同意，其在德斯佩那佩罗（Despeñaperros）河谷远端的军事行动将听从卡拉特拉瓦大指挥官的指挥。两大骑士团承诺，在遭遇穆斯林袭击时要互相援助，无论在战争还是和平时期，都将统一行动。

现在，非洲人在安达卢西亚的统治已经崩溃，这一地区又回到泰法小国并立的局面。国王又承诺将新征服的土地授予骑士团，后者不停地发动劫掠，还学会了摩尔人的做法，把割下的敌人首级挂在马鞍上带回来。现在换成摩尔人抱怨基督徒杀害他们的妇女和儿童了。1225 年，在穆瓦希德人为争夺王位而血腥内战期间，卡斯蒂利亚大军以科尔多瓦为目标，先劫掠了哈恩，同时卡拉特拉瓦骑士团占领了安杜哈尔（Andújar）。随后，费尔南多介入穆瓦希德王位争夺战，派一支军队到摩洛哥，为盟友马蒙（Mamoun）夺下了马拉喀什。1230 年，费尔南多继承莱昂王位，实力倍增。每一年，他都会占领新的土地。1231 年，在阿尔坎塔拉骑士团团长协助下，费尔南多占领特鲁希略。1232 年，圣地亚哥骑士团团长佩德罗·冈萨雷斯在围攻阿尔卡拉斯（Alcaraz）时战死，他的继任者攻下了这座堡垒。

第二年，费尔南多国王在赫雷斯-德拉弗龙特拉（Jerez de la Frontera）遇到了一个强劲的对手——穆尔西亚的埃米尔伊本·胡德（Ibn Hud），但基督徒在这一战中只损失了 10 个人，摩尔人却伤亡上千。1234 年，费尔南多将穆斯林赶出乌韦达（Úbeda），卡拉特拉瓦骑士团和圣地亚哥骑士团在其中表现尤为突出。收到国王征召时，阿尔坎塔拉骑士团团长带来了 600 名骑兵和 2000 名步兵；骑士团财富正稳步增长，有足够的钱召集雇佣兵。与此同时，卡斯蒂利亚人也在不断扩大科尔多瓦附近的桥头据点。

阿拉贡的"再征服运动"与卡斯蒂利亚的战争两不搭界。直到比利牛斯山以北的阿尔比十字军战争时（阿拉贡的佩德罗二世在图卢兹附近的米雷战役中意外战死），阿拉贡才顾得上打击摩尔人。1229 年，阿拉贡国王"征服者"豪梅（雅各）席卷了摩尔海盗在马略卡的巢穴，三年后又占领了梅诺卡（Minorca）。1235 年，塔拉戈纳大主教率军占领了伊比沙岛（Ibiza）。尽管阿拉贡国王对圣殿骑士团和医院骑士团十分慷慨，尤其给医院骑士团在锡赫纳的修道院赠送了许多财物，但两大骑士团尝试在阿拉贡建立分部，都凄凉地失败了［1221 年费尔南多国王命令蒙茹瓦骑士团残部蒙弗拉克（Monfrac）应当并入卡拉特拉瓦骑士团］。有一个"阿尔法马圣乔治骑士团"在 1200 年前后建立，使用奥古斯丁规章，穿白袍，但这个骑士团建树十分有限，默默无闻。

1233 年，一位名叫佩雷·诺拉斯科（Pere Nolasco）的普罗旺斯贵族组建了一个名为"慈悲会"（Mercedarians）的兄弟会组织，为身无分文的基督徒奴隶支付赎金。为不惜一切手段拯救这些基督徒，包括使用战争手段，慈悲会变成一个军事组织。与伊比利亚半岛上所有骑士团一样，慈悲会成员穿白袍，但颈上挂一枚小小的盾牌，上面有阿拉贡王室纹章。1317 年，慈悲会的教士成员掌权，该会不再具备军事性质，但仍继续任命荣誉骑士。

1231 年击败了伊本·胡德后，骑士团开始急切地征服西班牙西南部地区。卡拉特拉瓦骑士团团长贡萨洛·亚涅斯（Gonzalo Yañez）于 1233 年占领特鲁希略。圣地亚哥骑士团在莱昂的大指挥罗德里戈·亚涅斯于 1234 年占领麦德林（Medellin）。每一年都有更多的穆斯林城镇落入骑士团的掌控中。

1236 年，在科尔多瓦城郊掠袭的基督徒军队发现，这座城几乎无人设防，于是立马通知国王。国王迅速率援军抵达，其中有一支卡拉特拉瓦骑士团的小分队。伊本·胡德试图解救这座阿卜杜·拉赫曼和后倭马亚历任哈里发的古都，但不敢面对面迎击卡斯蒂利亚军队，只得在绝望中逃离。费尔南多下令让所有不愿接受基督教"真信仰"的居民离开，率大军进入这座被遗弃的城市。他把清真寺变为大教堂，将其献给圣母马利亚。

阿拉贡那边也取得了同样辉煌的战果。豪梅国王于 1233 年突破巴伦西亚山脉，抵达埃斯帕达山（Sierra de Espadan），很快就兵临巴伦西亚城下。所有军事修会中，只有 20 名圣殿骑士随行。经过漫长的围攻，摩尔人统治下的巴伦西亚，熙德之城，于 1238 年 9 月投降。巴伦西亚"国王扎因"（Zayne / Zayyan）承认豪梅是苏斯卡（Xuxcar）之北的王国统治者。不过到了 1253 年，豪梅国王控制了整个王国。伊比利亚半岛东海岸的"再征服运动"宣告完结。

基督徒之所以取得这些辉煌的胜利，有战术方面的原因。穆瓦希德王朝崩溃后，摩尔人失去了兵力上的优势，无法再使用包围战术。基督徒先用轻骑兵拖住敌军，让重骑兵有机会组成战斗队形，在冲锋时使出最大攻击力。这会打乱摩尔人的战斗队列，冲倒个头较小的阿拉伯战马，将步兵踩倒在地。[8]

为准备进攻穆尔西亚，自 1235 年起，费尔南多国王就将穆尔西亚边境上的一连串堡垒授予圣地亚哥骑士团。以此为基础，骑士团建立了圣地亚哥德拉谢拉（de la Sierra）辖区（后来分成了众多小辖区）。[9]骑士团发起一轮又一轮掠袭，彻底摧毁了穆尔西亚人的士气。圣地亚哥骑士团最伟大的团长之一，佩拉约·佩雷斯·科雷亚（Pelayo Perez Correa），任萨尔堡指挥官时，曾在征服阿尔加维（Algarve）期间发挥了关键作用。1243 年 2 月穆尔西亚统治者投降时，佩拉约与唐阿方索王子在托莱多。4 月，佩拉约陪同阿方索进入穆尔西亚首都，穆尔西亚正式向卡斯蒂利亚称臣纳贡。[10]

佩拉约还与费尔南多国王一道，将摩尔人的国境线不断向后推，占领哈恩、卡莫纳（Carmona），并于 1247 年围攻塞维利亚。在此期间，佩拉约和圣地亚哥骑士团发动了一次又一次掠袭，不断削弱摩尔人的抵抗意志。

塞维利亚城坐落于遍布橄榄园的群山之中，城内有漂亮的粉色清真寺，有图书馆、花园、橘子园和奢华的浴池，城外环绕着瓜达尔基维尔河，河两岸有涂金顶的灯塔。这座穆瓦希德人的旧都使人想起哈里发统治下科尔多瓦的繁华景象。塞维利亚疏于同其他泰法小国结盟，只好独自抵抗基督徒大军，其统治者明智地将保卫城市的重任交给了涅夫拉城的瓦利（wali of Niebla），勇敢的阿布·贾法尔（Abu Ja'far）。

但卡斯蒂利亚的“海上埃米尔”拉蒙·博里法斯（Ramón Borifaz）率军摧毁了瓜达尔基维尔河上的摩尔人舰队，穆斯林从非洲寻求支援的希望破灭。一支安达卢斯军队刚刚在山间村落里集结起来，“像一片橄榄树天空中闪耀的点点星光”，就被费尔南多和格拉纳达国王穆罕默德·伊本-艾哈迈尔（Muhammad ibn-al-

Ahmar）联手击溃。阿布·贾法尔只能站在城里的大尖塔上眼睁睁看着，束手无策。以圣地亚哥骑士团和卡拉特拉瓦骑士团为主的突击队日夜不停地袭扰塞维利亚人，其中还有一些专程从葡萄牙赶来的阿维斯骑士。塞维利亚热闹一时的码头本来分据瓜河两岸，由一串小船组成的桥梁连在一起，但基督徒趁风暴时将其冲破，还用装满货物的大船撞击这些小船。随后，基督徒军队冲进北部城郊提拉那（Tirana），这里的居民奋力抵抗而死。最终，经过 16 个月的围困，塞维利亚投降。许多市民离开这里，去往格拉纳达或非洲。

最先进城的是 270 名圣地亚哥骑士，团长佩拉约将绘有圣雅各和白马的红锦缎旗高高插在城墙上。[11] 费尔南多策马入城，将清真寺改为圣母教堂，在这里庆祝了圣诞节。1252 年费尔南多去世后就葬在这里，下葬时还穿着方济各会的道服。

骑士团获得了许多新的辖区和修道院，其中还有修女院。卡拉特拉瓦骑士团的修女院服从西多会规章，但圣地亚哥骑士团的一些修女可以结婚。这些已婚修女不穿白色斗篷，而穿一件灰色长袍，像骑士团中的礼拜神父一样，后者级别等同于守律教士。一些级别较高的修女院院长被称为"女指挥官"（Comendadoras）。

费尔南多的继任者阿方索十世有志继承父业，如同所罗门之于大卫王。他凭借满腹经纶而非智慧，得到了"智者"的名号，喜欢赞助研究法律和天文学，不擅长搞政治，虽好大喜功，却十分无能。他崇尚罗马法，希望通过中央集权和限制地方自由来强化王权。

不过，在阿方索统治的初期，西安达卢斯王国残留的领地走向毁灭。到 1252 年，骑士团（主要是帕尔梅拉大指挥贡萨洛·佩雷斯率领的葡萄牙圣地亚哥骑士团）最终征服了东阿尔加维。
1262 年，卡斯蒂利亚占领了涅夫拉城，随后夺取了加的斯港，一
年后又占领了卡塔赫纳港（Cartagena）。

　　卡斯蒂利亚王国亟须在这些新征服土地上巩固统治、安置
居民。唯一的解决方案是把大块土地封授给贵族和骑士团。早在
1158 年，修道院院长拉蒙就把菲特罗的农民带到了卡斯蒂利亚。
骑士团团长和"有钱人"（ricos hombres）用特许法令（fueros）
吸引殖民者，这些法令授予本地市镇居民和农民比在其他地区更
大的自主权。伊比利亚半岛南部很快就繁盛起来，骑士团获益最
多。最终，卡拉特拉瓦骑士团的土地延伸到内华达山脉，阿尔坎
塔拉骑士团拥有了半个埃斯特雷马杜拉，圣地亚哥骑士团的土地
等于其他所有骑士团土地的总和。这些地产收益丰厚，多数由犹
太管家经营，骑士团也在管理上花费了很多精力。[12]

　　佩拉约·佩雷斯·科雷亚可能是圣地亚哥骑士团最伟大的团
长，但他有时候过分膨胀了。1246 年，在费尔南多国王率军进攻
塞维利亚期间，佩拉约以 4 万马克的价码，承诺为君士坦丁堡的
拉丁皇帝鲍德温二世提供 300 名骑士和 1200 名步兵，在希腊服
役两年。幸运的是，鲍德温二世拿不出那么多钱，圣地亚哥骑士
团也就没有出兵。佩拉约生前大肆举债，因债务过巨在 1258 年遭
到绝罚，他死后很长一段时间，骑士团都在想办法偿还他的欠债。
不过，他是个英勇的战士，临危不惧。

　　1260 年，马穆鲁克人在艾因贾鲁之战中大获全胜，鼓舞了穆
德哈尔人的士气。贪婪的基督徒定居者也在不断刺激穆尔西亚摩
尔人的神经，使他们忍无可忍，他们终于在 1264 年突然发起暴
动，杀害了很多基督徒。数百个城镇和乡村脱离卡斯蒂利亚王国，

但叛军没能在塞维利亚成功刺杀阿方索十世。这次叛乱经过周密策划，是自拉斯纳瓦斯-德托洛萨之战以来穆斯林首次真正反抗"再征服运动"，格拉纳达和北非也为其提供了援助。幸运的是，摩洛哥的新王朝忙于巩固自身统治，无暇利用这次机会卷土重来。即便如此，基督徒的堡垒仍一个接一个陷于敌手，其中包括穆尔西亚城。但穆斯林叛军在进攻圣地亚哥骑士团镇守的洛尔卡（Lorca）时失利，在格拉纳达边境上的韦斯卡尔（Huéscar）也遭遇了挫败，这座堡垒由葡萄牙圣地亚哥骑士维尼亚尔的马丁·阿内斯（Martim Anes do Vinhal）率军镇守。

佩拉约向犹太银行家借钱，快速召集了一支大军。1265 年，阿拉贡国王豪梅也在奥里韦拉（Orihuela）与其会合。两人配合很默契，豪梅国王正好能对好斗的佩拉约形成一定约束。第二年，穆尔西亚投降，豪梅国王对叛军开出的条件十分慷慨，引发了佩拉约和卡斯蒂利亚领主们的不满。豪梅回应道，基督徒大军一旦进城，就能够为所欲为了。后来，卡斯蒂利亚圣地亚哥骑士团大指挥佩德罗·努涅斯（Pedro Núñez）说服穆尔西亚人接受了更严苛一些的投降条件。[13]

安达卢斯只剩下格拉纳达一地。格拉纳达泰法国的建立者穆罕默德·伊本-尤素福·伊本-艾哈迈德·伊本-纳斯尔，简称为艾哈迈尔，原本是边境上的一个部落首领。他意识到，莫雷纳山脉和瓜达尔基维尔河一失，伊比利亚半岛上的穆斯林必须另寻一处新边疆。格拉纳达附近的多山地带——他于1238 年自此发迹——是个理想之所，这片区域从海边一直延伸到龙达山区（Serranía de Ronda）和埃尔韦拉（Elvira）山脉，有内华达山作为支柱，又有通往非洲的港口。

艾哈迈尔已经妥协于基督徒的"再征服运动"。1246 年费尔南多围攻哈恩时，艾哈迈尔突然来到他的营帐，向他俯首称臣，并作为费尔南多的封臣在塞维利亚之战中发挥了决定性作用。他从欧洲购买盔甲，让格拉纳达士兵穿西班牙式的锁子甲，骑乘重马，用基督徒惯用的密集阵形来组织进攻。在传统轻骑兵（jinetes）的支援下，这支新军队战斗力很强。格拉纳达成为安达卢斯的缩影，整个半岛上的难民都聚集在这里，许多劳工据说都有摩尔贵族的血统。

1273 年艾哈迈尔去世时，一个新的柏柏尔王朝在摩洛哥兴起，这就是雅各布·伊本-尤素福统治的马林部落（Banu Marin）建立的王朝。显然，又一次柏柏尔人入侵即将到来，佩拉约开始组织边境防御力量。格拉纳达爆发了争夺王位的内战，局势变得更加复杂，为马林王朝入侵提供了绝佳机会。1275 年，佩拉约去世，柏柏尔人旋即大举入侵。

同年，格拉纳达国王穆罕默德二世将直布罗陀西南角的塔里法（Tarifa）赠予雅各布。雅各布迅速率柏柏尔"信仰战士"（Guzat），用惯常的战术席卷赫雷斯，一路烧杀抢掠。随后，雅各布下令撤军，但于 1279 年再次发动入侵。西班牙的基督徒惶惶不可终日。

1280 年，圣地亚哥骑士团团长贡萨洛·罗德里格斯·希龙（Gonzalo Rodríguez Girón）在格拉纳达的莫克林（Moclín）遭遇一支摩尔人军队，这里距格拉纳达首都并不太远。虽然敌我兵力悬殊，贡萨洛仍决定不等援军抵达就发动冲锋，55 名骑士随他一同阵亡。当时一位编年史家透露，这是圣地亚哥骑士团的"绝大部分成员"，表明圣地亚哥骑士团中能够作战的骑士是多么有限——这就是一小支精英部队。这一役损失如此惨重，阿方索国王只好迫使圣地亚哥骑士团同他建立不久的一支小骑士团——西班牙圣玛利亚骑士团合并。圣玛利亚骑士团团长佩德罗·努涅斯成为圣地亚哥骑士团团长（他起初是圣地亚哥骑士）。

马林王朝似乎即将复制穆拉比特王朝和穆瓦希德王朝的胜利，但这次基督徒阵营中出现了一位才华横溢的领袖，那就是阿方索国王的小儿子——唐桑乔王子。他率军打了许多胜仗，成为一名英雄人物。骑士团也发挥了重要作用，团长佩德罗·努涅斯是圣地亚哥骑士团最英勇的战士之一。这场战争是多次小型战斗，几乎没有决定性的大战，但即便如此，基督徒仍遏制住了马林王朝的攻势。

阿方索国王的大儿子英年早逝，留下一位继承人，但值此危急时刻，一位幼主无法有作为。阿方索死后，佩德罗发起了一场拥立桑乔为国王的运动，在1282年劝说议会在巴利亚多利德达成一致意见。贵族们在誓约书上签章，成立了拥立桑乔国王的联盟，将誓约书委托佩德罗在乌克莱斯保管。这场运动也是一次保障贵族、市民和教士的自由权利，反对阿方索国王中央集权政策的运动。这场运动的成果延续了50多年，骑士团的支持十分重要。

即便如此，"再征服运动"在桑乔四世和费尔南多四世统治时期（1284—1295年，1295—1312年）进展仍十分缓慢，桑乔四世攻占了塔里法，费尔南多四世从海上进攻，占领了直布罗陀。这里石滩太多，没有人愿意来定居。费尔南多因而签署了一份特许令，为所有罪犯、强盗、杀人犯和逃离丈夫的妇女提供庇护。1319年，两位卡斯蒂利亚摄政在"格拉纳达低地灾难"（disaster of the Vega，即埃尔韦拉山之战）中战死，边境各镇十分恐惧，组建了一个联盟，不惜一切代价与格拉纳达媾和。5 年后，柏柏尔人占领了巴萨（Baza）和马尔托斯（Martos），1333 年再次攻占直布罗陀。

在这段时间里，骑士团继续劫掠。在炎热的黄色原野上，只有一些石头、橄榄园打破单调，羊群在尘土飞扬的干燥草地上吃草，还有荒凉的山脉、深邃的谷地和崎岖的山路，以及精心耕种的格拉纳达低湿平原。城镇都用白色泥砖筑成，狭窄的街道与摩洛哥的露天市场很像。

尽管很危险，军事修会的使命依然是颇具吸引力的职业，骑士团指挥官通常都是富有的土地拥有者。从前，只要渴望实现灵魂的净化和完善，就能加入骑士团，但到了 13 世纪末，申请入团者首先须证明自己的祖父母、外祖父母都有贵族血统。[14]

伊比利亚半岛上的骑士团都为自己的历史感到自豪。一位圣地亚哥骑士，莫埃尔南多（Mohernando）辖区指挥官巴埃萨的佩雷·洛佩斯（Pere López de Baeza，活跃于 1329 年前后），曾为骑士团的源起撰写了一部简短的编年史。骑士团肯定经常在食堂中朗诵这部编年史。

在这一时期，骑士团团长逐渐变成诸侯，被国王授予大量富饶的辖区，他们不仅统率骑士团自己的军队，还有雇佣军。卡拉特拉瓦骑士团收入的一半都归团长所有，他曾在一次战斗中带来 1200 名长矛兵。阿尔马格罗（Almagro）的雷阿尔城附近有一座宫殿，正位于卡拉特拉瓦骑士团广袤领地的中心。这座宫殿是骑士团的行政首府，其华丽的哥特式外表已湮没不存，但它或许是全西班牙最像马林堡的建筑。在阿尔坎塔拉，骑士团在城堡旁边的宫殿里设立了法庭。因为团长们总是长时间与国王在一起，卡拉特拉瓦骑士团大会就规定：团长必须每年至少访问卡拉特拉瓦三次。卡拉特拉瓦骑士团团长开始取代大修道长，亲自接纳新骑士入会，这一做法也被阿尔坎塔拉骑士团和阿维斯骑士团效仿。团长们面临很多诱惑，因为反抗权威并不困难。这一地区的封建赋税征收很混乱，骑士团的纪律越发让人担忧。

不可避免地，骑士团逐渐卷入政治。1287 年，葡萄牙的阿尔坎塔拉骑士团团长带领弟兄，协助国王迪尼斯（Dinis）镇压其弟唐阿方索王公的反叛军。这一时期，在迪尼斯国王的压力下，圣地亚哥骑士团葡萄牙分部逐渐变成了一个半独立的组织，在帕尔梅拉的总部自行选举团长。过了许多年，卡斯蒂利亚才承认了这些团长的合法性。[15] 阿维斯骑士团直到 1238 年仍接受卡拉特拉瓦的马丁·鲁伊斯巡视，但实际上是个独立的组织。由于缺乏强有力的权威，整日忙于世俗征战，骑士团的使命也日益削弱。[16] 1292 年，当桑乔四世要求卡拉特拉瓦骑士团驻守塔里法时，团长鲁伊·佩雷斯·庞塞（Ruy Pérez Ponce）还要求国王支付一笔现款。

阿尔坎塔拉骑士团的情况最为动荡。1318 年，部分骑士和教士成员向卡拉特拉瓦骑士团团长帕迪利亚的加西亚·洛佩斯（Garcia López de Padilla）诉苦，说自己的团长鲁伊·巴斯克斯（Ruy Vásquez）对他们不公。卡拉特拉瓦骑士团对阿尔坎塔拉有巡视权，加西亚就带着两位西多会修道院院长来到阿尔坎塔拉。鲁伊和大指挥、城堡主躲进修道院里，抗议特权被侵犯。然而，由 22 名骑士组成的骑士大会宣布罢免鲁伊，控制了整个辖区，选举马尔多纳多的苏埃罗·佩雷斯（Suero Pérez de Maldonado）为团长。鲁伊·巴斯克斯逃到莫里蒙，向西多会上诉，但莫里蒙修道院院长承认罢免决议有效，禁止鲁伊离开法兰西。即便经此动乱，阿尔坎塔拉骑士团团长依然是卡斯蒂利亚最有权势的人之一。1319 年，苏埃罗参加了卡斯蒂利亚国王的妹妹和阿拉贡国王的婚礼，同年与卡拉特拉瓦骑士团团长、圣地亚哥骑士团团长组建了一个兄弟会。[17]

镇压圣殿骑士团使伊比利亚半岛上多了两个新骑士团。迪尼斯国王不希望医院骑士团在葡萄牙过于强大，但教宗又不同意由王室来接管圣殿骑士团的财产，于是他创立了基督骑士团——只不过把"圣殿"二字从圣殿骑士团的名号中拿掉（圣殿骑士团全称 the Poor Knights of Christ and of the Temple of Solomon）。1318 年，所有原圣殿骑士团的辖区都设立了这一新骑士团的机构，但不太可能接纳任何圣殿骑士加入。新骑士团首任团长是阿维斯骑士团团长的兄弟，唐吉尔·马丁斯（Dom Gil Martíns）。骑士团在 1321 年有 69 名骑士、9 名礼拜神父和 6 名军士，组织架构仿照阿维斯和卡拉特拉瓦骑士团。[18]在团长之下，设修道长（prior mor），负责召集骑士到"马林堡"（Castro Marim）的城堡修道院中选举长官——大指挥、城堡主和掌旗官（alferes）。

阿拉贡的蒙特萨（Montesa）骑士团也是在圣殿骑士团的废墟上建立起来的。埃里尔的吉列姆（Guillem d'Eril）为团长，一些慈悲会骑士加入，原来的慈悲会不再承担军事任务。和基督骑士团一样，蒙特萨骑士团的总部中既有骑士，也有礼拜神父成员，任命一位修道长、一位城堡主，隶属于西多会。包括团长吉列姆在内的首批成员主要来自阿拉贡的卡拉特拉瓦骑士团——卡拉特拉瓦骑士团大指挥出席了蒙特萨骑士团成立仪式，还有一些医院骑士、慈悲会骑士和阿尔法马骑士。蒙特萨骑士团和基督骑士团都保留了圣殿骑士团的白色斗篷和红色十字标记。蒙特萨这一名称来源于其总部所在地，它原本是圣殿骑士团在巴伦西亚的一个分部，辖区内居住的穆斯林人口比西班牙任何一地都多。骑士团可在这里镇压穆德哈尔人叛乱，抵御海盗袭扰。不久之后，蒙特萨骑士的人数就达到了原圣殿骑士团驻军的 5 倍，导致其十分困顿，很难招募到礼拜神父。尽管深受尊重，但蒙特萨、阿尔卡尼斯的卡拉特拉瓦和蒙塔尔万（Montalbán）① 的圣地亚哥三大骑士团组织从未主导阿拉贡的政治。[19]

卡斯蒂利亚国王阿方索十一世（1311—1350）率军镇压了穆斯林的回潮。但他的臣民怕他更甚于摩尔人，因为他喜欢以狡计和谋杀来震慑贵族，不经审判就处决叛军。卡斯蒂利亚人称他为"复仇者"或"无情者"，但欣赏他的勇气。最终，人们以他最伟大的胜利称呼他为"萨拉多河之王"（el rey del Rio Salado）。他牢牢控制住各大骑士团，他统治的时期也正好是卡拉特拉瓦骑士团一段极其不光彩的时期。

自 1325 年来，卡拉特拉瓦骑士团的老团长加西亚·洛佩斯与大指挥普拉多的胡安·努涅斯（Juan Núñez de Prado）起了争执。胡安称，加西亚在巴埃纳（Baena）之战中胆小懦弱，丢掉了骑士团的军旗。[20] 经过一场激烈的斗争，加西亚同意退位，以换取富庶的洛斯卡内斯的索里塔辖区。1329 年，胡安接任团长，却拒绝将这一辖区交给加西亚。

愤怒的加西亚于是自立为阿拉贡的卡拉特拉瓦团长。他于1336 年去世，但骑士团的分裂一直持续到 1348 年。当年，阿拉

① 常被拉德斯-安德拉达修道会（orders Rades y Andrada）的教士弟兄和撰史者混淆为 Montaluan。它是圣地亚哥骑士团在阿拉贡的大指挥辖区，连带一个修道区，也是圣地亚哥教士团在阿拉贡王国的唯一机构。

贡的大指挥唐霍安·费尔南德斯（Don Joan Fernández）承认了卡斯蒂利亚的团长，但阿尔卡尼斯辖区依旧保持半独立状态。不久后，阿拉贡的大指挥就有了独立的团长权威。

阿方索国王需要可靠的军队，不希望骑士团领袖们相互争执。1335 年，他强迫阿尔坎塔拉骑士团团长马尔多纳多的鲁伊·佩雷斯退位，开启了骑士团内部长达两年多的激烈争夺。经过一番短暂但血腥的围攻，王室军队席卷了阿尔坎塔拉骑士团的巴伦西亚，将团长贡萨洛·马丁内斯（Gonzalo Martínez）斩首并焚尸。随后，阿方索 21 让更听话的努诺·查米罗（Nuño Chamiro）继任团长。

阿方索对圣地亚哥骑士团干涉更深。1338 年，团长巴斯科·罗德里格斯·科罗纳多（Vasco Rodríguez Coronado）去世后，阿方索命令骑士团议事会选举自己与古斯曼的莱昂诺尔（Leonor de Guzmán）的私生子，年仅 8 岁的法德里克（Fadrique）为团长。议事会没有听命，却选举巴斯科·洛佩斯为团长。阿方索大举进攻乌克莱斯，洛佩斯逃到葡萄牙。阿方索强迫骑士团罢免洛佩斯，承诺让莱昂诺尔的兄弟古斯曼的阿隆索·梅伦德斯（Alonso Meléndez）做团长。两年后，阿隆索阵亡，那位 10 岁的小男孩庄严入主圣地亚哥骑士团。

格拉纳达苏丹尤素福和马林王朝统治者"黑苏丹"阿布·哈桑（Abul Hassan）结成同盟，梦想收复他们在西班牙的"失地"。1340 年，非洲舰队在直布罗陀附近海域击败了卡斯蒂利亚海军，凿沉了 32 艘战船。非斯（Fez）的阿布·哈桑率领一支自穆瓦希德人入侵以来最庞大的军队，迅速在阿尔赫西拉斯（Algeciras）登陆。格拉纳达军立即与之会合，一同包围了塔里法。阿方索国王花了 6 个月才在塞维利亚集结了一支军队。但国王有了一件新武器——加农炮，一排用铁箍箍住的粗重铁铸炮管，可以发射大石块。

阿方索亲自指挥前锋，托莱多大主教，阿尔坎塔拉、卡拉特拉瓦和圣地亚哥骑士团团长与他同行。葡萄牙国王阿方索四世率1000 名长矛兵前来支援，还派战船来组建卡斯蒂利亚-加泰罗尼亚联合舰队，由卡斯蒂利亚的医院骑士团修道长统领。塔里法仍在坚守。

只有一小部分格拉纳达军队装备欧式盔甲，大部分摩尔骑兵都是轻骑兵，阿布·哈桑主要凭借人数和速度取胜。10 月 30 日，阿方索在萨拉多河向阿布·哈桑发起进攻，葡萄牙军队迎战格拉纳达军队，卡斯蒂利亚军队对抗摩洛哥军队。突然间，塔里法城内冲出一支奇兵，直取未设防的敌军营帐。摩尔人惊慌失措，基督徒趁机将其击溃。柏柏尔军队和格拉纳达军队损失了很多人马，仓惶撤退。基督徒伤亡相对较轻，但圣地亚哥骑士团团长阿隆索光荣阵亡。圣地亚哥骑士团和医院骑士团与卡斯蒂利亚军一同作战，卡拉特拉瓦骑士团和阿尔坎塔拉骑士团与葡萄牙军一同作战。马林王朝的威胁自此消除。

1342 年，阿方索率军包围阿尔赫西拉斯港。这次围攻战历时漫长，两任阿尔坎塔拉骑士团团长在战斗中阵亡：一任在夜晚渡过瓜达兰克河（Guadarranque）时溺亡，其继任者死于伤势过重。[22] 直布罗陀海峡再次被封锁。1344 年初，德比伯爵和阿伦德尔伯爵来到阿方索的军营，阿方索派他俩去见摩尔人的使团。两位英国贵族华丽繁复的纹章让摩尔人着迷——熟皮甲上刻印着许多动物，甚至还有一个奇怪的萨拉森人头颅。乔叟笔下的骑士参加了这场围攻战，可能就在伯爵的军中。[23] 同年，阿尔赫西拉斯守军弹尽粮绝，于 3 月投降。

摩洛哥人只剩下最后一个立足点 —— 直布罗陀。1350 年，阿方索率一支大军进攻这片石滩，但黑死病蔓延开来，阿方索也因这场疫病而死。摩尔人佩服他们的对手，阿方索的黑袍送葬队穿过沙滩时，还有一些摩尔人也加入了队列。阿方索是一个残酷的战士，他成功将臣民统一在神圣战争的旗帜下，但也让骑士团深深卷入世俗政治的旋涡。自此以后，国王们开始利用骑士团来对付贵族，而非摩尔人。

第 10 章
国王和团长

阿方索十一世的儿子，现年 16 岁的佩德罗一世——名号"残忍的佩德罗"（Pedro the Cruel）——继承了一个几乎无法统治的王国。大领主雇佣军队，在固定的领地上豢养私人武装，甚至连城镇都有自己的军队。阿方索还留下一个情人古斯曼的莱昂诺尔和 5 个儿子，最大的儿子叫恩里克，是特拉斯塔马拉（Trastámara）伯爵，另一个儿子法德里克是圣地亚哥骑士团团长。[1] 莱昂诺尔为了她的孩子，野心勃勃，极为危险，因而佩德罗在 1351 年将她杀死。

第二年，特拉斯塔马拉伯爵恩里克谋反，开始了漫长而激烈的王位争夺战。佩德罗国王的境遇很糟糕，连生存都成问题。他几乎没什么钱，也没什么军队，没有真正的盟友，还有一帮难以统御的贵族。1354 年，恩里克发起第二次暴动，差点就成功了。圣地亚哥骑士团团长加入了他哥哥的阵营，但最终又与佩德罗和解。

佩德罗国王必须确保骑士团都听命于他。阿尔坎塔拉骑士团团长莱昂的费尔南·佩雷斯·庞塞[2] 拒绝服从，被国王罢免，但他的继任者萨瓦洛斯的迭戈·古铁雷斯（Diego Gutierrez de Zavallos）依旧不合适，骑士团最终被迫接受苏埃罗·马丁内斯为团长。卡拉特拉瓦骑士团的老胡安·努涅斯对国王的情妇帕迪利亚的布兰切（Blanche de Padilla）说了很多不得体的批评之语，还私通阿拉贡。他在阿尔马格罗被逮捕，解送至马克达辖区，被割开了喉咙。[3] 胡安留下两名私生子，但为他报仇的是他的外甥，大指挥佩德罗·埃斯特瓦涅斯·卡彭特罗（Pedro Estevañez Carpenteiro）。骑士团选举卡彭特罗为团长，但国王要求他们选任布兰切的兄弟帕迪利亚的迭戈·加西亚。于是，大指挥卡彭特罗在奥苏纳辖区宣布自己为团长，集结了 600 名长矛手，占领卡拉特拉瓦。

卡拉特拉瓦骑士团分裂了。1355 年，卡彭特罗最终在托罗（Toro）投降。他被带到国王的宫殿，当着太后的面，由国王亲手杀死。[4] 1358 年，佩德罗引诱圣地亚哥骑士团团长法德里克来到塞维利亚。国王的劲弩手卫队在阿尔卡萨尔宫（Alcazar）中追逐法德里克，用狼牙棒将他打死。当法德里克还剩一口气时，佩德罗把自己的佩刀交给一名摩尔奴隶，让他结果了法德里克的性命。[5] 随后，圣地亚哥骑士团在国王支持下选举托莱多的加西亚·阿尔瓦雷斯（Garcia Alvarez）为团长。佩德罗国王终于控制了卡斯蒂利亚境内的骑士团，他们是真正的武装力量。

1362 年，佩德罗国王的权力达到顶峰，而阿拉贡国王"讲礼仪的"（lo Ceremonios）佩雷四世则一败涂地。由于卡斯蒂利亚与英格兰结盟，特拉斯塔马拉伯爵恩里克只好到法国寻求庇护。摩尔人也变成佩德罗的朋友。1359 年，格拉纳达埃米尔阿布·赛义德（Abu Said）夺权，失去了王位的穆罕默德五世逃到菲斯，但由于马林王朝不肯帮忙，他只能到塞维利亚碰碰运气。佩德罗热烈欢迎穆罕默德到来，借给他军队和钱财，帮他在龙达站稳脚跟。穆罕默德 1362 年从龙达出兵，收复了格拉纳达。这一次，轮到"红国王"阿布·赛义德来找佩德罗避难，但佩德罗很快将他杀死。[6] 想必卡拉特拉瓦骑士团团长迭戈·加西亚对赛义德之死深感悲痛，因为加西亚曾被赛义德俘虏，在被释放前受到了赛义德极为热情的优待。[7] 佩德罗留下了急匆匆的赛义德带来的纳斯里（Nasrid）王冠上的珠宝，但他同阿尔罕布拉方面也保持着很好的关系。

1365 年，佩德罗国王让科尔多瓦的马丁·洛佩斯担任阿尔坎塔拉骑士团团长。他是王室司库，也是这一时代非常典型的政治家-高级教士结合体，坚定地忠于佩德罗。同年，恩里克率一支法国雇佣军入侵卡斯蒂利亚，为此许下了巨额报偿。这支军队由大将军盖克兰的贝特朗（Bertrand du Guesclin）统领，装备了沉重的板甲，在相对轻装的西班牙骑兵面前几乎战无不胜。卡斯蒂利亚的贵族很快背弃了佩德罗，三大骑士团内部也都分裂为支持佩德罗和支持恩里克的两派。

就在恩里克大军继续挺进的同时，佩德罗派卡拉特拉瓦骑士团团长马丁[8]去向英格兰国王爱德华三世求援。1366 年，佩德罗逃到波尔多，在半路上还杀了圣地亚哥大主教。第二年，他和威尔士亲王爱德华一同回归，爱德华的老兵经验丰富，能对付最好的法军。1367 年 4 月 3 日，佩德罗和恩里克在纳赫拉（Nájera）决战，双方阵营中都有卡拉特拉瓦、圣地亚哥和阿尔坎塔拉骑士团成员。像往常一样，"黑太子"爱德华击溃了对手，不过恩里克逃到了阿拉贡。然而，佩德罗无力支付英格兰军队远征的费用，他的魅力和"红国王"的大红宝石（实际上是一块石榴石）也无法平息爱德华的怒火。爱德华率军离开了西班牙。

随后，恩里克和盖克兰卷土重来，同行的还有恩里克亲自任命的圣地亚哥和卡拉特拉瓦骑士团团长。佩德罗的军队主要由穆德哈尔人和格拉纳达轻骑兵组成，不敢正面对抗法国骑兵。不过，佩德罗最终失去了耐心，率军迎击敌军。1369 年，盖克兰在蒙铁尔（Montiel）轻而易举地击溃了佩德罗的军队。战后，双方在盖克兰的营帐中会面。"残忍的"佩德罗一进入帐中，就冲向他的同父异母弟弟，但一个侍从绊倒了他。当他躺在地上时，恩里克扯开了他肚子上的铠甲，把他捅死。佩德罗女儿们的合法监护人，阿尔坎塔拉骑士团团长马丁·洛佩斯挺身而出，在卡莫纳保护她们，直到 1371 年 5 月。他无视恩里克的咒骂，在塞维利亚的市场上被斩首。[9]恩里克则在法国人的帮助下即位为卡斯蒂利亚国王恩里克二世，他毫无顾忌地抵押王室土地，大量授予封地、特权和头衔，以此平息了所有反对的声音。

1355 年至 1371 年间，卡斯蒂利亚三大骑士团总共有不下 16 位团长或敌团长（anti-maestres），其中 6 位死于暴力，3 位被谋杀。他们不仅发起纯粹的世俗战争，还相互争斗。14 世纪最后四分之一的时光里，三大骑士团频繁迎来上级巡视，他们试图恢复纪律。卡拉特拉瓦骑士团隶属莫里蒙修道院，修道院院长有巡视权。同样，阿尔坎塔拉、阿维斯和蒙特萨骑士团都接受卡拉特拉瓦骑士团的巡视；团长要么亲自来，要么派一个代表。

骄傲是骑士团最糟糕的邪行，淫乱紧随其后。这一时代的叙事诗中经常提到美丽的摩尔女人，西班牙基督徒又从摩尔人那里承袭了奴隶制，骑士团面临的诱惑就更多了。1336 年，莫里蒙修道院院长雷诺禁止面目可疑的女性在夜幕降临后进入阿尔卡尼斯堡，还命令一位可靠的人做看门人。骑士团的规章中明确规定了对打破守贞誓言者的残酷刑罚，[10]包括鞭笞（每周五进行）和一年内在地板上吃饭。实际上，养情妇现象十分普遍，1418 年莫里蒙修道院院长让四世甚至下令罢免有情妇的骑士的职务。然而，一些团长还是留下了私生子。

在葡萄牙，骑士团的权力稳步增长，就连议会也抱怨他们太过贪婪。医院骑士团经常受雇作为葡萄牙驻罗马教廷的使者，骑士团的克拉图（Crato）修道区还包括加利西亚，总部设在贝尔韦尔。14 世纪中叶，修道院院长阿尔瓦罗·冈萨雷斯·佩雷拉（Álvaro Gonçález Pereira）在阿尔梅里亚（Almiéria）修建了一座堡垒，现在还存在；堡垒中有四座方形的高塔，其中最大的主塔作为要塞。医院骑士团在葡萄牙的权力比在西班牙大，但阿维斯骑士团才是决定葡萄牙内政的最主要力量。

1383 年，葡萄牙国王费尔南多去世。他的继承人比阿特丽丝（Beatriz）是卡斯蒂利亚国王胡安一世的妻子。葡萄牙人，尤其是商人和农民，曾经历过卡斯蒂利亚人数不清的暴行，对这个邻国十分憎恶。在民众的广泛支持下，老国王的一位非婚生兄弟成为葡萄牙总督和全境守护人。这位名叫若奥的新统治者是阿维斯骑士团团长，他的支持者们由"神圣统帅"（Holy Constable）努诺·阿尔瓦雷斯·佩雷拉统领，后者是医院骑士团修道长 32 个儿子中的一个。时人曾评论称，这整件事就是"由两个鞋匠和两个裁缝想出来的蠢主意"。他们遭到了大部分有钱人的反对，包括阿维斯城堡主和统帅的兄弟，克拉图修道长佩德罗。[11]

卡斯蒂利亚人在 1384 年的第一次入侵失败了，连续两任圣地亚哥骑士团团长在围攻里斯本时死于瘟疫。唐若奥解除骑士团誓言，被立为葡萄牙国王后，卡斯蒂利亚国王胡安于 1385 年率 2 万名骑兵和 1 万名步兵杀回，阿尔坎塔拉、卡拉特拉瓦和圣地亚哥骑士团也派分队参与其中。葡萄牙这边，越来越多的贵族选择支持若奥，包括圣地亚哥骑士团团长，新国王派往伦敦的使者和英葡联盟的缔造者，阿尔布开克的费尔南·阿方索（Fernão Afonso de Alburquerque）。但是，若奥手中的兵力实在少得可怜。

　　1385 年 8 月 14 日，在卡斯蒂利亚大军向里斯本进发的路上，若奥和"神圣统帅"努诺率军在阿尔茹巴罗塔（Aljubarrota）与之决战。葡萄牙军队主要是步兵，有 4000 名枪兵和投石兵、800 名弩手和一小队英格兰弓箭手。尽管有一些骑士团成员参战，但若奥总共只有 200 名骑兵。努诺使用经典战术，让步兵在中间为卡斯蒂利亚军队让出一条道路，使其直冲向若奥国王的帅旗。这样一来，位于两翼的弓箭手和弩手就能获得一片清晰的视野，向敌军近距离直射。最后，葡萄牙骑兵再向敌军发起毁灭性的一击。胡安国王的军队被彻底击溃，卡拉特拉瓦骑士团团长阵亡，国王则逃到塞维利亚。不久之后，努诺率军入侵卡斯蒂利亚，在巴尔韦德（Valverde）歼灭阿尔坎塔拉骑士团的军队，杀死圣地亚哥骑士团团长佩德罗·穆尼斯（Pedro Múñiz）。自此，开启了阿维斯王朝的统治。

　　10 年后，卡斯蒂利亚又遭遇了另一场灾难。阿尔坎塔拉骑士团团长，曾经的阿维斯城堡主巴尔布多的马丁·亚涅斯（Martín Yáñez de Barbudo），于 1394 年发起一场十字军运动，远征格拉纳达。纳斯里王国多山、缺水，并不容易入侵。平原地带虽然很富饶，但只有小块地区得到精耕细作，牲畜还必须从北非进口，或从基督徒那里偷窃。在这片不毛之地上，入侵者很容易被切断补给线，而且摩尔人最惯用的战术就是在狭窄的山道上打伏击。骄兵必败，穆罕默德六世的军队包围了马丁的十字军，将其全部歼灭。[12]

卡拉特拉瓦骑士团正在经历剧变。团长贡萨洛·努涅斯从前是阿尔坎塔拉骑士团团长，名声并不很清白——据说他曾经秘密结婚——却是一个颇有天赋的管理者。这一时期，大指挥和城堡主都是通过选举产生，但团长仍可以分配有俸禄的圣职（benefice）。贡萨洛为礼拜神父推行固定的修道区（priorados formados）制，由修道长管理。这种新修道区的制度与卡拉特拉瓦和阿尔卡尼斯骑士团相似，只是没有常驻骑士。1397 年，前来巡视的西多会修道院院长认可了这一革新。这个制度本意主要在增加收入而非灵魂教化，因为教士们也需要钱来支持自己的生活，不再满足于基本生存需要。

卡拉特拉瓦骑士团已拥有近 40 个辖区。骑士总数不得而知，但据莫里蒙修道院院长马丁在 1302 年巡视时的记录，骑士团有超过 150 名骑士。圣地亚哥骑士团规模最大，在其巅峰时期可能有近 250 名骑士——不包括葡萄牙分支。不过，由于每个辖区最多只有 4 名骑士——12 人辖区制早就废除了，故每位骑士都有很大机会可以拥有一个辖区。

阿拉贡的蒙特萨骑士团很穷。骑士团建议每位成员先从亲戚那里获得资助，再慢慢等待分配辖区，有一次甚至规定了 10 金英镑的数额。[13] 或许正是因为缺钱，蒙特萨骑士团的入会标准相对宽松：只要证明家族中有两人是贵族就行，有时候甚至会接受非贵族出身的申请人。1400 年，蒙特萨骑士团与阿尔法马骑士团合并，财政问题得到部分解决。合并之后的骑士团名为"蒙特萨圣母和阿尔法马圣乔治骑士团"，成员衣服上绣红色十字标记。

阿方索九世求得罗马教宗允准，让阿维斯骑士团使用绿色十字标记，基督骑士团则使用红色和银色相叠的双重十字标记。[14]
葡萄牙的圣地亚哥骑士团与西班牙的母团一样，也用红色十字，
但十字下端是一朵百合花，而非一柄宝剑。1397 年，卡拉特拉
瓦骑士团采用了红色的"花饰十字"（Cross fleury），它后来逐渐
演化成一种奇妙、独特的形状（圣朱利安十字），花瓣朝后弯曲，
与茎相触，形成一个伦巴第草写体的"M"——代表圣母马利亚。
不久之后，阿尔坎塔拉骑士团也开始用类似形状的绿色十字。

　　骑士团的服饰也逐渐显示出一些背离早期理想的元素。1397
年，卡拉特拉瓦骑士团议事会得到罗马教宗允准，不再让骑士戴
兜帽及穿无袖法衣（scapular）。到了 1400 年，骑士的穿着已经
很像一个普通贵族——一件灰色束腰短外衣，胸前绣一个小小的
十字，不过，他们仍穿一件白色大斗篷。骑士的衣服是亚麻质地，
他们的胡须刮得很干净。后来，圣地亚哥骑士团改穿黑外衣，上
面绣一个显眼的红色"十字剑"（espada 意为宝剑，剑柄处形成一
个"M"形，位于胸前）。不过，西多会仍继续派代表巡视卡拉特
拉瓦骑士团，严厉谴责骑士淫乱。

　　有时候，骑士也是坏领主。洛佩·德·维加写过一部戏剧，名
为《羊泉村》（Fuente Ovejuna），取材自拉德斯-安德拉达（Rades
y Andrada）《三大骑士团编年史》（Chrónica de las tres Órdenes）
所记载的一个事件，剧名来自事件发生的那座偏远的埃斯特雷马
杜拉小镇。1476 年，由于卡拉特拉瓦骑士团辖区指挥官古斯曼的
费尔南·戈麦斯特别喜欢强占平民妻女，镇民忍无可忍，发起暴
动。他们杀了费尔南的仆人，将他从城堡的窗户扔下去，窗下有
女人们手持长矛，矛尖冲上等候着他。

　　苏丹仍主宰着内华达山脉积雪下的红色宫殿，格拉纳达一片

壮丽繁荣的景象，既抵御又吸引着骑士团。一些骑士曾作为使者来到这座城市，在红色角楼下漫步，穿过阿尔罕布拉宫和赫内拉利菲宫，走过喷泉和枣椰树，尝过甜美的果子露。他们也常常学着像摩尔人一样作战，如骑乘阿拉伯马的轻骑兵，或用斧头作战的步兵。一些人曾被穆斯林俘虏，有不太愉快的回忆。

1406 年，穆罕默德六世进攻穆尔西亚，激起基督徒的愤怒。第二年，卡斯蒂利亚摄政唐费尔南多率王室军队全面入侵西格拉纳达，许多骑士团成员随行，其中包括卡拉特拉瓦骑士团团长，古怪的比列纳的恩里克（Enrique de Villena）。围攻仅三天后，圣地亚哥骑士团就席卷了萨阿拉（Zahara），随后占领了阿亚蒙特（Ayamonte）。但龙达久攻不下，就算摄政带来了圣费尔南多的宝剑也无济于事。1410 年，他率军折返，进攻富庶的安提克拉城（Antequerra）。[15] 5 月，一支穆斯林援军从山上赶来，攻击了基督徒的一支分队，以为这就是整支大军，结果卡斯蒂利亚前锋从后面袭击摩尔人，将这支援军消灭。苏丹尤素福三世试图刺杀摄政而未能成功，放弃了拯救臣民的全部希望。9 月 18 日，基督徒爬上城墙，又花了一个星期的时间占领了城中的堡垒。费尔南多大胜，将摩尔俘虏用铁链拴在一起，带回塞维利亚。尤素福主动求和，割让阿尔梅里亚，它成为基督徒未来进攻的一个重要据点。

有人认为，到 1400 年，由于封建骑士制度的衰落，各大骑士团不再是宝贵的军事资产，新兴的雇佣兵团以更严明的军纪脱颖而出。不过，骑士团很会适应新形势，骑士们除了雇佣士兵，还建立了统率弩手、炮兵或步兵的中队。15 世纪的骑士团比以往更加强大。伊比利亚半岛上每一位骑士团团长都控制着一支规模庞大、装备精良、组织有序、粮饷丰厚、领导有方的最具威胁性的职业军队。

大部分骑士都是贵族或乡绅（escuderos）的后代，天生就擅长管理田庄，当然，还有必不可少的犹太人从旁协助。在一些小型修道院里，几乎没有人过修道生活，只有管家在打理。[16] 骑士团高级官员都是掌控本地社会的权贵，圣地亚哥骑士团团长还兼任"梅斯塔"（mesta）的司库。梅斯塔是一个由牧场主组成的联盟，是中世纪西班牙最富有、最有权势的团体。

许多贵族家庭的财富和荣誉都来自一位骑士团团长亲戚的职位。菲格罗阿（Figueroa）家族兴起于洛伦索·苏亚雷斯（Lorenzo Suárez）担任圣地亚哥骑士团团长期间，索托马约尔（Sotomayor）家族也发迹于胡安和侄子古铁雷担任阿尔坎塔拉骑士团团长期间。[17] 一位团长可以利用职权为亲族提供恩庇和帮助，为他们向国王求取"恩赏"，包括领主权、肥差等等，还能授予封地来交朋友，利用武力威吓敌人，总之，可以为自己的家族提供数不清的获益机会。15 世纪的骑士团团长要么来自古斯曼这样的西班牙最有权势的大家族，要么就自己开创一个王朝。[18]

摄政费尔南多渴望将这些半独立的诸侯国分给自己的儿子们。1409 年，阿尔坎塔拉骑士团团长之位出缺，虽然大家都知道费尔南多的意愿，骑士团成员还是选举他们的城堡主为新任团长。但是，这次选举因一些技术上的障碍而失效了。摄政给每位指挥官写了两封信，并于 1409 年 1 月得到了罗马教宗的特许，让他年仅 8 岁的儿子正式穿上骑士制服，当选团长。[19] 同一年，费尔南多为自己更年幼的儿子恩里克取得了圣地亚哥骑士团团长之位。不过，费尔南多自己也在 1410 年高升，被推举为阿拉贡国王。加冕仪式推迟到 1414 年在萨拉戈萨举行，由国王的朋友和表亲，卡拉特拉瓦骑士团团长，比列纳侯爵恩里克筹办。

1404 年，卡斯蒂利亚国王恩里克强迫卡拉特拉瓦骑士团选举这位时年 20 岁的半吊子学术爱好者侯爵恩里克为团长，他当时甚至不是骑士团成员，还结了婚。他的妻子唐娜玛丽亚（Doña Maria）顺势宣布自己的丈夫性无能，表示愿意进入修女院做修女。罗马教廷判决两人的婚姻无效，同时下令免除了恩里克的骑士见习期，这位"会士（frey）恩里克"于是当上了团长。1407 年恩里克国王去世后，一群骑士满怀希望地推举大统领古斯曼的路易斯为团长。但古斯曼看出摄政费尔南多对表亲恩里克的坚定支持，只好逃到阿尔卡尼斯，这里是持异见的卡斯蒂利亚骑士的避风港。那位"性无能"的团长重新和妻子住在一起，对军事使命毫无半点兴趣，整日钻研学术，和女人们待在一起。支持古斯曼的一派坚持等待，最终，1414 年在西多召开的修士大会宣布恩里克的当选无效，路易斯成为团长。比列纳侯爵心满意足地离职，与妻子回到马德里，于 1434 年去世。

比列纳侯爵是喜爱学术的团长之一，这是骑士团历史上的一个新现象。他第一个将《埃涅阿斯纪》翻译成本地语言，还翻译出但丁作品的第一部卡斯蒂利亚语译本。他还用诗体写作，描述占星学、麻风病和"邪恶之眼"，还编写了第一部西班牙厨艺书——《刀艺》（Arte Cisoria），其中的菜谱十分怪异，一些历史学家甚至猜测这些食物导致比列纳侯爵早逝。还有谣言称，比列纳侯爵在研习黑魔法。[20]

骑士团团长还喜欢赞助学术活动。取代比列纳侯爵成为团长的古斯曼的路易斯，委托瓜达拉哈拉的犹太拉比摩西·阿拉格尔（Moshe Arragel）将《希伯来圣经》翻译成西班牙文［该版如今称为《阿尔巴圣经》(Alba Bible)]。这本经文的卷首画着团长的形象——他坐在宝座上，手持骑士团的宝剑，身穿带卡拉特拉瓦骑士团红色十字标记的白色披风，下面是骑士们完成基督徒七项义务的图画。这位犹太拉比住在马克达辖区里，花了 10 年时间打磨译文。与所有大人物一样，每位团长都有一个犹太人助手，作为团长的财务顾问、会计、土地管理员甚至导师。

葡萄牙的骑士团则充分利用科学。曾做过阿维斯骑士团团长的若奥国王，为他的第三个儿子唐恩里克安排了基督骑士团团长之位，又为他的小儿子唐费尔南多安排了阿维斯骑士团团长之位。[若奥国王启程去休达(Ceuta)之前，指派阿维斯骑士团团长塞凯拉的唐费尔南多·罗德里格斯为葡萄牙摄政] 1414 年，恩里克劝父亲重新发起神圣战争，第二年 7 月，若奥率一支远征军启航去休达。休达是一个易守难攻的海港，多次对"再征服运动"造成威胁，不过这次他们只用了不到 5 个小时就攻占了。在整场战斗中，年轻的团长恩里克全副武装，在炎炎烈日下奋勇战斗。编年史家苏拉拉(Zurara)曾写道，"航海家"恩里克的目标是"传播耶稣基督的神圣信仰，拯救所有渴望得救的灵魂"。这位团长并不想开疆拓土，他在意的是开拓基督教世界。[严格来说，唐恩里克是骑士团的"参议"(regidor)，或行政官，他在 1418 年时就任该职位。]为了达到这一目的，他希望建设一个"热爱上帝耶稣基督、能够在战争中发挥作用的基督教王国"。

恩里克在萨格里什有一个团队，包括地理学家、造船工人、语言学家、犹太人绘图专家和摩尔人领航员。这个团队研究绘制地图、改进六分仪和罗盘。伊斯兰教曾经征服西班牙；而基督教要征服非洲，再征服亚洲。到 1425 年，恩里克的骑士团已经殖民了马德拉群岛和加纳利群岛。1445 年，他们又在亚速尔群岛定居。自 1434 年起，骑士团开始借助当时最适合航海的新型轻快帆船，有系统地探索非洲西海岸。这种帆船上装有许多面小帆，而不像从前那样只装一面或两面大帆，更易于操纵——所需要的船员更少，同等给养就能维持更长时间。

1419 年，卡斯蒂利亚国王胡安二世达成年之龄，但在他在位的绝大部分时间里，真正的统治者是他的宠臣卢纳的阿尔瓦罗（Álvaro de Luna）。阿尔瓦罗是一个大家族的私生子，生性贪婪，但精于政治。一开始，他必须推翻安提克拉的唐费尔南多之子，圣地亚哥骑士团团长恩里克。他是个疯狂的冒险家，曾率 300 名士兵绑架了胡安的姐姐唐娜卡塔里娜（Doña Catarina），强迫她嫁给他；后来又要挟国王，获得了原本属于比列纳的恩里克的土地。1422 年，阿尔瓦罗劝说胡安逃跑，并关押了团长三年，直到他的两位哥哥——阿拉贡国王阿方索和纳瓦拉国王胡安插手，才将他释放。

1421 年，卡斯蒂利亚统帅阿尔瓦罗率军大举入侵格拉纳达。各大骑士团都加入了他的行列，其中包括古斯曼的路易斯。卡斯蒂利亚大军在埃尔韦拉山脉设立了一个基地，从这里出兵袭扰格拉纳达首都附近的原野。穆罕默德七世震怒，出兵反击，但在令人难忘的伊格鲁埃拉（Higuerela）之战中遭遇惨败。此后，圣地亚哥骑士团一位年轻的指挥官罗德里戈·曼里克（Rodrigo Manrique）占领了韦斯卡尔镇，这座小镇在过去长达 7 个世纪的时间里从未有基督徒踏足过，除了俘虏。阿尔坎塔拉骑士团的 15 名指挥官和许多骑士在一次伏击中阵亡，也为胜利染上了一丝悲伤的情绪。

1437 年，基督骑士团和阿维斯骑士团派一支远征军进攻丹吉尔（Tangier），由阿维斯骑士团团长唐费尔南多率领。这支军队于 8 月登陆后，迅速被摩尔人团团围住。团长投降，交出了骑士团那面绘有圣母持绿色十字之像的军旗。唐恩里克去找菲斯的苏丹，提出用休达换取他弟弟的自由，但"圣王子"费尔南多在狱中去世了。

恩里克又回到了他的舰队中。这支舰队抵达了拉各斯（Lagos），将其作为进一步探索的根据地。不久之后，非洲的黄金、黑奴、象牙、猴子、鹦鹉和奇珍异兽充斥着里斯本的市场，塞满了骑士团的保险箱。葡萄牙人在非洲设置了贸易站，由骑士团把守，而圣殿骑士团的红色十字标记继续向南远航。1452 年，一位埃塞俄比亚使节到访葡萄牙。基督骑士团逐渐变得富有。唐恩里克占领了佛得角群岛，他的骑士团将甘蔗引入马德拉的庄园。1460 年，阿方索五世授予骑士团对所有来自非洲新发现地的货物征收 5% 税款的权利。

当基督骑士团忙于海外事业时，葡萄牙圣地亚哥骑士团埋首国内政治，其表现不逊于卡斯蒂利亚的圣地亚哥骑士团。骑士团团长欧伦（Ourem）伯爵要对 1449 年的阿尔法罗贝拉（Alfarrobeira）之战负很大责任，在这场战争中，他的支持者杀死了葡萄牙摄政唐佩德罗。

卡斯蒂利亚的骑士团像从前一样好战。卡拉特拉瓦骑士团的古斯曼的路易斯日渐年长，在 1442 年已事实上退位，骑士团大指挥古斯曼的胡安·拉米雷斯率 500 名骑士和 1200 名步兵向卡拉特拉瓦进发。城堡主帕迪利亚的费尔南多在团长指示下，率 1200 名骑兵和 800 名步兵在巴拉哈斯（Barajas）迎战，将其彻底击溃，并俘虏了胡安。路易斯死后不久，骑士团选举费尔南多为团长，卡斯蒂利亚统帅阿尔瓦罗却想选任阿拉贡的唐阿方索。于是，费尔南多从阿尔马格罗宫殿退回到卡拉特拉瓦堡，而城堡遭到王室军队围攻，费尔南多被他自己的支持者发射的一枚弹丸击中而亡。然而，阿尔瓦罗在 1445 年与阿方索王子反目，卡拉特拉瓦骑士团就有了三个领袖：阿拉贡的阿方索，安达卢斯各辖区支持的古斯曼的胡安·拉米雷斯，以及占据了卡拉特拉瓦堡的新团长竞争者佩德罗·希龙。[21]

随后，圣地亚哥骑士团团长恩里克和他的侄子，卡拉特拉瓦骑士团团长阿方索回到卡斯蒂利亚，希望将圣地亚哥骑士团团长一职变为世袭头衔。但他的企图在奥尔梅多（Olmedo）一役中被阿尔瓦罗击碎。恩里克伤势过重而死，阿方索侥幸逃脱。圣地亚哥骑士团议事会选举塞古拉（Segura）辖区指挥官罗德里戈·曼里克为团长，但阿尔瓦罗自己夺得了这个最有权势的团长之位。当时有一幅画像即描绘了"会士阿尔瓦罗"穿着白袍和镀金铠甲祈祷的样子。

与此同时，佩德罗·希龙获得了卡拉特拉瓦骑士团团长之位，胡安·拉米雷斯让步，阿方索则在阿尔卡尼斯孤立无援。1450 年，阿方索率 300 名骑兵进入卡斯蒂利亚，却在难以对付的佩德罗的军队面前匆匆撤退。佩德罗率军越过阿拉贡边界，大肆烧杀。

阿尔瓦罗十分傲慢，树敌颇多，其中包括比列纳侯爵胡安·帕切科（Juan Pacheco）和他的兄弟佩德罗·希龙。他俩突然联合在一起，于 1453 年夏天抓住了阿尔瓦罗，以对国王施妖术之罪名将他处决。帕切科成为卡斯蒂利亚王国最有权势的人物。第二年，悲伤的胡安二世去世后，帕切科的权力更大了。他是小国王恩里克四世的导师，并始终是他的朋友和宠臣。

这位卡斯蒂利亚的新国王软弱、愚蠢，情绪也不稳定，但很可能并不是个同性恋（这主要是为了诬陷帕切科）。有传闻说他性无能，但他确实和宫廷里的女人们睡在一起。[22] 他成天和宠臣们穿梭在塞戈维亚城堡的银色墙壁、大理石地板和镀金铜像之间，或待在他最喜爱的、颇具穆德哈尔风格的马德里，或无休止地打猎取乐。他穿得像个纳斯里王朝的埃米尔，头戴格拉纳达毡帽，盘腿坐在一块地毯上接见臣民，身边围绕着摩尔弩手。不久之后，帕切科取代了阿尔瓦罗的地位，拥有自己的派系。其中包括他的兄弟卡拉特拉瓦骑士团团长佩德罗·希龙、他的叔叔托莱多大主教阿隆索·卡里略（Alonso Carillo），以及三位年轻男子：巴伦苏埃拉的胡安（Juan de Valenzuela），后来成为医院骑士团在卡斯蒂利亚的修道长；卡塞雷斯的戈麦斯；以及安达卢斯人拉奎瓦的贝尔特兰（Beltrán de la Cueva）——后两位未来都将成为骑士团团长。尽管恩里克国王的弟弟阿方索被任命为圣地亚哥骑士团团长，帕切科仍不断巩固自己的权力，毫无顾忌地向国王索要封授。

1462 年，王后诞下一位公主，名叫胡安娜。由于传言称国王性无能，这件事还挺令人惊讶的，而王后素来与拉奎瓦的贝尔特兰亲厚，坊间都把胡安娜称作"贝尔特兰尼亚"（贝尔特兰的女儿）。但贝尔特兰还是成了国王的宠臣。反对贝尔特兰的人组建了一支武装，其中包括佩德罗·希龙，要求国王正式承认自己的弟弟阿方索为储君。但国王反而剥夺了阿方索亲王的圣地亚哥骑士团团长之位，将其授予贝尔特兰，这让帕切科也加入了反对派。恩里克国王最终妥协，将团长一职还给阿方索，用一块公爵领地补偿贝尔特兰，但反对派仍不善罢甘休。佩德罗·希龙率军占领了托莱多，从这里出兵袭扰王室领地。

人人都在诅咒国王，尤其是诅咒他的格拉纳达弩手卫队，他们"强迫已婚妇女，冒犯少女，用非人的手段折磨男人"。1465年在阿维拉（Ávila），一群贵族扯下恩里克国王雕像上的王权标志，丢在烂泥地里，再送上最恶毒的咒骂。[23] 阿尔坎塔拉骑士团团长卡塞雷斯－索利斯的戈麦斯（Gómez de Cáceres y Solís）以前也是国王的宠臣，在这场可怕的仪式中扮演了主要角色。圣地亚哥骑士团团长阿方索亲王被推上王位。双方相持不下，直到帕切科向国王提出了一个出人意料的建议，国王急切地接受：佩德罗·希龙将迎娶阿方索的姐姐伊莎贝拉；作为回报，佩德罗将同帕切科一起绑架阿方索，加入王室军队，击败反叛军。

自 1440 年起，卡拉特拉瓦骑士团就允许骑士结婚了，团长佩德罗·希龙还得到了玩弄女性的名声——有一次，他甚至企图引诱伊莎贝拉的母亲。未来的卡斯蒂利亚女王，"天主教徒"伊莎贝拉当时 16 岁，听到要和佩德罗结婚的消息时，吓得祈祷了一天一夜。一接到罗马教宗的特许令，前会士佩德罗就从阿尔马格罗的宫殿出发，由他的前骑士弟兄组成的强力部队一路护卫。佩德罗和伊莎贝拉的婚礼定在马德里举行。但新郎在路上被一个奇怪的兆头所惊扰：一群白鹳在他即将下榻的城堡上空盘旋不去。第二天，他因扁桃体发炎而病倒，三天后他就死了。[24]

这位团长在卡拉特拉瓦修建了一座华丽的教堂，他死后就葬在这里，墓志铭有些狂傲，但还算简短。[25] 事实上，他在生命的最后 12 年间，将大部分时光用于同摩尔人作战。恩里克四世统治时期，基督徒与格拉纳达的战争因国王的一系列愚行而声名大损，尤其是在 1457 年，王后和她声名狼藉的女伴们穿上士兵的衣服，举行了一场"散步行军"（promenade militaire）。但从 1455 年到 1457 年、1460 年到 1463 年，佩德罗和卡拉特拉瓦骑士团每年都会向穆斯林发起一次真正的远征，仅在 1455 年到 1457 年间就发动了 6 次突袭，1462 年还占领了阿奇多纳（Archidona）。只不过，锡多尼亚（Sidonia）公爵在同一个月内重夺直布罗陀，令佩德罗的成功稍显逊色。

佩德罗死后，他年仅 8 岁的私生子罗德里戈·特列斯·希龙（Rodrigo Téllez Girón）继任团长。莫里蒙修道院明确规定，在这个男孩成年之前，骑士团必须由四名监护人统领。这些人实际上没什么权力，因为帕切科在 1468 年出任团长助理。但即便如此，莫里蒙修道院院长纪尧姆三世依然趁机重新树立了骑士团的章程，在 1467 年颁布了完整的骑士团规章，并在次年巡视骑士团。

1468 年，葡萄牙国王"非洲人"阿方索五世在北非重新发动神圣战争。他率包括所有骑士团的 2.5 万人大军登陆，迅速占领了小镇塞吉尔堡（Alcacer-Sehgir），作为未来军事行动的根据地。葡萄牙军队曾于 1463 年和 1464 年三次进攻丹吉尔，还扫荡了位于山区的村庄。1471 年，菲斯的马林王朝终于崩溃，阿方索又率 3 万人大军席卷艾西拉（Arzila），并向丹吉尔发动进攻。阿方索大获全胜，宣布自己为"葡萄牙、阿尔加维这边和大海那边非洲之王"。

1467 年，卡拉特拉瓦城堡主指挥一支反叛军，在奥尔梅多与卡斯蒂利亚王室军队打了一场残酷的战役，是为第二次奥尔梅多之战。这次战役并没有解决卡斯蒂利亚王位之争，但第二年"阿方索十二世"就去世了。在帕切科的斡旋下，争斗双方和解。阴谋家帕切科自己则得到了圣地亚哥骑士团团长之位，并在余生成为卡斯蒂利亚王国事实上的独裁者。

　　恩里克国王统治后期，各大骑士团纷争不断。1472 年，阿尔坎塔拉骑士团团长卡塞雷斯的戈麦斯在一场婚礼的早餐上冒犯了城堡主蒙罗伊的阿方索（Alfonso de Monroy）。愤怒的城堡主出手袭击戈麦斯，戈麦斯立即将他囚禁。蒙罗伊后来设法逃脱，聚集了一帮支持者，占据阿尔坎塔拉堡。[26] 戈麦斯迅速率 1500 名骑兵和 2500 名步兵回返，试图夺回他的总部，但在半路上遭遇伏击，战败身死。蒙罗伊被选为团长，但还需对付前任团长的外甥索利斯的弗朗西斯科及其支持者，后者占据着马加瑟拉要塞。索利斯最终同意让出这片大辖区，但蒙罗伊做出了一个愚蠢的举动，没带足够的护卫就前来接收辖区，在用餐时被捕。索利斯宣布就任团长。[27] 随后，普拉森西亚（Plasencia）女公爵将她的儿子苏尼加的胡安（Juan de Zúñiga）立为候选人，与索利斯争夺团长之位。[28] 1474 年，蒙罗伊的阿方索再次逃出囚笼——他在前一次越狱时弄伤了腿，三位团长竞争者的战争延续了近十年。

　　同年，胡安·帕切科去世。他生前身兼圣地亚哥骑士团团长和卡拉特拉瓦团长助理二职，曾利用两大骑士团统治卡斯蒂利亚王国，使骑士团的政治影响力达到顶峰。他死后，圣地亚哥骑士团出现了三位团长：年轻的迭戈·帕切科、圣马科斯修道区选出的卡德纳斯的阿隆索（Alonso de Cárdenas），以及乌克莱斯辖区选出的英勇老战士罗德里戈·曼里克。第三位无疑是最有资格的候选人，他很快得到了骑士团的一致拥护，成为团长。

　　1474 年 12 月，恩里克四世去世，"天主教徒"伊莎贝拉继承王位，她后来将同丈夫阿拉贡王子费尔南多携手统一西班牙。然而，葡萄牙国王阿方索五世与恩里克国王的女儿"贝尔特兰尼亚"

胡安娜订婚，对卡斯蒂利亚王位提出主张。年轻又受欢迎的卡拉特拉瓦骑士团团长罗德里戈·特列斯·希龙支持胡安娜，而卡拉特拉瓦城堡主帕迪利亚的加尔西·洛佩斯（Garci López de Padilla）则支持伊莎贝拉，圣地亚哥骑士团团长罗德里戈·曼里克和阿尔坎塔拉骑士团团长索利斯的弗朗西斯科也支持伊莎贝拉。1476年，双方在托罗决战，葡萄牙军队被歼灭。伊莎贝拉坐稳了王位，她的丈夫费尔南多于1479年成为阿拉贡国王。

1476年，老将罗德里戈·曼里克去世，帕雷德斯（Paredes）伯爵与莱昂的大指挥卡德纳斯的阿隆索争夺团长之位。然而，帕雷德斯伯爵突然去世，阿隆索即率军向乌克莱斯进发。骑士团议事高级官员（Trecenazgo）召开议事会，准备推选他为团长。伊莎贝拉听到这个消息后，立即从150英里外的巴利亚多利德赶到乌克莱斯，骑马奔驰了三天，几乎没有离开过马鞍。她冲进会堂，在这群惊呆了的官员面前，请求他们把选择权交给自己的丈夫费尔南多。议事会同意了，但费尔南多仍让他们选举卡德纳斯为团长。1487年，苏尼加的胡安成为阿尔坎塔拉骑士团无争议的团长。索利斯的弗朗西斯科则在同葡萄牙的战斗中被杀。他当时受了伤，躺在地上，被老对手蒙罗伊的一位前仆从认出，这位仆从迅速割断了他的喉咙。

事实证明，胡安也是一位热衷学术的团长。他崇尚人文主义，曾参加过巴利亚多利德的讲座。内夫里哈的安东尼奥（Antonio de Nebrija）奠定了古典拉丁语在卡斯蒂利亚的复兴基础，胡安将他安顿在萨拉梅亚（Zalamea）的宫殿中。胡安还雇用了一位犹太科学家亚伯拉罕·萨库托（Abraham Zacuto）来教授自己天文学知识，并在名声不佳的占星学方面为自己提供建议。胡安还为阿尔坎塔拉的医生们写过一篇有关占星学的指导性论文。

卡拉特拉瓦骑士团的分裂一直持续到葡萄牙战争结束。罗德里戈·特列斯·希龙因家底雄厚，经费尔南多和伊莎贝拉同意，正式成为卡拉特拉瓦骑士团团长，并与城堡主加尔西·洛佩斯和解。此后，他在短暂的余生中，一直忠心耿耿侍奉国王。

我们或许可以从豪尔赫·曼里克在父亲圣地亚哥骑士团团长罗德里戈·曼里克去世时写下的挽歌中，窥见卡斯蒂利亚骑士们的心境。1474 年，蒙提松（Montízon）辖区指挥官豪尔赫因勇猛无畏的表现成为骑士团议事高级官员。他的诗歌萦绕人心，在诸多西班牙文学作品中广受欢迎。他描写"西班牙伟大骑士的荣耀"，描写修士如何仅凭借祈祷和哭泣、骑士如何通过磨难与抗击摩尔人来获得持久的喜悦。他的诗句里充满贵族式的悲观情调：

> 我们的生命终将消逝，
> 就像奔流入海的河……

三年后，在 1479 年 3 月为伊莎贝拉女王对抗"贝尔特兰尼亚"的一场战斗中，豪尔赫在加尔西-穆尼奥斯（Garci-Muñoz）堡垒前因伤势过重而亡，被葬在乌克莱斯。可以想见，豪尔赫在信仰方面与骑士兄弟"小侍从"（el Doncel）十分相像，这位骑士在 1486 年与摩尔人的战斗中阵亡。锡古恩萨（Siguenza）大教堂里，有一幅引人注目的"小侍从"肖像。

骑士团的政治影响力在恩里克四世统治时期达到顶峰，甚至在费尔南多和伊莎贝拉统治初期，他们也一度保持主导地位，其拥有的军队人数大大超过王室军队。在中央政权十分孱弱的那段时期，骑士团掌握了行政权，这一权力被野心勃勃的政治家所利用。自卢纳的阿尔瓦罗起，圣地亚哥骑士团团长位就由首席大臣独占，不用经历修士的见习期；这一派系还能够决定其他骑士团团长的任命。

第 11 章
胜利与报应

1476 年，年迈又残忍的格拉纳达苏丹穆雷·哈桑（Muley Hassan）拒绝向卡斯蒂利亚交纳贡赋，通知卡斯蒂利亚使节称："格拉纳达将不再铸造金币 —— 只炼钢铁。" 1479 年，伊莎贝拉请求教宗发布十字军特赦令，但摩尔人先动手了。1481 年圣诞节后的那个夜晚，在一场遮天盖地的暴风雪中，摩尔人突入萨阿拉城，屠杀了城内大部分军民。一个多世纪来，从未有摩尔人军队占领过任何一个边境城镇。伊莎贝拉立即派卡拉特拉瓦骑士团团长到哈恩，派圣地亚哥骑士团团长到埃西哈（Écija），要求所有省区长官（adelantados）和辖区指挥官加强守备力量。

1482 年 2 月，一小支卡斯蒂利亚军队突然袭击并占领了富庶的阿拉马镇（Alhama）。苏丹震怒，一气之下杀掉了前来报信的信使，派兵猛攻阿拉马，但未能夺回这座镇子。现在换成格拉纳达人惴惴不安了。基督徒甚至把杀掉的敌人尸首扔出城墙外，任由野狗撕咬腐烂的尸体。穆雷·哈桑下令撤退，却发现自己的儿子阿布·阿卜杜拉（Abu Abdullah）已自立为苏丹。穆雷·哈桑颜面尽失，只得避走马拉加（Málaga），投靠自己的弟弟，马拉加城堡长官（alcalde）"勇士"扎加勒（az-Zagal the Valiant）。

费尔南多国王闻讯十分振奋，率军进攻洛哈城（Loja）。这座城位于山区，正好适合摩尔人的作战方式。格拉纳达"执法官"

（cadi）阿里-阿塔尔（Ali-Atar）在阿伯哈森山上包围了卡斯蒂利亚军队，将他们赶到一条溪谷中。摩尔骑兵杀进杀出，砍倒了没骑马的卡斯蒂利亚人。卡拉特拉瓦骑士团团长罗德里戈被射中两箭身亡，许多骑士的头颅被砍下，悬挂在格拉纳达骑兵的马鞍上。费尔南多失去了攻城炮队，费了很大劲才撤出这片乱石嶙峋的山区。

还好有人能重新点燃卡斯蒂利亚军队的士气。卡拉特拉瓦城堡主帕迪利亚的加尔西·洛佩斯在罗德里戈死后被推举为团长，他是骑士团使命遗存的活生生的象征，每天都要在唱经楼里念诵日课，严格按照骑士团规章来生活。他十分崇敬骑士团的创始人圣拉蒙·菲特罗，花大量时间在他的遗物前祈祷。在战场上，加尔西武艺高强，受大家拥戴。[1]

摩尔人于 1483 年 3 月在阿萨尔基亚（Axarquia）击败圣地亚哥骑士团后，向基督徒发起反攻，苏丹阿布·阿卜杜拉亲自领兵。这位绰号为"布阿卜迪勒"（Boabdil）的苏丹精心挑选出 1 万名骑兵，其中有他英勇的岳父阿里-阿塔尔，进攻卢塞纳镇（Lucena），但遭到了一支只有 1500 人的长矛兵部队伏击。败退时，阿里-阿塔尔被杀，苏丹被俘。穆雷·哈桑的支持者在扎加勒率领下夺取了王国的控制权。经过反复思考，费尔南多和王室顾问会狡诈地决定释放"布阿卜迪勒"。格拉纳达由此陷入分裂，"布阿卜迪勒"最终夺得阿尔梅里亚，他的父亲则保留王国首都。

直到 1484 年，这场战争与"再征服运动"过去的其他战争相比，似乎并没有什么区别。基督徒仍使用传统的"骑兵突袭"（cavalgada）战术，即重装骑兵和轻装攀城兵（escaladores）相结合。后者是一种携带梯子和绳钩、腰带上绑着匕首和斧头的步兵，其任务是迅速、安静地爬上城墙。摩尔人也保留了惯常的战术。即便火枪手正逐渐取代投石兵，他们最喜欢用的兵种仍是骑乘阿拉伯马的轻骑兵，或柏柏尔人步兵，还包括野蛮的黑人持刀手（gomeres），而最穷的格拉纳达人也拥有一架弩。格拉纳达王国三分之二的领土都是山地，拱卫着沿海平原地区，这里的大城镇都从马格里布经海路运来补给。周边的山里居住着好斗的山民，经常在充满迷雾的山路上切断卡斯蒂利亚军队的补给线。外来军队无法在这片干旱缺水、满是石头的山地里生存，即便在平原地区，摩尔人也会故意烧毁自己的庄稼，让入侵者无粮可征。冬天则根本无法作战。

不过，西班牙统一后，费尔南多和伊莎贝拉集全国之力，从欧洲各地招募专业雇佣兵。德意志和意大利火炮手带来了"射石炮"，可以发射重达 160 磅的大理石弹丸或铁球，还能发射浸过油和火药的麻绳团。大理石弹听起来可能比较原始，但实际威力很惊人，击中目标后就会四散崩开，能发挥如现代榴霰弹的效果。还有意大利来的攻城器工程师，负责训练西班牙工兵队。1485年，瑞士长矛兵来到西班牙，带着长达 18 英尺的长矛，采用空方阵阵形。法兰西十字军也来了，他们是穿板甲的重装骑兵。英格兰里弗斯伯爵还带来了 300 名长弓手和钩镰兵，这些都是从玫瑰战争中走出的老兵。

新兵种带来了新战术。战斗主要围绕格拉纳达王国的三座主城轮流展开，分别是西部的马拉加、东部的阿尔梅里亚，最后是格拉纳达。被攻占的城镇成为基督徒的桥头堡，他们在冬天派兵驻守，不丢失一寸土地，确保第二年春天能够继续进军。轻装部队逐步损毁平原上的耕地，规模比以往要大得多。同时，卡斯蒂

利亚和加泰罗尼亚舰队封锁海岸，将柏柏尔商船驱离格拉纳达的
港口。

1484 年，穆雷·哈桑快要死了。他的弟弟扎加勒进入格拉纳
达，用马鞍上挂着的卡拉特拉瓦骑士头颅炫耀军功，趁机夺取了
王位。"布阿卜迪勒"逃到基督徒阵营，再次被释放回国，与他的
叔叔决战。不过，在 1485 年春天，费尔南多率 2.9 万人大军从科
尔多瓦出发，圣地亚哥骑士团和阿尔坎塔拉骑士团团长随行。这
支军队的目标是格拉纳达西部省的第二大城市龙达。迄今人们认
为这座城市是不可攻破的，因为它位于一座山的顶上，四周都是
深谷。但西班牙工兵将新型火炮拖到龙达对面的山上，将大炮一
字排开，炮口对准龙达城。城内居民起初并不担心，后来在 5 月
5 日那一天，基督徒开始轰击，炮弹直落入城中。龙达人一开始
害怕拖着炫目尾巴的燃烧弹，当看到垒墙碎裂、塔楼崩塌、房屋
毁坏时，他们更加害怕弹丸轰击。除了火绳钩枪（arquebus），他
们再没有别的更有力的武器可以还击。仅仅过了 4 天，龙达城的
外墙就倒塌了，城郊被攻陷，火炮可以近距离直射内城墙。此外，
更多的传统器械，如投石机、攻城锤等也开始运转。5 月 15 日，
城内守军无条件投降。

龙达陷落预示了格拉纳达的覆灭，近 100 座要塞投降。到
年末，西格拉纳达的一半领地，远至马拉加附近山地，都落入了
基督徒之手。乌理玛尽一切努力在苏丹"布阿卜迪勒"和他的叔
叔之间斡旋，但双方都拒绝和解。与此同时，双方的支持者继续
相互征战。1486 年 5 月，费尔南多进攻"布阿卜迪勒"的驻地
洛哈城，用猛烈的炮轰迫使其投降。不久之后，莫克林和伊略拉
镇（Íllora）也投降了，这两座镇子是"格拉纳达的盾牌和右眼"，

控制着通往首都的西部道路。"布阿卜迪勒"又一次被费尔南多释放。

1487 年，卡斯蒂利亚军队集中兵力进攻马拉加，这是"格拉纳达的手和嘴"，王国的第二大城市。春天，卡斯蒂利亚军队先占领了贝莱斯-马拉加（Vélez Malaga），随后以 7 万人大军包围了马拉加港。骁勇善战的埃米尔哈迈特·扎格里（Hamet el Zagri）和一位柏柏尔将领镇守马拉加，城内还有两座巨大要塞——吉布拉尔法罗（Gibralfaro）和阿尔卡扎巴（Alcazaba）。基督徒则拥有空前庞大的军队和更大、更强的火炮。他们还带来了大钟琴，会给虔诚的穆斯林造成混乱。

马拉加投降，意味着纳斯里王朝的首都也保不住了。这个垂死的王朝现在分裂成两部分，"布阿卜迪勒"控制着北部的阿尔罕布拉；扎加勒则控制着东部省阿尔梅里亚，自己坐镇格拉纳达另一条主干道上的城镇巴萨。1488 年，费尔南多率军进攻东部省，但没有成功。摩尔人终于打退了基督徒，欢欣鼓舞。

但在第二年，费尔南多国王卷土重来，这次带着近 10 万人的大军。巴萨周边有丛林和运河网络做屏障，城中有精心挑选出的 2 万守军，由骁勇的将军西迪·叶海亚（Cidi Yahya）率领。这次围攻战历时 7 个月，摩尔突围军加上瘟疫，造成 2 万西班牙士兵伤亡。8 月，连天雨水将战场变成一片沼泽，大炮陷入泥沼，停止了轰击。到了 11 月，叶海亚还想继续坚守，但摩尔人的士气快要崩溃了。圣地亚哥骑士团的莱昂大指挥与叶海亚讲和，让他去劝扎加勒放弃抵抗。扎加勒宣布退位。12 月，叶海亚交出巴萨。扎加勒随后放弃了其他堡垒，回到马格里布，被菲斯苏丹弄瞎了双眼。摩尔西班牙最后一位伟大勇士以沿街乞讨结束余生。

　　"布阿卜迪勒"从未想过他的叔叔会失败，并承诺交出格拉纳达，成为西班牙国王的一个封臣。但即便是这位堕落君主，也无法轻易放弃祖先打下的江山。他拒绝履行承诺，派摩尔军队又一次袭掠西班牙边境地区，鼓动被奴役的同胞起兵反抗。1490 年，费尔南多率两支凶猛的骑兵队进入格拉纳达平原地区，但摩尔人在阿尔恩丁（Alhendin）歼灭了一支英格兰长弓手组成的小部队，获得了一次胜利。最终在 1491 年 4 月，基督徒以 5 万大军最后一次包围摩尔人的首都格拉纳达。格拉纳达城内到处都是难民，他们已经预见了覆灭的结局，仍选择壮烈奋战。基督徒几乎快要失去信心，但伊莎贝拉女王来到前线，建造了圣菲城（Santa Fé，意为"神圣信念"）。这座城位于格拉纳达对面，通体用石头筑成，没使用一块木头或帆布，象征着基督徒不可战胜的决心。11 月，"布阿卜迪勒"绝望了，双方开始谈判。一位会流利地说阿拉伯语的圣地亚哥骑士团指挥官科尔多瓦的贡萨尔沃（Gonsalvo de Córdoba）是西班牙一方的主要谈判代表。（这位骑士后来成为意大利战争中最伟大的西班牙将领之一）1492 年 1 月 2 日，安达卢斯最后的苏丹哭着骑马出城，迎接他的毁灭者，随后前往阿普哈拉斯（Alpujarras）的一片荒凉的小领地。基督徒大军随即进入格拉纳达城。

　　在红色阿尔罕布拉宫的维拉塔上，卡拉特拉瓦骑士团大指挥卡斯特里略的迭戈（Diego de Castrillo）竖起了一个十字架，圣地亚哥骑士团团长卡德纳斯的阿隆索则挂上了"摩尔人杀戮者"圣雅各骑白马的深红色旗帜。全军高声呼喊："圣雅各封守西班牙！"至此，"再征服运动"结束了。

　　伊比利亚半岛上的几个天主教王国并不想摧毁骑士团，只不过是想控制他们。葡萄牙任命亲王担任骑士团团长的办法一度是很有效的。阿拉贡出身的教宗亚历山大六世批准国王出任卡拉特拉瓦骑士团团长（1487 年帕迪利亚的加尔西·洛佩斯死后）和圣地亚哥骑士团团长（1493 年卡德纳斯的阿隆索死后）。这些骑士团并没有被消灭，只是暂时由国王来照管。后来在 1494 年，阿尔坎塔拉骑士团团长苏尼加的胡安经劝说后退位。下一步就是由国王任命而非选举产生城堡主和大指挥，大指挥一职逐渐成为王室中尉。

尽管骑士团的主要领导职位都由国家任命，但在一开始，各骑士团辖区的生活并未发生什么变化。[2] 苏尼加的胡安退位后来到一个只有 3 名骑士、3 名礼拜神父的辖区，严格依照骑士团规章生活。另外，虽然教宗亚历山大六世解除了所有西班牙骑士团的独身义务，但这仅仅是豁免令，而不是一次改革，只不过让其他骑士团与圣地亚哥骑士团的做法保持一致罢了。亚历山大六世称，颁布豁免令的目的在于"避免骑士养情妇"，但许多骑士依然保持独身。

任何一个强有力的政府都不会容许这些庞大的团体存在。据估算，在 1500 年以后，圣地亚哥骑士团拥有 94 个辖区，年收入 6 万达克特（杜卡特）；阿尔坎塔拉骑士团拥有 38 个辖区，年收入 4.5 万达克特。关于卡拉特拉瓦骑士团的说法有很多，但其辖区数量大致在 51 至 56 个之间，还有 16 个修道区，年收入在 4 万到 5 万达克特之间。其领地不少于 64 个村庄，有 20 万居民。[3]

此时，"再征服运动"已经结束了，新兴的西班牙王国接管了各大骑士团，王室顾问会决定团长任免。但是，骑士团正在逐步衰落。1508 年，枢机主教希梅内斯（Ximenes）提议将圣地亚哥

骑士团总部移到奥兰（Oran）。1516 年，乌克莱斯的骑士团议事
会还试图选举团长；但到 1523 年，查理五世任命了圣地亚哥、阿
尔坎塔拉和卡拉特拉瓦三大骑士团团长，1527 年又承诺将骑士团
收入交给富格尔家族。到 16 世纪中叶，虽然教会法仍承认骑士团
是宗教组织，但其实际上已成为"政府专款"（civil list），专为王
室宠臣提供头衔、宫殿和养老金。伊比利亚半岛骑士团的使命已
死，只作为一个华丽的鬼魂，又继续存在了许多年。

在伊比利亚半岛骑士团慢慢衰落的同时，马耳他骑士团开始
在西班牙和葡萄牙政治生活中扮演更加重要的角色。人们更愿意
加入马耳他骑士团，而对圣地亚哥或卡拉特拉瓦骑士团不那么看
重。马耳他骑士团的卡斯蒂利亚大修道长、安波斯塔城堡主通常
由亲王担任，葡萄牙的克拉图修道长也是如此。

1500 年，葡萄牙的骑士团似乎仍能在非洲和东印度群岛实现
其使命，但阿维斯骑上团和基督骑士团在 1496 年后"为防止养情
妇"也允许成员结婚了，1505 年还被解除了守贫誓言。阿维斯骑
士团有 48 个辖区和 128 个修道区，仍远远比不上基督骑士团的财
富。葡萄牙国王曼努埃尔恢复了自己的团长身份，还鼓励其他骑
士团成员加入基督骑士团。在他统治末期，基督骑士团拥有 454
个辖区，分布于葡萄牙本土、非洲和东印度群岛。骑士团财富体
现在总部的建筑上。这座修道院坐落于山顶，俯瞰托马尔要塞，
不论建筑面积还是华丽的装饰，都能让人一眼就相信：基督骑士
团是全欧洲最富有的团体。

不幸的是，一次针对骑士团的改革走得太过极端。一位名叫
里斯本的安东尼奥（Antonio de Lisboa）的圣哲罗姆会修士倡导
了改革，为骑士团制定难以推行的规章，恢复了旧日所有誓言，

还要求托马尔的礼拜神父过修道生活，遵从严苛的西多会规章。这些改革措施不切实际，很快就被抛弃了。当修道长安东尼奥在1530年试行新规章时，只有12个托马尔主义者（Thomaristas）追随他。改革在骑士和礼拜神父成员之间划了一道深深的鸿沟，摧毁了骑士还残存的一点点使命感。1551年，基督骑士团和其他葡萄牙骑士团一道，被王室吞并。

但在1536年，圣地亚哥骑士团重建了它的第二个辖区——在莱昂的圣马科斯辖区。这座辖区城堡是一座文艺复兴式的塔庙，宽阔的庭院包围着一座漂亮的修道院教堂，更像座宫殿军营而不是堡垒。这也是骑士团的惊人财富和对未来坚定信念的见证。到16世纪中叶，圣地亚哥、卡拉特拉瓦和阿尔坎塔拉骑士团都在萨拉曼卡设立了大学学院，并对礼拜神父进行了改革，不像安东尼奥在托马尔搞的那么激进，而是相当理性的改善措施。

骑士团在16世纪贡献了一位伟大作家——拉德斯-安德拉达。他是一名教阶修士，于1572年出版了《三大骑士团编年史》，是关于西班牙骑士团历史的最令人难忘的著作。（这本书只记载了圣地亚哥、卡拉特拉瓦和阿尔坎塔拉骑士团的历史，但拉德斯在第二年又出版了一本收录了蒙特萨骑士团规章的小册子，只是这本册子里没有编年史。）他是优秀的编史者，勤勉认真，又很讲方法，仔细整理核对了许多契据，还编写出骑士团团长和辖区指挥官的名单。每一个骑士团都有自己的编年史家，但拉德斯是其中最优秀的一位。可惜的是，和在葡萄牙的情形一样，礼拜神父的改革和复兴使他们同骑士彻底分离。

如果不了解一点骑士团的知识，就无法理解伊比利亚半岛的大部分历史。骑士团就是"再征服运动"本身，激励着骑士团的理想，宗教信仰、行伍生涯、"贵族品质"（hidalguia）和"灵魂净化"（limpieza）——通过异教徒的血来净化自身——塑造了伊比利亚半岛多个世纪以来的精神状态。骑士团的传统还将在西班牙和葡萄牙帝国的创立过程中发挥关键作用。

第五部分

再调整
1291—1522

圣殿骑士团的终结和医院骑士团的新角色：

欧洲世俗化 — 罗得岛 — 后期十字军

他们从不无所事事，也不四处游荡而让幻想占据他们的心田。若不在作战 —— 很少有这样的时候 —— 他们不会享受应得的奖赏，而是忙着修理武器和衣衫，为帐篷打上补丁，或将旧物翻新，补足缺损，直到团长和骑士团集体下达指令。

—— 明谷的贝尔纳，《新骑士颂》，约 1128 年

第 12 章
再调整和圣殿骑士团的解散

1303 年，艾尔瓦德岛（Arwad）被马穆鲁克攻陷，岛上的圣殿骑士团守军被锁链捆着送回开罗，再被弓箭射死。圣殿骑士团曾于 1300 年攻击亚历山大里亚，但没有成功，两年后尝试夺回托尔托萨，却又一次失败了。这时，叙利亚沿岸最后一个据点也丢了。欧洲早已不堪承受过重的税负，不愿再为神圣战争捐更多钱，国王也忙着争夺地盘，没工夫发动十字军。尽管如此，骑士团仍要为失去"海外领地"负责。

医院骑士团的新总部设在莱梅索斯的医院。骑士团的塞浦路斯大指挥辖区设在科洛西，距莱梅索斯医院 6 英里远，是一座威严的堡垒，也是骑士团在黎凡特最富有的据点。莱梅索斯是塞浦路斯岛的主要海港，很适合战舰停泊，这里的海军将官很快就变成了骑士团的高级官员。[1] 不过，在 1302 年，医院骑士团在塞浦路斯总共只有 65 名骑士，其中还有 5 人来自英格兰。[2]

圣殿骑士团也把总部搬到莱梅索斯。除了大分团区，骑士团在塞浦路斯的主要据点似乎是位于凯里尼亚附近的坦布罗斯（Templos），他们在岛上有近 50 座庄园。很自然地，两大骑士团总是在争吵。圣殿骑士团也很快介入了塞浦路斯政治。亨利国王禁止圣殿骑士团获取更多土地，骑士团就阴谋策划让亨利的弟弟阿马尔里克取而代之。亨利被骑士团抓起来，囚禁在亚美尼亚，成为奥辛（Oshin）国王的不情愿的客人。[3]

　　圣拉撒路骑士团很快放弃了军事活动，因为战争很费钱，而骑士团比较穷。我们现在并不清楚，圣拉撒路骑士团团长到底是卡普阿（Capua）修道长，还是博瓦尼的分团官，但后者得到了英格兰和苏格兰骑士的承认。圣拉撒路骑士团很可能从未获得教会的管辖豁免——也就是说，地方主教不得插手骑士团事务——像圣殿骑士团和医院骑士团那样。当地主教或许曾试图挪用圣拉撒路骑士团的收入，削弱骑士的地位。

　　圣托马斯医院骑士团也经历了相似的衰落过程，但保住了在塞浦路斯的分团区，直到 14 世纪末。

　　不过，所有骑士团在欧洲的势力都没有受到影响。在英国，医院骑士团拥有 30 个辖区，每个辖区里都有一座礼拜堂或教堂，有些教堂的建筑形制还仿照了圣墓教堂。这类辖区通常有三类成员（骑士、礼拜神父和军士）和见习骑士，后者已年满 16 岁，但还没到 20 岁，不能去东方服役。有时候，一些不重要的辖区也会交给礼拜神父管理，极少数情况下还会交给军士。每个辖区都附有一些小据点或庄园，每个据点或庄园由一名管家和一名教区教士管理。算起来，骑士团在英国或许共有 45 个建制单位。

　　医院骑士团在英国的最高长官是克勒肯维尔（Clerkenwell）的修道长。他的辖地包括威尔士，威尔士境内只有一个辖区，即彭布罗克郡的斯莱贝奇（Slebech）。爱尔兰修道长的大指挥辖区位于基尔梅纳姆（Kilmainham），修道长接受克勒肯维尔的管理，但并不十分严格，因为爱尔兰的骑士团很喜欢涉足部落斗争。苏格兰境内只有一个辖区，位于中洛锡安的托菲亨（Torphichen）。虽然这只是个普通辖区，但其长官一直被公认为苏格兰的修道长。

他也要服从伦敦的指令。英格兰修道长，也被称为"圣约翰大人"，后来位列所有世俗贵族之上，是英格兰政治生活中的一个重要角色。尤其是他那宏伟的居所，以及居住在这座大房子里的骑士和礼拜神父体现着他的地位。克勒肯维尔是伦敦第二富有的修道区，拥有医院骑士团的大片树林和汉普顿宫的庄园。

圣殿骑士团和医院骑士团一样，从南边的西西里到北边的斯堪的纳维亚都有支部，几个支部再组成一个分团省，所有支部和分团省都要服从耶路撒冷圣殿骑士团——现在驻于莱梅索斯；但也要服从巴黎的圣殿骑士团团长，"西部议事会"就在这里召开。在各分团省团长（通常称为大分团官）之下，是管理着数个辖区的修道长。英格兰大分团官是骑士团在欧洲位列第二的高官，负责管理苏格兰和爱尔兰的大分团官，但实际上控制力不强。圣殿骑士团的不列颠各分团区的生活与医院骑士团辖区的生活很像，只是除了为老年骑士服务的会所，他们并不经营医院。圣殿骑士比医院骑士更积极地参与公共生活，圣殿骑士团的建筑也比医院骑士团的要华丽得多。圣殿骑士团的伦敦分部每年收入 4000 英镑，这在当时算是很大一笔钱。

不过，圣殿骑士团很贪婪，这为他们招致不少骂名。最臭名昭著的要数"爱普斯顿事件"（Eperstoun affair）。一位丈夫用自己对妻子财产的终身权益，在巴伦特洛达辖区买了一份救济权（伙食和住宿的年金）。他死后，圣殿骑士团就占据了妻子的住房。这位寡妇拒绝搬走，死死抓住门框，一名圣殿骑士还用匕首切掉了她的手指。爱德华一世命令圣殿骑士团归还不幸寡妇的财产，但后来骑士团军队杀了她的儿子，最终仍占据了她的财产。圣殿骑士团还参与国内战争，爱尔兰的骑士团介入当地酋长之间的争斗，苏格兰的骑士团则帮助爱德华一世在福尔柯克（Falkirk）击败了华莱士。

与圣殿骑士团形成鲜明对照，医院骑士团经营着许多医院，为朝圣者和生病的穷人提供食物和住所。在中世纪英格兰，还有近 200 所麻风病院，其中大约有 20 所由伯顿拉撒路的骑士团分团区管理。这个分团区除了麻风病骑士，还有一名团长和 8 名健康的骑士。通常，挂有圣拉撒路或抹大拉的马利亚名号的医院都隶属圣拉撒路骑士团，但我们没有逐一鉴别。圣拉撒路骑士团在伦敦的分部位于城外圣吉尔斯教堂（St Giles-outside-the-City）。位于德比郡洛科（Locko）的"抹大拉"（La Mawdelyne）分团直接听命于博瓦尼。[4]

圣托马斯骑士团的伦敦总部有一位团长和 12 名骑士，位于齐普赛街（Cheapside）[5]，在唐克斯特（Doncaster）和伯克姆斯特德（Berkhamsted）还有医院。[6] 这个小骑士团有一段时间还分裂了，出现了两位团长——在伦敦的团长希望取消骑士团的军事职能，在塞浦路斯的团长则希望保留。骑士团中还发生过争论，即是否要并入圣殿骑士团。[7] 他们应当庆幸自己最终选择保持独立。

即便在圣贝尔纳和帕扬的于格的时代，也有人批评圣殿骑士团。到 12 世纪末，德意志人布拉辛的奥托（Otto of Blasien）还指责圣殿骑士团和医院骑士团与穆斯林达成秘密协议。随着时间的流逝，对所有骑士团的批评声也越来越多。1250 年，英格兰编年史家马修·帕里斯写道，圣殿骑士团和医院骑士团"仅仅为了保护圣地"就收入巨额财富，面临被打入地狱的危险。他还宣称，骑士团不希望发起新的十字军运动，因为十字军一旦胜利，就会让他们无事可做。

1258 年，有人指责条顿骑士团阻止普鲁士人皈依基督教，或奴役那些已经转变信仰的人。这些指责主要来源于对骑士团充满敌意的波兰人。在 13 世纪 60 年代，方济各会士罗杰·培根认为条顿骑士团的好战姿态有碍传布福音，执事长沃尔特·马普（Walter Map）在 1289 年也如是指责他们。不过，这些攻击似乎并未对骑士团造成损害。

阿卡陷落后，一切都改变了。骑士团一直坚称，仅凭借其自身力量就能拯救圣地，现在却因未能完成自我设定的任务而备受指责。教宗尼古拉四世公开说，圣殿骑士团和医院骑士团的争端导致了这场灾难，言外之意是两大骑士团应当合并。不止一位基督教国王开始觊觎骑士团的庞大财富。

多年来，坊间一直流传着关于圣殿骑士团的奇怪谣言。那些因为敌视圣殿骑士团而蒙蔽头脑的人很快相信了这些恶意的指责，骑士团难以摆脱流言蜚语的困扰。在法国，圣殿骑士团团长莫莱的雅克是腓力四世儿子的教父。1287 年，腓力宣布剥夺圣殿骑士团自 1258 年来取得的所有财产，但并没有付诸实施。双方在 1303 年达成了秘密合作协议，圣殿骑士团支持腓力对抗教宗卜尼法斯八世。1306 年，腓力为逃避愤怒的暴民，在巴黎的圣殿中躲藏了三天，这个避难所还是王室宝库所在地。腓力在此强行逗留，可能进一步激发了他的贪婪。他已经对犹太人进行大屠杀，抢夺其财富，还强迫伦巴第人为他放贷。腓力确实有理由觊觎圣殿骑士团的财富，他已经向骑士团借了许多钱（以特殊的条件），包括为女儿伊莎贝拉（绰号"母狼"）与未来的爱德华二世结婚准备嫁妆。骑士团的分团区是最安全的银行，贷款利率比犹太或伦巴第放贷人的利率要划算一些，而且圣殿骑士团的汇票在各个地区都通用。

比起地产，圣殿骑士团似乎更喜欢金钱。大约在 1250 年，马修·帕里斯估计医院骑士团有 1.9 万座庄园，圣殿骑士团有 9000 座，这太过夸大了。不过，圣殿骑士团无疑更加富有。所有骑士团都有同侪骑士，他们过着普通人的生活，只在某些时候到修道院居住，并在骑士团遇到危难时赶来助阵。圣殿骑士团和医院骑士团规章中，都对已婚的同侪骑士与妻子在分团区的特定营舍内居住做出了规定，不过这种情况很少发生。所有同侪骑士都享有宝贵的特权，因此，圣殿骑士团在欧洲有数千个名誉骑士，其中许多都很富有。

法兰西国王"美男子"腓力因其容貌而著称，但在他那头浓密的金黄色秀发下面，一双灰蓝色的眼睛中反射出犀利、冷酷的光。他很有城府，总是神神秘秘，让廷臣们永远猜不透。他渴望让法国取代神圣罗马帝国的地位。为了达到这一目的，他需要一位听话的教宗，还要很多钱。

一些人提出了收复圣地的计划。其中，最切乎实际的要数阿拉贡多明我会修士拉蒙·柳利（Ramon Llull）在 1305 年提出的：所有欧洲君主都把资源集中起来，交给一位"战争领袖国王"（rex bellator），由他来组织远征；同时，所有骑士团合并为一个"耶路撒冷骑士团"。教宗认真考虑了这个计划，还曾设想指派圣约翰骑士团团长维拉雷的富尔克（Foulques de Villaret）为新骑士团的领袖。更早的是皮埃尔·迪布瓦（Pierre Dubois）在约 1300 年写作的《论收复圣地》（De Recuperatione Sanctae）里提出的一个方案，建议所有骑士团合并；书中还有一个秘密的附录，载明法兰西国王如何能够通过枢机主教控制整个教会。腓力正式向教宗提出，由他担任"战争领袖国王"，由历任法兰西国王继承耶路撒冷骑士团团长之位，所有骑士团的剩余收入都归"战争领袖国王"支配，并且骑士团团长在选举教宗的闭门会议中拥有 4 张投票。不过，骑士团拒绝了任何关于合并的建议。

腓力和教宗卜尼法斯八世还因神职人员纳税问题爆发了争执，直到卜尼法斯被法国军队逮捕，不久后死去。1305 年，波尔多前大主教成为教宗克雷芒五世，他将教廷搬到阿维尼翁。在此后 70 多年里，教廷一直位于阿维尼翁——就像"巴比伦之囚"。克雷芒五世健康状况不佳，意志脆弱，是腓力花了大价钱才扶上教宗之位的，十分害怕腓力。

摧毁圣殿骑士团的决定，很有可能是腓力的文书大臣诺加雷的纪尧姆（Guillaume de Nogaret）做出的。他是个律师，父母都被当作阿尔比异端烧死在火刑柱上。他憎恨罗马教廷，是腓力对抗卜尼法斯八世的主要手段。他还掌管着王室的财政。有人认为，腓力害怕圣殿骑士团通过武力夺权，这是不切实际的，骑士团的主要战斗力量都在塞浦路斯。诺加雷只是需要一些"罪证"。他的首要来源是住在贝济耶的弗洛里昂的埃斯基乌（Esquiu de Florian）。埃斯基乌曾是圣殿骑士团的蒙福孔（Montfaucon）修道长，因行为不端被开除，在寻求"正义"的过程中，又犯下了至少一起杀人案。1305 年，埃斯基乌提出，愿向阿拉贡国王豪梅出卖圣殿骑士团的"秘密"，指责骑士团渎神，犯下各种邪恶罪行。豪梅国王不为所动，但法国人从他身上看到了一些可能性，要求他提供法律证词。第二年，法国王室官员招募了 12 个密探加入圣殿骑士团。1307 年，诺加雷收集到了足够的材料——勉强凑合的证据——并在此基础上提起诉讼。

克雷芒软弱、轻信，但并不虚伪。他考虑过发动一支十字军，并在 1306 年 6 月怀着满腔诚意写信给圣殿骑士团和医院骑士团团长："我想同你们商量，与塞浦路斯和亚美尼亚国王共同发起一支十字军。"圣殿骑士团团长莫莱的雅克回复了一份详细的备忘录，表示将亲自拜会克雷芒，商讨十字军的细节。毫无疑问，他想与医院骑士团争夺十字军运动的主导权。

1307 年初，雅克率 60 名骑士在马赛登陆，威风凛凛地前往巴黎。他们的行装中有 12 袋金银，其中包括 15 万金弗罗林——不久之后，他们就会后悔这样露富了。腓力国王对他们的到来表示热烈欢迎，但圣殿骑士团的法国大分团官察觉到风声有些不对。然而，雅克去普瓦提埃拜会过教宗，请求其派一个委员会调查并澄清关于圣殿骑士团的恶意指控，之后又回到了巴黎的圣殿。

1307 年 10 月 12 日星期四的夜晚，腓力的军队冲进圣殿，逮捕了雅克和他手下的 60 名骑士，将一部分关押在王室监狱，另一部分关押在圣殿骑士团的地牢。到 10 月 13 日星期五的早晨，腓力共抓捕了 1.5 万人，其中有骑士、礼拜神父、军士、同侪骑士和仆从，甚至连在骑士团田地中劳作的农民也不放过。在这些人中，可能只有不到 500 人是真正的骑士团成员，不到 200 人是宣誓过的骑士。到了周末，全法兰西有名望的布道者们都在向民众谴责圣殿骑士团的罪状。

抓捕圣殿骑士是违法的：世俗权威不能逮捕只向罗马教廷负责的教士。但腓力希望坐实某些指控：否认基督、崇拜偶像、亵渎十字架，以及同性恋——这是一项很不寻常的罪行，通常与阿尔比派教徒联系在一起。这些指控都是审判异端的惯用罪名。法兰西宗教裁判所里充斥着多明我会修士，他们是"上帝的猎犬"，擅长引导受审者悔罪。圣殿骑士大多是不识字的士兵，却要面对律师们的交叉问询和拷问室的折磨。圣殿骑士可以抵御穆斯林的折磨，现在却身处阴暗、肮脏的监牢，忍饥挨饿，还要忍受来自基督徒教友的折磨。他们绝望了。

36名骑士死去，138名接受审讯的人中，有123名选择坦白最轻微的罪行——亵渎十字架。这毫不奇怪。中世纪的人习惯在受胁迫时发誓，又在人身处于安全时解除誓言。甚至连莫莱的雅克也使用了这一计策，他对被指控为同性恋而感到十分屈辱，愤怒地予以否认。不过，即便他的"悔罪"只是权宜之计，也足够让其他圣殿骑士感到很不安。圣殿骑士团司库佩罗的于格（Hugues de Peyraud）甚至承认了每一项罪名，宣称自己在分会中崇拜偶像，这更让骑士们惶恐不已。

在卡尔卡松，两名圣殿骑士承认自己崇拜一个叫"巴弗灭"（Baphomet）的木质偶像，而另一名来自佛罗伦萨的圣殿骑士称其为"穆罕默德"；还有一名骑士说，这个偶像有长长的胡须，却没有身体。王室派人找寻这个巴弗灭，"发现了"一个表面包着金属镀层的头骨，疑似一个圣徒遗物。（医院骑士团用代表施洗者约翰头颅的物品来纪念本组织的守护者，巴弗灭的故事可能来源于此。有时候，他们把施洗者约翰的头颅画在一块板子上，两边装饰着太阳和月亮的图案，就像一个标志。这也是医院骑士团英格兰修道区的印章图案。）

这些承认偶像崇拜的案例只会削弱其他证据的可信度，因为人在极端痛苦的时候，可是什么话都能说出来的。不过，只有3名圣殿骑士承认自己是同性恋，以驳斥"下流的亲吻"一说。据称，在宣誓仪式上，申请加入骑士团的人要亲吻上司的肚脐，或脊柱的底端——或许有一些分团官喜欢信口胡说，但这是不太可能发生的事。审判方仔细搜检，但没有发现这条"秘密规定"。

如果人们回想一下圣殿骑士在十字军运动中是如何英勇战斗、壮烈牺牲的，就很难不相信他们的无辜。不过，大多数历史学家都倾向于认为圣殿骑士团有罪，直到大家发现了审判阿拉贡圣殿骑士的文书。即便是 19 世纪研究圣殿骑士团的著名学者汉斯·普鲁茨（Hans Prutz），也认为圣殿骑士团崇拜魔鬼，鼓励同性恋行为。

在《中世纪摩尼教徒》（*The Medieval Manichee*）一书中，史蒂文·朗西曼（Steven Runciman）爵士提出，圣殿骑士团有可能受到二元论理念和习惯的影响。这或许有些道理。阿尔比派异端的核心地区对圣殿骑士团控诉最甚，这绝不是巧合。诺加雷是普罗旺斯人，埃斯基乌则是加泰罗尼亚人。在上一个世纪，清洁派信仰盛行之时，这些地区的圣殿骑士有可能把互不相连的几个分团区变成了清洁派的支部。圣殿骑士团的银行家们觊觎清洁派信徒的财富，也很可能为他们提供庇护，而清洁派的财产在 1244 年最后的堡垒陷落前就失踪了。必须承认，清洁派在 1307 年几乎绝迹了，但关于多年前异端搜捕的模糊记忆仍在圣殿骑士团中流传。为避免流言蜚语，这些都是骑士团的秘密，却成了神秘仪式和"鸡奸"传说的来源——二者都是曾用来指控清洁派的罪名。这样看来，教宗克雷芒对圣殿骑士团的罪行感到困惑，也就不足为奇了。

最初，教宗表示强烈抗议，于 1307 年 10 月 27 日暂停了法国宗教裁判所的活动。这时，腓力却公布了耸人听闻的"发现"，包括一封来自团长雅克的忏悔信。于是，在 11 月底，克雷芒签发了第二道教宗通谕，下令逮捕所有圣殿骑士。基督教世界各地都设立了调查法庭。1308 年 1 月，英格兰有些不大情愿地逮捕了境内的圣殿骑士，这里只有不到 135 名成员 —— 118 名军士、7 名礼拜神父和区区 6 名骑士。大分团官拉摩尔的威廉（William de la More）被关在伦敦塔里，他的弟兄四散在各个监狱，不过 18 个月都没有审讯。爱尔兰和苏格兰的圣殿骑士团也被包抄了。只有两名苏格兰圣殿骑士逃脱，国王罗伯特从未正式确认苏格兰圣殿骑士团解散。

阿拉贡的圣殿骑士团人数不多，但绝不乖乖投降。[8] 蒙松堡到了 5 月才被占领，卡斯特利亚尔（Castellar）抵抗到 11 月，其他堡垒坚持的时间更长。教会派往阿拉贡的委员会认为圣殿骑士是无辜的，孔波斯特拉大主教宣布卡斯蒂利亚圣殿骑士团无罪，葡萄牙的主教们也如是对待境内的圣殿骑士。

阿马尔里克王公是在圣殿骑士团支持下出任塞浦路斯摄政的，他一直拖延到 5 月，才承认收到了教宗的信件。失去圣殿骑士团这样宝贵的战斗力，对塞浦路斯来说很难承受。阿马尔里克似乎曾向圣殿骑士团示警，后者同意有条件地投降。当亨利国王从亚美尼亚逃回，在医院骑士团的帮助下收回王位后，他也宣布圣殿骑士团是无罪的。[9] 格伦巴赫（Grumbach）辖区长，"森林和莱茵河伯爵"（Wild- und Rheingraf）胡戈，带领 20 名骑士，全副武装地冲进梅斯大主教的议事会。[10] 他高喊道，不但整个圣殿骑士团都是恶毒诽谤的无辜受害者，而且教宗克雷芒就是一个邪恶的暴君，通过不正当手段当选，他宣布要废黜克雷芒。他还说，所有圣殿骑士都愿意接受决斗神判，愿面对一切挑战。梅斯大主教赶紧解散了议事会。

1308 年 6 月底，法国的形势迅速发生了变化。5 月，腓力来到普瓦提埃，与克雷芒商量处置圣殿骑士团的事宜，决定将骑士团移交给教宗的委员会来处理。作为回报，教宗撤销了对大宗教裁判官巴黎的纪尧姆的停职令，纪尧姆也是腓力的告解神父。事实上，克雷芒是把圣殿骑士团彻底交到了敌人手中，因为法国教会里充斥着王室代理人。腓力强迫教会任命他的手下马里尼的菲利普（Philip de Marigny）为桑斯大主教。作为马里尼的副手，巴黎主教必须听命于他。72 名圣殿骑士很快被转移至普瓦提埃，他们一起对着惊恐万状的克雷芒重复了自己的"忏悔"。教宗还讯问了团长雅克和塞浦路斯、诺曼底、阿基坦的几位大分团官，他们都承认了罪行。

他们都知道教宗很软弱，解救不了他们，因害怕遭到报复而不敢说实话。只有在教会的调查委员会面前，人身安全得到保障时，他们才敢道出实情。大部分骑士可能还接到了来自上级的指示。不幸的是，他们一开始选择承认罪行，已经给克雷芒留下了难以消除的坏印象，克雷芒始终确信圣殿骑士团是有罪的。大部分历史学家认为，教宗克雷芒是个缺乏良知的人，但他当时不仅受到了惊吓，还疾病缠身，精力不济，他天性本就优柔寡断，又冥顽不灵。

西班牙和塞浦路斯都传来了圣殿骑士团无罪的消息，神圣罗马帝国的调查也证明骑士团是无辜的。英格兰的审讯结果很重要，但这里许多囚犯都逃走了，剩下的 50 个人也问不出什么东西来。1310 年，英格兰又审讯了 228 名圣殿骑士，仍没有结果。最终，克雷芒命令爱德华二世使用酷刑。爱德华同意了，但要求不得造成任何"断臂残肢、无法治愈的伤口或大出血"。1310 年到 1311

年间，包括同侪骑士和仆役在内，共有200多名圣殿骑士团成员遭受了残酷的折磨，但只有4个人承认亵渎十字架。大分团官向审讯官求情说："看在上帝的分儿上，你也希望得救，像上帝审判你一样审判我们吧。"但没有人同情他。

1309年8月，教会终于组建了一个调查委员会。委员会7名成员驻于巴黎主教的宅邸，主席纳博讷大主教是腓力的人。一开始，圣殿骑士团并不确定这是不是他们热切期盼的那个委员会。随后，巴黎分团官推翻了自己的供词。11月26日，团长雅克站到了委员会面前。他坚决撤回供词，矢口否认一切"来自骑士团敌人的邪恶、错误指控"。他还咆哮道，他是多么希望法国人也有"像萨拉森人和鞑靼人一样，把作伪证者砍头的习俗"。[11]他宣称，没有哪个骑士团像圣殿骑士团一样，拥有如此富裕的教堂、如此漂亮的圣物，以及怀着深切的崇敬和虔诚举行弥撒的教士。他还说，"在巴勒斯坦，为了基督教的事业，没有哪个骑士团比圣殿骑士团更坚决、更勇敢地战斗，更慷慨地挥洒热血"。他还做了一番简短而令人动容的信仰宣示。

诺加雷打断了他："圣殿骑士团的腐败臭名昭著……圣德尼教堂有一部编年史说，当圣殿骑士团被萨拉丁打败时，他把骑士团的失败归因于贪婪和鸡奸，归因于他们违背了自己的信仰。"[12]雅克回答说，他从未听过这样的故事，当然，为了拯救"海外领地"，骑士团曾与其他人联盟。法庭被雅克的证词打动了。不过，委员们不能就此断定，作为王室文书大臣的诺加雷竟然能编出这么大的谎言。但另一方面，团长看起来是那么真诚——他乞求忏悔赦免，还想参加圣餐共融。委员会问莫莱的雅克，是否愿意为圣殿骑士团辩护，雅克随即犯了两个致命的错误。

一是他要求面见教宗克雷芒，因为有委员会在，他终于可以毫无畏惧地说话了。然而，雅克聪明反被聪明误，他已经搞砸了与克雷芒的第一次会见，使克雷芒早就下定决心。

二是他拒绝为圣殿骑士团辩护。一开始，他对法庭说，如果不为骑士团辩护，他就是个"可悲的家伙"，但他需要钱和律师。然而，经过反复思考，他意识到法国王室可能会派人来恐吓辩护律师，又收回了这一决定。像他这样一个大字不识[13]、完全依赖秘书的人，是万万做不到独立辩护的。雅克把宝全押在教宗身上，如果真能见到教宗，就有可能说服他，拯救自己的弟兄。但教宗并不愿意见他。委员会主席故意把会议推迟到 1310 年 2 月，到那时，圣殿骑士们就会得知团长拒绝辩护，彻底丧失士气。到了3 月，雅克最后一次接受委员会审讯，再次拒绝辩护，要求面见教宗。

腓力和他的顾问们可能没有预料到后来会发生的麻烦事。尽管流散四方，经历了长达两年的恐怖关押，圣殿骑士之间很可能还是成功地传递了消息，达成了一致的办法。4 月，一个个骑士突然开始翻供，共有 500 多名骑士提出为圣殿骑士团辩护。法庭不得不重视他们的要求。这些囚犯聚集在调查委员会驻地的花园里，选出了 4 名代表——2 名礼拜神父和 2 名骑士，其中能力最强的是神父布洛涅的皮埃尔（Pierre de Boulogne），他曾担任过罗马分团官。

4 月 7 日，皮埃尔接受委员会讯问。他向教宗发表了一通声明，直陈圣殿骑士团是无辜的。他要求法国国王释放被关押的骑士团成员，将俗人——也就是腓力的代理人——排除在教会法庭之外，并为被控骑士提供资金。皮埃尔对骑士团面临的法律处境了如指掌，他指出，即便骑士团成员同意出庭申辩，也不意味着他们认可法庭的合法性。皮埃尔还流畅、有理地阐述了自己的案件。那么多圣殿骑士倒在巴勒斯坦的战场上，他们怎么可能会背弃基督呢？调查委员会明显被皮埃尔动摇了。

但站在腓力一边的桑斯大主教控制了巴黎的教会机器，54 名圣殿骑士被移交给世俗政权，作为复犯的异端被处以火刑。折磨、收买和亲属的乞求都不能使他们动摇。所有人都坚定走向痛苦的死亡，高声呼喊着他们无罪。

虽然如此，有一位名叫维利耶-勒杜克的阿莫里（Amaury de Villiers-le-Duc）的圣殿骑士，"面色苍白，恐惧万分"，在教宗的委员会面前崩溃了。他 50 岁，当了 30 年的圣殿骑士，很可能是在巴勒斯坦战斗过的老兵。[14] 阿莫里哭道，他遭受的折磨太过骇人，什么罪名都会承认。他请求法官不要把他在庭上说的话告诉狱卒 —— 面对烈火，他"甚至会发誓亲手谋杀上帝"[15]。

到了 5 月末，120 名圣殿骑士被处以火刑。桑斯大主教要求布洛涅的皮埃尔的同僚布鲁伊诺的雷诺（Reynaud de Pruino）出庭受审。调查委员会开始发慌了；5 月 30 日，他们暂停审理，将雷诺和皮埃尔交给桑斯的委员会。每一位圣殿骑士都不再翻供，也不再提出为圣殿骑士团抗辩。

荒唐的谣言四起，法国公众都对圣殿骑士团的罪行坚信不疑。他们认为，圣殿骑士从地狱中召唤出恶魔女并同她们睡觉，在圣像面前烘烤私生小孩，用小孩的脂肪涂抹圣像，还崇拜猫。调查委员会重新组建，开始讯问目击者，而这些目击者不会为圣殿骑士辩护。

腓力有些担心教会很快要召开的公会议。反对克雷芒的宣传又卷土重来。他被迫对上一任教宗卜尼法斯进行死后审判，指控其犯下了一切可想象的罪行，包括施行黑魔法。这场荒谬可笑的戏码背后动机很明显——就是为了玷污教宗之位，使法国人更稳固地掌控它。不过，因为审判过于荒谬，不足为信，很快就停止了，作为交换，让教廷谴责圣殿骑士团。然而，公会议于 10 月在维埃纳召开时，仍邀请圣殿骑士到场，他们再次为自己申辩。不知从哪里冒出来的 7 名圣殿骑士参加了公会议，他们留着胡须，身穿全副盔甲和绣有红色十字标记的长袍。克雷芒十分震惊，这些狡猾的罪犯很可能让外国来的主教相信他们的无辜！他赶紧宣布休会。当局逮捕了这些轻信他人的骑士，并开始大肆搜捕他们的同党。据说，有 1500 名圣殿骑士躲藏在离这不远的里昂地区。

1312 年 2 月，法国三级会议要求将圣殿骑士团定罪。最终在 3 月，克雷芒在秘密教会法庭（也就是与他的顾问一道，在不公开的场合）中，正式宣布圣殿骑士团犯有被指控的所有罪名。当 4 月 3 日公会议重开时，主教们面对着一个既成事实：教宗通谕《天堂之音》（Vox in excelso）宣布解散圣殿骑士团。教宗解释了原因：从教会法的角度看，现有证据不足以将圣殿骑士团定罪，但他本人坚信骑士团有罪，因而行使教宗特权将其判罪。公会议接受了克雷芒的决定。

5 月 2 日，另一道教宗通谕宣布没收圣殿骑士团的地产，将其转归医院骑士团所有。那些翻供或拒绝认罪的骑士被判终身监禁；而那些认罪且没有翻供的骑士则被释放，收到了一笔微薄的养老金，大多数人最后都变成了乞丐。克雷芒最后才处置圣殿骑士团的高级官员，包括莫莱的雅克（他还在请求面见教宗），骑士团司库和曼恩、诺曼底的分团官。

医院骑士团眼看着宿敌毁灭，五味杂陈。英格兰的医院骑士将死在伦敦塔中的圣殿骑士团大分团官德拉摩尔视为"殉道者"，修道长托塔尔的威廉（William de Tothale）还列出了圣殿骑士团团长的名单，为他们的灵魂祈祷。不过，即便是最同情圣殿骑士团的人，也期待获取他们的财富。国王们抢占了圣殿骑士团的分团区，不愿意吐出来；腓力直到去世都始终控制着辖区的收入，他宣称圣殿骑士团欠他一笔庭审的费用；而英格兰国王爱德华二世早早瓜分了圣殿骑士团的财富，英格兰医院骑士团则陷入了与土地占用者、原捐献者后代的无穷无尽的官司之中。1324 年，英国议会通过的一项法案承认了医院骑士团的权利，但法案过了许多年后才得以实施——医院骑士团直到 1340 年才收回了斯特兰德圣殿（Strand Temple），其余部分都租给了律师。在欧洲，圣殿骑士团的一半财产都落入了俗人手中。

尽管如此，医院骑士团还是发了一大笔横财。[甚至在阿拉贡，即便拿了很多的财富组建新的蒙特萨骑士团，还是有足够多的圣殿骑士团财产落入阿拉贡的医院骑士团手中，他们因此有必要划分出安波斯塔城堡辖地（阿拉贡修道区），并设立一个新的加泰罗尼亚修道区。]在德意志，圣殿骑士团的地产使医院骑士团勃兰登堡领区的骑士团长（Herrenmeister）成为半独立的领主。在此之前，医院骑士团在德语地区的土地主要集中在奥地利、西里西亚、布赖斯高和瑞士。现在，他们在不伦瑞克、哈尔伯施塔特都有了大块地产。

英国的医院骑士团辖区必须大规模改组，才能消化那么多新土地。在一些情况下，辖区转成了正式的分团区，例如林肯郡的埃格尔（Egle）。苏格兰则一片混乱，教宗关于解散苏格兰圣殿骑士团的教令从未被正式承认，不过圣殿骑士团确实不再是联合的组织，即便一小部分圣殿骑士可能加入了医院骑士团。一些英国圣殿骑士获得了医院骑士团提供的养老金；1338 年，一位前圣殿骑士还在埃格尔生活。[16] 最终，经过了多年的官司，英格兰医院骑士团的支部数量提升到了 55 个。1338 年，骑士团成员数达到了 34 名骑士、48 名军士和 34 名礼拜神父。

就算是最贪婪的医院骑士，也会为圣殿骑士团的最终结局而动容。1314 年 3 月 14 日，四名圣殿骑士团高级官员被解送到巴黎圣母院外面的行刑台上，听取最后的审判——终身监禁。随后，莫莱在行刑台上说道：

> 我认为，在这样一个庄严的时刻，在我的生命所剩无几的时刻（他将近 70 岁），我应当把我所经历的欺骗行为公之于众，大声说出真相。天地作证，在场所有人都是我的见证者，我承认自己犯下了最严重的罪行。但我的罪是我说了谎，承认了针对圣殿骑士团的恶心指控。我宣布，我必须宣布，圣殿骑士团是无辜的。骑士团的纯洁和神圣无可指摘。我确实承认骑士团有罪，但我这么做，只是为逃避可怕的折磨，而说出了我的敌人们希望我说的话。其他翻供的骑士已经被送上了火刑柱，但比起迎接死亡，我更不愿意承认那些从未犯过的罪行。我获得了生的机会，但代价是背负骂名。在这么高的代价下，生命已不值得延续。如果只能通过一个又一个谎言苟且偷生，我将毫无悲痛地赴死。

他的两个同伴在一旁听着，充满恐惧，不过诺曼底分团官沙尔奈的若弗鲁瓦（Geoffroy de Charnay）也说了同样的话。第二天清晨，在塞纳河的一个小岛上，莫莱和沙尔奈被架在炭火上缓慢地烤死，他们在火焰中依旧高声呼喊着无罪。有传说称，雅克召唤腓力和克雷芒到上帝面前受审。确实，教宗克雷芒在不到一个月后就死了，腓力国王在秋天也死了，他的三个儿子和王位继承人都英年早逝。

我们不应把圣殿骑士团被迫害视为一个孤立的事件。条顿骑士团也遭到了类似的恶毒指控，只好将总部从威尼斯搬到普鲁士。这场危机也让医院骑士团下定决心搬到罗得岛，加速转变为一个各民族国家骑士团的联盟。腓力曾尝试阻止医院骑士团重组，但没有成功，因而法国无法掌控它。这还造成了圣拉撒路骑士团的永久分裂。1308 年，腓力将圣拉撒路骑士团总团长桑维尔的托马（Thomas de Sainville），以及骑士团的所有财产置于王室保护之下。1312 年托马去世后，他的继任者却没有得到那不勒斯方面的承认。1318 年，教宗约翰二十二世批准卡普阿修道区彻底独立。自此，圣拉撒路骑士团分裂为两个支派，英国伯顿拉撒路分团区支持法国博瓦尼分团区的那一支。

罗马教会有时候就像个不近人情的母亲，会粗暴对待那些最热爱她的孩子，但她很少像《天堂之音》通谕中表现的那样容易受骗，残酷无情。希莱尔·贝洛克（Hilaire Belloc）说过："如果回顾一下天主教会的治理方式和统治者，人们就会发现，教会一定是受到了上帝的庇佑，才能延续至今。"一些卡斯蒂利亚圣殿骑士逃到格拉纳达，[17] 成为穆斯林。但是，他们的骑士团值得人们铭记，不是因教会背叛了它，而是因它为保卫圣地做出了多少英雄壮举。

第 13 章
罗得岛和海上骑士

与圣殿骑士团不同，医院骑士团有效应对了新形势下的挑战。罗得岛本是一个海盗、希腊人、意大利人和萨拉森人的据点，就像加勒比海上的托尔图加一样，不时袭扰黎凡特地区往来于爱琴海的基督徒商道。一开始，医院骑士团只是为扫除这一威胁才占领了罗得岛，但圣殿骑士团的遭遇使他们十分震惊，决定把总部搬到岛上。

1306 年，探子带回了振奋人心的消息后，医院骑士团团长，曾任骑士团首位海军司令的维拉雷的富尔克于 6 月率两艘加莱桨帆船（galley，下文简称加莱战船）和一些运输船，仅带着 35 名骑士和 500 名步兵驶向罗得岛。半路上，一位名叫维尼奥利的维尼奥莱（Vignole de' Vignoli）的热那亚冒险家又带来了两艘加莱战船。罗得岛的大港口击退了他们的首轮攻击，但在 11 月，他们占领了关键的菲勒莫（Philermo）要塞，包围了罗得市。由于拜占庭帝国皇帝从未放弃他对罗得岛名义上的宗主权，希腊军队也加入了这些不法之徒的守备队，骑士团一时未能取胜，于是富尔克借钱雇用了更多的士兵。最终，骑士团攻占了罗得市，守备军逃到了山上。这大约发生在 1307 年初，两年后，骑士团修道院搬到了罗得市。[1]

罗得岛上多山，约 45 英里长、22 英里宽，岛内被山脉隔断，因宜人的气候、肥沃的土地著称。岛上只有罗得一座城市，医院骑士团将其打造为黎凡特地区最安全的商业基地，其港口被陆地包围，还有铁链、水栅、防波堤等防御设施。埃及和安纳托利亚的埃米尔国将迎来无休止的袭扰，这就是他们把罗得岛称作"地狱猎犬的堡垒"的原因。十字军国家从未超过 6 个，但罗得岛有理由被视为第 7 个。这也是一个像普鲁士那样的"骑士团国"。

为应对新的海上作战任务，医院骑士团内部迅速广泛改革。从 1299 年起，海军司令的地位提高至修道院执行长官级别，而负责海岸防卫的土科波利尔同样得到拔擢。医院骑士团的延续，与圣殿骑士团的覆灭一样令人惊叹。随后，腓力四世的威胁进一步推动了医院骑士团的结构性变革。

早在 13 世纪，医院骑士团内部就萌生了语言区（langue）的区分，即依据所使用的语言来划分群体。此时，骑士团划分为 7 个语言区，每一个语言区包括多个修道区，由一个大修道区统领，在罗得岛上设有自己的驻所（auberge）：普罗旺斯、奥弗涅、法兰西、意大利、西班牙、英格兰（及爱尔兰）和德意志（包括斯堪的纳维亚和波希米亚-波兰）。因为法国有大量骑士，就分为 3 个语言区。到 15 世纪，西班牙也被划分为阿拉贡区（及加泰罗尼亚、纳瓦拉）和卡斯蒂利亚区（及克拉图，也就是葡萄牙）。在罗得岛，管理一个语言区的骑士虽然地位还不及所在国家的大修道长，但也位列修道院执行长官级别，被视为骑士团的"中流砥柱"：普罗旺斯由大指挥管辖，他是团长的副手，掌管骑士团的财产；奥弗涅由元帅管辖，他是高级军事长官；法兰西是医护官，意大利是海军司令，西班牙是军需官，英格兰是土科波利尔，德意志是大执行长官（grand bailiff）。

医院骑士团的全体大会包括所有成员，上至团长，下至最卑微的杂役弟兄。但大会开会时总是很混乱，有时甚至会发生暴力事件，因此会开得越来越少。骑士团的日常管理主要依靠尊贵议事会（Venerable Council），其由一定数目的高级官员组成；但在骑士团制度上最重要的机构仍是神圣议事会（Sacred Council），这是执行长官们的集会——包括修道院的、叙利亚的（仅为名义上的，亚美尼亚之外的区域）和欧洲的长官。意大利有7个修道长，伊比利亚半岛有5个（安波斯塔的城堡主也是阿拉贡的修道长），英国有4个成员：土科波利尔、英格兰和爱尔兰的修道长，以及埃格尔指挥官——也被视为执行长官。所有语言区共享叙利亚的据点和7个塞浦路斯辖区。担任执行长官者，必须在罗得岛待15年。作为高级官员，他们身上的十字标记比别人的大一圈，被称为"长官大十字"；他们还能得到相当富有的辖区——例如，英格兰修道长除了克勒肯维尔修道区，还掌管着4个辖区。

14世纪对医院骑士团来说并不好过。十字军的理念已经渐渐衰弱，意大利商人正用资本主义的触手缓慢扼杀拉丁东方，反对对穆斯林进行商业封锁。虽然获得了圣殿骑士团的土地，但医院骑士团的收入日渐减少，他们还遭到了黑死病的巨大打击。当佛罗伦萨的银行在14世纪40年代纷纷倒闭时，医院骑士团也损失惨重。骑士团内部还有很严重的分歧，即便在小小的罗得岛上也是这样。富尔克虽很有能力，但背负了太多的责任，他变得越发专断，随后终于崩溃，整日沉溺于女色和酗酒。

1317年，一群对富尔克不满的骑士在愤恨的年长指挥官帕尼亚克的莫里斯（Maurice de Pagnac）率领下，试图谋杀富尔克，但他侥幸逃到了林都斯（Lindos）卫城的城堡里。[2] 1339年，教宗约翰二十二世宣布罢免富尔克，他来到朗格多克的一个辖区中养老。[3] 帕尼亚克已死，骑士团选举维勒讷沃的伊利昂（Elyon de Villeneuve）为团长。

不过，罗得岛上的生活依然是修道院式的。骑士们在各自的语言区中用餐、睡觉，在礼拜堂中做日课。所有驻所组成一个修道院，全部骑士都要参加在主殿举行的修士集会，出席在骑士团教堂中举办的重要宗教节庆活动，新入会骑士也在教堂里向团长行宣誓礼。有数百名骑士住在罗得岛——1330 年为 200 名，28 人来自英格兰——因此，一栋房子是装不下那么多人的。

罗得岛的铸币上印着团长向十字架下跪的图案，彰显了骑士团团长的宗教属性和作为"穷人守护者"的角色。医院骑士团并未忘记其最初的使命，至迟在 1311 年，罗得岛上就有一座医院在运转。在 15 世纪，这座医院被一座根据需要设计的两层建筑取代。新建筑当中有两个院子，其中一个院子还带有回廊。医疗室是一间宽敞的大厅，有一处病房，被分隔成一个个带厕所的小隔间；耸立其间的建筑是一间三角形的礼拜堂，位于医疗室大门上方，大门直通向病房。还有专为生病的骑士和贵客准备的单人房间。[4] 这座建筑自 1440 年动工，直到 1480 年前后才最终完工，是医院骑士团最初使命的纪念碑，现在被辟为博物馆。

医院骑士团规章规定，每一位骑士都要在这座拥有 1000 个床位的医院中工作，病人躺在亚麻布床单上，用银盘子进食，用银杯子喝葡萄酒。这里接收的病人包括战场上的伤兵、商人、朝圣者和岛上的穷人。每天日落时分，在这座"病人的宫殿"里，礼拜神父弟兄要为"我主病人"（Our Lords the Sick）念诵祷词：

我主病人，为和平而祈祷，求上帝从天上为世间降下和平。我主病人，为地上的果实祈祷，求上帝使果实繁盛，以服侍神圣的教会，供养万民众生。我主病人，为罗马教宗而祈祷，为枢机主教、宗主教、大主教、主教和教士祈祷……

他们还为所有基督教国王、朝圣者、俘虏和捐助人祈祷。[5]

不过，医院骑士团的主要任务还是在海上保护基督教商人，或伏击穆斯林商船。他们还运营着一支载货船队，为朝圣者提供运输服务。骑士团用于作战的小舰队一般只有 3 艘至 4 艘加莱战船，但都是当时最有攻击力的战舰，个儿小却特别快，通常配备 25 名重装兵和许多弩手。舰队的"鱼雷"是铁质撞锤，能够击穿木头；还有当火炮用的投石机——一块沉重的大圆石可以击穿船底，火球、石脑油燃烧弹或火箭可以将敌船点燃。这些战术一般会使敌船失去控制，让其动弹不得，而非将其击沉——让敌船的吃水线下破洞，桅杆被打碎，船身被金属冲角刺穿、被抓钩钩牢——从而让骑士登船作战，让钢弩手向敌船船员射击。

罗得岛经常突遭风暴袭击，骑士团成员都变成了优秀的水手，是这个时代最能征善战的海员。爱德华·吉本用壮丽的文辞来形容："在骑士团的严明纪律下，罗得岛迎来了荣耀和富庶；这些尊贵、好战的修士声名响彻大陆和四海；基督教世界的护垒向土耳其和萨拉森军队挑衅，并将他们驱赶。"

马穆鲁克王朝统治下的埃及依然强大，始终威胁着基督教东方，而小亚细亚却分裂为一个个突厥埃米尔国，由"加齐"（ghazi，为信仰而战的穆斯林勇士）统治。其中最大的一支势力为卡拉曼人（Karamans），由科尼亚的大卡拉曼（Grand Karaman）统治；

还有戈尔曼尼安人（Germaniyans）。但是，小小的奥斯曼部落在一连串有能力的领袖治理下，逐渐变成这一区域的统治力量，所有雄心勃勃的"加齐"都聚集在奥斯曼部落的马尾旗下。1326年，奥尔汗——"苏丹，加齐们的苏丹之子，加齐之子加齐，地平线上的马尔兹班（Marzban，边疆总督），世间的英雄"——占领了布鲁萨（Brusa），并在1329年占领了尼西亚。奥斯曼铁骑征服巴尔干指日可待。

罗得岛的基督教邻国希腊——"罗马国"——是一些碎片化的、激烈争斗的小国家。巴列奥略王朝的复兴已成为过去，14世纪中期的内战使拜占庭帝国进入了最后的衰落阶段。每一个山头、岛屿都有一个独立的领主——希腊人、法国人、西班牙人或意大利人，而热那亚人和威尼斯人则控制着许多商港。医院骑士团在这里有一些辖区，条顿骑士团也有。

塞浦路斯是罗得岛最重要的邻居。于格四世（1324—1358年在位）和他的后代分别在尼科西亚加冕为塞浦路斯国王，在最靠近陆地的法马古斯塔（Famagusta）加冕为耶路撒冷国王，他们的儿子也被封为安条克或提尔王公。尽管对"甜美的叙利亚"还有一丝留恋——法兰克贵族女子总是穿着黑衣，哀悼失去的王国——但那些曾在"海外领地"声名显赫的贵族（伊贝林、朱拜勒、斯堪德利翁等）都住在塞浦路斯怡人的田庄，在玫瑰花园和葡萄藤下过着奢侈逸乐的生活。对医院骑士团而言，塞浦路斯国王是基督教世界中最重要的君主，但就像莫莱的雅克曾在信中对克雷芒教宗所说的那样，国王的军队实在是太小了。

此外，还有被马穆鲁克苦苦压制的亚美尼亚。1342年希托米德（Hethoumid）王朝最后一位国王死后，奇里乞亚人选择了于格四世的侄子吕西尼昂的居伊为国王。但住在山区的奇里乞亚人残忍好战，并不可靠：他们不仅时常争斗不休——1344 年居伊国王就被杀了——还激烈反对教会罗马化。即便在他们的国土已经缩小到仅剩首都希斯、一系列沿海要塞和数个内陆山区堡垒时，这些骄傲、好战的贵族仍不肯屈服。不过，就算他们再有勇气，仍避免不了覆灭的结局。

罗得岛的海上骑士赢得了一场又一场胜利。1319 年，大指挥施瓦茨堡的阿尔布雷希特（Albrecht von Schwarzburg）护送希俄斯岛的热那亚总督回岛，路上遭遇土耳其舰队袭击。骑士团击溃了敌军，只有 6 艘敌船趁夜逃脱，大部分人都淹死了。土耳其人决心复仇，于 1320 年 6 月派 80 艘战船封锁了罗得岛。好战的阿尔布雷希特率骑士团战斗编队的 4 艘加莱战船和其他 12 艘舰艇出港迎敌。敌军大部分船只要么被骑士团成功登船，要么沉到了海底，其主力攻击部队在附近的岛屿登陆，也被骑士团俘虏。[6] 1334 年，由医院骑士团、罗马教廷、塞浦路斯、法兰西和威尼斯十字军组成的联合舰队，在尼格罗蓬特（Negropont）岸边的埃皮斯科皮亚岛（Episkopia）附近袭击了马莫拉（Marmora）的埃米尔亚克希（Yakshi），还在一场历时 9 天的追逐战中赶超并击溃了土耳其舰队，使敌军损失了 100 多艘战船。[7]

1344 年，教宗克雷芒六世听闻艾登的乌穆尔（Umur of Aydin）正在打造一支登陆艇舰队，于是联合塞浦路斯、威尼斯和罗得岛组建了拉丁同盟。三方联合舰队有 24 艘加莱战船，由伦巴第修道长比安德拉的吉安（Gian de Biandra）率领，于 10 月横扫了乌穆尔在士麦那（Smyrna）的要塞，烧掉了停泊的一整支舰队，共 300 艘战船。整个基督教世界沸腾了，1346 年，主要由法国人组成的一支 1.5 万人的十字军抵达。

1347 年，加泰罗尼亚修道长佩雷斯·托特斯的佩雷-阿那尔
（Pere-Arnal de Peres Tortes）在伊姆罗兹岛（Imroz）附近又打了
一场胜仗，土耳其人在这场战斗中损失了 100 艘加莱战船。次年，
乌穆尔试图收复士麦那，却战败身死。现在医院骑士团为教宗坚
守此地。[8] 但这次十字军返潮被黑死病扼杀了。在塞浦路斯，死亡
率十分惊人，只有圣希拉里翁要塞 —— 王室避难地 —— 没受到
影响。此后多年，人们都不敢造访塞浦路斯，害怕那里的疾病和
"有毒的空气"。

圣殿骑士团覆灭后，许多医院骑士赶回欧洲，希望接收到一
些富庶的辖区，医院骑士团实力被削弱。1330 年，骑士团全体大
会规定，所有骑士被拔擢前必须"在修道院"服役 5 年，其中包
括在三个行营地各服役一年。1342 年，教宗向伊利昂团长抱怨骑
士团纪律松懈，威胁称要用医院骑士团营收的结余创立一个新的
骑士团。到 14 世纪末，欧洲的辖区几乎都只剩下一名骑士，就是
辖区指挥官本人。英格兰的医院骑士除了在克勒肯维尔，不再过
修道生活，新入会者都在罗得岛度过见习期。

圣拉撒路骑士团和圣托马斯骑士团则在垂死挣扎。黑死病过
后，麻风病人大大减少。从前，在伯顿拉撒路这样的辖区，每个
麻风病人都有独立病房，医院提供药浴，只接收皮肤病患。现在，
伯顿拉撒路也接收常规病患，但"伯顿拉撒路总督、看守人和团
长"仍按时巡视四方，直到 15 世纪。有时候，他还受驻在博瓦尼
的团长指派，任骑士团在苏格兰的代理长官。[9] 圣托马斯骑士团已
知的最后一个骑士蒂克希尔的理查德（Richard de Tickhill），于
1357 年在尼科西亚的英格兰圣尼古拉斯教堂中宣誓，从塞浦路斯

勒班陀之战。藏于格兰杰历史图片档案馆。

利勒亚当的菲利普·维利耶，医院骑士团大团长（1521—1534年在任），他率领骑士拼死守卫罗得岛，苏莱曼被迫停战和谈。

身着阅兵盔甲的马耳他骑士团大团长阿洛夫·德·维尼亚库尔（1601—1622年在任）。卡拉瓦乔绘。

军事工程师马丁嫩戈
的加布里埃尔·塔迪
尼的纪念币。他在罗
得岛之战中失去了一
只眼睛。

让·帕里索·德·拉瓦莱特，马耳
他骑士团大团长（1557—1568 年
在任），他经历了惨烈的马耳他
之围。安托万·德·法夫雷绘。

托斯卡纳大公科西莫二世（1609—1621 年在任），世袭圣司提反骑士团大团长，他在欢迎他的骑士远征巴巴里海盗后归来。沃尔特拉诺作壁画，约 1636—1648 年，藏于佛罗伦萨拉佩特亚别墅。

马耳他骑士纪念石板，位于瓦莱塔代主教座堂。彩色大理石装饰奢华，三块石板分别纪念：上左唐弗朗西斯科·卡拉法·达拉贡，罗切拉修道长，那不勒斯王国最显贵王族的成员，死于1632年；下左勒内·杜普雷，图卢兹修道长，死于1733年；下右路易·德·弗勒里尼，烧掉的黎波里贝伊旗舰后受任骑士团加莱战船司令，死于1716年。

萨克森的弗雷德里克公爵，条顿骑士团大团长（1498—1510 年在任）。卢卡斯·克拉纳赫绘。

1606年的条顿骑士。是年大团长兼德意志团长奥地利大公马克西米连改革骑士团制度。同时代淡彩画。

1606 年的条顿骑士团神父成员。同时代淡彩画。

分团官柯尔特伊的于格（Hugh de Curteys）手中接过衣袍。[10]

罗得岛有两个港口，外港也被称作"战船港"，由罗得岛一段狭长、弯曲的地峡围成；内港被陆地包围，入口很狭窄，修有防波堤和圣约翰、圣米歇尔两座高塔。罗得市呈半圆形环绕着内港，有双层城墙、13 座高塔、5 座凸出在外的防御塔，其中一座被分配给英格兰骑士守卫，城市朝向港口的一面还有一道壁垒。1310 年始建的圣约翰大教堂混合了加泰罗尼亚和意大利风格；其他教堂，例如圣凯瑟琳教堂的风格就十分艳丽，有 S 形的拱廊和无节制的花饰窗格。坐落于克莱丘姆（collachium）附近的富商住宅既高大又奢华。罗得岛的设防港口控制着来往于黎凡特的商道，任何一种已知的奢侈品都能在市场上买到。在罗得市狭窄的鹅卵石街巷上，熙熙攘攘的人群中不仅有希腊人和西欧人，还有从埃及来的科普特基督徒、亚美尼亚难民、法兰克或雅各派（Jacobite）出身的叙利亚人，甚至还有从高加索地区来的格鲁吉亚人。

克莱丘姆是一处用回廊围起来的修道院建筑群，其中有主殿、骑士团教堂、神圣医疗室和坐落于"骑士路"上的各语言区驻所。在这一时期，每个语言区都有一个驻所，但在前一个世纪，加泰罗尼亚修道长佩雷斯·托特斯的佩雷-阿那尔写道，当他来到罗得岛时，不得不"沿街乞求一个容身之所"。在那之后，他就建造了一座漂亮的阿拉贡语言区驻所。自然，一些语言区的人数比其他要多，尤其是法语区。1466 年，住在克莱丘姆的骑士总数从 200 上升到 350，1501 年上升至 400，最终在 1514 年上升至 550，[11] 但英格兰骑士的人数从未超过一打。不过，整个体系运转良好，只是偶尔会有孰先孰后的争执。许多骑士都住在修道院外。在罗得岛内陆还有一些要塞，保卫着岛上的各处小城镇。还有一座城堡位于特利安达（Trianda）海滩，在罗得市以西几英里。林都斯卫城是一座建有防御工事的台地，由一名辖区指挥官率领的12名骑士守卫。

罗得岛还统治着整个多德卡尼斯群岛，其中的科斯岛（Kos）——或称朗戈（Lango）——是最重要的岛屿，岛上有个繁荣的小镇，被人们称为"迷你版"罗得市。锡米岛（Symi）和莱罗斯岛（Leros）上有巨塔，由此向东100英里、离安纳托利亚不远的地方，是卡斯特洛里佐岛（Kastelorizon），或称"红堡岛"（Châteauroulx）。这些岛屿上都有港口，骑士团的加莱战船可以停靠并补给。

1358年，塞浦路斯国王于格四世退位，让他的儿子皮埃尔一世继承王位。皮埃尔很有眼光，决心夺回耶路撒冷，在统治初期取得了一系列辉煌的胜利。亚美尼亚人曾向罗马求助，1361年，皮埃尔派兵到格里戈斯（Gorighos），驻守重兵压境的海奥特港（Haiot）。此后，在4艘医院骑士团加莱战船的协助下，他率军席卷了海盗城市阿达利亚（Adalya）。[12] 土耳其人很快就开始害怕这位狂热的国王，他曾把俘虏的加齐"拴在马尾巴上"拖着走。但皮埃尔离开塞浦路斯，去欧洲呼吁发动十字军，他走遍了威尼斯、阿维尼翁、法兰西、英格兰、德意志、波希米亚和波兰。1364年他回来的时候，塞浦路斯已经被土耳其入侵者踏平。自此之后，一些原本对塞浦路斯很友好的埃米尔，也渐渐变得有威胁了。1365年6月，皮埃尔国王率十字军从威尼斯启程前往罗得岛，塞浦路斯舰队在8月与其会合。

医院骑士团舰队的4艘加莱战船，载着100名骑士和其他雇佣军，在骑士团海军司令艾拉斯卡的费里诺（Ferlino d'Airasca）的统领下加入了皮埃尔国王的十字军。这支海军——总共有 165 艘舰艇——驶向亚历山大里亚。[13] 舰队里还有平底的登陆艇，骑兵可以直接冲上海滩。由于军事目标一直是保密的，马穆鲁克被打了个措手不及。教宗使节托马的皮埃尔对十字军发表了一通演讲："基督的战士，在上帝和他神圣的十字架中安歇，为他英勇奋战吧！不要害怕敌人，向上帝祈求胜利！天堂之门已经打开了。"[14]

埃及人用大炮、装满滚油和铅水的桶、喷火器（一种能喷射石脑油的木管子）奋力保卫城墙，甚至还用毒气弹——一些可燃的圆盘，能够释放出含有大量硫黄和氨气的烟雾，使进攻者看不清东西，退散、呕吐和窒息。起初，基督徒被击退了，他们搭起的云梯也被推倒。后来，一些水手从下水道爬进城内，打开了一道门，大军立即涌入亚历山大里亚。许多骑士团成员在这场战役中死去，埃格尔执行长官罗伯特·黑尔斯（Robert Hales）展现了异乎常人的英勇。

> 可贵的彼得，塞浦路斯之王，
>
> 以极高的能耐，赢得亚历山大里亚……
>
> ［引自《坎特伯雷故事》］

胜利后的大屠杀让十字军的荣光蒙上了晦暗：2 万名男人、女人和儿童死于屠城。

遗憾的是，满载战利品的十字军拒绝再向开罗进军，皮埃尔只好下令撤出好不容易攻下的亚历山大里亚。皮埃尔性情暴虐专断，私生活也很混乱，这使他在国内树敌众多，其中就有他的王后（虽然王后不在身边的每个夜晚，他都会把王后的睡衣铺在自己的床上）。1369 年的一个晚上，当国王和他最宠爱的情妇一起睡在床上时，一些反叛的贵族冲进房间，将他杀死。

皮埃尔的老战友也迎来了相似的结局。欧洲各国国王早已开始任用医院骑士团的修道长做大臣，1380 年，亚历山大里亚的英雄，英格兰修道长罗伯特·黑尔斯成为理查二世的司库。然而，理查二世征收的"强盗霍布"（Hobb the Robber，代指黑尔斯）人头税激起了农民起义。起义军烧毁克勒肯维尔，将罗伯特和坎特伯雷大主教从塔里拖出来，砍掉了他们的脑袋，悬挂在杆子上——还把大主教的法冠钉在他的头颅上。

1374 年，埃雷迪亚的胡安·费尔南德斯（Juan Fernández de Heredia）就任医院骑士团团长。他生于 1310 年，是阿拉贡一个显赫家族的后代，却没有什么钱。两度丧妻后，胡安投入了教会事业。自此，他的职业生涯都在捞取权力和财富，为他过继给兄弟的孩子们留下遗产。他受到历任教宗的赏识，成为教宗护卫的队长。1346 年，他参与了克雷西之战——这对一位教宗使节来说是可疑行为，尽管他在战场上救了法国国王一命——许多骑士团成员都不认可他的举动。不过，他在阿维尼翁教廷的朋友们一力擢升他，最终为他谋到了医院骑士团团长的职位。一继任团长，胡安就租借了 5 年亚该亚，向亚该亚的僭主支付了 4000 达克特。1377 年离开罗马后，他帮助威尼斯人攻占了帕特雷（Patras），第一个翻过城墙，单枪匹马与敌人对峙，并亲手砍掉了帕特雷埃米尔的脑袋。这对一位 67 岁的老人来说是很了不起的。随后，他率军夺回了勒班陀（Lepanto），这是位于科林斯海峡对岸的一座城市，近来被阿尔巴尼亚部落民占据。但他遭到阿尔巴尼亚人伏击，又被卖给土耳其人，在监牢里待了一年。此后不久，纳瓦拉雇佣军入侵亚该亚，胡安决定撤出医院骑士团的军队。

胡安晚年深受教会分裂困扰。教宗乌尔班六世在阿维尼翁，而对立教宗"克雷芒七世"在罗马。医院骑士团团长和法兰西、西班牙国王支持克雷芒，乌尔班就任命了一位"敌团长"——卡普阿修道长里卡尔多·卡拉奇奥罗（Ricardo Carracciolo）。一些骑士团成员做了海盗，例如塔莱巴特的纪尧姆（Guillaume de Talebart）于 1391 年在撒丁岛海滩附近登上两艘阿拉贡商船，抢夺了一批贵重的珊瑚。[15] 不过，骑士团始终忠于胡安，他后来成为一位广受尊重的领袖，于 1396 年在阿维尼翁去世。

胡安是一位热心的人文主义者，他委托学者首次将普鲁塔克的作品翻译成阿拉贡语，还翻译了一部分修昔底德的《伯罗奔尼撒战争史》、马可·波罗的《游记》和一些东方著作。[16] 骑士团里还有其他学者，例如让·埃斯丹（Jean Hesdin）。他是巴黎神学院教务长，对古典学很感兴趣，曾在教宗宗座回归罗马的争议中为法国说话，而被彼特拉克攻击。[17] 一些骑士团成员是教会法专家，在与罗马官僚打交道的过程中，这是必备的修养。

每一天，医院骑士团都要念诵小日课祷词、亡者日课祷词或 150 遍主祷文。骑士团的服装依然是黑色束腰外套和斗篷。不过医院骑士不大可能像西班牙骑士一样集合在一起念诵全部罗马日课祷词，但在重大宗教节日他们会参加修道院教堂里的时祷。在这里，骑士团中的非战斗成员充当守律教士，团长则坐在修道院院长的宝座上主持活动。即便在行军打仗途中，这些海上骑士也要在礼拜神父的带领下唱诵主祷文。这时候，战船要停下来，其余人做奉告祈祷（angelus），奴隶们则感激地靠在桨上休息。

那些难以坚持过苦日子的人要受到严厉的惩罚。犯有玩忽职守、毁谤中伤罪的骑士团成员要被判"七日罚"（septaine）：在驻所中关押一周，其间只能吃扔在地上的面包——还要应付抢食物的狗，可喝水，并且每24小时要在修道院教堂的祭坛前被皮鞭抽打。一些更严重的罪行，如赌博、在下等酒馆中吃喝等，则会被判40天同样的刑罚即"四十日罚"（quarantaine）。犯"通奸罪"、养情妇、决斗或买卖圣职者则要进修道院的监狱，受鞭刑。所有成员都要向骑士团的神父告解，神父分为两个等级：在罗得岛修道长管辖下的礼拜神父和在欧洲的顺从神父（priests-of-obedience），后者地位较低，很少拥有辖区。骑士团真正的精神导师是大团长，"基督穷人之仆役和耶路撒冷医院骑士团之监护人"（servus pauperum Christi et custos Hospitalis Hierusalemis）。

停泊在爱琴海岛屿附近的埃及的大帆船（carrack）水手，在清晨从宁静的睡梦中醒来时，常常会看到一艘加莱战船从宁静的海湾中冲出。战船发出骇人的声响：巨大的划桨和着尖锐的哨鸣或锣声，有节奏地拍击着水面。当船头的铁嘴嵌入船身时，会发出刺耳的撞击声。随后，沿着撞锤或跨过登船桥，全副武装的骑士蜂拥而上。

所有骑士都渴望尽快完成擢升所必需的行营服役期。一次航行长达几个月，骑士们要去适应一艘为快速行军或作战而打造的机器装置，居住环境极不舒适。骑士和"庇护人"（patron，战船的船长）都挤在船尾平台上的帐篷里睡觉，他们的食物仅限于用油浸过的饼干和掺水的葡萄酒。最糟糕的是划桨手身上的臭味，骑士们有时候甚至会堵住自己的鼻子。这些划桨手是罪犯或萨拉森俘虏，大都吃不饱饭，被铁链锁在座位上，还要被监工抽打，只有到港口后才能在一块帆布制成的雨棚下歇息。但船主会让他们维持最低限度的健康，因为划桨手若饥饿或得病，就没法达到足够的航速。战船开始装备火炮——这是一种后膛装填的伦巴第炮，不可靠且很危险，但在短距离作战中很有效。

医院骑士团的航海等级包括：始终随舰队服役的舰队司令；以及"庇护人"，他们往往是执行长官。还有一支固定的骑士队伍乘警戒艇，日夜在罗得岛周围巡逻。

整个拉丁东方都在衰落，包括塞浦路斯。1372 年塞浦路斯国王加冕宴会后，一些热那亚人在争吵中被杀，热那亚共和国随即入侵塞浦路斯。最终，双方在苦战后实现和平，热那亚占据了法马古斯塔。雅克一世从铁笼子里被放出来后，用一圈防御工事将法马古斯塔港隔离起来。尽管他在 1393 年加冕为亚美尼亚国王，但王国已经遭到了毁灭性的重创——海奥特最后一些要塞也被马穆鲁克攻占了。

土耳其人正在侵吞希腊，阿德里安堡在 1366 年成为土耳其的首都。波斯尼亚王国、塞尔维亚帝国和保加利亚沙皇国也很快被土耳其人征服。1394 年，巴耶济德一世自称"罗姆（罗马）苏丹"。他的军队所向披靡，其精锐部队是斯帕西骑兵（spahis，一种装备钢盔、锁子甲、盾牌、长矛和穆斯林弯刀的弓箭手骑兵），由各贝伊率领的有相似装备的封建军队为支援。

罗马教宗头一次成功发动了自圣路易时代以来规模最大的远征。皮埃尔一世的原文书大臣梅齐埃的菲利普（Philippe de Mézières），曾在近半个世纪的时间里走遍整个欧洲，呼吁发起一场神圣战争。欧洲军队不必经历凶险的海上旅途就能抵达巴尔干地区，并且这里还有相当强大的同盟军：匈牙利-克罗地亚和瓦拉几亚。讷韦尔的让（Jean de Nevers）带来了 1 万名勃艮第和法兰西兵，亨廷顿伯爵则带来了 1000 名英国兵。6000 人从德意志地区来，此外还有捷克、波兰、西班牙和意大利兵。所有人马于1396 年 7 月在布达会师，匈牙利国王日格蒙德（西吉斯蒙德）还召集了 6 万马扎尔兵，特兰西瓦尼亚王公老米尔恰（Mircea the Old）带来了 1 万瓦拉几人。大部分西欧兵都是重装兵，戴狗颅盔（hounskull）和像"猪脸"的面罩，穿铠甲罩衣（套在锁子甲外面的短上衣）。不过，大部分东欧兵都是轻骑兵或长枪兵。

9 月，这支军队在嫖妓、酗酒的间隙，包围了保加利亚城市尼科波利斯，封锁了两周时间，试图让城内的奥斯曼守备军投降。威尼斯人、热那亚人和医院骑士团也加入他们，骑士团团长奈拉克的菲利贝尔（Philibert de Naillac）亲自率加莱战船从黑海溯多瑙河而上。

1396 年 9 月 25 日，"闪电"巴耶济德率一支与十字军规模相当的 10 万人大军来到，其中还有一支由塞尔维亚独裁者斯特凡·拉扎罗维奇（Stefan Lazarović）率领的基督徒军队。巴耶济德的第一条阵线由轻装的辅助部队组成——位于一排尖头木桩前列的骑兵和步兵。在这后面，隐藏着真正的弓箭手和刀斧手步兵。再往后，斯帕西骑兵和封建骑兵完全隐藏在一排低矮的山丘后面。法国骑兵冲向土耳其人的轻装部队，杀死了许多人后，他们下马来拆除木桩，追击往山上奔逃的弓箭手。这些骑士穿着笨重的铠甲，开始徒步爬上陡峭的山坡。

突然，"4 万名"斯帕西骑兵从山顶上冲下来，向正在爬山的十字军重装兵发起冲锋。大屠杀开始了，没有受伤的人也滚下了山坡，伏倒在地。日格蒙德率马扎尔人，连同德意志人和骑士团一道策马冲向土耳其人，但他们的罗马尼亚同盟军已经逃走。十字军砍倒了上千名土耳其人，一时间，似乎是有可能击破巴耶济德的。但随后塞尔维亚人前来解围，在千钧一发之际向十字军发起冲锋。日格蒙德和菲利贝尔乘船沿多瑙河往下游撤退，沿岸追击的弓箭手不断向他们射击，直到一艘威尼斯加莱战船将他们救起。大部分匈牙利人、德意志人都战死了，许多骑士团成员同他们一道长眠。第二天，除了 300 名足够富有、能支付得起高昂赎金的大贵族，其他被俘的骑士都被一一处死，"从早上直到夜晚"。尼科波利斯之战宣告了拉丁东方历史的终结。[18]

巴耶济德随后花了七年时间围攻君士坦丁堡，但医院骑士团将兵力集中在别处。1400 年，他们从逃到罗得岛的摩里亚（Morea）君主手中买下米斯特拉（Mistra）和科林斯卫城。因为土耳其人已经从伯罗奔尼撒半岛上撤退，米斯特拉拒绝接受医院骑士团的管理；但科林斯卫城更容易受到袭击，故十分欢迎骑士团的到来。不过，骑士团团长 4 年后又把这些希腊土地卖给了拜占庭帝国。1402 年，巴耶济德加紧围攻君士坦丁堡，宣称要屠城、消灭拜占庭人，但他自己也于同一年在齐布卡巴德（Chibukabad）之战中被帖木儿击败。

1402 年 12 月 2 日，帖木儿率军围攻士麦那。第一天，大汗的帐篷上挂一面白旗，表示若士麦那投降，将保留所有市民的性命。第二天，白旗换成了红旗，表示将仁慈对待所有普通市民，却要处死统治者。第三天，红旗换成了黑旗——男人、女人和儿童将无一幸免。围城军数以万计，还带来了所有这个时代能够想象到的攻城器械。士麦那长官阿尔法拉的伊尼戈（Iñigo d'Alfara）[19] 手下只有 200 名骑士和少量雇佣兵，却要在炮火发射的漫天黑烟中守卫城墙，还有工兵不断在他们脚下挖掘地道。即便如此，当时一位波斯历史学家写道，鞑靼人从德里到顿河一路所向披靡，却在这里打得像"一群愤怒的魔鬼"。两周后，医院骑士团的舰队出现，但围城军加大了进攻力度，突破了城墙。剩下的守备军从码头突围，游出去登上了骑士团的战船。在进城后的狂欢中，胜利的鞑靼人把死去骑士的头颅装在基督徒的船上，一齐点燃。

士麦那曾是守卫黑海航运要道的堡垒。几年后，菲利贝尔在罗得岛对面半岛上的博德鲁姆（Bodrum）修建了一座城堡，就在古代世界七大奇迹之一的哈利卡纳索斯的摩索拉斯陵墓（Mausoleum of Halicarnassus）遗址附近。他在此修筑了规模很大的圣皮埃尔要塞，有 7 道防御工事，还有一个安全的海港。[20] 菲利贝尔是一位极其能干的团长，即便在教会大分裂期间，也维持着骑士团的团结。但他遭遇的最大问题是财务，因为欧洲辖区的收入正在显著减少。他为筹款去过很多西欧国家的首都，在 1410 年来到伦敦。骑士团开展了更多商业活动，投资意大利人的公司，或者直接与亚历山大里亚和达米埃塔贸易。不过，虽然骑士团与埃及缔结了协议，其战船依旧在黎凡特海域横行霸道。

对罗得岛而言很幸运的是，埃及认为塞浦路斯才是其主要敌人。塞浦路斯岛上反复爆发瘟疫和蝗灾，国库空虚，王权日益削弱。但亚努斯（Janus）国王仍认为自己是皮埃尔再世。他经常派兵掠袭埃及沿海地区，冷酷无情地打击穆斯林商人，对自己的私掠船不加管束。在皮埃尔的时代，马穆鲁克因缺乏造船用的原木而束手无策，这时却已经掌控了奇里乞亚的森林。

1426 年，苏丹巴尔斯贝（Barsbei / Barsbay）派出一支 180 艘加莱战船的大舰队，载着骑兵和土库曼正规军，于 6 月底登陆

塞浦路斯。国王的军队无力抵挡，被围困并击溃于基罗基蒂亚
（Khirokitia）。[21] 他的坐骑被射死，他却因实在太胖，没办法爬上
另一匹马。随后，马穆鲁克人烧毁了尼科西亚，将整个塞浦路斯
王国夷为平地。可怜的亚努斯在开罗骑着驴子游街示众，他光着
的两只脚被锁在驴的肚子下，直到在一旁嘲弄的卫兵让他下来，
亲吻大地。一年后，"再也没有笑过"的国王，以 20 万达克特的
巨款为自己赎身，医院骑士团贡献了 3 万。[22]

　　自此，塞浦路斯国王成为埃及苏丹的封臣。这个曾经十分
好战的十字军国家蜕变成一个贸易基地。王室权威不再，国王和
大贵族的领地再也没有恢复过来。塞浦路斯最大的土地所有者
罗得岛骑士团面临毁灭的命运。1428 年，大指挥奥弗的赫尔曼
（Hermann von Ow）将科洛西出租给两名骑士，租期 7 年，名义
租金为 4 达克特，条件是他们能恢复这一辖区。当时，科洛西辖
区的正常收入是 1.2 万达克特。[23]

　　1440 年，骑士团同开罗达成谅解，塞浦路斯不再卷入未来任
何敌对行动。骑士团不可能再依靠这个风雨飘摇的王国，也无力
守卫它，而双方都渴望保卫自己的商业利益。自此，在黎凡特地
区，罗得岛成为耶路撒冷十字军王国的唯一继承者。

第 14 章
三次围攻

不断增长的危机加强了骑士团的使命感，尤其是医院骑士团开始更经常地使用"我们的神圣信仰"来指代自身。1421 年当选的安东尼奥·弗鲁维安（Antonio Fluvian），正式采用"大团长"这一头衔，体现出一种复兴的目标和相应世俗的显赫。罗得岛就是新的耶路撒冷王国，战士们在菲勒莫圣母的护佑下守护一座神圣的堡垒。但他们身边已经没有战友了。

圣殿骑士团和圣拉撒路骑士团都已经消失。在英格兰，1351 年后再也没人会提起洛科分团区，尽管该区的收益仍归伯顿拉撒路所有；丘斯里（Chosely）也在 1458 年消失了。1450 年，教宗同意了圣拉撒路骑士团团长威廉·萨顿（William Sutton）的请求，伯顿拉撒路选出管理者后，不再需要教会的确认。苏格兰忠于博瓦尼的时间更长一些，但即便在法兰西，分团官也逐渐退化为一个闲职。"海外领地"的麻风骑士将很难认这些人为弟兄。[1]

罗得岛时刻准备着应对即将到来的袭击。警戒船日夜不停地在海岸附近游荡，锡米要塞有一座高高的瞭望塔。不仅是活跃在埃及的医院骑士团领事，就连罗得岛上的商人也知道开罗和亚历山大里亚流传的每一个谣言。所幸骑士团航海技术高超，使他们能够超越并打败庞大得多的埃及海军。这在 1440 年的海战中体现得最明显。当时，埃及苏丹亚克马克（Jakmak）对骑士团海盗的掠夺行为忍无可忍，派出一支舰队对付他们。苏丹的 18 艘加莱战船摧毁了卡斯特洛里佐岛上的村庄后，"装备着优良的士兵、划桨手、大炮和军械"，向罗得岛发起进攻。

一发现敌军，罗得岛骑士团元帅圣塞巴斯蒂安的路易（Louis de Saint Sebastien）就下令整支船队——8 艘加莱战船和 4 艘武装运输艇——列阵迎敌，船上枪炮齐鸣，奏起军乐。埃及人没想到骑士团海军突然出阵迎敌，有些不知所措，于是让船队靠近海岸，排成一串，船尾对着海那一边，向骑士团发起一阵炮弹和希腊火攻击，直到夜幕降临。随后，他们赶紧扬帆起航——显然是往土耳其方向去了。

但是，路易从一名被俘虏的马穆鲁克口中得知，埃及人的真正目标是朗戈。他立即率船队彻夜急追，在半道上阻住了埃及人的去路。埃及人又一次避而不战，在一个没人的港口中躲避，"土耳其人管这个港口叫作卡拉托亚（Carathoa）"。他们认为自己在这片沙质浅滩上很安全，因为骑士团的大帆船吃水很深，没办法靠近。但路易很快让大帆船上的重装骑士转移到加莱战船上，随后发起进攻。这是一场"血腥的大战"，马穆鲁克损失了 700 名士兵，罗得岛骑士团损失了 60 名。直到夜幕降临，海水开始涨潮，埃及人才得以逃脱，没被彻底歼灭。

1444 年夏天，一支埃及舰队载着 1.8 万人大军在罗得岛登陆，先在罗得岛上大肆烧杀，随后包围罗得市和骑士团修道院。幸运的是，刚好有几支小规模援军从勃艮第和加泰罗尼亚过来。6 周后，马穆鲁克的炮火击破了修道院的厚幕墙，大团长拉斯蒂克的让·邦帕尔（Jean Bonpars de Lastic）意识到，敌人即将发起总攻。

8月24日黎明前，他在黑暗中悄悄集合部队，来到垒墙外，骑士和长矛兵在中间，弩手在两翼。在这一时期，骑士们通常徒步作战，身穿用金属大头钉缝起的皮甲，头戴钢盔或轻盔，并且似乎最喜欢用海员的登船战长矛。在场的英国骑士中就有土科波利尔长官休·米德尔顿（Hugh Middleton）。在黎明的第一束光亮起时，骑士团开始冲锋，这支小部队杀进正在沉睡的马穆鲁克的营帐。一切都发生得太快，马穆鲁克跌跌撞撞逃到船上，仍有数百人没来得及逃走，被骑士团杀死。骑士团还夺走了所有的攻城器械。亚克马克十分灰心丧气，只好在1446年求和。[2]

骑士团虽平安度过了第一次大围攻，却将很快迎来一个强大得多的敌人。土耳其人正在逐步吞噬希腊。爱琴海群岛和大陆上的拉丁贵族频繁向摩里亚的执行长官求援，拜占庭帝国则将走到尽头，只剩下一个君士坦丁堡和几个小城镇。

1451年，土耳其最好战的一个苏丹——穆罕默德二世继承奥斯曼帝国之位，他多次宣称，在占领君士坦丁堡后要征服罗得岛。1453年，拜占庭帝国覆灭，罗得岛骑士团可能比其他任何人都要悲伤，因为这一事件也标志着拉丁东方的末日。当穆罕默德忙着吞并"罗马帝国"的残余部分时，大团长米利的雅克（Jacques de Milly）对土耳其沿岸成功发动了几次突袭。

1462年，教宗庇护二世试图发动一支十字军，但没有实现，在失望中去世。神圣战争事业似乎走到了尽头。尽管骑士团挫败了埃及人占领塞浦路斯的企图，但王国的情况仍在不断恶化。1466年，罗得岛修道院将骑士数量扩充至400人，无疑就是出于不断滋长的孤立无援之感。骑士团精心部署这些骑士：1460年，博德鲁姆守备军增至50人，科斯守备军增至25人，40名骑士负责在警戒船上执勤。幸而土耳其人正忙着同威尼斯打一场旷日持久的战争，直到 1479 年才结束。

1467 年，骑士团在塞浦路斯的大指挥是约翰·兰斯特罗瑟（John Langstrother）。他是一名英国骑士，早年生涯堪称骑士团的成功典范。他生于 1416 年，1448 年就当上了辖区指挥官和土科波利尔副官，1453 年任罗得城堡主，1464 年任埃格尔执行长官，1469 年任英格兰大修道长。约翰还被沃里克伯爵任命为英格兰王国的司库，伯爵替国王爱德华四世掌管政府事务。爱德华后来罢免了约翰，但这位"圣约翰大人"在 1471 年支持亨利六世，在蒂克斯伯里（Tewkesbury）一战中指挥兰开斯特家族军队的一部分先头军。兵败后，他躲在修道院中，但仍被拖出来砍了头。[3]

爱尔兰的情况也显示了一些欧洲修道区是多么混乱无序、没有产出。在这里，大部分辖区都租给俗人耕种，爱尔兰骑士也从不到罗得岛去，而深深卷入了当地部落政治。在爱德华四世主政期间的情况最为糟糕，詹姆斯·基廷（James Keating）是时任修道长。他比强盗好不到哪儿去，有一次趁机抢占了都柏林堡。他没有服从骑士团在 1480 年发出的总召集令，更是从不把辖区的收入送到罗得岛。1482 年，大团长欧比松（d'Aubusson）宣布罢免基廷，但当马默杜克·拉姆利（Marmaduke Lumley）赶来接任时，基廷竟然趁其不备迅速将其囚禁起来。基廷在亨利七世统治期间也十分活跃，惹出不少麻烦。[4]

大部分骑士都是小贵族——在英格兰就是乡绅。英格兰的骑士很少有显赫的姓氏，有的骑士祖上是商人，花钱买了土地和武器装备；有的骑士的兄弟就从事某种贸易，但骑士和市民（burgess）之间也有很明显的鸿沟。大概 15 世纪还没有形成复杂的社会分层，但在这个虚伪浮夸的世界中，人的职业往往带有神秘的象征意味，所有的军事修士都喜欢享受贵族身份的魅惑力。

罗得岛的《圣约翰医院骑士团教堂弥撒之书》编纂于 1465 年。据书中记载，纪念圣约翰的宗教庆典由三场弥撒组成：一场在午夜，一场在黎明，最后一场主教弥撒在白天。圣诞节还有一场特别的礼拜仪式。[5] 在这个世纪末之前，罗得岛修道院教堂中应有一位枢机主教在座，身穿长袍，头戴法冠。时至今日，一位骑士团礼拜神父还写道："对骑士而言，穷人并不比基督更低，因为基督就在他们的痛苦中显身，骑士服侍穷人即服侍上帝。"[6]

然而，包围着罗得岛骑士团的大网正在逐渐收紧。1463 年，莱斯博斯岛（Lesbos）领主向骑士团求救，尽管骑士团迅速派兵赶到首府米蒂利尼（Mytilene）救援，但这座岛屿仍因人变节而被攻破了。1470 年，土耳其人突然降临埃维亚岛（Euboea，尼格罗蓬特），骑士团派欧比松的皮埃尔率舰队救援岛上的威尼斯守备军——但威尼斯的海军将领失去了信心，因而没有成功。骑士团只好将兵力收紧，集中防御自己的岛屿。

骑士团还要应对一个强大的新军种——苏丹近卫军（yeniçeri，耶尼切里军团）。苏丹近卫军从强制上贡的基督徒男孩中选拔，训练成为精锐队伍，能承担突袭任务或充当敢死队。1500 年前，苏丹近卫军的人数从来没超过 2000 人。他们不仅不能喝酒、赌博、嫖妓，还不允许结婚，都住在宿舍里。苏丹近卫军隶属于伊斯兰托钵僧（dervish）拜克塔什派（Bektashi），这一派别的发起者呼罗珊的哈吉·拜克塔什（Haji Bektash）曾为苏丹近卫军的成立而祝福。

苏丹近卫军装备着长枪和穆斯林弯刀，发动进攻时的表现很奇特，令人不安。他们由长官"楚巴吉"（Chorbaji，意为煮汤人）和"卡维吉"（Kaveji，意为煮咖啡人）率领，用一种小步舞似的奇异步伐向前迈进——向前三步，停一步，再向前三步——和着军乐队的刺耳演奏声。他们身穿锁子甲，外面套一件黄绿相间的制服斗篷，上面装饰着鸵鸟羽毛，戴一顶高高的白色头冠，冠上垂下流苏。他们的军旗上有一条飘扬的白色丝带，与马尾巴挂在一起。

1479 年，穆罕默德已经准备好，要与罗得岛骑士团决战了。他与骑士团大团长欧比松的皮埃尔棋逢对手。欧比松生于 1423 年，是利穆赞（Limousin）地区一个显赫家族的第五个儿子，参加过英法（百年）战争，在不到 30 岁时加入骑士团。[7] 他尽管出身法国北部，却很有文艺复兴之初的学术品位，雇用了人文主义诗人吉安·马里奥·费利尔福（Gian Mario Filelfo）做拉丁文秘书。欧比松最大的才能是现实主义思维和领导能力，此外，他仪表堂堂，颇具吸引力。

穆罕默德派了一位大使到罗得岛，想让骑士团对他麻痹大意，但欧比松并没有上当。欧比松统共可以调动 600 名骑士，外加 1500 名雇佣兵以及罗得岛民兵武装和私掠船水手。自当选大团长起，他就开始巩固城防，深挖壕沟，拆除靠近城墙的建筑，安装大炮并囤积食物和武器弹药。

不过，土耳其派来的探子却认为罗得岛的守备力量不足。穆罕默德任命拜占庭皇族的一名变节者米萨克·巴列奥略（Misac Palaeologus）帕夏为维齐尔，统领远征军。1480 年 4 月，罗得岛上的监视哨发现了敌人的舰队。5 月 23 日，7 万大军在特利安达湾登陆，港口还被 50 艘加莱战船封锁。米萨克在圣埃蒂安山上扎营，俯瞰罗得市。这次围攻战的关键点是位于外港一侧海角上的圣尼古拉斯堡垒。土耳其人在对岸支起了一座巨大的炮台，炮台上安装了 3 门黄铜巴西利斯克炮（basilisk）。这种炮相当于那个时期的榴弹炮，可以射出直径 2 英尺的大石弹。

这些大炮由一位德意志火炮专家格奥尔格指挥，他突然现身城墙外，要求骑士团"看在良心的分上"为他提供庇护。事实上，他是一个双面间谍，被土耳其人收买，前来探查轰击何处杀伤最大。他还试图夸大围城军的规模和战斗力，想在守备军中散布恐慌情绪。所有人都相信，一旦罗得市陷落，他们就会被活活钉死，因为土耳其人带来了大量的尖头木桩。但大团长看穿了这个背信弃义者的诡计，后来下令将他绞死。[8]

土耳其人的火炮在城堡外墙上轰开了一个大缺口后，维齐尔下令发动第一轮进攻。土耳其战船驶入，军队从防波堤两边登陆。甫一登陆，土耳其人的脚就被刺伤：安置在海床上的大块原木插满了船钉和旧刀片。[9]混乱中，土耳其人稍一停顿，就成了骑士团火枪手和弩手的活靶子。来到城墙缺口处，土耳其人又在两侧炮台的交叉炮火下被歼灭。随后，欧比松率领骑士团发起反攻。一颗炮弹打掉了他的头盔，他开了句玩笑说要给将士们晋升的希望，随后又立即投入战斗。最终，土耳其战舰在骑士团火船的逼迫下逃离，米萨克只好下令停止进攻，损失了约 600 人。

圣尼古拉斯堡垒和对岸之间的距离不到 150 码。土耳其人搭了一座浮桥，在一天夜里，派一艘小船将船锚固定在防波堤下面的礁石里，从这里穿过一根缆绳，把浮桥拉过去。不过，一名英格兰水手潜入水下，把船锚移开了。后来，在 6 月 18 日夜，土耳其人又发动了一次进攻，一群轻型小船沿防波堤驶来，将浮桥牵引到位，加莱战船在远处轰击堡垒。黑夜被燃烧弹和引线的火光照亮，还有闪烁的炮火、船只烧着后的烈焰。一些敌舰着了火，守备军的火炮也至少被击毁了 4 门。战斗从午夜一直进行到第二天早上 10 点。据说，土耳其人在这场战斗中损失了 2500 人——包括苏丹的一位女婿，他是率领突击队的指挥官。米萨克很失望，整整三天都没有新动作，只是坐在他的帐篷里沉思不语。

在围攻开始时，米萨克就下令全面轰击，随后才将炮火集中于壁垒的东南部，这是犹太人聚居的区域。尽管骑士团团长的宫殿受损严重，但从战略上看，这座建筑并不重要——不过骑士团的葡萄酒窖被毁，着实让一些骑士感到很遗憾——且这里的城墙很古老，并不十分坚固。敌人的炮击日夜不停，火炮有土木防御工事保护，最大的工事中架设了 8 门黄铜巴西利斯克炮；坑道工兵也把墙基挖松了。当城墙就要垮塌时，欧比松下令挖掘一条壕沟，在墙后面又修了一道砖墙。每一个人都参与了这项工作，市民和骑士日夜不停地劳作，团长自己身先士卒。土耳其人发射雨点般的火箭矢和手榴弹，四处火起，欧比松就让妇女和儿童到地下室或有大块原木做屋顶的避难所躲避。他还下令建造了一座老式投石机，[10] 讽刺地将其命名为"贡品"。这座投石机发射的大石弹可以击碎木制的大炮掩体，甚至能打开地洞。

一些意大利骑士丧失了斗志，他们找到一个代言人，长官秘书费利尔福，求欧比松与土耳其人讲和。欧比松将他们聚集到一起，冷酷地说，现在乘战船出逃仍有可能冲过土耳其人的封锁线，他们可以马上离开。随后，欧比松又威逼利诱，让他们坚定信念。后来，米萨克派来了两名"逃兵"，一个是阿尔巴尼亚人，另一个是达尔马提亚人，告诉骑士团穆罕默德正率 10 万大军来袭。欧比松不相信，他们就试图招揽费利尔福谋杀欧比松。这位意大利人很快就通知了团长，两名"逃兵"被守备军私刑处死。

在这一过程中，土耳其人持续不断轰击东南城墙。意大利骑士趁夜捣毁了一座大炮，用长枪挑着几个土耳其人的脑袋回来。但维齐尔用碎石填满了壕沟。6个星期后，骑士团和土耳其人之间，只隔着一堆破碎的砖石，其中有一道足以让骑兵穿过的缺口。

米萨克派使者苏莱曼·贝伊来到缺口前，宣称骑士团在防御时的英勇表现为他们赢得了优越的条件：只要愿意投降，守备军可以成为苏丹穆罕默德的盟友；若仍执意抵抗，就会被彻底歼灭——毕竟城墙已破，4万大军正在外面虎视眈眈。罗得城堡主安托万·戈蒂埃回应道，如果城墙倒了，骑士团就会在后面修一道新的防线，来犯之敌将遭遇与圣尼古拉斯一役同样的下场。他还说，苏丹交朋友的方式很奇怪，骑士团无论如何都会做好抵御进攻的准备。

过了一天一夜，每一门土耳其大炮都在轰击城墙上的缺口。轰击停止后，在7月28日黎明前的一个小时，以一发白炮为信号，土耳其登城部队开始悄悄向前爬。筋疲力尽的守备军之前已被震聋，此时正在睡梦中，仅有的几个守卫也被轻易击倒。没过几分钟，土耳其人就占领了这个缺口和意大利人的堡垒，并派人给帕夏报信，请他派更多部队来。

皮埃尔迅速赶到这里，手中握着一柄短矛，向骑士们喊道：必须赶快拯救罗得，否则就会被埋葬在这片废墟之下。他第一个攀着梯子来到碎石堆上，中途被敌人击倒了两次，却又顽强地爬了回来。很快，骑士和土耳其人在倒塌的壁垒旁展开白刃战。通常情况下，盔甲能够弥补人数不足的弱点，巨大的肘甲能够勾住并折断一柄剑；在近距离作战时，一名重装兵甚至能将轻装的敌人撕成碎片。然而在这一时刻，骑士们似乎马上就要被推下城墙了。身着镀金铠甲 [11] 的大团长皮埃尔，用手肘开道向前冲，身后跟随着三名掌旗官和从修道院里召来的数名骑士。米萨克则派了一小队苏丹近卫军来，试图杀死皮埃尔。

大团长马上就快招架不住了，他身上受了三处伤。骑士弟兄迅速赶来救他，但他又受了两处伤，倒在地上，肺也被刺伤了。骑士们向土耳其人扑去，后者突然崩溃了。不仅他们被推下壁垒，赶出缺口——许多人挤在这里被杀死，维齐尔的营帐还被骑士团攻陷，军旗也被夺走了。

米萨克绝望地放弃了。守备军宣称在这一场战役中消灭了3500 名土耳其士兵，将米萨克手下伤亡人数推高到9000 人。骑士团消灭了超过两倍于己的敌人，还不用提 3 万名伤者。即便维齐尔知道骑士的伤亡人数超过一半，其中包括大多数执行长官，但仅凭团长并没有受致命伤这一点，就足以让他灰心失望。[12] 土耳其军队的士气也泄了。围攻战进行到 3 个月的时候，一艘那不勒斯大帆船和一艘教宗的双桅帆船冲破了土耳其人的封锁线，备受羞辱的土耳其人烧掉了粮草储备，扬帆离去。

坦白说，土耳其人的失败就是一个奇迹。与在马林堡一样，骑士团成员也看到了圣母显灵，她身旁有一群天使，还有一位身披驼绒的熟悉人物——施洗者约翰。一些圆滑的俘虏也声称看到了这一圣景。欧比松的皮埃尔康复后，发现自己已经变成欧洲的英雄。[13]

穆罕默德非常生气，开始着手准备发动新一轮远征，但他在1481 年 5 月去世了。他原本属意小儿子杰姆（Djem）继承王位，但大儿子巴耶济德更受欢迎，把自己的弟弟逼进了卡拉马尼亚的深山里。杰姆走投无路，只好孤注一掷向欧比松寻求庇护，骑士团专门派了一艘加莱战船来接他。杰姆在仲夏抵达罗得岛，受到了相当于一国之君的盛大欢迎。杰姆残暴狡诈，生来就是个战士，像他的父亲一样可怕。一旦夺回王位，他就会调过头来打击自己的恩主。而巴耶济德二世则是骑士团所能期待的最好的一位苏丹，他是个虔诚的穆斯林，热衷于兴建清真寺，天然爱好和平。可以想见，大团长欧比松想利用杰姆获得一些外交资本；不久之后大团长就把他送到了法国，把他关在一个大辖区特别的禁闭之所中。欧比松以杰姆之名，向巴耶济德索取了 3 万金达克特的津贴——除此之外，巴耶济德每年还要给骑士团 1 万达克特补偿金。1488 年，无所事事的杰姆被移交给教宗英诺森八世，于 1495 年死去——据传言，他是被博尔吉亚家族的教宗亚历山大六世毒死的。

1485 年，欧比松成为枢机主教和教宗使节。他不仅修了一座教堂，以感恩上帝赐予他奇迹般的胜利，还整肃了骑士团的纪律。一些骑士开始穿丝绸和天鹅绒衣服，戴金项链，在剑柄上镶宝石。欧比松严厉禁止这些行为，命令他们必须穿黑色教士服，披斗篷，戴无檐小帽，斗篷左胸部位还要绣上一个小小的白色十字。欧洲辖区指挥官们或许像富裕的乡绅，但罗得岛上的骑士仍过着修道院的生活。当时的插图也描绘了一个穿长袍、像修士一样的团体，他们或在修道院餐厅中听经，或在医院中劳作。

与此同时，罗得市重新修建了城墙，加盖了新防御塔。圣尼古拉斯堡变成一座五角星形的棱堡，枪炮呈一定角度排布，使正面进攻者无机可乘，还加装了几门规格更大的重炮。修道院的守备军规模也在 1501 年增加到 450 人。这一年，为防止通敌，岛上所有犹太人都被驱逐。皮埃尔的准则就是让骑士团生存下去，他也以同样的理由向罗得人献殷勤，允许他们加入骑士团，甚至当上执行长官。

罗得岛修道院与欧洲大部分君主都保持着良好的关系，他们也倾向于任命各大修道长。克勒肯维尔的修道长不由英格兰国王任命，但英格兰修道区也有自己的麻烦：1515 年，巴克兰的守律修女院断绝和骑士团的关系，[14] 枢机主教沃尔西强行租借了多克拉（Docwra）修道区最富有的庄园汉普顿宫。但总的来说，骑士团与英格兰的关系还是很好的。亨利七世和亨利八世都获得了"骑士团保护者"头衔，英格兰大修道长们也继续参加议会，率英国使团前往罗马或巴黎。

1494 年，崇拜欧比松的法国国王查理八世入侵意大利，宣称要借道征服君士坦丁堡和耶路撒冷。第二年，他在那不勒斯加冕为东方皇帝和耶路撒冷国王。与此同时，教宗亚历山大六世组建了一个反对土耳其人的神圣同盟，欧比松任大将军。同盟囊括了神圣罗马帝国皇帝马克西米连，西班牙、葡萄牙和匈牙利国王，还有法国国王查理的继承人路易十二世，以及威尼斯总督。骑士团为此做了大量准备，但十字军始终未成行。

1503 年，欧比松的皮埃尔"在苦恼中死去"。他已年届八十，为永无休止的警戒耗尽了心力。罗得岛为他举办了像君主一般的盛大葬礼，一支出殡队伍穿过寂静的街道，为首的 4 名骑士扛着他的旗帜，另 2 名骑士捧着他的红帽子和象征教宗使节的十字架。希腊、拉丁主教和教士们都来给他送葬，走在队伍中。

现在我们关于这次围攻战的知识都来自一位亲历者，那就是副外务官（vice-chancellor）纪尧姆·科尔辛（Guillaume

Caoursin）。他来自法国杜埃，当过欧比松的秘书。他草拟了大团长寄给教宗和皇帝的信件，并将这些信件编进了他的《罗得岛之围记》（*Obsidionis RhodieUrbis Descriptio*）一书中。这本书在围城战结束后 4 个月即出版，成为当时的畅销书。这本书之所以那么受欢迎，是因为当时整个西欧都对奥斯曼土耳其扩张的威胁惴惴不安。就在罗得岛之围解除后不久，土耳其人就占领并洗劫了南意大利亚得里亚海岸边的城市奥特朗托（Otranto），并占据这座城长达一年之久——任何不肯皈依伊斯兰教的人都要被砍头。苏丹穆罕默德本打算征服罗得岛和整个意大利半岛，但骑士团抵挡住了土耳其大军，拯救了意大利。他们鼓舞了整个基督教世界。

罗得岛上的英格兰骑士一直都很少，可能在全部 550 名骑士中只有不到 12 人。1514 年，英格兰语言区中只有 28 名骑士，大部分骑士都得待在国内，因为骑士团已经成为英格兰境内最大的教会地产主。英格兰大修道长、爱尔兰和苏格兰修道长都必须在任——苏格兰修道长也要参加苏格兰议会，而大多数中老年骑士也要负责管理在国内的辖区。

还有几名英格兰"荣誉骑士"，大团长会授予他们金色的"虔诚十字"徽章，但他们并不需要宣誓。其中一位荣誉骑士是第二任德比伯爵托马斯·斯坦利，1517 年入团。还有一位是第一任伍斯特伯爵查尔斯·萨默塞特，也是在同一年入团。他们都没有到过罗得岛。

不过，一些与骑士团完全没有关系且出身更卑微的英格兰人，也会到罗得岛去。君士坦丁堡陷落后，罗得岛就成为希腊学者的避难所，吸引了大量渴望学习希腊语的人。伦敦圣保罗学校首任校长威廉·利里（William Lily）就是其中一位求学者。

骑士团中也有不少受过良好教育甚至学识渊博的人。科尔辛懂得一些古典学知识，而罗得岛最后一位大外务官阿马拉尔的安德烈亚（Andrea d'Amaral）据说对普林尼的著作如数家珍。1505 年在罗得岛加入骑士团的卡斯蒂里奥内的萨巴（Sabba da Castiglione）就是个狂热的古文物收藏家，他用业余时间在爱琴海搜寻古典雕塑，把它们送回曼图亚老家。

对土耳其人来说，罗得岛的存在就是耻辱。1503 年，海盗贾迈利（Jamali）掠袭罗得岛，恐吓岛上的居民。然而，骑士团在几个战略要地部署了骑兵小分队，土耳其掠袭者只好改道去了莱罗斯岛。这座石头小岛上只有一座小小的堡垒和两名骑士——年长的卧病在床，年轻的名叫保罗·西梅奥尼（Paolo Simeoni），只有 18 岁。保罗和几位仆人操纵枪炮，但在头一天晚上，敌人的大炮就轰塌了堡垒的一部分外墙。第二天早晨，土耳其人惊讶地发现一支骑士团大分队正在岸上严阵以待，只得赶快扬帆撤退。这支"分队"其实是岛上的居民假扮的，保罗让所有男人和女人都穿上了骑士团的红外套。[15]

1506 年，7 艘埃及长船（flutes）——通常是一种狭长的桨帆船，船帆很大——进攻科斯岛。埃及人派两艘船先行打探情况，但从海角后面突然出现了两艘罗得岛战船，将其拦截。埃及人把长船停在岸边，向内陆逃去。骑士团派一队人马登上长船，将其余埃及舰船引到一个海湾里去，骑士团的加莱战船则早早在这里埋伏。5 艘长船全部被俘，俘虏都被卖作奴隶。[16]

1509 年俘虏"亚历山大里亚大帆船"则更精彩。这种商船被称为"海之女王"，每年往来于突尼斯和君士坦丁堡之间，满载着富商和从印度运来的奇珍异宝。"莫加比纳号"（Mogarbina）是一艘有七层甲板的大船，船的主桅"要 6 个大汉才能合抱"，船上有"100 门炮和 1000 名士兵"，商人们都很放心将他们最昂贵的货物交由这艘船载运。这艘船也多次击退过骑士团的舰队。骑士团加斯蒂诺（Gastineau）辖区指挥官是一位诡计多端的利穆赞人，他在克里特岛附近伏击了这艘庞然大物。他假装谈判，把骑士团的大帆船停靠在"莫加比纳号"旁边，用霰弹枪击杀了站在船尾上的船长和官员们。"莫加比纳号"的船员降旗投降，骑士登上大船，发现船上装了一大批白银和珠宝，一包包丝绸、山羊绒和地毯，还有大量的胡椒、生姜、丁香和肉桂。在回去的路上，骑士团还俘虏了 3 艘小一些的运输船，所有财宝最终都卖到了法国。财宝所有者要么付钱为自己赎身，要么就会被送到奴隶市场。[17]

1510 年 8 月，埃及苏丹坎苏·古里（Qansuh al-Ghawri/Ghūri，另译干骚·奥里）派侄子率 25 艘船到"莱亚佐"（Laiazzo）——位于小亚细亚沿岸亚历山大勒塔附近的阿亚斯（Ayas）——去带回埃及急需的造船木料。骑士团的探子将这一消息通知罗得岛。于是，阿马拉尔的安德烈亚率 4 艘加莱战船、利勒亚当的菲利普·维利耶（Philippe Villiers de l'Isle Adam）率 18 艘武装大帆船和三桅小帆船突然出现在阿亚斯附近（这种联合指挥一支海军的作战形式有一天将招致恶果）。马穆鲁克赶快扬帆出海迎敌，经过一番船体碰船体的对战，骑士团胜利了，俘虏了 4 艘加莱战船和 11 艘其他船只。这是罗得岛骑士团规模最大的一次海战，也是其间谍活动的一次重大胜利。

这场海战背后还有一些政治含义。这批木材是为了打造一支新的埃及舰队，这支舰队将与土耳其海军一同作战，把葡萄牙人赶出红海海域——这次失败的联盟也是埃及人和奥斯曼土耳其人之间的最后一次联盟，此后，双方开始兵刃相向。1516 年，土耳其人击杀了坎苏·古里，并在一年后绞死了最后一位马穆鲁克苏丹。

1512 年，温和的巴耶济德被迫退位，后来被他的儿子"冷酷的"塞利姆一世（Selim I）毒死。塞利姆极其嗜血奸诈，简直到了疯狂的地步。他是个优秀的士兵，赢得了许多胜利，给他的苏丹近卫军装备了火绳钩枪。罗得岛对此惊恐不已，所幸塞利姆忙着对付匈牙利、波斯和埃及，无暇他顾。1517 年，他吞并了开罗，将哈里发之位收入囊中，罗得岛实际上已经被包围了。不过，1521 年，正当塞利姆准备入侵罗得岛时，他突然去世。他的继任者苏莱曼大帝是奥斯曼帝国最有魅力也最可怕的君主，手下还有一支身经百战的常胜军。这时，安纳托利亚半岛已经成为奥斯曼帝国的核心地区，但就在距离海岸不远的一座小岛上，居然还留有一个偶像崇拜的海盗巢穴，这在当时的编年史家卡迈勒·帕夏扎德（Kemal Pashazade）笔下就是"罪恶之源，邪教汇聚之所"。若不将其剿灭，土耳其就必须把所有战船部署在附近海域，永远成不了一个海洋强国。

1521 年，骑士团举行选举，有 3 名候选人角逐大团长之位：一是英格兰修道长托马斯·多克拉，二是卡斯蒂利亚修道长、葡萄牙人阿马拉尔的安德烈亚，三是奥弗涅修道长利勒亚当的菲利普·维利耶。最后，菲利普当选大团长，但安德烈亚很不服气，吵嚷说："这将是罗得岛骑士团的最后一位大团长。"新任苏丹苏莱曼给菲利普写了一封信，祝贺他履新。菲利普则写了一封语气尖酸的回信，几乎等同于向苏莱曼下战书，因为骑士团的探子已经渗透到苏莱曼的后宫，菲利普得知一场大战即将来临。[18] 骑士团向欧洲求助，但未获回应，只有一位富有的杂役弟兄雇用了500名克里特弩手，迫于威尼斯统治者的禁令，将他们乔装打扮成商人或下级水手。[19] 最棒的是，他还雇用了那个时代最优秀的军事工程师马丁嫩戈的加布里埃尔·塔迪尼（Gabriele Tadini de Martinengo），后者冲破了重重阻挠才来到罗得岛。

一到岛上，虔诚的马丁嫩戈就被骑士团的面貌深深感染，趁着自己还没有结婚，他申请加入骑士团。菲利普不仅让这个天才成为"恩典骑士"（Knight of Grace），还授予他"大十字"（Grand Cross）军衔。这位新任执行长官很快充满激情地投入巩固城防的工作中：每个堡垒前都挖掘了三角沟（箭头形的双重壕沟），每个危险点上都堆满了柴捆和土筐，每一座炮台都有木头或绳子做的防护盾，能够打出最大火力。菲利普所统辖的守备军并不比欧比松多多少——他有500名骑士、1000名重装兵和一些民兵——但他的防御工事更坚固，火炮也更先进。[20]

1522年6月26日，就在圣约翰节庆之后的两天，一支103艘加莱战船和300余艘其他船只组成的土耳其舰队出现了。所有罗得岛人都聚集到修道院教堂里，"举行了一场布道会和一场庄严肃穆的、教宗规格的弥撒"，"虔敬的大团长阁下"[21] 把罗得市的钥匙放在祭坛上，将它们托付给圣约翰。最后，他亲自举起圣体，祝福罗得岛和岛上的守备军。随后，他穿上镀金铠甲，骑马穿过街道，各骑士纷纷抵达岗位。大团长已经分配好各处的兵力，视察了各语言区的分遣队，他们在各自驻所外列队准备作战。

时人通常认为，围城军大约有14万士兵和从事劳役的6万巴尔干农民。[22] 指挥官是苏莱曼的妹夫穆斯塔法帕夏（Mustafa Pasha），他很勇敢，但缺乏作战经验。[23] 尽管他的参谋长皮里·穆罕默德帕夏（Pir Mehmed Pasha）是经验丰富的老将，但前任苏丹塞利姆手下的那些老兵并不相信这位年轻的廷臣。皮里写信给苏莱曼，表示军队的士气很低落，苏丹本人应当亲自到场，才能攻下罗得岛。于是，在 7 月 28 日，苏莱曼率 1.5 万人马抵达罗得岛。

整个 8 月，土耳其人都在集中攻击阿拉贡堡垒和海洋之间的一段防御墙。他们的轰击比 1480 年的更科学，还有了可以垂直开火的臼炮。工兵挖坑速度更快 —— 用了尽可能多的人来挖 —— 还开始使用火药，但马丁嫩戈用羊皮鼓面和小铃铛做的测震仪发现了很多坑道。[24] 土耳其人用火炮系统性地摧毁了一些精心选定的区域，还堆起了两座与外墙同高的大土堆，"像两座大山一样"，好直接向城内开炮。

9 月 4 日，两个装满火药的坑道在英格兰堡垒下爆炸，12 码长的防御墙应声倒塌，把前面的壕沟填平了 —— 这是一个绝佳的缺口。土耳其人立即发起进攻，占领了这道缺口。那时菲利普正在附近的一座教堂中念诵日课。他用祷词的起始句"上帝来助我"鼓舞自己，抓起他的短矛冲出教堂，只见土耳其人的七尾旗在倒塌的城墙上飘舞。所幸英格兰骑士在尼古拉斯·赫西（Nicholas Hussey）率领下坚守内墙，菲利普就从这里发起反击，将土耳其人从缺口赶了出去，他们甚至还丢下了军旗。穆斯塔法亲自用剑处决了逃兵。大团长的掌旗官，英格兰骑士亨利·曼塞尔（Henry Mansell）受了致命伤，但土耳其人也损失了很多兵马，其中包括 3 名桑贾克贝伊（sanjak bey）。[25]

穆斯塔法又对严重受损的英格兰堡垒发起了两次攻击。上千人组成的土耳其纵队朝街垒冲过来，但土科波利尔长官约翰·巴克（John Buck）从废墟发起了反击。土耳其人丢了阵地，穆斯塔法只得亲自冲过来支援他们。不过，英格兰骑士也得到了支援——弗伦德施泰因的克里斯多夫·瓦德纳（Christoph Waldner von Freundstein）率领德意志骑士赶来。火炮也就位了，还有一些易于机动的隼炮和小鹰炮（分别是六磅炮和三磅炮），能够在近距离造成很大杀伤。帕夏一直在战斗，直到他的部下把他拖走。骑士团这边的伤亡也很惨重，巴克、瓦德纳及许多英格兰和德意志骑士都战死了。[26]

穆斯塔法决定拼尽全力，在9月24日发动一场全面进攻。苏莱曼就在附近一座小山上观战。阿拉贡、英格兰、普罗旺斯和意大利的四座堡垒都受到了猛烈轰击，随后，苏丹近卫军从硝烟中冲出，争先恐后奔向城墙。阿拉贡骑士逐渐不敌——他们面对的是苏丹近卫军的将军——但大团长带着200人马赶来支援，击退了将军。苏莱曼下达了撤退指令，他的军队已濒临崩溃。

苏莱曼下令整支大军列队，观看他用乱箭处死自己的妹夫，经皮里·穆罕默德求情后才将其赦免。苏莱曼本打算撤军，但一个阿尔巴尼亚叛徒宣称，骑士团兵力锐减，罗得岛绝对抵不住又一次攻击，因而他又任命艾哈迈德帕夏为新总指挥官。艾哈迈德较为年长，是一名经验丰富的工程师将军。这位"哈迈克帕夏"（Hakmak Bashaw，骑士尼古拉斯·罗伯茨译写为这个名字）的策略就是消耗战。

菲利普的火药储备开始捉襟见肘，尽管建了一个临时磨坊，但硝石供应不足。艾哈迈德的火炮持续破坏城墙。每一天，骑士团的战斗力都在减少。冬季风暴使骑士团其他辖区的增援部队不能从墨西拿出发，一艘载着埃格尔执行长官的英国船只在比斯开湾遭遇风暴，全船人都沉入了大海。后来，一个土耳其奴隶女孩劝服同伴们放火烧城，但他们被抓住并被处决。骑士团还抓住了一位把消息射到敌军营帐的犹太医生。

更可怕的是，阿马拉尔的安德烈亚的仆人也被发现用同样的手段与土耳其人通信。在严刑拷问之下，他供出了自己的主人——卡斯蒂利亚修道长兼大外务官。"经过讯问"，安德烈亚否认了指控，但他也许确实想私下同土耳其人谈判。即便不是叛徒，安德烈亚也绝对是一个失败主义者，他的行为使整个守备军人心惶惶。骑士团严肃地开除了安德烈亚，随后将他斩首。[27]

土耳其人用大木盾作防护，把壕沟挖到了城墙脚下。在阿拉贡堡垒的一场战斗中，珍贵的马丁嫩戈的加布里埃尔被射中了眼睛——流弹穿过了他的头。骑士团将他移入摇摇欲坠的塔里，他待了 5 个星期，躺在一堆废墟中的草垫上。看守人时时眺望地平线，搜寻着援军的踪迹。

最后，菲利普命令周边群岛和博德鲁姆的守备军，连同 12 名骑士和 100 人一道，乘坐三桅小帆船冲破封锁线。[28] 到了 11 月底，炮轰已经严重损毁了意大利堡垒，骑士团拆除了两座教堂来修建路障，而英格兰和阿拉贡堡垒已夷为平地。当下一轮总攻来临时，马丁嫩戈的伤势终于恢复了，他和菲利普到各处巡视，为筋疲力尽的部队加油打气。所幸雨天来临，土耳其人修的斜坡变成了一片烂泥，火药也点不着了，苏丹近卫军又一次被骑士团击退，损失惨重。

了解骑士团的神父韦尔托（Vertot）评论道："人若不怕死，就会非常强大而可怕。"苏莱曼绝望了，他已经损失了 5 万多人——来自骑士团的估算——还有数千人死于疫病和寒冷。土耳其人派一名将官来到城墙下，提出了优厚的投降条件，并告诉骑士团他们命定失败。"圣约翰的骑士只用剑说话！"一名辖区指挥官回应道。英格兰骑士尼古拉斯·罗伯茨后来写道：

> 我们大部分人都战死了，没有火药……没有军需也没有给养，只是依靠面包和水在作战。我们身处绝境，决定在战场上与他们同归于尽，而不是投降后被钉在木桩上。我们已经杀死了那么多土耳其人，不相信投降后他们能饶过我们的性命。[29]

到了冬季，狂风和暴雪随之降临。大团长虽决定战死沙场，仍召集了议事会。

一位亲历者记述了这次颇有戏剧性的会议。他是一名年长的辖区指挥官，碰巧到罗得岛公干，并非为了战斗而来。这位"波旁家族的私生子雅克"是列日采邑主教（prince-bishop）血缘意义上的儿子，他说所有高级官员都汇报了惨重的伤亡数字。马丁嫩戈向团长和在会的每一位可敬的官员说：

> 我观察并衡量了罗得市遭受的重创，看到城墙缺口多么大，敌人挖的壕沟如此深入城内，有 100 英尺深、70 多英尺宽，我还看到敌人已经从另外两处突破了城墙，看到我们大部分重装兵——包括骑士和其他人——或死或伤，给养也已经耗尽，只剩下普通的劳工顶上他们的位置。我们已不可能再抵抗下去，除非有援军到来，迫使土耳其人拔营。

私生子还记录下了随后的一场激烈辩论 ——"是战斗到最后一刻，还是拯救岛上的民众"。许多人认为，"为信仰而死是神圣的"；另一些人则指出，苏丹提出的投降条件并不要求他们弃绝基督。[30] 突然间，希腊主教和一群流着眼泪的市民代表到场，央求骑士团投降。菲利普一时间"晕倒在地"。[31] 恢复神智后，菲利普和其他长官终于决定，"祈求和平，保护平民、妇女和儿童的生命，更符合上帝之意"。

双方达成了停战协定，但不到一个星期就破裂了。随后，在12 月 6 日，尼古拉斯·费尔法克斯（Nicholas Fairfax）驾一艘双桅帆船冲破重围，带来了他能找到的所有东西 —— 一船葡萄酒和100 名克里特弩手。[32] 这时候，城墙已经成了碎石堆，剩下的骑士住在泥泞的洞穴里躲避大雪和冻雨。12 月 17 日，土耳其人发动进攻，第二天再次进攻。骑士团没有火药，饥寒交迫，仍努力将其击退。或许就在这最后一战中，一位已战死的英国骑士的希腊情妇割断了两个孩子的喉咙，穿上他的战甲，拿起他的宝剑，跳进壕沟里力战至死。但其他罗得人陆续做了逃兵，有一些人还遭到即时处决。12 月 20 日，大团长要求重新订立停战条约。

苏莱曼的条件十分慷慨：骑士团交出罗得岛、周边群岛和博德鲁姆、卡斯特洛里佐，就可以带着所有财物自由离开。土耳其人甚至可以为其提供船只。所有教堂保留，不会变成清真寺，罗得岛人也能享有宗教信仰自由，还能免交 5 年赋税。菲利普到苏莱曼的"红色宫帐"中做客后，苏莱曼也不带护卫访问了被毁坏的罗得市，菲利普带他参观了仅存的防御工事。苏莱曼邀请腓力到土耳其军中效力，但菲利普回答说："雇用我这样一个变节者，将使一位伟大君主蒙羞。"后来，苏莱曼还评论道，迫使菲利普这位"优秀的老人"离开家园，他感到很遗憾。[33]

1523年1月1日夜，一声号角响起，在围城军的惊讶注视下，骑士团列队走出城外，他们的盔甲擦得闪亮，旌旗招展，军鼓齐鸣。随后，他们带着最珍贵的圣物（菲勒莫圣母像和施洗者约翰的手）、所有档案文件和罗得市的钥匙，启程前往克里特岛。在大团长所乘的加莱战船上，一面旗帜悬挂在桅杆的半中央，上面画的是怀抱儿子尸体的悲痛的圣母，旁边一行字写着"你是我们在艰难困苦中的唯一希望"。

神圣罗马帝国皇帝查理五世说过："在所有陷落的土地中，只有罗得岛最得其所。"但那些在风雪中驶向黑暗的医院骑士们知道，耶路撒冷又一次陷落了。

第六部分

最后的十字军
1523—1571

马耳他、勒班陀和反宗教改革

因此，他们看起来是一个奇怪和令人困惑的人种，比羊群更驯顺，比狮子更凶猛。我不知道该称他们为修士还是骑士，这两个名字都没错，但一个体现不出修士的温和，另一个则表达不了骑士的好斗。

——明谷的贝尔纳，《新骑士颂》，约 1128 年

第 15 章
争夺地中海的战争

圣约翰医院骑士团似乎撑不了多久了。他们无家可归，从一个避难所转移到另一个避难所 —— 从墨西拿到库迈，到奇维塔韦基亚，到维泰博，到科尔内托和维勒弗朗什（Villefranche），最后到尼斯。1524 年，神圣罗马帝国皇帝查理五世提议将马耳他和的黎波里授予骑士团，但骑士团仍没有放弃收复罗得岛的希望。

亨利八世让骑士团最终下定了决心。1527 年，他宣布英格兰语言区从骑士团独立出来，承担防卫加来的任务。大团长很惊讶，赶往英格兰，发现亨利八世很不高兴，因为他没有就骑士团的未来出路咨询英国王室。为讨好亨利，菲利普授予他"骑士团保护者"头衔，同意让即将出任土科波利尔长官的约翰·罗森（John Rawson）[1] 留任爱尔兰修道长，因为他"在教化当地人"方面颇有建树。亨利八世态度有所缓和，同意让威廉·韦斯顿（William Weston）担任英格兰大修道长。[2]

大团长本来对查理五世的提议充满疑虑，因为这意味着要向他宣誓效忠。然而，经亨利八世这件事后，骑士团又没能守住刚刚占领的迈索尼，大团长终于在 1531 年决定接受。此后还要经过很多年挣扎，骑士团才在马耳他安定下来。

这座新岛比罗得岛还要小，只有 17 英里长、8 英里宽。岛上十分贫瘠，大部分地区都光秃秃的，稀薄的土层被石壁和沟壑切割得支离破碎。岛上没有一条河，连小溪也没有。邻近的戈佐岛（Gozo）也差不多。马耳他岛上约有 2 万居民，大都说"一种摩尔人的语言"，但贵族是阿拉贡人或西西里人。首府"显耀城"（Citta Notabile，今姆迪纳）是个"古老、荒凉的小镇"，其他几个简陋的村庄也毫无魅力，丝毫不能为来自爱琴海的骑士们解思乡之愁。在大港（Grand Horbour）里，有两个岩石组成的岬角，中间由一片从东岸延伸出来的小湾隔开。北边的岬角上有一个小渔村比尔古（Birgu），旁边是一座摇摇欲坠的防御塔，名叫圣安杰罗堡垒，塔上安装了三门旧大炮。后来，这片小湾将成为战船港。南边的岬角上是森格莱亚（Senglea）。一座陡峭的半岛，锡伯拉山（Sceberras），将大港和另外一座大型港湾马尔萨姆谢特港（Marsamxett）分开。[3]

骑士团的修道院坐落在比尔古，周围由土方而非壁垒保护。各语言区的驻所都是小房子，为节省空间，里面的宿舍只有年轻骑士居住。辖区指挥官要用收入或战利品为自己买房子，但他们必须每天念诵日课、聆听弥撒，每周要到"餐厅"去吃四次饭。在外面时，骑士们只在修道或正式场合才穿制服，但会在颈上挂一个白色的搪瓷十字架。

这座临时凑合的修道院房屋很分散，没有一道回廊将其围起来，因而嫖娼、决斗等行为很容易被发现。一些犯严重罪行者将被处以监禁，关在圣安杰罗堡下噩梦般的地牢中，或者"被剥夺制服"。有一次，一名英格兰骑士谋杀了他的马耳他情妇，与此同时，一位见习礼拜神父被发现偷窃菲勒莫圣母祭坛上的珠宝。两人被绑进麻袋里，运到海上，从甲板上扔了下去。1532 年，罗马修道长的一名侍从在决斗中杀死了一名普罗旺斯骑士，就此引发大规模争执，法兰西、意大利和西班牙语言区骑士在巷子里展开激战。流浪的生活让骑士团不再安稳。

1534 年，年过 75 岁高龄、疲惫不堪的大团长利勒亚当的菲利普·维利耶去世了，死前还思念着罗得岛。他留下一支强大的舰队。舰队里的基本作战力量还是划桨帆船，很适合小规模海军的"连打带跑"战术。骑士团的大帆船船首宽大，有四根装横帆的桅杆，有时候还配备拖船，但这种船主要用于防御，或者运送贵重货物和重要使团。1523 年，威廉·韦斯顿率这样一艘大船从干地亚（Candia）到墨西拿，船上运载了 500 人，还能装下 6 个月的给养。船体用铅皮包裹，可抵御炮火轰击。1530 年专为骑士团打造的"圣安娜号"也是这种船，有 6 层甲板，排水量达 1700 吨。其他船只有双桅帆船——轻便、没有甲板，有两根装横帆的桅杆，可做运兵船；还有很多三桅小帆船、单桅小帆船和用来侦察敌情的"箭船"（saettas）。

虽然发誓甘于贫困，但骑士可以留下一部分战利品。当他们死后，其财产的五分之一可以通过遗嘱由他人继承，剩余部分要归还骑士团。在财政紧张的时候，骑士团还会将配备加莱战船的特权卖给骑士。

1535 年，神圣罗马帝国皇帝进攻突尼斯［不久前刚被阿尔及尔的德伊（dey，总督）"红胡子"海尔丁（Khair ed-Din）占领］；其舰队由令人敬畏的安德烈亚·多里亚（Andrea Doria）指挥，骑士团派来 4 艘加莱战船、1 艘大帆船和 18 艘双桅帆船助战，由副海军司令、比萨修道长奥塔维奥·波提杰拉（Ottavio Bottigella）率领。戈莱塔（Goletta）的土耳其守备军有 6000 人，但它很快就被骑士团率领的队伍攻陷了。"红胡子"刚率军从突尼斯出发，一些被他囚禁的骑士在保罗·西梅奥尼（莱罗斯的英雄）率领下，制服了狱卒，并占领了城中的堡垒。城外的穆斯林军队作鸟兽散，西梅奥尼打开城门迎接帝国军队。

骑士团在"圣安娜号"的甲板上为查理五世举办了胜利宴会。查理看到骑士团的餐桌用具十分华丽，环境富丽堂皇，带着讽刺的口吻抱怨道："他们为上帝做了什么？"奥塔维奥·波提杰拉插嘴说："他们在上帝前面不带武器也不穿制服，只穿着便鞋、朴素的长袍和粗毛衣服——他们不是站着，而是跪在地上。如果陛下加入他们的队列，您将得到一个唱诗班座位、一件黑色的修士服和一串念珠。"[4]

宗教改革使骑士团元气大伤。1545 年，当勃兰登堡边区伯爵接受新教后，骑士团失去了许多在德意志的辖区。讽刺的是，间接导致英格兰语言区覆灭的教宗克雷芒七世，朱利亚诺·德·美第奇，曾经是骑士团的卡普阿大修道长。1450 年 5 月，英格兰修道区解散，骑士们得到一笔退休金后自谋出路。骑士团在爱尔兰的产业大部分由英格兰修道长罗森控制，这时也被没收。只有苏格兰修道区留下来，仅有单独的托菲亨辖区。在马耳他的少数英国骑士依靠骑士团公库生活，但英国执行长官职位空缺后就不再补员。[5] 1539 年，巴德斯利（Baddesley）辖区指挥官托马斯·丁利（Thomas Dingley）因否认王权至尊，与一名荣誉骑士阿德里安·福蒂斯丘（Adrian Fortescue）[6] 一道被斩首。1541 年，另一名业经宣誓的骑士大卫·冈斯顿（David Gunston）被吊起来，再淹死，最后五马分尸。另外两名业经宣誓的骑士威廉·索尔兹伯里和约翰·福雷斯特死在监狱里，骑士团的殉道者多至 5 人。英格兰语言区中只有 27 名骑士和 4 名礼拜神父，最多还有十来名荣

誉骑士，但从比例上看，英格兰的医院骑士团为保卫教宗制而做
出的牺牲，是加尔都西会以外最多的。用富勒的话来说："医院骑
士是来自古老家族的绅士和战士，有昂扬的斗志，不会像别的修
会一样向亨利八世哀哭乞怜，也没有公认的斑斑劣迹。"[7]

阿德里安·福蒂斯丘生于 15 世纪 70 年代，是英格兰马耳他
骑士的第一位殉道者和守护圣徒。他的女儿嫁给了第十任基尔代
尔（Kildare）伯爵"穿丝绸的托马斯"（Silken Thomas）。托马斯
的叔叔詹姆斯·菲茨杰拉德、约翰·菲茨杰拉德都是荣誉骑士，很
可能就是他们于 1532 年将阿德里安招募为荣誉骑士的。两年后，
阿德里安的这个女婿自立为爱尔兰国王，率军围攻都柏林。战败
后，他和他的叔叔一起被铁链绞死在泰伯恩刑场。阿德里安有这
种亲戚，自然不会受亨利八世青睐。不过，他在 1539 年被斩首的
原因却是拒绝宣誓效忠至尊王权（Oath of Supremacy）。

阿德里安的座右铭从一个侧面反映了他的人格特质。

用你的全心全意热爱上帝，超过一切事物。渴望上帝的
荣耀，高于关心你自己的灵魂健康……不要认为你比别人更
优秀，没有人的罪孽如你一般深重，要把自己视作最卑微的
人。要判别最优秀的品质。保持沉默，但如有必要，则开口
说话。不要在不熟悉的人前表现快乐。在身份地位方便的情
况下，尽可能保持独处……经常祈祷……怜悯穷人，用你
的能力帮助他们，这将极大地取悦上帝。与所有人言语都平
和中正，尤其是对那些贫穷和困顿的人……保持敬畏，眼里
始终有上帝……如果不小心犯了罪，不要绝望。

不过，阿德里安的大部分同袍都不那么坚定，选择宣誓效忠至尊王权。亨利给了他们相当丰厚的退休金。修道长克雷芒·韦斯顿每年有 1000 英镑，另 5 位高级骑士也有 50 镑到 200 镑。当时的大修道院院长中，很少有年收入超过 100 英镑的，由此可以推想这笔钱和骑士团土地的价值。一些骑士进入亨利的海军效力，部分人还成为加莱战船指挥官。[8] 这些战船有可能也是由骑士们引入英国的，但事实上这种船并不适合在波涛汹涌的英吉利海峡航行。

伯顿拉撒路有"一座很漂亮的医院和教士团教堂（collegiate church）"，有一位团长和 8 名骑士，圣拉撒路的雕像和圣井依然吸引着络绎不绝的朝圣者。1540 年，托马斯·利（Thomas Legh）博士出任圣拉撒路骑士团最后一任团长，他"身形粗壮肥大"，在解散修道院运动中是托马斯·克伦威尔的代理人。诺福克公爵写道："可叹！这么一个邪恶的家伙居然掌管了那座诚实的修道院。"1544 年，伯顿拉撒路修道院被解散。[9] 修道院成员早就不再是骑士了，但圣拉撒路骑士团仍存在于法国和皮埃蒙特，就像一个影子。[10]

每年都有很多海盗袭击地中海沿岸地区，甚至快打到罗马城下。的黎波里尤其危险，至迟在 1551 年，医院骑士团考虑将修道院搬到这片被炎热的沙漠和石头山包围的绿洲。托尔古特（Torghut）是这一时期最令人害怕的海盗，他在突尼斯和的黎波里之间的马赫迪亚（Mahedia）驻扎，不断骚扰周边，成为一个巨大的麻烦。1550 年，神圣罗马帝国皇帝派出一支远征军去毁灭他的老巢，其中包括 140 名骑士。"伊斯兰之剑"托尔古特发誓要复仇。1551 年 7 月，他在马尔萨姆谢特抛锚。由于比尔古兵强马壮，他就围攻姆迪纳，将这座小岛夷为平地。在亨利八世死后被任命的土科波利尔长官尼古拉斯·厄普顿（Nicholas Upton）率 30 名骑士和 400 名本地骑兵迎击，取得了胜利，但厄普顿本人却因太胖而中暑死去。随后，托尔古特航向的黎波里，这里的守备军人手不足，城堡也摇摇欲坠。的黎波里总督，元帅加斯帕尔·德·瓦利耶（Gaspard de Vallier）①英勇奋战，却没有等来援军，甚至连一个信使都没有来，只好投降。他没有获得骑士团的原谅。骑士团里已经有人对加斯帕尔不满，年老的大团长奥梅德斯（Omedes）十分恼怒，骑士团剥夺了加斯帕尔的制服，还将他投入监牢。如果不是一名勇敢的骑士挺身相劝，愤怒的奥德梅斯可能已经砍下了他的头颅。[11]

不过，骑士团的海军越来越壮大。海军的编制基本成形，有一名大海军司令——有时候由副海军司令代理——和一名加莱战船总指挥。各船的指挥官都有一名副手和一名船长协助，后者是雇佣水手。穆斯林商人很害怕骑士团的斯特罗齐和罗姆加斯，就像基督徒商人害怕托尔古特一样。

莱奥内·斯特罗齐（Leone Strozzi）年纪轻轻就担任战船总指挥，在他父亲被神圣罗马帝国皇帝查理五世俘虏并自杀后，他就离开了骑士团，与查理五世作战。他生性尖酸刻薄，常与人争吵，最终不得不离开法国，但大团长奥梅德斯不愿意接收这个麻烦的家伙。他于是当了海盗，自称"唯与上帝为友"。斯特罗齐的小舰队成了一个笑柄，但因为他航海技术高超，英勇无畏，当他再次申请回归时，骑士团愉快地接纳了他。可是，斯特罗齐再

---

① 出于习惯，本书中世纪时期人名的 de、von 等词译为"的"；第六部分起，约 1500 年后，人名取现代译法。——译者注

次退团，向美第奇家族复仇，最终在一次突袭中死在了托斯卡纳的海滩上。本韦努托·切利尼（Benvenuto Cellini）在《回忆录》（Memoirs）中这样描述斯特罗齐："这位优秀的指挥官是他那个时代最伟大的人之一，也是最不幸的人之一。"骑士团老将布莱兹·德·蒙吕克（Blaize de Montluc）则写道，卡普阿修道长斯特罗齐是"数百年来海上最英勇的人"。[12]

骑士团最著名的水手当属马杜林·多·德·莱斯库·罗姆加斯（Mathurin d'Aux de Lescout Romegas），凡是他袭击过的敌船，要么沉没，要么就被骑士团俘虏，无一例外。他经常单枪匹马对付七八条土耳其舰艇，坚不可摧。1555 年 9 月 23 日夜，一场可怕的风暴袭击马耳他，大港里所有船只都沉入水底。第二天清晨，罗姆加斯的加莱战船浮上水面，船底朝天，龙骨下面传来敲击声。人们将木板拆开，船里钻出一只猴子，随后指挥官罗姆加斯也爬了出来。[13]

奥梅德斯要求申请加入骑士团者提供四份贵族血统证明（家族中至少有四个贵族），不过，骑士团也会接纳血统证明不足的申请者为"恩典骑士"，通常情形是申请者的母亲很富有，却是平民出身。后来，许多这样次一等的骑士经教宗特许后，可以成为"正当（Justice）骑士"（依照正当的贵族出身），但不能被提拔为执行长官。

骑士团中的修女也要提供贵族证明。阿拉贡的锡赫纳修女院吸引了西班牙最显赫家族的女子，马耳他也设立了一座修女院。为纪念罗得岛，修女的红色道服换成了黑色，仍绣一个白色十字标记。在锡赫纳，修女们绣红十字标记，戴白色贴头帽，在重大节日唱诗时还佩一根银色手杖。[14]

同侪骑士，或称"荣誉骑士"，也必须满足和宣誓骑士一样的标准。他们分为两类：出身贫民者与杂役弟兄差不多，出身贵族者则有望成为正当骑士。礼拜神父和武装仆役必须从未从事体力劳动或经营店铺，通常来自"上层资产阶级"（haute bourgeoisie）或定义模糊的"小贵族"（petite noblesse）阶层。杂役弟兄不是委任的军官，属于"半骑士"而不是勤务兵，一些特别勇敢的杂役弟兄也能提拔为"恩典骑士"。

许多骑士来到马耳他时还是青年侍从，不超过12岁，他们要到15岁才能成为见习骑士。见习期为一年，在一个特殊的修道团里度过，由一名见习骑士团长监管。不过，还有很多人在家乡宣誓入团，隶属于当地的修道区。

1553年，克劳德·德·拉森格勒（Claude de la Sengle）出任大团长，致力巩固马耳他修道院。骑士团在锡伯拉山上修建了一座星形的圣埃尔莫堡垒，守卫大港和马尔萨姆谢特港的出入口。不过，克劳德将主要精力集中在比尔古对面的半岛上，他加固圣米歇尔堡垒，在那里竖立了棱堡。骑士们为表示感恩，把这片海角命名为"森格莱亚"（Senglea）。

1557年，让·帕里索·德·拉瓦莱特（Jean Parisot de la Valette）当选大团长。他生于1494年，来自加斯科尼的凯尔西（Quercy）。他身形高大，头发银白，像个长老那样留着胡子，脸庞被太阳晒成了古铜色。"他并不忧郁伤感，而是性情使然"，[15] 他保持着高度自制，总是低声说话。他自宣誓以来从未离开马耳他——一般骑士完成四轮外勤任务（八次航行），并在马耳他岛服役三年后，就会退回自己的辖区，享受应得的假日时光。但拉瓦莱特不是这样，他一次又一次出海航行。1541年，他的加莱战船"圣让号"

被土耳其人俘虏，他还在船上做了一年的奴隶。

他出任团长后，严厉打击决斗、赌博和嫖娼等恶习，要求骑士遵守修道规章，每天都参加弥撒、念诵日课，除此之外还要在重要宗教节日参加修道院教堂的晨祷和晚祷。他还彻底改革了骑士团的财务制度。不过，他的主要改革措施还是在防务方面，这符合他罗得岛老兵的身份。他加固了比尔古的建筑，在威尼斯定做了一条长 200 米的钢铁环链水栅，安装在战船港的出入口。

1557 年，玛丽女王恢复了英格兰语言区。克勒肯维尔修道区复立，托马斯·特雷瑟姆（Thomas Tresham）[16] 任大修道长，下属 10 个辖区，3 名执行长官——土科波利尔长官、爱尔兰修道长和埃格尔执行长官——重新任命，在比尔古的小驻所中也有了 5 名英格兰骑士。但后来伊丽莎白当了女王，1559 年英格兰语言区又解散了。1564 年，最后一位苏格兰修道长詹姆斯·桑迪兰兹（James Sandilands）[17] 成为新教徒，从国王手中接受辖区，成为托菲亨勋爵。马耳他只剩下一名英格兰骑士奥利弗·斯塔基（Oliver Starkey），他是土科波利尔副官、昆宁顿（Quenington）辖区指挥官，埋头向学，孤身一人住在玛吉斯特雷尔街上的一栋房子里，就在被废弃的英格兰语言区驻所旁边。后来，他成为拉瓦莱特的拉丁文秘书，负责起草所有外交书信。

一个新骑士团的到来，振奋了马耳他骑士团的士气。1561 年，托斯卡纳大公科西莫一世（Cosimo I）成立了圣司提反（斯特凡诺）骑士团（司提反是一位教宗，也是殉道者），骑士团遵循"本笃规章"，以剿灭海盗为任。骑士团中分为四个等级：有四个贵族血统证明的骑士，宣誓守贫、守贞和服从，穿有玫瑰花图案内衬的白色斗篷，左胸处绣一个镶金边的马耳他红十字；礼拜神父，穿白色法衣和披肩，其十字标记镶黄边；杂役弟兄，穿白色的哔叽衣服，红十字标记不镶边；此外还有守律修女。托斯卡纳大公是世袭的团长，骑士们可以结婚，用部分时间过修道生活。骑士团执行长官包括治安官、海军司令、大修道长、外务官、司库、保管员（Conservator）和修道长，都经三年一次的选举产生。[18] 科西莫为骑士团慷慨捐赠，邀请画家和建筑师乔尔乔·瓦萨里在比萨修建了一座华丽的教堂和修道院。教堂中悬挂着土耳其战利品，修道院中则装饰着穹顶壁画，纪念 1571 年的勒班陀战役。[19] 不过，这个在文艺复兴后期成立的骑士团并不仅仅是象征性的团体，许多单身骑士都住在修道院里，其加莱战船也经常积极配合马耳他骑士团作战。

1564 年，罗姆加斯伏击了一艘从威尼斯到君士坦丁堡的土耳其大帆船，船上的货物价值 8 万西班牙达克特。[20] 这艘船属于奥斯曼土耳其"黑宦官"（Black Eunuchs）首领库斯迪尔（Kustir）将军，其中有一部分"帝国宫女"的货品，导致苏丹的后宫骚动吵闹。同时，一位此前被骑士团俘虏的土耳其老"贵妇"，也从马耳他岛寄回招人怜悯的信件。苏莱曼此时已年迈，沉湎在儿子反叛、宠后去世的悲痛中，很容易动怒。他作为"安拉的世间和平赠予者"，不能再容忍不信神的海盗在土耳其的海域四处作乱。

骑士团死敌托尔古特夸大了骑士团的脆弱，因而苏莱曼只派将军们率不到 3 万人进攻马耳他。但这 3 万人就是帝国军队中的精英。6000 名精心挑选的苏丹近卫军持大马士革长管滑膛枪打头阵。其后是 9000 名训练有素的斯帕西骑兵，他们是封建征召兵——可能模仿了土耳其宫廷常备军团的建制，相互之间差异很明显，分别穿着深红、黄色或深蓝色的织锦衣服。他们骑马，用角弓，也有火枪，会下马作战。还有 6000 名海盗和水手，装备稍差一些。此外还有 3500 名贪婪的阿金基轻骑兵（akinjis），专门为劫掠战利品而战。所有士兵当中，战斗力最强的是 4000 名托钵僧加齐，通过服用印度大麻进入癫狂状态。[21]

这支军队有两位指挥官：年长的是穆斯塔法帕夏，身经罗得岛之战的老将；年轻的是毕亚勒（Piyale），他曾是塞尔维亚弃婴，娶了奥斯曼公主，成为"船长帕夏"（Kapudan Pasha），也就是奥斯曼土耳其海军总司令。他们的参谋中有阿里·乌鲁吉（Ali el-Uluji），未来勒班陀战役中的英雄，还有许多著名的海盗。虽然有这么多的精英人物和苏莱曼御用军旗坐镇——大银盘上有金球和新月，上面挂着象征战无不胜的马尾旗——但这次远征注定要因分头指挥而受挫。不过，1565 年的大炮比之前的攻击力更强，滑膛枪也有所改进：苏丹近卫军用的长管簧轮枪（wheel-locks）由君士坦丁堡的德意志枪炮匠人制作，比稍短一些的欧式火绳钩枪上膛慢，但准头更好。探子汇报说，土耳其军队的炮火能在数日内将马耳他岛上临时凑合的防御工事炸飞。

骑士团的间谍也注意到了从君士坦丁堡船坞和军械库传来的密集动静。欧洲各地的骑士被召回马耳他，圣安杰罗堡下挖了地洞，用来大量囤积粮草和弹药。敌人不可能在马耳他岛住下来，因为农民们拔掉了庄稼，用大麻和腐烂的内脏在井水里下毒。姆迪纳城防坚固，有民兵驻守，骑士团就让他们自己御敌。团长拉瓦莱特手下有 600 名骑士，其中包括住在岛上的 474 名骑士、67 名杂役弟兄，还有一些新来的军队——1200 名意大利和西班牙雇佣兵、3000 名马耳他民兵。其他可资使用的武装力量，包括加莱战船上的奴隶、岛上的希腊居民，有 1300 人。全部加在一起，拉瓦莱特的军队有 6000 人，其中只有不到一半是职业军人。[22] 除此之外，西西里总督还带来了腓力二世的承诺，他将派 2.5 万人来解救马耳他骑士团。

民兵和雇佣兵用长矛或弓弩作战，但都装备了剑。雇佣兵作为职业军人，身穿铠甲，戴高顶头盔，穿胸背甲，装腿甲（铰接的腿甲片）。民兵只有头盔和无袖皮外套。指挥其作战的骑士将官同时装备着剑和匕首，剑是宽身剑或双刃剑，但一些骑士更喜欢巨大的德意志双手剑。少数人可能有手持小圆盾，即一种带尖钉的小型盾。许多在城墙上作战的骑士挥舞着钩戟或登船战矛。"铠甲"（harness）在面对面的肉搏战中仍有很大用处；大多数骑士都穿着"步兵甲"（armatura de piede），一些人穿加厚的"防弹"胸甲，其他人穿布甲，用带金属钉的布制成。他们在最外面穿一件红色的战袍，有点像传令官的短袖制服，战袍上的白色大十字标记末端呈方形，而非八个尖角。大团长的战袍用金线织成。

骑士团不是一支普通的军队，而是一个战时的修道团。修道团要遵从"最尊贵的团长"，其权威建立在信仰的基础上——违背大团长，就是违背耶稣基督。骑士们仍坚信，在同异教徒作战时死去，就是把生命献给耶稣基督，而耶稣基督也曾为人类献出生命。春天到来时，骑士们聚集到修士礼堂里听拉瓦莱特的崇高布道："今日，我们的信仰迎来了危急时刻——福音是否能战胜古兰经。我们曾宣誓将生命献给上帝，现在上帝要求我们履行誓言。那些牺牲生命的人有福了。"[23] 随后，他和所有穿制服的骑士一起行进至修道院教堂，重温入团誓言，举行大弥撒并领了圣餐。在这次集体参加的圣餐仪式上，骑士团再次将自身献给上帝，其成员将很快履行自己的使命——在保卫基督徒的战斗中为基督而死。

马耳他修道院的防御主要靠水。其周围的壁垒很单薄，但土方工程——包括护城河、沟渠、坡道等——十分精良，还有位置绝佳的炮火做掩护。圣安杰罗堡垒位于北半岛的尖端，其守备军有 500 人，其中有 55 名骑士，拉瓦莱特亲自在此坐镇指挥，还修建了两级炮台。这座半岛的其余部分依靠比尔古城墙和一些小型棱堡拱卫，棱堡之间通过沟渠连通，但朝向陆地的一侧防御相对较弱，要依靠法兰西语言区防守的土方工程援助。德意志人防守海岸，卡斯蒂利亚人防守易受攻击的南边。在卡斯蒂利亚人的棱堡和医院之间，是"英格兰阵地"——奥利弗·斯塔基率多个民族的骑士在此镇守。南半岛森格莱亚海防更坚固，其四个棱堡由意大利人防守，阿拉贡人负责守卫靠近内陆的圣米歇尔堡垒。

圣埃尔莫堡垒位于锡伯拉山脚下，外观呈四角星形，建筑石料质量较差，但在靠海一侧有高位炮台，朝向马尔萨（Marsa）的一侧有一座壕沟外围工事，即三角堡。这座堡垒通常只有 8 个人驻守，此时增加到 300 人，由老执行长官路易吉·布罗利亚（Luigi Broglia）指挥，还有一名与其年纪相仿的老骑士胡安·德·埃瓜拉斯（Juan de Eguaras），他是尼格罗蓬特执行长官。

1565 年 5 月 18 日，骑士团发现了土耳其人的舰队：180 艘战船和许多货船、运兵船，近 3 万人的大军，还有一座浮动的炮台。[24] 舰队在马尔萨什洛克湾（Marsaxlokk）抛锚。穆斯塔法希望迅速扫荡姆迪纳，但毕亚勒害怕自己的舰队受损，坚持先占领圣埃尔莫堡。这座堡垒控制着马尔萨姆谢特港的出入口，是个绝佳的据点。

5 月 25 日，圣埃尔莫堡被围，炮击开始。土耳其人的炮队中有 10 门 80 磅的大炮和一座能发射 160 磅炮弹的巴西利斯克大炮。拉瓦莱特急派 67 名骑士和皮埃尔·德·马苏埃·维克瓦朗（Pierre de Massuez Vercoyran）率领的 200 名雇佣兵一道前去援救。布罗利亚手下骑士伤亡惨重，请拉瓦莱特派更多人来增援；他派去的信使胡安·德·拉塞尔达（Juan de la Cerda）告诉神圣议事会，圣埃尔莫堡很快就会陷落。[25] 愤怒的团长拉瓦莱特宣称要亲自临阵指挥，但最终派冈萨雷斯·德·梅德兰（Gonzalez de Medran）率50 名骑士和 200 人军队前去。5 月 29 日，土耳其人占领了最外围的壕沟。随后在 6 月 2 日，年届 80 岁的托尔古特率 1500 名海盗和更多大炮前来助阵。他对毕亚勒全力进攻圣埃尔莫堡的计划嗤之以鼻，但也认识到如果现在放弃，就会对军队士气造成灾难性影响。他将大炮架在加洛斯角（Gallows Point），更加猛烈地轰击小小的圣埃尔莫堡。

6 月 3 日夜，土耳其工兵发现三角堡无人防御，用小刀杀死哨兵。趁铁闸门还没来得及放下的当口，苏丹近卫军差点就扫荡了圣埃尔莫堡，只是被两发小炮弹拦截下来。土耳其人持续进攻，直到第二天中午。喷火器和滚油支援着堡垒上的火炮，此外还有大量火圈和手榴弹。火圈用大铁环绑上易燃的絮料制成，点燃后用大钳子夹起扔出去——幸运的话可以套住三个土耳其人，把他们烧成火炬。手榴弹是填满了易燃物的陶罐，四根导火线从罐嘴处伸出，确保罐子能够爆炸。

阿贝尔·布里迪耶·德·拉加达普（Abel Bridiers de la Gardampe）身上体现着骑士团的士气。他被射中了胸脯，倒在地上。一位骑士俯下身去扶他，但他低声说道："走开——就当我已经死了——你应该用宝贵的时间去帮助别人。"随后，他爬向堡垒的小礼拜堂，死在祭坛之下。[26] 500 名土耳其人、20 名骑士和 60 名雇佣兵在这一役中死去，但没有了三角堡的防护，土耳其人可以建造一道土坡，从上面向骑士团开炮。骑士团尝试突围，但没能收复三角堡。6 月 7 日，炮火齐射，圣埃尔莫堡"就像风暴中的一叶扁舟"。冈萨雷斯向拉瓦莱特报信说，布罗利亚和埃瓜拉斯经过仔细论证，认为这座堡垒必定守不住，他自己也认为继续坚守这个据点是在浪费兵力。

拉瓦莱特却不这么想，他相信若能坚持足够长时间，援军一定会到来，因为西西里总督托莱多的加西亚——圣地亚哥骑士团的一位城堡主——认为马耳他是西西里的门户，战略地位很关键。此外，总督的儿子，"一位很有前途的年轻骑士"，此时正在骑士团中。[27] 圣埃尔莫堡可以为骑士团争取一些时间。6 月 8 日夜，一场大规模进攻后，骑士维泰里诺·维泰莱奇（Vitellino Vittelleschi）带来了一份由 53 名被围骑士联署的声明书——布罗利亚和埃瓜拉斯都没在上面签名——当中写道，除非立即撤军，否则他们准备集体突围，迎接神圣的死亡。这份声明书吓坏了拉瓦莱特，他马上派三名骑士前去查看情况。其中一名骑士，康斯坦丁诺·德·卡斯特里奥塔（Constantino de Castriota）回报称，圣埃尔莫堡还可以支撑许多时日，愿率一支部队前往支援。拉瓦莱特只允许派 15 名骑士、100 名民兵和全部志愿兵——其中竟然包括 2 名犹太人——去支援圣埃尔莫堡，他还写了一封精心措辞的书信，告诉守备军可以退回到一个更安全的处所。所有人都选择留在圣埃尔莫堡里。

与此同时，炮轰仍在继续。这已经不是在摧毁壁垒，而是清理废墟了。土耳其人日夜不停地攻击。6 月 18 日，托尔古特和穆斯塔法命令军队发起总攻。"呼喊声、锣鼓声和土耳其军乐声震天响，就像末日来临。"[28] 土耳其军队装备了手榴弹和会像帽贝一样吸附在盔甲上的燃烧弹。4000 名火绳枪兵一齐朝着骑士团堡垒废墟中的每一个缺口射击，锡伯拉山和加洛斯角上的长管炮也在发射炮弹——有铁弹、铜弹或石弹。随后，托钵僧兵涌进来，在祈祷和大麻的双重作用下发了狂似的战斗，后面跟着斯帕西骑兵，最后是苏丹近卫军。这是奥斯曼土耳其帝国精挑细选出来的精英部队，在波斯到波兰之间的广袤土地上打了一场又一场胜仗。

不过，大团长早已派船运来了大量弹药和一桶桶补充精力的葡萄酒。当敌军跨过残垣断壁时，骑士团也朝他们开炮。至于帽贝燃烧弹，骑士们准备了许多缸海水，可以迅速跳进去灭火。[29] 6 个小时后，土耳其人停止了进攻。地上血流成河，横七竖八地躺着上千具土耳其人的尸体，骑士团守备队中也有 150 人阵亡，其中包括冈萨雷斯·德·梅德兰，他抢到了一面土耳其人的马尾军旗，却被砍倒在地。骑士团将伤者用船运回医院，他们拥有那个时代最先进的医术，可以让伤者很快复原。托尔古特开始在锡伯拉山上修建新炮台，后来却被石弹片击中，受了致命伤。过不了多久，骑士团就既不能增援，也不能撤出圣埃尔莫堡了。

6 月 22 日，土耳其人发起了迄今为止最猛烈的进攻。圣埃尔莫堡的城墙已只剩墙基，骑士们用石块、泥土、草铺、辎重、尸体等任何能找到的东西堆上去做街垒。土耳其军在 6 个小时内损失了 2000 人，随后撤退，但他们也杀了 500 名守备军。守备军派人游到圣安杰罗堡报信，拉瓦莱特尝试派最后一队志愿兵前去营救——但这支队伍通不过敌人密集的炮火。

6 月 23 日午夜——圣约翰节前夜——骑士团守备队在圣埃

尔莫的小礼拜堂举行了弥撒，这是这座堡垒残留的唯一建筑。两名礼拜神父成员听了所有人的忏悔，随后，每个人都领受了圣体。最后，礼拜神父把圣杯埋在地下，一把火烧掉了小礼拜堂里的所有器物，敲了一整夜的钟——这是宣告死亡的钟声。在黎明的第一束光亮起之前，这些基督的战士来到自己的岗位整装备战，他们总共只剩下 60 人了。老将埃瓜拉斯、维克瓦朗和队长米兰达受伤严重。埃瓜拉斯失血过多，米兰达被燃烧弹严重烧伤，都已站不起来，就坐在最主要的缺口处的椅子上迎敌。维克瓦朗的腿被炮弹击伤，他坐在一根原木上。[30]

早上 6 点，土耳其人举全军之力进攻，就连加莱战船也驶入港湾，朝着这片满是碎石和死尸的臭土丘开炮，不顾圣安杰罗堡那边射过来的炮火。然而，守备军一连 4 个小时都以枪炮和手榴弹予以回击，直到最后土耳其人如潮水般涌入圣埃尔莫堡。埃瓜拉斯手持一柄登船战矛从椅子上跃起，一名土耳其人用短弯刀砍下了他的头。维克瓦朗坐在原木上，用他的双手剑砍死了几个土耳其人。一名意大利人点燃烽火台，通知大团长圣埃尔莫堡已经失陷。为了保卫这座堡垒，1500 人献出了生命，其中包括 120 名骑士。只有 9 名骑士——可能受了致命伤——被土耳其人生擒，一小部分马耳他人跳入水中，游到了安全地带。但凭借这一点兵力，就让当时最精锐的土耳其大军花费了 5 个星期，用了 1.8 万轮炮击，损失了 8000 人，才攻占了这座小小的堡垒。[31]

穆斯塔法朝圣安杰罗堡望去，感叹道："安拉啊，这个小儿子（圣埃尔莫）就让我们付出了这么多代价，我们还要为它的父亲付出怎样的代价呢？"[32] 土耳其人将每具骑士尸体的头砍下，在胸口处钉入十字架，然后将尸体钉在一个木十字架上推进海里。第二天早晨，在骑士团守护圣徒的节日，潮水送来了四具损毁的尸体。拉瓦莱特失声痛哭，他立即下令将所有俘虏砍头。土耳其军中突然听到了炮声，他们同袍流着血的头颅被骑士团用大炮射进了营帐。[33] 在施洗者约翰节，大团长带领骑士团全体成员重温了誓言，让他们牢记自己的使命："除了为保卫信仰献出生命，还有什么行为与圣约翰骑士团成员更相称吗？"他说，在圣埃尔莫堡死去的骑士"赢得了殉道者的桂冠，将收获殉道者的奖赏"。他也不忘对民兵和雇佣兵说："我的战友们，我们和你们一样，都是耶稣基督的战士。"[34]

7月3日，一支援军抵达马耳他岛。这支军队规模很小，只有700人，由圣地亚哥骑士团的梅尔希奥·德·罗夫莱斯（Melchior de Robles）手下的42名骑士以及"绅士志愿兵"率领。[35] 其中有两个英国人，约翰·埃文·史密斯和爱德华·斯坦利，他们无疑在"英格兰阵地"受到了奥利弗·斯塔基的热情接待。与此同时，土耳其军中爆发了痢疾和疟疾，因为他们喝了有毒的井水。穆斯塔法帕夏提出停战，但遭到骑士团的轻蔑拒绝。

随后，穆斯塔法令奴隶将80艘加莱战船从马尔萨姆谢特港经锡伯拉山的最窄处拖到大港里。至此，土耳其军队就可以从海陆两面夹击森格莱亚海岬。拉瓦莱特马上在海岸边筑起一道水栅——桩子打入海床，上面拴着大铁链，他还在比尔古和森格莱亚之间架起一座浮桥。7月5日，70座土耳其大炮向森格莱亚开火，杀死了街道上的妇女和孩子。土耳其工兵带着斧头试图砍断水栅，但在水中遇上了马耳他刀斧手，与之缠斗后只得退走。

阿尔及尔的年轻德伊哈西姆（Hassem）带着2500名经验丰富的海盗抵达，他们对土耳其军队在圣埃尔莫堡的表现嗤之以鼻。

穆斯塔法让他们在 7 月 15 日带头发起总攻。关于哈西姆军中的土耳其人、阿尔及尔人和海盗，一位名叫巴尔比的目击者写道："普通士卒也穿着红色的袍子，很多人还穿着金线、银线和猩红锦缎的衣服。他们装备着精良的菲斯滑膛枪、亚历山大里亚和大马士革短弯刀，都戴着华丽的头巾。"[36] 哈西姆率一半兵力，试图冲击圣米歇尔堡，但梅尔希奥·德·罗夫莱斯用霰弹将他们轰成碎片。他的另一半兵力从海上登陆，但拉瓦莱特早已派援军从浮桥赶来。

随后，穆斯塔法派 10 艘船的苏丹近卫军从森格莱亚未设防的一侧登陆。他并不知道在圣安杰罗堡中有一座隐藏的炮台。当土耳其运兵船靠近时，这座炮台的指挥官下令 5 座重炮瞄准——炮膛中装了石块、铁链和装有尖刺的铁球——在 150 码远的距离开炮，将土耳其人从水面上炸飞，几个幸存者也被淹死了。

经过 5 个小时的厮杀，哈西姆开始撤退，圣米歇尔堡的守备军出航追击。"记住圣埃尔莫！"骑士们和马耳他士兵呼喊道。土耳其军阵亡 4000 人，包括那些淹死的。[37] 大团长将斩获的 6 杆土耳其军旗放在一座教堂里，命令骑士们唱一首感恩赞。

土耳其人并未放弃——他们知道骑士团已面临绝境。守备军几乎被歼灭，粮草几乎消耗光了。土耳其军不停地轰击，于 8 月 2 日发起了最猛烈的一场炮战——连西西里都能听到炮声。随后，森格莱亚又迎来一次总攻。土耳其人在 6 小时内，向圣米歇尔堡发动了 5 轮进攻——连马耳他妇女都动员起来，用一桶桶沸水将敌人击退。8 月 7 日，又是一次总攻。毕亚勒率 3000 人进攻比尔古，冲进了卡斯蒂利亚堡垒上被炮弹击穿的一道裂口。穆斯塔法在同一时间进攻森格莱亚，为最终夺取圣米歇尔堡的军队欢呼。这次，卡斯蒂利亚堡垒四面楚歌，围城军潮水一般涌入缺口。在一片硝烟和混乱中，许多人以为这就是生命的终点。

拉瓦莱特抓过一顶头盔和一支短矛，冲向卡斯蒂利亚堡垒的缺口。一个手榴弹爆炸，伤了他的腿，但他拒绝撤退："我已经71岁——像我这样年纪的老人，还有比在战场上与兄弟和朋友们一同作战、为上帝和神圣的骑士团服务而死去更加光荣的事吗?" [38]来势汹汹的土耳其军队被击退了，但森格莱亚和比尔古也几乎被毁。在医院里的每一位伤员，只要还能走动，都必须到城墙上协防。突然，土耳其人下令撤退：帕夏以为骑士团的援军到了。事实上，是一小支骑兵从姆迪纳疾驰而出，砍杀受伤的土耳其人。接下来的10天，愤怒的土耳其人每天都向骑士团发起进攻，直到8月18日发动新一轮总攻。

8月20日，8000名土耳其人又向圣米歇尔堡扑来。三天后，整个骑士团神圣议事会都倾向于退到圣安杰罗堡。但拉瓦莱特不愿意放弃"那些忠诚的马耳他人和他们的妻子、家人"，而且若土耳其大炮安装在比尔古，将会很快摧毁圣安杰罗堡——"我们要么把敌人赶走，要么就一起死在这里。" [39]随后，他炸毁了比尔古和圣安杰罗堡之间的浮桥。

攻击和轰炸毫不留情地继续。但若说骑士团守备军陷入了绝境，土耳其军也一样。他们的粮食和弹药也不多了，补给船被基督徒海盗拦截。这个夏天尤其炎热——围城军中不断有人发高烧，人们担心瘟疫爆发。炮火日渐稀疏，士气也一落千丈。谣言说，有人看到精灵和恶魔出现在拉瓦莱特身边——他是个为撒旦服务的魔法师。土耳其士兵需要长官在后面催促，才愿意前进。穆斯塔法取消了对姆迪纳的进攻，姆迪纳总督下令让镇民穿上骑士团的红袍防卫城墙，用上了每一门可用的大炮。

9月8日，一支基督徒舰队驶过圣安杰罗堡，每艘船射出三发炮弹，向土耳其人打招呼，但毕亚勒的海军士气低落，竟没有还击。"我以为，没有任何音乐比 1565 年 9 月 8 日圣母诞生日那天的钟声更能抚慰人的心灵。"弗朗切斯科·巴尔比（Francesco Balbi）写道。他参与了抵御围攻战的全过程，留下了一份生动的记录。

> 大团长下令在集结号响起时敲响这些钟。三个月来，我们除了集结号没听过别的声音。但在那天上午，他们召唤我们去参加弥撒。这是一次很早就举行的主教大弥撒，为了感谢上帝和他至福的母亲赐予我们的仁慈。（每年 9 月马耳他骑士团依然举行"胜利"弥撒）

这支援军在更远的北面登陆，最多不过 1 万人，但其中有来自欧洲各地的骑士，甚至还有一名英国骑士。

穆斯塔法已下令土耳其海军出击，但马上发现自己兵力不足，于是在圣保罗湾登陆。但土耳其人实际已经被击败：基督徒大军将他们打了个落花流水，全靠穆斯塔法的领导，他们才免于崩溃。他和毕亚勒只得启程返回君士坦丁堡，内心充满恐惧：奥斯曼土耳其苏丹几乎不会原谅失败——通常会判处败将死刑。4 万大军——土耳其人、阿尔及利亚人和柏柏尔人——只剩下 1 万人。苏莱曼暴跳如雷，喊道："只有我才能带领军队获得胜利——明年春天我要亲自征服马耳他。"[40] 但他饶过了瑟瑟发抖的两位将军。

拉瓦莱特以最高礼遇接待这位姗姗来迟的西西里总督。2500 多名雇佣兵、250 名骑士和 7000 名马耳他男人、女人和儿童都战

死了，只有 600 名战士有力气站起来迎接他。[41] 但他们是全欧洲
的英雄。教宗庇护五世授予拉瓦莱特一顶枢机冠冕，他婉言谢绝
了，因为这意味着要他去罗马领受，而他不愿离开马耳他。新教
派的坎特伯雷大主教也下令为他们举行感恩仪式。腓力国王派人
送来一柄荣耀宝剑，外加 1.5 万名守岛士兵，直到岛上防御工事
重建后才离开。其他天主教国王也赐予了丰厚的馈赠。

现在，马耳他岛上终于可以建一座真正的修道院了。锡伯拉
山被选为"瓦莱塔谦卑城"（Humilissima Civitas Vallettae）城址，
新城于 1566 年 3 月动工修建。拉瓦莱特在这里重建了"耶路撒
冷"——他年轻时候所在的罗得岛。新建的教堂、医院、宫殿和
语言区驻所都很简朴，但像在那座失落了仍然受钟爱的爱琴海小
岛上一样，这里也有一个"克莱丘姆"。修道院内，可敬的大团
长的肖像是一副沉思的表情，就像修道院院长的样子。事实上，
瓦莱塔城从一开始就是照着修道院的模式修建的，作为一个伟大
骑士团的总部。

拉瓦莱特又活了两年，看着他的梦想——他"像爱女儿一样
爱着"的城——慢慢成形，于 1568 年 8 月死于中风。他被葬在
这座骑士团的新家园。奥利弗·斯塔基为他写了墓志铭："拉瓦莱
特在此长眠，他配享有永恒的荣耀，他从前是亚非的恐惧、欧洲
的盾牌，用神圣的武器驱赶了野蛮人，他是这座城市的奠基者，
也是葬在这里的第一人。"

然而，这次围攻战并未对大局造成什么影响，土耳其人最终
征服了黎凡特地区。1571 年，威尼斯人统治下的塞浦路斯陷落
了，威尼斯共和国也加入了教宗庇护五世建立的西班牙、热那亚、
托斯卡纳和马耳他"神圣同盟"。当年 8 月，神圣同盟的舰队在

墨西拿集结，由腓力二世的私生子弟弟奥地利的唐胡安率领，圣
地亚哥骑士团莱昂大指挥路易斯·苏尼加-雷克森斯（Luis Zúñiga
y Requesens）从旁协助。这支舰队有 202 艘加莱战船、70 艘小
帆船和 8 艘威尼斯加莱赛战船［galleass，一种带桨的盖伦帆船
（galleon）］。在骑士团中，圣司提反骑士团的舰队是最大的 ——
有 12 艘加莱战船；但马耳他骑士团战斗力最强，骑士团海军司令
彼得罗·朱斯蒂尼亚尼（Pietro Giustiniani）和罗姆加斯率 3 艘加
莱战船出征。

在这一时期，加莱战船已经进化为终极形态。算上倾斜的船
尾和船首，长约 180 英尺，宽不过 20 英尺，吃水很浅，在波浪
中常常剧烈晃动。但船两侧各有 30 名划桨手，船上有两面大三角
帆，在平静的水域，其平均航速能达到 2 节 —— 短距离内甚至能
超过 4 节。船头通常装一门 48 磅的重炮和 4 门 8 磅的隼炮，其他
地方装有小型枪炮。

1571 年 10 月 7 日，这支十字军和土耳其人在勒班陀附近的
科林斯海峡相遇。奥斯曼帝国海军总司令"船长帕夏"阿里统率
着 216 艘加莱战船、37 艘快速排桨战船（galliot）和其他一些低
级船舶。[42] 十字军排出作战阵形，挂黄旗的威尼斯舰队在左边，
挂绿旗的热那亚舰队在右边，唐胡安的舰队和教宗的舰队在中间，
挂天蓝旗，他们后面的预备队 —— 可能包括圣司提反骑士团的中
队 —— 挂白旗。马耳他骑士团在唐胡安的右侧。他将加莱赛战船
排在前线，战船上的大口径火炮可以最大限度地发挥威力。他还
派军乐队船上前奏乐，展开神圣同盟的蓝色旗帜，上面描绘着钉
在十字架上的基督像。土耳其军队位于 6 英里外，阵形很乱，被
大炮打得七零八落，其中一艘加莱战船在第三轮炮击中沉没。

　　阿里帕夏的战船径直冲向神圣同盟的旗舰"雷亚莱号"
（Reale），绣着穆罕默德宝剑的红色军旗迎风招展，船上枪炮齐
发。他的铁撞角穿透了旗舰第四个划桨坐板——有那么一瞬间，
旗舰上的水手以为船要沉了。但唐胡安的艏炮击中了阿里自己的
旗舰。随后，两军展开激战，300名苏丹近卫军神射手和100名
弓箭手对阵400名西班牙火绳枪兵。唐胡安并没有马上开枪射击，
而是靠近对手，直到"可以被其鲜血溅到"的距离才开火。许多
基督徒划桨手离开划桨坐板，抓起了登船战矛。战斗从一艘船转
移到另一艘船，直到教宗军队的指挥官科隆纳（Colonna）——
他刚刚抓获尼格罗蓬特的贝伊——前来将土耳其人从船头炸到
船尾。唐胡安的人第三次登船，敌军无一人幸存。基督徒中军赢
得了胜利，但在左翼情况有些复杂。"西洛可风"楚鲁克·阿里
（Chuluk Ali 'Sirocco'）的进攻十分猛烈，在他战死后，他的船仍
迂回包抄了神圣同盟的战线，绕到了神圣同盟舰队和海岸之间的
位置。不过，威尼斯舰队迫使其搁浅，其船上的基督徒奴隶挣脱
锁链，杀掉了主人。

　　右翼的战况却完全不同。阿尔及尔德伊阿里·乌鲁吉是航海
里手，他驾船大幅横扫，似乎要从后面攻击基督徒，热那亚人只
好撤回来阻击他。一艘加莱战船若一侧停止划桨，另一侧以两倍
速度划桨，就可以在等同于其船身长度的距离内转向。

　　海盗们突然一拥而上，扑向孤立无援的马耳他骑士团中队。
骑士团的旗舰被占领，圣约翰的大旗也被扯下来，只有3名骑士
生还——1名意大利人、1名阿拉贡人和海军司令本人。阿拉贡
人被一剑砍下了一只胳膊和半个肩膀，海军司令被压在一堆土耳其
人的尸体下。骑士团其他加莱战船也差点被夺，所幸预备队及时

赶到增援，唐胡安和热那亚人也随后赶来。阿里·乌鲁吉被包围，又奋战了一个小时后，率 12 艘战船突围。土耳其人共损失了 210 艘船，其中 40 艘沉没；以及 3 万大军，包括几乎所有高级军官。[43]

在勒班陀一战中，君士坦丁堡和伊斯兰世界失去了地中海的制海权。奥斯曼帝国海军的火力被摧毁，弓箭手遭全歼。这些专业弓箭手的损失难以弥补，因为其技艺是一代代传承下来的，需要花费一生的时间来学习并不断精进。

第七部分

巴洛克骑士
1571—1789

谁不想要和平，就让他得到战争。

——塔索，《耶路撒冷的解放》，1580—1581 年

第 16 章

巴洛克骑士

骑士团继续同异教徒作战，直到拿破仑时代来临。他们也没有忘记自己的另一个使命——看护病人。在 17 世纪的意大利，还涌现出新的骑士团。

在巴洛克时代，骑士团对十字军运动的古老狂热并未减退。1668 年，克里特岛的干地亚之围终于结束，马耳他骑士团据守圣安德里亚堡（Sant' Andrea）半毁的城门，与土耳其人缠斗了三个月。到最后，只剩下 29 名骑士还能起身作战。当他们撤退后，威尼斯总督发急函报告议会，称："这些英勇顽强的骑士撤退使我损失甚多，比其他任何损失加在一起还要多。"就在前一年，骑士团还因一支条顿骑士团小分队的抵达而士气大振，这支队伍穿白色斗篷，由科布伦茨辖区长约翰-威廉·冯·梅岑豪森（Johann-Wilhelm von Metzenhausen）率领。1687 年，马耳他骑士团帮助弗朗切斯科·莫罗西尼（Francesco Morosini）领导的威尼斯大军征服了摩里亚，两年后，马耳他骑士团和条顿骑士团又同神圣罗马帝国军队并肩作战，收复贝尔格莱德。[1]

1631 年，马耳他骑士团有 2000 多名立誓成员，其中 1750 名是骑士。骑士团甚至还有殖民地。1653 年，大团长让·保罗·拉斯卡里斯（Jean Paul Lascaris）买下了位于加勒比海域的托尔图加、圣克洛伊和圣巴泰勒米岛，由一名执行长官管理。但这笔投资失败了，12 年后，骑士团将三岛卖给西印度公司。² 不过，马耳他骑士团越来越富有，除了来自欧洲的收入，还有战利品——骑士团舰队俘虏的穆斯林货船。

战船指挥官——头衔全称为"尊贵的执行长官、骑士团海上将军"——统领着一支强大的海军。（不过严格来说，他的上司骑士团海军司令主要从事文职，从未参与海上作战，就像英国的第一海务大臣和海军的关系。）在 1700 年前，骑士团的主要舰队由 8 艘红黑相间的加莱战船组成，这也是地中海航速最快的舰队。此外，有一艘装有不少于 70 门火炮的大盖伦帆船，非常宝贵的萨埃塔船（saettas，用作侦查的三桅小帆船）以及塔尔坦单桅船（tartans），后者有时会装 22 门火炮。骑士团的战船以火炮著称，能够在一轮交火中打断敌舰的桅杆。

海上将军的旗舰（capitana）上挂有骑士团的大军旗，军旗以红色为底，绘有一个白色十字架和骑士团格言"上帝啊，向我展现你的道路！"每一艘船的主桅上都挂有一面圣母旗，在船头和船尾挂着圣约翰旗。在甲板的最高点，也就是船尾楼的栏杆上，还有一座等身的施洗者约翰镀金像，俯视着整艘船。（骑士们通常把圣约翰的肖像或者对圣约翰的祈祷文雕刻在自己的盔甲和武器上。）

不过，骑士们仍然要睡在船尾的甲板上，会传染上船员或划桨手的虱子和热病，而且船上也不能烹调食物。这些船虽是绝佳的战争机器，却因为船身窄小、吃水浅而很容易在恶劣天气时倾覆，被广阔的大海所吞噬。船长要是在海难中丢了加莱战船，即便自身毫无错处，也要接受也作为军事法庭的神圣议事会的审判，在圣埃尔莫堡的地牢里关押一段时间。当德尼·德·波拉斯特隆·德·拉伊利埃尔（Denis de Polastron de la Hilière）的船"圣司提反号"在莱格霍恩附近搁浅时，他以热切的祷告拯救了这艘船——有目击者称，一个奇迹发生了，风向迅速逆转，将"圣司提反号"吹离了礁石。

1656 年，在克里特战争期间，骑士团海军在达达尼尔海峡打了一场大胜仗，击沉或俘虏了土耳其人的 47 艘加莱战船和 46 艘帆船。在 1684—1694 年威尼斯和土耳其的战争中，他们又赢得了许多胜利。不过，骑士团的主业仍然是打击巴巴里海盗、抢夺穆斯林商船。还有很多私掠船也挂着骑士团的旗帜，协助其作战。

骑士团团长就像一个君主，其头衔全称为"最显赫和尊贵的领主，神圣信仰和最辉煌的圣约翰医院及耶路撒冷圣墓骑士团大团长，耶稣基督之穷人的守护者，马耳他、戈佐和罗得王公，的黎波里王室领地的领主"。1607 年，骑士团大团长成为神圣罗马帝国诸侯之一，1630 年后，其在罗马教廷的位阶等同于枢机执事（cardinal-deacon）。[时至今日，大团长依然被称为"枢机殿下"（Altezza Eminenza）。] 他称各国君主为"我的表亲"（consin），他接纳罗马教廷、维也纳、巴黎和马德里派遣的大使。在 18 世纪，大团长马努埃尔·平托·德·丰塞卡（Manoel Pinto de Fonseca）还把一顶王冠置于其纹章之上。

大团长通常要扮演很多个角色。从历任大团长的肖像画来看，一些人还会比较偏爱其中某一种角色。卡拉瓦乔将阿洛夫·德·维尼亚库尔（Alof de Wignacourt，1601—1622 年在任）描绘成一位战士；在一幅精美的草图中他穿着阅兵盔甲，在另一幅草图中则穿教士的大礼服（choir-dress）。其继任者路易斯·曼德斯·德·巴斯孔塞略斯（Luis Mendez de Vasconcellos）喜欢被描绘成一位僧侣骑士（monk-hospitaller），身穿修士服，持一条布巾，面前摊开一本祈祷书。与之相反，马努埃尔·平托·德·丰塞卡（1741—1773 年在任）则让画家安托万·德·法夫雷（Antoine de Favray）把他画成一位君主，身穿白貂皮滚边的国王礼袍，旁边放一顶王冠。

每位大团长都是从见习骑士做起的。年轻的见习骑士来到马耳他后，就要学习先辈们作为基督之战士的英雄事迹。他们的教材就是贾科莫·博西奥（Giacomo Bosio）和巴尔托洛梅奥·达·波佐（Bartolomeo dal Pozzo）撰写的编年史。博西奥的编年史《神圣信仰和卓越的耶路撒冷圣约翰骑士团历史》（*Istoria della Sacra Religione et Illustrissima Militia di San Giovanni Gierosoloimitano*）由骑士团神圣议事会委托编写，出版于 1594 年。议事会下令在每一个语言区的驻所食堂朗读这本书。博西奥接触到了一些早已失传的材料，虽然他的叙述很多不准确，充斥着大量虔诚的传奇故事，但依然很有价值。波佐的《神圣信仰和卓越的耶路撒冷圣约翰骑士团历史，1703—1715》是博西奥著作的续本，记录了骑士团在 17 世纪的历史。

另一部见习骑士的阅读书目是古桑库尔（Goussancourt）的《耶路撒冷圣约翰骑士团即马耳他骑士团殉道记》（*Martyrologie des Chevaliers de Sainct Jean de Hierusalem, dits de Malte*）。这部著作于 1643 年在巴黎出版，讲述了被俘虏的骑士如何因拒绝改信伊斯兰教而备受折磨——他们如何坚韧地熬过了在战船上做奴隶的艰苦时光，如何每日遭受鞭笞，或在君士坦丁堡或的黎波里的地牢中受酷刑。著作中列举了所有被杀骑士的名单、他们各自的纹章，以及一小段关于他们如何赴死的简短叙述。战船船长马丁·德·马吉奈（Martin de Marginet）于 1538 年被俘，因拒绝背弃基督而在船尾被斩首。出于同样的原因，乔治·奥图瓦（Georges Haultoy）在 1562 年被倒吊着钉死在十字架上，托马·比斯凯（Thomas Busquet）在 1608 年被刺穿。让·雅克·德·阿莱（Jean Jacques de Harlay）在 1550 年死于"一柄涂毒长矛的刺伤"。而那些在战斗中牺牲的骑士也获得了殉道者的冠冕，"他们很高兴能为上帝和信仰而献身"。

马耳他的瓦莱塔城本身就足以见证骑士团的成就。圣约翰修道院教堂特意建得很低，为防御炮台留出空间，使其发射角度不局限在朝向海洋的一面。各语言区的驻所建成了兵营的形式，有守卫室、仓库和奴隶居所。大团长的宫殿被设计成指挥部。整座城市就是一座大兵营，街道设计成网格形，房屋像一个个箱子，便于在土耳其人或摩尔人入侵时据守。

在瓦莱塔城简朴的外观下，隐藏着巴洛克式的华丽装饰、庄严的大厅和典雅的房间。这些大厅和房间里有哥白林式（Gobelin）挂毯、东方风格的地毯，还摆放着华美的柜子、古代青铜器、中式花瓶和大量银器。装饰最华贵的自然要数修道院教堂，其镀金穹顶上画着施洗者约翰的生平故事，各个礼拜堂中摆放着漂亮的雕像。意大利语言区的礼拜堂里还有数幅卡拉瓦乔的画作，他曾有过一段短暂且不光彩的骑士生涯。[另一位重要的巴洛克艺术家，马蒂亚·普雷蒂（Mattia Preti）也是骑士团的一员——被称作"卡拉布雷塞骑士"（Il Cavaliere Calabrese），后来做了叙拉古的辖区指挥官。]连教堂的地板都是华美的，用瓷片拼嵌而成的一块块饰板纪念着死去的骑士，其纹章用碧玉、斑岩、玛瑙、缟玛瑙和天青石加以特别装饰。[3]

骑士团的神圣医疗室，其大病房有 185 英尺长、34 英尺宽，一般能容纳 350 名病人。在病房的一侧有一座小小的祭坛，每天在这里举行弥撒。医疗室有很多工作人员，包括医生、外科医师、护士和药剂师，为病人提供的食物经过精心挑选，盛在银盘子里：虚弱者吃意式细面和鸡肉，强壮者吃野味和红酒。150 个床位留给在战斗中受伤或在海上染上热病的骑士。每位见习骑士每周都要在医疗室中服务一次，骑士团大团长和执行长官也要在重要宗教节日里到医疗室服务。此外还有为门诊病人开设的诊所，其中一个专门接待麻风病患，另一个专门接待性传染病患，奴隶和乞丐都能得到免费的药方。1676 年，骑士团还开设了教授解剖学和外科学的学校，在全欧洲都享有盛誉。

在至高无上的骑士团政权的仁慈统治下，马耳他人从黎凡特地区的商业和棉花种植业中获利颇丰，越来越富有。一位英国游客布赖登写道，1770 年的瓦莱塔街道"挤满了衣饰华贵的人，看上去既健康又富足"。马耳他岛上的面包有限价，很便宜。街道打扫得干干净净，有人维持治安，卫生管理在那个时代算是十分超前的，处罚条例也相当开明。城中有一座孤儿院和为年老的穷人提供的救济院，但通常会为老年人提供在家看护服务。1769 年，骑士团建立了一所大学，其公共图书馆则在大学成立的 6 年前奠基。

骑士团的仁慈也惠及欧洲大陆。在 18 世纪 70 年代，亨利·斯温伯恩（Henry Swinburne）曾在普利亚看到一间小小的收容救济院，那是骑士团不久前为卑微的旅人所开设的，为他们提供免费食物、床铺和马厩。1783 年，一场可怕的地震毁灭了墨西拿，骑士团派加莱战船赶来救助幸存者，带来了医疗室的医生、20 箱药品和能容纳 200 张床的帐篷，开设了一座战地医院和一间流动厨房。后来，他们又派船运来了一袋袋粮食和饼干。

整个 18 世纪，马耳他骑士团在海上一直很活跃。1704 年后，风帆战列舰（ship of the line）出现了，开始支援加莱战船，但从未取而代之。1718 年，骑士团、威尼斯和罗马教宗最后一次组建神圣同盟，勇敢尝试收复摩里亚。1723 年至 1749 年，骑士雅克·德·尚布雷（Jacques de Chambray）出海 31 次，收获战利品 11 次，集聚了价值 40 万里弗（livre）的财富。皮埃尔-安德烈·德·叙弗朗·德·圣特罗佩（Pierre-André de Suffren de Saint-Tropez）曾是一艘加莱战船的船长，在美国独立战争期间为法国海军服役，于 1782 年至 1783 年间在印度洋赶超并战胜了一支比他的船队大得多的英国舰队。（他获法国海军中将头衔，被称为全法国最优秀的海上战术家，这确实有几分道理。）1784 年，骑士团海军与西班牙、葡萄牙的海军一道炮轰阿尔及尔。18 世纪 90 年代，骑士团的船队还经常在地中海上巡逻，守卫意大利的海岸线。

普利亚南部亚得里亚海岸的一部分，因其对马耳他岛的贡献，被称为"马耳他之卫"（Difesa di Malta）。[1775 年，骑士团在奥斯图尼（Ostuni）附近修建了一座带防御工事的庄园宅邸，它至今依然挺立在橄榄树丛中。] 骑士团在这片区域拥有许多非常富庶的田产，往马耳他岛上输送葡萄酒、谷物、橄榄油和杏仁，还有大量收入。当地人并不讨厌骑士团。许多个世纪以来，穆斯林掠奴者经常骚扰这里，搜寻猎物，女性从不敢在寂静的海滩上单独行走。对普利亚人来说，没有什么比一艘挂着红底白十字旗的黑加莱船更令人安心的了。

一些历史学家认为，18 世纪末期，马耳他骑士团的海上活动大大减少，意味着它的衰落。事实正相反。骑士团海军不活跃，是因为它实在太过成功。北非的海盗国家再也不建造大型船只，因为他们知道，大船终究要被骑士团的加莱战船俘虏或击沉。骑士团一离开马耳他岛，阿尔及尔的海盗活动就死灰复燃，成为往来于地中海上的商船的主要威胁——这就是骑士团作为海上治安力量的极有说服力的例证。

在 18 世纪，骑士团的生活无疑变得更加悠闲了，他们几乎每天都在舒适的环境中办办招待会，打打牌。见习骑士和年轻骑士还住在语言区的驻所里，睡小隔间，在食堂用餐，年长的骑士几乎都拥有自己的房子。但驻所也装饰得像宫殿一样，尤其是 1744 年新建的卡斯蒂利亚驻所。这个驻所里甚至还有一座剧场——1732 年修建的曼努埃尔剧场，骑士们和马耳他贵族一道在这里观看喜剧和歌剧。不过，骑士团从未忘记自己的使命，每天都会出席弥撒，念诵小日课，就像在"海外领地"时那样。他们还要到海上服役。1740 年，骑士人数增长到 2240 人。

在每一个天主教国家，马耳他骑士团的地位都很高，修道长和执行长官与大贵族同级。马耳他骑士团的德意志大修道长王公虽然只统治着海特斯海姆（Heitersheim）的一小片领地（在阿尔萨斯边境附近，现在的巴登-符腾堡境内），居于条顿骑士团大团长和德意志团长的阴影下，但马耳他骑士团在法国、西班牙和葡萄牙的成员却是各王朝的王族子嗣。在多灾多难的 1789 年，贝里（Berry）公爵就任法国大修道长；而西班牙国王卡洛斯三世让他的儿子当上了卡斯蒂利亚修道长，葡萄牙国王若昂六世的小儿子唐米格尔（Dom Miguel）出任克拉图修道长。在级别稍低的地方层面，像普罗旺斯圣吉莱修道长、普利亚巴莱塔（Barletta）修道长这样的重要执行长官拥有巨大影响力。

骑士团依然认为自己拥有神圣的使命。在加莱战船出航时，骑士们仍穿红色外套，但在驻所或教堂中时，他们则通常穿黑色修士斗篷，披一条装饰有耶稣受难标记的圣带，不过他们也爱戴长假发（full-bottomed wigs）。17 世纪最后几十年间，有五六名老骑士常年住在耶稣会为他们准备的养老院中，每天都在神圣医疗室中为"我主病人"服务，一丝不苟地念诵日课，并在默想中祷告。

《骑士加布里埃尔·杜布瓦·德·拉费特生平》（*Vie de Messire Gabriel Dubois de la Ferté*）一书于 1712 年在巴黎出版，记述了一位骑士团领袖的生平故事。加布里埃尔生于 1644 年，曾在路易十四世军中效力，作为骑士团海军中的一名加莱战船船长参与了克里特岛和摩里亚的作战，后来在马耳他岛上谋得一个职位。他得到了法国内陆乡下一小块名为"布雷洛弗朗"（Le Breil-aux-Francs）的辖区，发现这不过是一片废墟，但很快就把它建成了一个信仰之所和布施中心。他每天早晨都要在礼拜堂中念诵日课，向乞丐施舍食物和药品，并走出房门，照顾那些鳏寡孤独之人。有的人因疾病而周身散发恶臭，没有一位神父愿意近身，而他却能坐在病人的床边。

加布里埃尔睡在干草棚中，还把自己的衣服送给流浪汉，但他依然是属于上流阶层的，与当地的乡绅一道用餐。1702 年他去世后，乡绅们非常怀念他，相信他是一位圣徒。作为一名虔诚的医院骑士，他的确亲身展现了骑士团使命的意义。时人曾为加布里埃尔刻下一段铭文：

> 我从救世主的十字架中汲取高贵之血 ——
>
> 因为这血，我是一名修士，又是侍从和战士。
>
> 我将它视为我所拥有的全部喜悦和财富 ——
>
> 借它的力量，我在战场上战胜了强大的土耳其人。

这段蹩脚的诗句就是马耳他骑士的真切吐露。

在这一类骑士中，加斯帕·德·西米亚尼·拉科斯特（Gaspard de Simiane la Coste，其生活的年代比加布里埃尔要早半个世纪）十分突出。他在马赛为战船奴隶修建了一座医院，亲自看护他们，向他们传福音。当 1649 年瘟疫爆发时，加斯帕拒绝离开他的医院，最终死于疫病。

骑士团的精神激发了韦尔托神父的创作热情，他写下了一部颇为可读的历史著作《耶路撒冷圣约翰医院骑士团史》（*Histoire des Chevaliers Hospitalliers de S. Jean de Jérusalem*），1726 年出版。这部书面向普罗大众，引用了贾科莫·博西奥和巴尔托洛梅奥·达·波佐的材料，好多地方都不准确，却为骑士团的故事做了很有意思的介绍。他的书大受欢迎，连爱德华·吉本也称赞他。

条顿骑士团也很好地生存下来，不过它在 1595 年卖掉了位于威尼斯的分部，大运河边的圣三位一体（SS Trinità）修道院。同年，大团长和德意志团长奥地利大公马克西米连，同时也是匈牙利的皇家总指挥官，为骑士团找到了一份新工作——率 150 名骑兵和 100 名步兵对抗土耳其人。1606 年，马克西米连修改了骑士团规章。自此，骑士必须在某一个分部中度过见习期，随后要在抗击土耳其人的前线服役三年。在和平时期，他们可以去马耳他岛，随海军出航。骑士若在对抗土耳其人的战场上牺牲，就是"以耶稣之名长眠"。每个辖区都必须配备一名常驻的礼拜神父。

宗教改革导致了神圣罗马帝国内的教派之争，一部分位于新教公国境内的辖区由路德派或加尔文派控制。1637 年，尼德兰境内的加尔文派辖区退团，成立了自己的德意志骑士团（Ridderlijke Duitse Orde）乌特勒支领区（Balije van Utrecht）。（在荷兰宫廷的某些仪式上，有时还能看到骑士团的白色斗篷。[4]）不过，德意志的一些新教辖区依然忠于大团长和德意志团长，1648 年，这些辖区的长官获得了与天主教骑士等同的权利，能够在全体大会中投票。

条顿骑士团在"德意志民族神圣罗马帝国"中的地位很高，拥有很多财富，其 12 个领区分散各地，总面积达 850 平方英里。大团长和德意志团长位列采邑大主教（prince-archbishop）之上，科布伦茨辖区长和阿尔茨豪森（Altshausen）辖区长等同于帝国的伯爵。很多人都想进入骑士团，对拥有德意志贵族三十二等分盾徽（thirty-two quartering）的单身贵族男性来说，骑士团在莱茵兰、威斯特伐利亚或波希米亚的辖区是令人羡慕的好去处。这些辖区的田地在 17 世纪后期的农业大发展中受益不少，很多辖区总部都重建成巴洛克风格——其中一两个辖区还拥有自己的剧场。

条顿骑士的使命变成神圣罗马帝国军官的使命，都是要把巴尔干从奥斯曼土耳其帝国的统治下解放出来。1683 年，骑士团协助维也纳抵御土耳其人，1689 年又攻占了贝尔格莱德。1696 年，大团长和德意志团长普法尔茨-纽堡的弗兰茨-路德维希（Franz-

Ludwig of Pfalz-Nueburg）成立了著名的大团长和德意志团长步兵团，最初由骑士担任军官。[5]第二年，在匈牙利的森塔（Zenta），萨伏依的欧根亲王（Prince Eugene）歼灭了苏丹穆斯塔法二世亲率的奥斯曼大军，奥地利领区指挥圭多·冯·施塔亨贝格（Guido von Starhemberg）伯爵在此役中发挥了关键作用。

1717 年贝尔格莱德之战中，欧根亲王率军大破土耳其人，施塔亨贝格的继任者罗劳的菲利普·冯·哈拉赫（Philipp von Harrach zu Rohrau）伯爵作为一名战地元帅统领大军左翼部队。条顿骑士团也参加了基督教政权之间的战争，哈拉赫伯爵就曾在波兰王位继承战争中为欧根作战。

不过，条顿骑士团仍保留着看护病人的传统。大团长和德意志团长弗兰茨-路德维希主张，骑士必须始终为老人、病人和穷人服务。在他统领期间，骑士团重建了在埃林根（Ellingen）的老医院，他本人还在梅根特海姆兴建了一座新医院。

条顿骑士团的封邑位于符腾堡境内陶伯河畔，有 40 平方英里的农地，统治中心在菲尔斯滕霍夫（Fürstenhof），这是梅根特海姆（今称巴德梅根特海姆）的一座巨型城堡。当大团长和德意志团长在这座小都城中受任即位时，城中会奏响鼓号、发射礼炮。镇民齐发火枪、鸣钟向其致敬，在庄严的大弥撒中，大团长和德意志团长被授予象征其职权的十字架、指环和斗篷，还有一把金钥匙和一枚大印章。[6]他的宫廷生活就是一系列宗教仪式、棋牌游戏和狩猎派对。穿白色制服的警卫巡查城堡，充当从前的"伙伴"（companiones）角色。不过，这里还有一座为病人和伤员设立的医院——卡洛林努（Carolinum），另一座医院则为平民开设。

条顿骑士团对自己的历史很重视，从未忘记失去的骑士团国。

1618 年，当勃兰登堡选帝侯趁阿尔布雷希特公爵一系后继无人，占领东普鲁士时，骑士团向其提出严正抗议。1701 年，另一位选帝侯在柯尼斯堡自称"普鲁士国王"时，骑士团又一次提出抗议。条顿骑士团也有自己的大众读物，一位名叫威廉·欧根·约瑟夫·德·瓦尔（Wilhelm Eugen Josef de Wal）的辖区长在 1784 年出版了其首卷骑士团历史书。这部史书用法语写成，其目标是赞美条顿骑士团，就像韦尔托赞美马耳他骑士团一样。不过，他的写作手法更科学，找了很多第一手材料，并引用了杜伊斯堡的彼得鲁斯和约翰·冯·普希尔格的著作。现在看，这部书依然惊人地好读。

骑士团还有其他像施塔亨贝格、罗劳的菲利普·冯·哈拉赫伯爵一样的人，最著名的当属马克斯·冯·默费尔特（Max von Merveldt）伯爵。他是威斯特伐利亚人，生于 1764 年，曾作为一名轻骑兵抗击土耳其人，于 1791 年加入骑士团。后来，他同法国革命军作战，因在内尔温登（Neerwinden）战役中的英勇表现获得了令人艳羡的玛丽娅-特蕾莎十字勋章。在拿破仑战争中，他既是一位骑兵指挥官，又是一位外交官，担任陆军副元帅（feldmarschall leutnant）和奥地利驻圣彼得堡大使。1808 年，当他的辖区被没收后，他解除了誓言并结婚。默费尔特死于 1815 年，当时他是奥地利驻伦敦大使，他的遗孀拒绝了在威斯敏斯特修道院为他举办国葬的提议。

在 17—18 世纪，西班牙和葡萄牙的骑士团变成了便利的"政府专款"，可以为骑士提供头衔、养老金。即便从理论上讲，骑士也只需每天念诵一段简单的日课祷词而已。骑士团虽已没落，却在伊比利亚半岛的政治生活中有重要地位，并延续了好多年。

1625 年，圣地亚哥骑士团有 949 名成员，卡拉特拉瓦骑士团有 306 名，阿尔坎塔拉骑士团有 197 名。20 年后，三大骑士团和蒙特萨骑士团一起组建了骑士团军团（Regimento de las Ordenes）。直到 20 世纪，西班牙军队中始终保留这一建制。

西班牙诸大公继续自豪地穿着骑士团制服或修士袍——在自画像中，委拉斯凯兹将圣地亚哥骑士团的红色剑形十字标记画在自己的紧身上衣上，很显眼。骑士团的教士、辖区指挥官们依然按照规章生活，直到 18 世纪，他们变得一无所有，修道区也成为废墟。（蒙特萨堡在 1748 年的一场地震中被毁。）骑士团的军事传统被保留下来，每名骑士都要在军队中做军官，服役 8 年——骑士团中有很高比例的爱尔兰移民，很令人惊讶。申请加入骑士团者必须证明自己的父亲和母亲两方四代为贵族。

在托斯卡纳，圣司提反骑士团直到 17 世纪末都很活跃。其中一位大团长，大公费迪南多二世（1621—1670 年在位）曾派骑士乘战舰袭击希腊和北非。他用缴获的土耳其大炮，铸造了许多自己和骑士团创始人科西莫一世的雕像，将它们放在比萨修道院教堂门外，教堂里摆满了从异教徒那里得来的战利品：军旗、短弯刀和盾牌。骑士团的海军基地在厄尔巴岛。不过，1684 年骑士团舰队随神圣同盟远征，这不仅是这支舰队第一次出海远征，也是最后一次。骑士团衰落的主要原因是无能的美第奇大公们近乎病态的懒政。不过，骑士团依然享有一定的声望，建立辖区者能获得伯爵头衔——在大仲马的小说中，基督山伯爵据说就是这样获得了自己的头衔。

17 世纪的地中海活跃着三个新"骑士团"。这些团体以圣司提反骑士团为蓝本，其成员可以结婚。圣莫里斯和圣拉撒路骑士团成立于 1572 年，以之前的圣拉撒路骑士团在皮埃蒙特的辖区为基础。历任萨伏依公爵为大团长。骑士穿绿色斗篷，上面绣有白色和绿色相间的"三叶草十字"（cross botonny）。骑士团配备加莱战船，还要供养麻风病院。[要成为威严的皮埃蒙特萨伏依宫廷的圣母领报骑士团（court order of the Annunziata）[①] 骑士，则圣莫里斯和圣拉撒路骑士团成员身份是先决条件。]

在法国，圣拉撒路骑士团的旧辖区被亨利四世用来创立"卡梅勒山圣母和圣拉撒路骑士团"（Order of Our Lady of Mount Carmeland St Lazarus）。路易十四世想把它建成与马耳他骑士团齐名的骑士团，却没有成功。他任命当若（Dangeau）侯爵为骑士团大团长，其最重要的贡献就是设计了白色绸缎加紫色斗篷的骑士团"制服"。

最有意思的新骑士团是圣乔治君士坦丁骑士团（Constantinian Order of St George）。这一骑士团号称源自拜占庭帝国，实际上是一个来自阿尔巴尼亚的希腊流亡家族——安格里家族（Angeli）在 16 世纪成立的。安格里家族成功说服罗马教宗，认可其族长为东罗马帝国皇位继承者。1680 年，部分骑士为波兰国王扬·索别斯基三世（Jan Sobieski III）作战，抗击土耳其人，解救维也纳。1698 年，帕尔马公爵弗朗切斯科·法尔内塞（Francesco Farnese）从安格里家族最后一名成员手中买下了骑士团大团长之位。从 1717 年到 1719 年，10 名骑士率领一支 2000 名滑膛枪手和掷弹兵

---

① 即萨伏依王朝宫廷的至圣圣母领报至高骑士团（Supreme Order of the Most Holy Annunciation）。——译者注

的队伍，身穿有红色镶边的"皇室蓝"制服，在达尔马提亚和阿尔巴尼亚抗击土耳其人——这也是骑士团唯一的军事行动。1734年，大团长之位传到了两西西里王室。骑士团的标记是一枚红底金边的"花饰十字"，上面有金色的基督符号图案，其修道服是天蓝色的。

虽然一些历史学家认为，17—18世纪的骑士团迎来了巴洛克式的余晖，但事实远非如此。骑士团始终活跃在历史舞台上，直到法国大革命将"旧制度"推翻。骑士团的规章制度虽不再像在圣地或波罗的海时那样严苛，但骑士中仍不断涌现出优秀的战士、能征善战的海员和虔诚的信徒。

大团长兼德意志团长奥地利大公马克西米连，他改革了条顿骑士团，令其投身匈牙利和巴尔干与土耳其人作战。银宝盒浮雕，约 1600 年，藏于骑士团的维也纳财库。

巴洛克时期穿军装的马耳他骑士，仍然穿着十字军式无袖罩袍。甚至今天骑士宣誓时依然会穿无袖罩袍。

巴洛克时期穿教士礼服的马耳他骑士，上有骑士大十字。实际上已宣誓的骑士仍然会穿修士披风，佩圣带，差不多自15世纪就没变过。两图都取自一部18世纪早期的修会和骑士团史书。

18 世纪晚期的瓦莱塔大港。其中圣安杰罗堡经马耳他共和国许可，被马耳他主权军事骑士团收复。

胡安·卡洛斯国王，阿尔坎塔拉、卡拉特拉瓦、蒙特萨、圣地亚哥四大骑士团团长。国王陛下也是马耳他骑士团西班牙协会前主席。

最杰出的安德鲁·贝尔蒂殿下，马耳他主权军事骑士团亲王及大团长。安德鲁殿下1988年当选，是有福的热拉尔之后第78任继任者。热拉尔在9个世纪前创立了骑士团。

圣乔治君士坦丁骑士团骑士，约 1720 年，大概是骑士团军团的军官。当时军团与土耳其人在达尔马提亚交战。这一时期大团长之位归帕尔马公爵，但之后传给两西西里国王。维托尔·吉斯兰迪绘。

自命君王：马努埃尔·平托·德·丰塞卡，马耳他骑士团亲王及大团长（1741—1773 年在任），他身着帝王礼袍。安托万·德·法夫雷绘，18 世纪中叶。

大团长兼德意志团长欧根大公检阅大团长兼德意志团长步兵团，约 1910 年。该兵团由条顿骑士团创立于 1696 年，最初由条顿骑士指挥，兵团上校为在任大团长兼德意志团长。直至 1923 年。

1913 年，大团长兼德意志团长欧根大公接受宣誓仪式。自 12 世纪创立，直到 1914 年
最后一次宣誓，条顿骑士宣誓时都身着盔甲。同时代油画。

第八部分

在逆境中生存
1789—2000

（他们是）最后的贵族，来自单一的社会甚至宗教阶层，而普通人却并不怀疑他们的存在。

——罗歇·佩雷菲特，《马耳他骑士团》，1957 年

第 17 章
在逆境中生存

各骑士团虽已不再四处征战，但其中大多数都以某种形式存续至今。他们连续经历了法国大革命、拿破仑、希特勒和马克思式社会主义的攻击和伤害，还时不时经受许多不那么凶猛的敌人的攻击，却仍然生存下来。马耳他骑士团最能抵御这些狂风骤雨，这尤其是因为他们始终坚持救死扶伤的传统和宗教热忱。讽刺的是，他们得以生存的另一个原因，也是他们之所以招致那么多敌人的原因：他们是世袭贵族制最后的堡垒。在这个视贵族为异类、无法理解其存在的世界中，只有他们还保留着等级、出身等充满神秘色彩的事物。骑士团就是"旧制度"最后的庇护所。

可以预见，法国大革命对骑士团充满敌意。人们呼吁压制骑士团在法国的辖区，许多小册子攻击这些"武装的修士"。法国的辖区存在了一段时间，主要因为法国和马耳他之间的贸易有利可图。但在 1791 年，路易十六试图逃往瓦雷讷而未成功，人们发现马耳他骑士团也牵涉其中。随后，革命派开始镇压法国三个大修道区，修道区收入大量流失，严重打击了骑士团。

1797 年，在筹划远征埃及时，拿破仑·波拿巴将军写道：

瓦莱塔城的防御力量只有 400 名骑士和最多一个 500 人的团。城内居民超过 10 万人，对我们很有好感，而十分厌恶这些再也不能养活自己、将死于饥饿的骑士。我已经故意没收了骑士团在意大利的财产。占据马耳他和塞浦路斯后，我们就能成为地中海的霸主。

这个"科西嘉的暴发户"曾认为骑士团是"为那些特权家族的小儿子们过闲散生活而设置的机构"，他很有意愿将其驱逐。1798 年 6 月 9 日，一支载着 2.9 万人大军的法国舰队出现在瓦莱塔附近。

倘若精明的埃马纽埃尔·德·罗昂（Emmanuel de Rohan）此时还是大团长，马耳他骑士团或许能经受住拿破仑的这一轮攻击。但罗昂已于 1797 年去世，其继任者博尔海姆的费迪南德·冯·洪佩施（Ferdinand von Hompesch zu Bolheim）是名义上的勃兰登堡执行长官。洪佩施生性暴躁，有名无实，能出任大团长只因为他是德意志人，骑士团徒劳地希望通过他博取维也纳哈布斯堡王朝的关注。洪佩施上任之初就宣布自己没有军事才能，把守卫马耳他的职责交给战争大会（Congregation of War），这就意味着领导骑士团的是一个军事部门，而非一位将军。更糟糕的是，骑士团内部也有敌人——并非是一些讲法语的或受误导的历史学家所认为的法国人，而是与法国结盟的西班牙人。西班牙派使者来命令西班牙骑士不得参战，他们于是拒绝参与城防。后来，使者还对侵略者表示欢迎。

岛上的 250 名骑士中，许多人老得拿不动武器了，其他人仍准备力战到死，尤其是受大革命迫害的法国骑士。不过，骑士团犯了一个错误，他们想守住整个马耳他岛和戈佐岛，而不是退居其易守难攻的堡垒。如果在堡垒据守，骑士团应该可以坚持三个月，直到英国地中海舰队抵达。要是他们真这么做了，法国舰队肯定会继续向埃及航行。然而，战斗初期的一些小挫折打垮了马耳他人的斗志，他们开始撤退了。一些骑士并不泄气，继续抵抗。例如，当部队开始逃跑时，执行长官德·拉图尔迪潘（de La Tour du Pin）和 16 名年轻骑士亲自操控大炮；执行长官托马西（Tommasi）率一群没有武装的人试图守住阵地；病卧在床的老执行长官德·蒂涅（de Tigné）叫人把他抬到城墙上。后来，马耳他人发起暴动，市民央求大团长向法国军队求和。洪佩施失去了抵抗意志，要求双方停战。（拉图尔迪潘认为，是德意志共济会下令其投降的。）6 月 12 日，拿破仑进入瓦莱塔城，骑士团很快被逐出马耳他。如果说有谁应当为骑士团的耻辱溃败负责，那就是大团长洪佩施。

洪佩施从未正式退位，但一群骑士在 1799 年非法选举俄罗斯沙皇保罗为大团长。1801 年，随着保罗去世，这段离奇的历史告一段落，骑士团似乎可以回到马耳他岛了，但从法国手中抢走了马耳他岛的英国却拒绝归还。1802 年，骑士团在西班牙的大修道区被没收，1806 年轮到德意志、威尼斯和伦巴第的大修道区被没收，1808 年则是罗马、卡普阿和巴莱塔大修道区，1810 年是俄罗斯的大修道区。领导骑士团的一小部分骑士在西西里避难，但在1826 年，西西里大修道区也没了。1834 年，骑士团又失去了葡萄牙的克拉图大修道区，只剩下波希米亚的大修道区。马耳他骑士团似乎已穷途末路。

1786 年，条顿骑士团还有 100 名骑士和近 50 名修道院礼拜
神父。但在 1805 年，骑士团失去了大多数莱茵兰的辖区。1809
年，拿破仑又没收了骑士团在德意志的剩余土地，梅根特海姆辖
区归符腾堡国王所有。条顿骑士团只剩下在奥地利的两个执行长
官辖区。拿破仑讨厌条顿骑士团的另一原因是，卡尔大公于 1810
年在阿斯彭短暂地击败了他，而卡尔大公曾于 1801 年至 1804 年
担任条顿骑士团的大团长和德意志团长。

19 世纪初期，西班牙的圣地亚哥、卡拉特拉瓦、阿尔坎塔拉
和蒙特萨四大骑士团总共约有 200 个辖区。大部分辖区堡垒都已
变为废墟，但周边的土地仍能为骑士团带来收入。除此之外，骑
士团还有许多教士和辖区指挥官的居所。在半岛战争中，这些居
所大部分都遭到多次洗劫。葡萄牙的阿维斯、圣地亚哥和基督骑
士团境况也是如此。

无论在哪里，当时的政治气候都对军事修士充满了敌意。

不过，当拿破仑战争结束时，马耳他主权军事骑士团（Sover-
eign Military Order of Malta）并没有灰心丧气。威尼斯的辉煌时
代已经远去，但谦卑的瓦莱塔时代仍可在流亡中重现，天主教世
界的贵族都能成为骑士团的新公民。在英国小说家沃尔特·司各
特爵士的时代，人们普遍同情骑士团，当然政界人士除外。（司各
特就曾说过，瓦莱塔是一座由绅士为绅士建造的城市。）有一位政

治家对骑士团有好感，那就是奥地利首相梅特涅。他是骑士团成员，也是数十年间欧洲最有权势的人。1816 年，马耳他骑士团的罗马大修道区得以重建。早在 1806 年，瑞典国王古斯塔夫斯四世——他曾经被沙皇保罗册封为马耳他骑士——就想把波罗的海上的哥得兰岛赠予骑士团。1815 年，梅特涅建议将厄尔巴岛给骑士团，但他同时提出要由哈布斯堡王室任命大团长，这是骑士团所不能接受的。

1826 年，副团长安东尼奥·布斯卡（Antonio Busca）被迫离开西西里，教宗利奥十二世——曾经也是一名骑士团成员——让骑士团暂居费拉拉。布斯卡的继任者卡洛·坎迪达（Carlo Candida，1834—1845 年在任）以前是马耳他岛上的一名战舰指挥官，在他领导下，骑士团获得了新生。受教宗格里高利十六世邀请，他在罗马的原骑士团大使馆址上重建了修道院。修道院位于罗马的"西班牙台阶"（Spanish Steps）脚下，拥有治外法权。卡洛坚称，骑士团拥有主权，这也得到奥地利和罗马教宗的外交认可。1840 年间，那不勒斯国王费迪南多二世曾提出，把那不勒斯海岸附近的蓬扎岛赠予骑士团，但卡洛拒绝了。他认为，骑士团的战斗使命已经结束（虽然还有一些骑士在奥地利军中服役），应当回归初心。他重建了见习制度，接管了罗马的西斯脱桥（Ponte Sisto）的一座救济所，见习骑士们像从前那样，在这里侍奉"我主病人"。1839 年，骑士团恢复了巴莱塔、卡普阿、墨西拿大修道区，合为那不勒斯和西西里大修道区，伦巴第、威尼斯大修道区也在同年恢复，合为一个大修道区。骑士团获捐的新辖区遍布意大利和奥地利帝国。

副团长菲利波·科洛雷多-梅尔斯（Filippo Colloredo-Mels,

1845—1864 年在任）也是马耳他老兵，同样颇具想象力。他并没有延续宣誓骑士驻守大修道区的老做法，而是根据骑士的国别，设立"荣誉和奉献已婚骑士协会"（associations of married Knights of Honour and Devotion）。1859 年设立的莱茵－威斯特伐利亚协会是第一个，随后是 1867 年的西里西亚协会、1875 年的不列颠协会。各地都回归了医院骑士团的理念。那不勒斯骑士从 1859 年起投资了位于那不勒斯的一座剧院。德意志和奥地利骑士组织承担了 1864 年丹麦战争、1866 年普奥战争和 1870 年普法战争中的看护工作。骑士团还派代表出席了 1869 年的第二次国际红十字会会议。德意志骑士甚至在巴勒斯坦筹建了一座医院。

1878 年，教宗利奥十三世任命圣克罗齐的乔万尼－巴蒂斯塔·切斯奇（Giovanni-Battista Ceschi a Santa Croce）为骑士团大团长，这一职位自 1805 年以来一直空缺。骑士团的主权地位得到一些天主教国家的认可，尤其是奥地利从未否认过骑士团的地位。骑士团的看护服务也在稳步拓展。第一次世界大战期间，骑士团为奥匈帝国和意大利的军队提供战地医院和医护列车。1921 年，骑士团为罗马、那不勒斯、伦敦、巴黎以及耶路撒冷附近的疗养所和诊所提供支持。骑士团各级成员共计 1800 人，包括 40 名业经宣誓的"正当骑士"和 250 名"荣誉和奉献骑士"——没有宣誓，但能提供必要的贵族血统证明的骑士。

条顿骑士团也在 19 世纪得到恢复。1834 年，法兰西斯一世授予骑士团在奥地利领土内的主权地位。这一姿态显得有些虚伪，因为骑士团虽掌握着威严的辖区建筑，例如蒂罗尔的博岑

（Bozen）城堡、维也纳的德意志宫堡（Deutscheshof），后者的圣伊丽莎白教堂是条顿骑士团的新总部，是一座漂亮的哥特式教堂；却只剩下 11 名骑士，似乎很快就要绝迹了。不过，1835 年出任大团长和德意志团长的大公马克西米连·约瑟夫恢复了骑士团的看护和教牧活动。骑士团筹建了医院、学校，招募修女充实这些机构。骑士团神父承担了堂区的工作，集体居住在社区里。1863 年，马克西米连的继任者威廉大公以马耳他骑士团为蓝本，引入了"荣誉骑士"（Ehrenritter）头衔，从哈布斯堡王朝的几大德意志家族招募成员。此外，骑士团还有"尊贵朋友"（Marianer），他们会戴颈链十字架，与骑士们佩戴的很相似。

条顿骑士团的核心成员依然是业经宣誓的骑士。1914 年，这类成员共有 20 人，此外还有 30 名"荣誉骑士"。骑士必须提供十六等分盾徽，这意味着他们从高祖父母一代就必须是贵族。他们发誓守贫、守贞和服从，在重要仪典上全副武装。根据规定，骑士还要蓄须。他们的制服是白色束腰外衣，上面绣有一个巨大的黑色十字，此外穿一件绣有相似十字标记的白色斗篷，脚蹬黑色高筒靴，在重要仪典上还要戴黑色羽毛帽。所有骑士都是现役或者曾经是帝国和皇室军队中的军官，大团长和德意志团长还统领一个步兵团。［威廉大公在 1866 年柯尼希格雷茨（Königgrätz）战役中受伤，他当时率领兵团与普鲁士人作战。］这是一支出色的步兵团，获过许多战斗荣誉，还有一支著名的军乐队。在第一次世界大战前夕，骑士团资助了 9 所医院、17 所学校和 55 个堂区，由两个教士会和四个修女会运营。

卡尔大公的孙子欧根大公在 1894 年成为大团长和德意志团长。他既是一位虔诚的信徒，又是经验丰富的陆军元帅，1917 年在卡波雷托（Caporetto）击败意大利军队的战役中发挥了重要作用。在第一次世界大战期间，条顿骑士团像马耳他骑士团一样，为战地医院出钱出力，骑士团的"尊贵朋友"还承担了驾驶救护车、抬担架的工作。

奥匈帝国覆灭后，奥地利共和国厌恶条顿骑士团，认为它是"哈布斯堡王朝的封地"。1923 年，为了条顿骑士团的存续，欧根大公将自己的职权交给了骑士团中的神父成员，教士们虽极不情愿，但也无可奈何。6 年后，他们将条顿骑士团重组为一个教士托钵兄弟会，其中一名神父被选举为大团长 —— 再也没有"大团长和德意志团长"这一头衔了。骑士们也不再宣誓，但他们时不时还会封授一些"荣誉骑士"（他们不必再提供贵族血统证明）。"荣誉骑士"和神父成员都保留了条顿骑士团的白斗篷和大黑十字标记。

1874 年，教宗庇护九世将四个西班牙骑士团统合为一个，在拉曼查的雷阿尔城设立了一个修道区，修道长由国王任命。每个骑士团都保留了某种程度的自治权，沿用各自的十字标记。骑士团只接纳大贵族成员，因而四个骑士团的成员加在一起，包括骑士和教士，只有不到 200 人。

1916 年，阿方索十三世获得"四大骑士团团长"头衔，他因此十分骄傲。他不仅在雷阿尔城举办的骑士团仪典上穿着绣有四大骑士团十字标记的白袍，还把骑士团标记绣在每一套西服的内胸袋上。

与之相反，葡萄牙的骑士团却在 19 世纪 30 年代被取缔，此后再也没有恢复。只有在国家功勋骑士团（national orders of merit），还能看到它们留下的一些痕迹。葡萄牙国王作为团长，会在国事活动中佩戴一枚瓷釉徽章，上面有阿维斯、基督和圣地亚哥骑士团的三个十字标记。现在的葡萄牙总统也会戴类似的徽章。

20世纪30年代，对骑士团的迫害又开始了。纳粹德国与奥地利合并后，希特勒解散了条顿骑士团，没收其财产，还因其与哈布斯堡王朝的关系而不断骚扰其成员。阿方索国王退位后，西班牙的骑士团也停止了活动。在西班牙内战期间，卡拉特拉瓦骑士团的两个辖区修道院被洗劫，所幸位于布尔戈斯（Burgos）的其他修道院安然无恙。1936年，共和政府捣毁了马耳他骑士团在西班牙最著名的锡赫纳修女院。

马耳他骑士团在20世纪中期也遭遇很多波折，丧失了波希米亚的古老辖区，但在50年后又收复了它们。遗憾的是，20世纪30年代和40年代后期关于收复罗得岛的传言并没有实现，20世纪50年代关于受赠伊比沙岛的传言也是如此。但经马耳他政府同意，骑士团收回了安杰罗堡。在罗马，骑士团的马耳他宫（Palazzo Malta）和别墅坐落在阿文丁山上，这是世界上最小的国家，也是意大利境内的三个主权国家之一，其他两个分别是梵蒂冈城和圣马力诺共和国。马耳他骑士团同80多个国家互派大使，还签发自己的护照。（已故的意大利国王翁贝托二世就经常持马耳他骑士团的护照旅行。）

马耳他骑士团大团长和执行长官们管理着1.1万名骑士、女爵（dame）和礼拜神父，其中大部分是"正当骑士"——发誓守贫、守贞和服从的贵族。①在欧洲，骑士团成员中既有旧的统治阶级，也有新贵，但领导层是贵族。接替胡安·卡洛斯国王出任西班牙协会主席的是坎普雷亚尔（Compo Real）侯爵，也是西班牙大公（grandee）。德意志协会的主席是利奥－费迪南德·亨克尔·冯·唐纳斯马克伯爵（Leo-Ferdinand Graf Henckel von Donnersmarck），司库是菲尔斯滕贝格的克莱门斯－奥古斯特·冯·威斯特法伦（Clemens-August von Westphalen zu Fürstenberg），外务官是阿尔布雷希特·冯·伯泽拉格尔男爵（Albrecht Freihrr von Boeselager），其顾问包括埃尔茨－吕本纳赫（Eltz-Rübenach）、洛布科维奇（Lobkowicz）和沃尔夫·梅特涅（Wolff Metternich）等显赫的名字。波兰协会的主席是塔尔诺夫斯基（Tarnowski）伯爵，比利时协会主席是利涅（Ligne）亲王。

在新大陆，美国和澳大利亚协会则几乎完全由"恩典骑士"组成，并不要求其提供贵族血统证明。骑士团成员主要是爱尔兰裔美国人，通常都是很富有、社会影响力较大的人。

马耳他骑士团的核心成员依然是经过宣誓的"正当骑士"，大约有 50 人。宣誓仪式——庄严发誓守贫、守贞和服从——也是他们与那些在哈丁或阿卡战场上牺牲以及 1565 年在马耳他岛上获得胜利的骑士的生命联系。骑士之剑在弥撒中得到祝福，撒上圣水，被授予跪在地上、身穿红色上衣的宣誓人，授予者会对他

———————————

① 在德意志、奥地利和波希米亚、匈牙利、波兰，一名"正当骑士"须出示十六等分贵族盾徽，在其他国家则不那么严格。在英国，骑士的四位祖父母必须都继承家族纹章，或者其家族的男性一系必须为 300 年以上的贵族。所谓"贵族"，就是其家族纹章要被收录在英格兰纹章院（College of Arms）或苏格兰纹章院长（Lord Lyon King of Arms）的记载中。

说一句："勿以不义伤人。"随后，为宣誓人扎上佩剑带，告诫其守贞，践行基本美德：审慎、公正、坚韧、温和节制。此外还要在他的脚后跟系上金色马刺，取"鞭策心灵"之意，提醒他要视金钱如粪土。

随后，新骑士就成为一名修士。骑士团让他穿上黑色修士袍，并告诉他这件衣袍象征着施洗者约翰的驼毛衣，必须穿着它，作为一种赎罪的方式。衣袍上十字标记的八个尖角，象征着八种祝福。他还会得到一条绣有基督受难花纹的圣带，让他始终牢记"主耶稣基督所受苦难"。在重要仪式上，他将穿一件带有白色贴边、黑色斗篷的红色军服——骑士团的制服，左肩上绣一枚有八个尖角的白十字。（没有宣誓的骑士也穿类似衣服，带黑色贴边，但通常会穿黑色制服或斗篷，胸前有一个线描白色马耳他十字标记。）

经过宣誓的骑士要在俗世中过修道生活，没有宣誓的骑士则有点像方济各第三会成员。骑士团的医护活动遍布全球，从秘鲁到巴基斯坦，从加利福尼亚到东欧——包括资助、管理医院，提供急救队，向遭受自然灾害的地区派发医药用品等。德意志的骑士还赞助了马耳他救助组织（Malteser-Hilfendienst），这是世界上最大的救援组织之一。

不过，马耳他骑士团的首要戒律仍是"保卫信仰"。骑士团成员无论何时何地，都要履行这一庄严的责任，保卫神圣罗马天主教会和使徒教会的训诫、教条和传统所尊奉的信仰，尤其要效忠于基督在地上的代理人、骑士团的最高权威——罗马教宗本人。这一职责比其他任何工作都重要。骑士团从未忘记，正是在900年前，一道教宗谕令宣告了骑士团的成立。

近年来，马耳他骑士团的英国成员十分振奋，因为骑士团选举了 7 个世纪以来的首位英籍大团长，还恢复了旧日的英格兰大修道区。1988 年，安德鲁·贝尔蒂（Andrew Bertie）就任第 78 任大团长。他是爱德华·贝林厄姆（Edward Bellingham）爵士的旁系亲属。贝林厄姆也是马耳他骑士，是 1530 年至 1540 年赫里福德郡丁莫尔（Dinmore）辖区最后一名指挥官。骑士团选举"十字军教宗"（papa craciato）时，意大利媒体竞相报道，显示出马耳他骑士团在现代意大利的崇高威望。1993 年，经教宗许可，英格兰大修道区重建。

第二次世界大战后，条顿骑士团在奥地利和北意大利复兴，成为一个以教士为主的新组织。当前，骑士团成员包括 40 名教士、10 名在俗弟兄和近 300 名修女，在卡林西亚有一座不错的医院。大团长是阿诺德·维兰德（Arnold Wieland）博士。

最后一位经过宣誓的条顿骑士，弗雷德里希·冯·贝尔鲁特-提萨克伯爵（Friedrich Graf von Belrupt-Tissac），曾是德意志帝国皇家总参谋部的一名军官，于 1970 年去世。他后来成为骑士团的一名教士，但直到生命的最后一天都戴着铁十字勋章。然而，他的军事生涯已经一去不复返了。此外，还有穿白色斗篷的 12 名"荣誉骑士"。（其中有已故的列支敦士登大公弗兰茨-约瑟夫和康拉德·阿登纳博士。）骑士团还有一个"友人协会"（Association of *Familiaren*），有约 600 名成员，相当于过去的"尊贵朋友"。在重要的仪式上，他们穿黑色斗篷，上面绣一个白色的条顿骑士盾牌，颈上仍挂一枚旧式的"尊贵朋友"十字架。

条顿骑士团的总部位于维也纳的德意志宫，那里有漂亮的哥特式教堂和藏宝库。1957 年，骑士团恢复了另一个很有历史意义的辖区，法兰克福的萨克森豪斯（Sachsenhaus）。（马林堡在 1944 年毁于苏军的轰炸，后经波兰政府重建，恢复了往昔的辉煌。）就在几年前，蒂罗尔的几名骑士团神父骑着马访问了山里的堂区。身穿条顿骑士团黑色大十字标记白色斗篷的人骑马走过，此情此景意外地令人动容。

在西班牙，圣地亚哥、卡拉特拉瓦、阿尔坎塔拉和蒙特萨骑士团时隔 56 年，于 1986 年重新开始招收新成员。四大骑士团的大团长和永久管理人还是西班牙国王胡安·卡洛斯，他为骑士团议事会指定了一位总主席（dean-president）。第一任总主席是国王的父亲，已故的巴塞罗那伯爵，随后是卡洛斯·波旁亲王殿下。雷阿尔城主教是骑士团修道长，其主教座堂也是修道区的教堂。西班牙王位继承人阿斯图里亚斯王子唐费利佩，就是一名圣地亚哥骑士，他穿过骑士团的白色制服，上面仍绣着圣雅各的红色剑形十字。骑士团重又设立了卡拉特拉瓦和阿尔坎塔拉城堡主，每人均保管着象征其职权的金钥匙。申请加入骑士团者必须提供四等分贵族盾徽，且仅限于西班牙最尊贵的家族——因此，骑士团总共只有不到 150 名骑士和见习骑士。骑士须承诺将私人财产交由大团长处置，坚守婚内忠贞，捍卫圣灵感孕（Immaculate Conception）的信条。

圣乔治君士坦丁骑士团是古那不勒斯王国留下的遗产之一。第28任大团长是卡斯特罗公爵费迪南·马利亚（Ferdinand Maria）亲王殿下，他也是两西西里波旁王室的族长。骑士团不仅在意大利南部，在整个意大利都有很高的声望，成员超过1000人。意大利前总统弗朗切斯特·科西加就是骑士团成员，意大利政府还允许外交官和军官佩戴骑士团的十字标志。从某种意义上看，圣乔治骑士团非常国际化，其成员中有6个觊觎王位者、9位诺贝尔奖获得者、1位北约前秘书长和数位英国议会上院议员。骑士团中有一支不列颠和爱尔兰代表团，领衔的是莫布雷（Mowbray）、西格雷夫（Segrave）和斯托顿（Stourton）勋爵。还有一支美国代表团，领衔的是可敬的小戴维·加里森（David Garrison Junior）。骑士团与教会的关系也很好，超过20名枢机主教领受了骑士团的大十字标记。圣乔治骑士团还和马耳他骑士团保持着密切联系，为某些慈善活动提供帮助，在英国的圣乔治骑士还致力解决药物成瘾和酗酒问题。

像马耳他骑士团一样，圣乔治骑士团是意大利"旧制度"的堡垒。另外一个王朝继承制的军事修会——圣莫里斯和圣拉撒路骑士团——也是如此，其大团长是王储维克托·埃曼努埃尔（Victor Emmanuel）。不过，与前两个骑士团不同，圣莫里斯和圣拉撒路骑士团没有得到意大利政府的正式认可。它原先是由历任意大利国王掌管的国家级骑士团，现在却退回其源头，成为皮埃蒙特贵族的最后堡垒，只有萨伏依家族同情它。骑士团中也有一支英国代表团，领衔的是埃罗尔（Erroll）伯爵，苏格兰世袭王室内务总管（Lord High Constable）。

不过，另一个类似的意大利骑士团却显示出复兴的迹象，那就是托斯卡纳的圣司提反骑士团，现任大团长是西吉斯蒙多（Sigismondo）大公。

军事修会是西欧自罗马时代以来的第一支有合理配置和统率的军队，也是殖民者和海上的战士。但他们有很多看起来十分怪异而陌生的地方——作为修士，却穿军靴、挂马刺、持宝剑。这或许就是他们收获了丰功伟绩，却从未得到应有认可的原因。

今天的骑士团不再上战场，而专注于看护病人的使命。只要他们保持传统，彰显贵族特质，就能继续生存下去。反之，若是抛弃了这些品质，他们就会很快消亡——失去吸引新成员的威望，成为红十字会的短命模仿者，而很快消逝。但若骑士们始终如一，就能继续侍奉"我主病人"，甚至延续好几个世纪。

现代世界中的圣约翰骑士团

英格兰大修道区—德意志语言区—
北美的马耳他骑士团—圣约翰骑士团（新教）—
圣约翰尊贵骑士团—自封的圣约翰骑士团

附录 1
英格兰大修道区

　　1993 年，经梵蒂冈批准，马耳他骑士团重建了废止近 450 年的英格兰大修道区。1540 年，亨利八世解散了英格兰境内的骑士团组织，没收了财产。此后，玛丽女王虽一度短暂恢复了骑士团修道区，但伊丽莎白一世在 1559 年又一次夺走其土地。

　　尽管经历了宗教改革，马耳他骑士团中一直都有来自英格兰、苏格兰或爱尔兰的骑士。直到 18 世纪末，大部分英格兰和爱尔兰人都倾向于加入意大利语言区，而苏格兰人通常加入法兰西语言区。虽然只是名义上的官衔，骑士团仍会任命大修道长、爱尔兰修道长和埃格尔执行长官。

　　有人为恢复大修道区做了多次努力。第一个是尼古拉斯·福蒂斯丘爵士，他是"有福的"阿德里安·福蒂斯丘的后裔，于 1639 年成为一名"正当骑士"。他虽然获得了亨利埃塔·玛丽亚（Henrietta Maria）王后的支持，却在马斯顿荒原之战中被杀。第二个是贝里克（Berwick）公爵——詹姆士二世和阿拉贝拉·丘吉尔（Arabella Churchill）所生的儿子，他于 1687 年加入骑士团，尝试恢复大修道区，被骑士团大团长卡拉法（Carafa）授予大修道长头衔。当他父亲詹姆士二世被废黜后，贝里克在爱尔兰召集了一支"红衣军团"为他而战，这支军队也被称为"大修道长军团"。贝里克公爵的两个儿子彼得和安东尼·菲茨詹姆斯也担任过大修道长。（现代英国骑士团中，至少三分之二的成员都有詹姆士党人先祖，曾直接或间接地，在 1715 年或 1745 年暴动中为斯图亚特王朝而战，或者经詹姆士三世委派，在其他天主教国家的军队中服役。）1782 年，马耳他骑士团成立了盎格鲁-巴伐利亚语言区，主要由德意志人和波兰人组成，被视为英格兰语言区的继承者，却在 1806 年宣告解散。同年，骑士团任命了最后一位名义上的英格兰大修道长，吉罗拉莫·拉帕雷利（Girolamo Laparelli），亦即第 54 任大修道长。他死于 1815 年。

骑士团里始终有来自不列颠的骑士，不过不是所有人都是"正当骑士"。19 世纪上半叶，有两人较为突出。一位是纽金特亲王（Prince Nugent，1777—1862），奥地利陆军元帅和名义上的爱尔兰修道长，也是最后一位信奉天主教的什鲁斯伯里（Shrewsbury）伯爵，曾建立了一个骑士团辖区。另一位是乔治·鲍耶（George Bowyer），于 1851 年成为一名"正当骑士"。他也曾试图重建英格兰大修道区，失败后，于 1875 年成立了马耳他骑士团的不列颠协会，修建了位于圣约翰斯伍德（St John's Wood）的教堂。不列颠协会最早的几任主席中，有阿什伯纳姆（Ashburnham）勋爵和格拉纳德（Granard）伯爵。格拉纳德伯爵做过英国王室的御马官，1882 年，维多利亚女王的儿子，后来的爱德华七世就是从他手中接过了执行长官大十字勋章。爱德华继承王位后，还戴着这枚勋章访问了马耳他。（他的亲王父亲也接受过一枚荣誉十字勋章）20 世纪较为突出的骑士团成员有诺斯（North）勋爵、德文特（Derwent）子爵菲查伦（FitzAlan，最后一任爱尔兰总督）、伊兹利（Iddesleigh）伯爵、盖恩斯伯勒（Gainsborough）伯爵、布伦奇利（Brenchley）子爵蒙克顿（Monckton）少将、彼得·霍普（Peter Hope）爵士和克雷格迈尔（Craigmyle）勋爵。

1946 年，教宗庇护十二世鼓励马耳他骑士团重建英格兰大修道区。尽管当时有 6 名英格兰见习"正当骑士"，但这一努力再次失败。1972 年，有福的阿德里安·福蒂斯丘次修道区（sub-priory）成立，罗伯特·克赖顿–斯图尔特（Robert Crichton-Stuart）勋爵任摄政。此后历任摄政有：未来的大团长安德鲁·贝尔蒂、安东尼·弗内斯（Anthony Furness）子爵、盖恩斯伯勒伯爵和现任大修道长马修·费斯廷。

马耳他骑士团规定，成立一个大修道区必须有 5 名"正当骑士"或修道骑士。1993 年，全英格兰共有 7 名这样的骑士，还有近 20 名"服从骑士"（Knights of Obedience）——他们不用宣誓，只需要承诺服从。新任大修道长马修于 1977 年进入骑士团，1992 年庄严宣誓。（他的父亲是已故的陆军元帅弗朗西斯·费斯廷，格拉纳达卫队的一名指挥官，也是马耳他骑士团成员。）沃尔特于 1144 年受命出任首位大修道长，马修是他的第 55 位继任者。

英格兰大修道区和不列颠协会的成员相对较少，总共有 240人，其中不到 180 人是骑士。但许多成员都来自不服从英国国教的家族，代表了这个新教国家中忠于天主教信仰的一支力量。他们还是马耳他骑士团在英语世界中延续至今的一座活生生的纪念碑。英国最著名的马耳他骑士有诺福克公爵、洛锡安（Lothian）侯爵、莫布雷、西格雷夫和斯托顿勋爵，以及国防参谋长查尔斯·格思里（Charles Guthrie）上将。

德意志语言区 [1]

　　1154 年，杜伊斯堡有一个医院骑士团辖区。1160 年，曾去过耶路撒冷的勃兰登堡边区伯爵"大熊"阿尔伯特在易北河畔韦尔贝（Werbe）兴建了第二个辖区。1187 年，成立了一个德意志修道区。骑士团早年在北部曾参与对东波美拉尼亚、梅克伦堡和西里西亚等"半异教"地区的殖民活动，其辖区治所通常有两层楼高，建有防御工事，救济所位于教堂顶部。1219 年，骑士团为丹麦国王瓦尔德马二世英勇作战，对抗爱沙尼亚的异教徒，丹麦人就采用了骑士团的旗帜，并沿用至今。

　　骑士团自 1156 年以来就一直拥有奥地利的迈尔贝格（Mailberg）辖区，并于 1169 年在布拉格修建了第一座教堂，但直到 13 世纪才成立了波希米亚修道区（包括奥地利、卡林西亚和西里西亚）。德意志骑士于 1177 年在波兰建立波兹南辖区，1217 年建立匈牙利修道区，1266 年在丹麦建立安特沃斯库（Antvorskov）辖区——这些辖区直到 15 世纪都隶属于达契亚（斯堪的纳维亚）修道区。

　　大指挥施瓦茨堡的阿尔布雷希特，出身于未来的统治家族施瓦茨堡-鲁多施塔特（Schwarzburg-Rudolstadt）和施瓦茨堡-索嫩豪森（Schwarzburg-Sonnenhausen），他于 1320 年从土耳其人手中解救了罗得岛。德意志修道长、霍亨索伦王朝的先祖索伦伯爵腓特烈（Friedrich Graf von Zollern）率德意志骑士参加了尼科波利斯十字军，于 1396 年战死。1428 年，德意志语言区（包括德意志人、斯拉夫人、斯堪的纳维亚人和马扎尔人）成立。自此，骑士团大执行长官一职始终为一名资深德意志骑士所把持，例如 1466 年的施陶芬贝格的菲利普·申克（Philipp Schenk von Stauffenberg）。

到了 14 世纪，骑士团在德意志兴盛起来，拥有 100 多个分部，其中一部分是礼拜神父的社区，由一名戴主教冠的高级教士管理。此外还有领区：威斯特伐利亚、科隆、乌特勒支、韦特劳（Wetterau）、法兰克尼亚、图林根和勃兰登堡。但东北部和西南部之间争斗不断，1382 年，勃兰登堡的骑士在领区骑士团长舒伦贝格的伯恩哈德（Bernhard von der Schulenberg）手下赢得了自治权。由于帝位选举争议和教廷分裂，罗得岛上很少有德意志人。但在 15 世纪，德意志语言区比以往更为强大，在布赖斯高的海特斯海姆建立了德意志修道区。另一方面，波希米亚修道区在胡斯战争中遭受了重大损失。

1480 年，德意志骑士参与了罗得岛抗击土耳其人的战争，最著名的当属哈特施泰因的约翰（Johann von Hattstein），他后来担任大修道长。1522 年，他们又一次参与保卫罗得岛的战斗，其中有迈尔贝格辖区长弗伦德施泰因的克里斯多夫·瓦德纳，还有另一位未来的大修道长坎施塔特的格奥尔格·席林（Georg Schilling von Cannstadt）。罗得岛陷落与宗教改革、土耳其入侵匈牙利同时发生，接二连三的灾难致使骑士团失去了达契亚、匈牙利修道区和乌特勒支、勃兰登堡领区，在德意志其他地区的 105 个分部，也损失了 28 个。1540 年，德意志语言区只剩下 26 名骑士，而

1495 年时还有 40 名。即便如此，查理五世仍创立了德意志修道区，让帝国的一位王公任修道长。在马耳他岛被围困时，德意志语言区的 13 名骑士驻守比尔古的"德意志岗哨"，5 名骑士在保卫圣埃尔莫堡的战斗中死去。

1636 年，黑森-达姆施塔特（Hesse Darmstadt）封邦伯爵的小儿子弗雷德里克在访问马耳他时深受触动，转而信奉天主教，加入了骑士团。他历任加莱战船指挥、德意志大修道长，最终成为布雷斯劳主教和枢机主教。德意志语言区还出了另一位加莱战船指挥——弗朗茨·西格蒙德·冯·图恩和霍恩施泰因（Franz Sigmund von Thun und Hohenstein）。虽然语言区驻所有愉悦宾客的游廊、精美的盔甲和艺术品收藏，但相对来说，住在这里的骑士不多。（1833 年，为了腾出地方修建一座安立甘宗教堂，德意志驻所被拆除。）少数骑士被埋葬在瓦莱塔代主教座堂的德意志礼拜堂中，其中有两名在海上出征时被杀，分别是费迪南德·冯·科尔夫-施密辛（Ferdinand von Korff-Schmissing）和海因里希·冯·贝弗伦（Heinrich von Beveren）。

来自波希米亚修道区的骑士利奥波德·科洛尼奇伯爵（Leopold Graf Kollonits）从事航海业，他于 17 世纪 50 年代在克里特岛抵抗土耳其人，20 岁上下即出任迈尔贝格辖区长，但随后就成为一名教士。作为维也纳新城（Wiener Neustadt）主教，在维也纳被围困期间，他把迈尔贝格堡改造成一座医院，发挥了很大作用。1695 年，他就任格兰（Gran）大主教和匈牙利采邑大主教（prince primate），在哈布斯堡王朝收复失地期间支持重建匈牙利修道区。

三十年战争后，波希米亚修道区收回了在布拉格的总部，建造了一座宏伟的巴洛克式教堂，在 1738 年又为大修道长修建了一座威严的新宅邸。其他捷克辖区也渐渐恢复，礼拜神父们又过上了修道生活。骑士团成员主要来自奥地利和波希米亚的大家族：洛布科维茨（Lobkowitz）、图恩、列支敦士登、科洛雷多、科洛弗拉特（Kolowrat）、利赫诺夫斯基（Lichnowsky）、迪特里希施泰因（Dietrichstein）。许多人都在巴尔干地区抵抗过土耳其人，例如约瑟夫·冯·科洛雷多-瓦尔塞（Joseph von Colloredo-Wallsee）。他在 18 世纪 50 年代还是个小男孩时就加入了骑士团，最终身兼大修道长和陆军元帅之职。

虽然德意志大修道长从品阶上看只是个小小的教会诸侯，但他在海特斯海姆的封邑面积有近 8 平方英里。在他的城堡旁边，有一座带高耸尖塔的教堂、一座医院、一座救济院、一所学校和一座主教官署。他所管辖的骑士主要来自斯瓦本和威斯特伐利亚的贵族家庭。

德意志语言区总是麻烦不断。1740 年，腓特烈二世占领西里西亚，开始把骑士团辖区分封给没有宣誓或四等分盾徽的人，这些人拒绝向骑士团缴税。1777 年，约瑟夫二世禁止哈布斯堡王朝统治下的辖区缴纳提额后的税金。（皇帝派往马耳他的使节是费迪南德·冯·洪佩施男爵，后来当上了大团长。）1782 年，帕拉丁选帝侯卡尔·特奥多尔成立了盎格鲁-巴伐利亚语言区，囊括新的巴伐利亚大修道区和波兰大修道区——这是由德意志语言区刚刚建立的，可与之相匹敌。

拿破仑有意摧毁德意志境内的骑士团。得益于科洛雷多-瓦尔塞的外交手腕和骑士团荣誉骑士奥地利首相梅特涅的庇护，波希米亚大修道区有幸逃过一劫。奥地利和波希米亚的辖区继续运转，奥地利皇帝也始终承认骑士团的主权。

1859 年，奥地利一位颇有远见的"正当骑士"戈特弗里德·冯·施罗特（Gottfried von Schröter），鼓励一位莱茵兰人奥古斯特·冯·哈克斯特豪森男爵（August Freiherr von Haxthausen）重建德意志大修道区。哈克斯特豪森的计划因 1864 年反天主教政府成立而受阻，弗朗茨·埃贡·冯·亨斯布勒希（Franz Egon von Hoensbroech）成立了莱茵-威斯特伐利亚已婚荣誉骑士协会，同年，拉蒂博尔（Ratibor）公爵成立了西里西亚协会。在丹麦战争、普奥战争和普法战争期间，这两个协会设立战地医院，招募护士、医生、担架手和礼拜神父。1870 年，他们照料了至少三分之一的伤员。此后，这些战时的医疗服务转变为和平时期的医院。若不是在德意志模式上根据民族分野建立起各个协会，骑士团或许无法生存下来。

波希米亚大修道区的情况也很不错。1869 年，戈特弗里德·冯·施罗特和另一名"正当骑士"奥瑟尼奥·冯·利赫诺夫斯基-韦尔登贝格（Othenio von Lichnowsky-Werdenberg），在位于耶路撒冷和伯利恒之间的坦途尔（Tantur）修建了一所医院和一座教堂，由伯恩哈德·古斯塔夫·冯·卡博加伯爵（Bernhard Gustav Graf von Caboga）出资，卡博加后来也成为一名"正当骑士"。1869 年，利赫诺夫斯基也参加了第二届国际红十字大会。1874 年，他出任大修道长，为帝国和皇家军队提供战地医院和医护列车。1881 年，奥地利皇帝弗朗西斯-约瑟夫新设了"尊贵殿下"（serene highness）头衔，授予利赫诺夫斯基和他的继任者们。在皇帝统治的最后几年间，大修道区日益繁荣。1905 年，一位名叫加莱阿斯·冯·图恩和霍恩施泰因（Galeas von Thun und

Hohenstein）的骑士还成了大团长。在 1914—1918 年的第一次世界大战中，波希米亚大修道区和德意志协会的战地医院、医护列车和看护服务发挥了很大作用。

"一战"后，虽然君主统治结束了，但骑士团的医护活动仍在继续。德、奥合并后，骑士团在德国吞并捷克斯洛伐克的数月前成立了另一个奥地利大修道区，担心"波希米亚"这一名称会带来麻烦。然而，在第二次世界大战期间，两大修道区的下属辖区都被占领了。纳粹国防军军官不能加入骑士团，如果他们已经是骑士团成员，晋升就会遭遇障碍，也不得佩戴骑士团的十字标记。一些骑士还卷入了 1944 年 7 月的那场阴谋。克劳斯·申克·冯·施陶芬贝格上校不是骑士，但他的家族与马耳他骑士团有多个世纪的联系。枢机大主教克莱门斯·冯·加伦（Clemens von Galen），"明斯特之狮"，也有一枚大十字勋章。

苏联攻入后，骑士团失去了西里西亚和波希米亚分部。1950 年，共产主义政权下令解散了布拉格的礼拜神父社区。但在西边，因红十字组织被纳粹侵蚀，占领军求助于德国马耳他骑士团（Malteserorden）和信奉新教的圣约翰骑士团（见附录 4），使各个协会得以重建。

后来，莱茵-威斯特伐利亚和西里西亚协会合并，成立德意志协会，利奥-费迪南德·亨克尔·冯·唐纳斯马克伯爵任主席。1961 年，德国圣米夏埃尔次修道区成立，当时的摄政为卡尔·冯·伦格克（Karl von Lengerke）博士。联邦德国正式承认德国马耳他骑士团为全国性慈善组织，每年给予其巨额资助。1953 年成立的"马耳他救助组织"运营的医院和志愿救护车遍布整个德国，还为其他遭受战争或自然灾害的国家提供帮助。（1966 年至 1975 年间，骑士团在越南有一支医生和护理人员小队。）该组织的主席是康斯坦丁·冯·布兰登施泰因－策佩林（Constantin von Brandenstein-Zeppelin）博士。1965 年成立的"马耳他姐妹组织"（Malteser-Schwesternschaft）的主席是伊丽莎白·申克·冯·施陶芬贝格女伯爵。

战后，奥地利大修道区也像德国的马耳他骑士团那样重建，并得到了奥地利政府的正式承认。威廉·列支敦士登任大修道长。大修道区以"奥地利马耳他医院服务"（MDHA）的名义开展医护活动，马丁·冯·博尔多夫－格拉兹尼亚（Martin von Bolldorf-Grazigna）博士任指挥官。1980 年，三名流亡在外的"正当骑士"在捷克共和国国土之外重建了波希米亚大修道区。共产主义政权垮台后，新政府归还了波希米亚大修道区在布拉格的巴洛克式教堂和宫殿。执行长官海因里希·施利克（Heinrich Schlik）任大修道长。修道院以"捷克马耳他援助"（CMP）名义开展医护活动，主席为女伯爵玛格丽塔·瓦尔德施泰因－瓦滕贝格（Margarethe Waldstein-Wartenberg）。

马耳他骑士团中，来自德意志语言区的显贵人士有：大统领、执行长官路德维希·霍夫曼·冯·鲁默斯泰因（Ludwig Hoffman von Rumerstein），医院骑士、执行长官阿尔布雷希特·冯·伯泽拉格尔男爵——他的前任是在任多年的执行长官卡尔·沃尔夫冈·冯·巴勒施特雷姆伯爵（Carl Wolfgang Graf von Ballestrem）。

德意志语言区经历了许多悲剧和挫折，但始终不屈不挠，总是能从毁灭的废墟中焕发新生。或许就是因为这一点，它是现代马耳他骑士团中最肯奉献、最能吃苦的一支队伍。

不列颠协会中有很多成员与德意志语言区保持着密切联系。

其中包括：奥地利大公格扎（Geza）和菲利普、托斯卡纳大公西吉斯蒙多、亲王勒文施泰因的鲁珀特（Rupert zu Loewenstein）暨勒文施泰因-沙芬内克伯爵（Loewenstein Scharffeneck，不列颠协会的副主席）、亲王和公爵夏尔-路易·达伦贝格（Charles-Louis d'Arenberg）、亲王和公爵皮埃尔·达伦贝格、伯爵约瑟夫·切尔宁·德·胡代尼采（Josef Czernin de Chudenic，协会中的前医院骑士），还有陆军中校扬-迪尔克·冯·默费尔特（Jan-Dirk von Merveldt）暨莱姆贝克（Lembeck）男爵——他的亲戚戈斯温·冯·默费尔特（Goswin von Merveldt）男爵于 1721 年至 1727 年担任德意志大修道长，其直系先祖是条顿骑士团的陆军元帅马克斯·冯·默费尔特伯爵。女性成员中有冯·特威克尔（von Twickel）男爵夫人，还有 4 位女士分别来自威克斯海姆（Weikersheim）、卡斯特尔-吕登豪森（Castell Rüdenhausen）、冯·戈斯（von Goëss）和拉赞斯基·冯·布科瓦（Lazansky von Bukowa）家族。

已故的休伯特·科斯是一名经过宣誓的"正当骑士"，曾任英格兰副大修长，之前则是匈牙利协会的成员。而已故的卡尔·艾本舒茨-克普林格（Karl Eibenschutz-Keplinge）博士在匈牙利协会做了多年的掌旗官，他曾是萨伏依欧根亲王的龙骑兵。

北美的马耳他骑士团 [1]

在加拿大早期历史中，一些马耳他骑士发挥了十分重要的作用，包括探险家萨米埃尔·德·尚普兰（Samuel de Champlain）的第一位资助者和他的三个同伴。其中就有新法兰西和阿卡迪亚（Acadia，新苏格兰）的首任总督、阿卡迪亚的首位领主（seigneur），以及埃沃（La Hève）定居点的建立者。一名骑士还最先提议在切布托（Chebucto）——现在的哈利法克斯——建立定居点。

奥弗涅语言区的艾马·德·克莱蒙·德·沙斯特（Aymar de Clermont de Chaste）是法国海军中将。1602 年，亨利四世任命他为新法兰西的陆军中将，但他在第二年就去世了。去世前，他还资助了尚普兰对圣劳伦斯河的第一次探险。1632 年，指挥官伊萨克·德·拉兹利（Isaac de Razilly，枢机主教黎塞留的族人）代表新法兰西公司组织了一支移民探险队前往魁北克和阿卡迪亚，尚普兰和另外两名骑士马克-安托万·布拉斯德菲·德·沙托福（Marc-Antoine Brasdefer de Chateaufort）、夏尔-雅克·于奥·德·蒙马尼（Charles-Jacques Huault de Montmagny）提供协助。

伊萨克是一名老兵，在拉罗谢尔战役中失去了一只眼睛，曾在摩洛哥作战。同样在 1632 年，伊萨克被任命为新法兰西总督、阿卡迪亚长官和圣克鲁瓦岛（Île Sainte-Croix）、王家港的领主。他写信给大团长保罗，建议在王家港（后来的安那波利斯）或切布托设立一个大修道区，但没有得到采纳。1635 年，他在阿卡迪亚去世，葬在埃沃定居点的恩典圣玛丽堡（Fort Sainte-Marie-de-Grâce）大门下。伊萨克对加拿大很有感情，称之为"地上天堂"。

从 1635 年尚普兰去世到次年蒙马尼抵达期间，沙托福任魁北克临时长官。沙托福是一名优秀的水手，1627 年曾在罗得岛对抗土耳其人，打了一场著名的胜仗。他主持修建了第二座圣路易堡，用骑士团的八角十字标记装饰城墙。承托着十字架的石块历经风吹雨打，现在被安放在弗龙特纳克古堡酒店的正门上，酒店就坐落在新法兰西总督府旧址上。蒙马尼的统治持续到 1648 年，他的副手也是骑士，名叫安托万·布雷奥·德·利勒（Antoine Brehaut de l'Isle），统领着三河城（Trois-Rivières）的守备军。1653 年，蒙马尼在圣克里斯托弗岛（圣基茨岛）上去世，当时这座岛是骑士团短命的加勒比殖民地的一部分。

17 世纪，在新法兰西赫赫有名的骑士团成员还有：埃克托·丹迪涅·德·格朗方丹（Hector d'Andigné de Grandfontaine），1670 年至 1673 年任阿卡迪亚长官；托马·德·克里萨菲（Thomas de Crisafy），曾统领加拿大军队，1696 年在蒙特利尔去世；让-巴普蒂斯特·德·圣瓦利耶（Jean-Baptiste de Saint-Vallier）阁下，第二任魁北克主教——他对加拿大天主教的影响至今仍存。

18 世纪，法兰西语言区的一名骑士，辖区指挥官康斯坦丁-路易·戴斯图梅尔（Constantin-Louis d'Estourmel）率法国舰队向北美洲进发，于 1746 年从英国人手中夺回路易堡。1759 年，王家鲁西永团（Royal-Roussillon Regiment）上校费利西安·德·贝尔内茨（Félicien de Bernetz）率军抵抗英国人和美国人，保卫魁北克，发挥了领导作用。另一名为保卫魁北克发挥重要作用的马耳他骑士是弗朗索瓦-克洛德·德·布拉马克（François-Claude de Bourlamaque），步兵上校。他们的将军是英勇的蒙特卡姆（Montcalm）侯爵，他的儿子于1744年加入了骑士团。

尽管骑士团里始终有一两名加拿大骑士，但加拿大协会直到1952年才成立。其中一名协会主席昆廷·杰里米·格温（Quintin Jeremy Gwyn）后来当上了马耳他骑士团的大外务官，他也是骑士团政务议事会（Sovereign Council）中第一位来自"新世界"的成员。不过，现代最著名的加拿大骑士无疑是乔治·P. 瓦尼埃（Georges P. Vanier，1886—1967）将军。他去世时任加拿大总督，曾在加拿大军队和外交使团中服役，功勋赫赫。他是个圣徒一般的人物，教会曾考虑过为他行宣福礼。

加拿大协会现有约250名成员。协会主席由约翰·麦克弗森（John MacPherson），一名"正当骑士"担任，迄今为止，这在"旧世界"和"新世界"的各大协会中都是独一无二的。协会专注支持各老年医学研究所和评估中心，还为东南亚和东欧难民提供帮助。此外，还有一个"马耳他骑士团附属魁北克服务队"（Quebec Service of Order of Malta Auxiliaries）。

如果说，一位马耳他骑士为打赢美国独立战争发挥了主要作用，那并不为过。1781年，法国海军上将格拉斯（Grasse）让英国海军无法驰援约克镇，确保康沃利斯将军投降。（格拉斯还是个小男孩时就加入了骑士团，但他为了日后能结婚，并未宣誓。）法国王家海军中，许多优秀的水手都是在马耳他骑士团的舰队中学会航海的。其中最伟大的是执行长官叙弗朗，他是独立战争中另一位杰出的法国海军上将。战争期间，还有几位业经宣誓的骑士指挥着法国战船，包括皮埃尔·路易·德·桑布西（Pierre-Louis de Sambuçy）、让-路易-夏尔·德·科里奥利·戴皮努斯（Jean-Louis-Charles de Coriolis d'Espinousse）——他是格拉斯上将的一名海军中队长（chefs-d'escadron），参加过切萨皮克湾和约克镇的战役。

20多名骑士参加了独立战争，14名成为辛辛那提协会（Society of Cincinnati）成员；这个协会是乔治·华盛顿发起成立的组织，为美国大陆军军官及其后代服务。马耳他骑士团一名在加拿大出生的"服从礼拜神父"（chaplain of obedience），弗朗索瓦-路易-厄斯塔什·夏蒂埃·德·洛特比尼埃（François-Louis-Eustache Chartier de Lotbinière），作为一名信奉天主教的礼拜神父在主要由新教徒组成的大陆军中服役，并从美国国会领一份退休金。

1794年，大团长罗昂想在美国为骑士团谋求一小片领地，请阿基坦修道长让·德·席邦（Jean de Cibon）做协调人，后者曾是骑士团在巴黎的代办（chargé d'affaires）。作为回报，骑士团愿意为地中海上的美国船只提供保护，使其免遭当时还十分嚣张的阿尔及利亚海盗袭击。然而，美国驻巴黎公使，未来的总统门罗并不愿意合作。

19世纪，一些美国公民加入了马耳他骑士团。1928年，尽管北美并没有真正的贵族，美国协会还是成立了，并在枢机主教斯佩尔曼（Spellman）的影响力下发展壮大，以强大的筹资能力而著称。已故的J.彼得·格雷斯（J. Peter Grace）担任协会主席多年，他在美国关怀基金会（Ameri-Cares）中十分活跃，这个组织为许多国家尤其是拉丁美洲国家提供慷慨援助。现在，美国协会有 2500 多名成员，其主席是约翰·保罗·赖纳（John Paul Reiner），高级礼拜神父是纽约大主教、枢机主教奥康纳阁下。

西部协会成立于 1953 年，总部位于旧金山，有 500 多名成员。除了不少慈善活动，协会还不顾路途遥远、花费巨大，每年都送大批病人参加骑士团到法国卢尔德（Lourdes）的朝圣活动。协会还资助诊所、养老院，支持着一座医院——奥康纳医院，并在医院中提供帮助。协会主席是一位"恩典和奉献服从骑士"（Knight of Grace and Devotion in Obedience）罗伯特·J. 博内尔（Robert J. Bonel），两名高级礼拜神父分别是旧金山大主教约翰·奎恩（John Quinn）、洛杉矶大主教和枢机主教罗杰·马奥尼（Roger Mahony）阁下。

美国的第三个协会是联邦协会，成立于 1974 年，总部在华盛顿，也有 500 多名成员。协会资助医院、诊所，鼓励大片地区的居民到医院去看病，还为非洲、加勒比海地区和中美洲输送大量医疗援助。联邦协会也送病人去参加卢尔德朝圣之旅，不计花费。协会主席是威廉·J. 佩奇，礼拜神父是华盛顿大主教、枢机主教詹姆斯·希基（James Hickey）。

1989 年 1 月，骑士团授予美国总统罗纳德·里根"马耳他功勋"（pro Merito Melitensi）项链，奖励他反对堕胎的立场。大团长安德鲁·贝尔蒂在纽约举办的美国协会年会上亲自为里根颁奖。这是马耳他骑士团首次对一位在任的美国总统表示正式认可。1991 年，安德鲁·贝尔蒂再次访问美国时，美国总统乔治·布什在白宫接待了他。

附录 4
圣约翰骑士团（新教）[1]

  德国、瑞典和荷兰的新教骑士团现在被统一称为"圣约翰骑士团联盟"，据说是中世纪医院骑士团勃兰登堡领区的后继者。马耳他骑士团虽不承认他们是马耳他骑士，但承认他们是"被认可的圣约翰骑士团"——这也是"圣约翰骑士"（Johanniter）们提出的方案。

  14 世纪，勃兰登堡领区下属的辖区开始选举一位"骑士团长"，其驻地自 1428 年以来位于松讷贝格（Sonneberg）。1538年，勃兰登堡选帝侯改宗路德派后，领区内的骑士纷纷效仿，首位结婚的领区骑士团长是马丁·冯·霍恩施泰因伯爵（1569—1609 年在任）。1648 年，选帝侯成为领区的保护人。自 17 世纪后半叶起，领区骑士团长都出自霍亨索伦家族，是选帝侯夫人卫队上校的当然人选。

  18 世纪，四分之三的圣约翰骑士都是普鲁士军官，其余是大地主或高级官员，所有人都必须出具贵族血统证明。1763 年，时任领区骑士团长普鲁士亲王费迪南德，也就是腓特烈大帝的弟弟，将领区内的税收上交给大团长平托，后者欣然接受。1776 年，领区还派代表出席骑士团大会。1787 年，圣约翰骑士开始穿马耳他骑士团的红色制服。然而，普鲁士改革人士认为圣约翰骑士团是"封建遗留"，劝说腓特烈·威廉三世于 1812 年废除了勃兰登堡领区，代之以一枚荣誉勋章，也就是"王家普鲁士圣约翰骑士团勋章"，只颁发给贵族。

1852 年，腓特烈·威廉四世重建勃兰登堡领区，"使其继续履行自成立以来所承担的义务"。第二年，领区内仅剩的 8 名骑士在松讷贝格召开会议，选举国王的侄子①腓特烈·卡尔亲王为领区骑士团长。他立即致信马耳他骑士团副团长科洛雷多，通报其当选的消息，收到了科洛雷多兄弟般的回应。于是，新任的领区骑士团长成立了"耶路撒冷圣约翰医院骑士团（勃兰登堡领区）"，在持有原王家普鲁士圣约翰骑士团勋章者的基础上，从德意志北部贵族中招募了 500 名新成员。

到 1890 年，骑士团有近 2500 名骑士，建立了 19 所医院。到 1914 年，骑士团成员数攀升到近 3500 人。

与霍亨索伦家族的密切联系使圣约翰骑士团逐渐半王朝化，1918 年德意志帝国崩溃后，骑士团遭受了严重打击。即便如此，圣约翰骑士在魏玛共和国也很好地生存下来。兴登堡总统就经常在制服上佩戴骑士团的八角十字标记，许多军官也是如此。1931 年，骑士团有 4700 多名骑士。

到了第三帝国时期，风向开始逆转，社会对骑士团这样一个拥有王室传统、信奉基督教的贵族团体充满敌意。1938 年，纳粹出台正式规定，纳粹党员及其家属禁止加入骑士团。到后来，任何军官，只要还在制服上佩戴圣约翰骑士团徽章，纳粹政权就会认为他"在政治上不可靠"。1944 年 7 月，11 名骑士密谋推翻希特勒，失败后被绞死。²

---

① 疑笔误，应为弟弟腓特烈·卡尔·亚历山大。——译者注

1945 年，苏联攻入德国，圣约翰骑士团失去了在普鲁士的医院。松讷贝格似乎也一去不复返了，许多骑士在活动时被杀，或成为苏联的囚犯。1946 年，荷兰骑士脱离组织，在女王领导下成立了"尼德兰圣约翰骑士团"。

盟军占领德国期间，希望借助反纳粹的圣约翰骑士团力量，来重建德国的医疗服务体系。时任领区骑士团长是普鲁士亲王奥斯卡殿下——威廉二世的小儿子。像对待马耳他骑士团一样，联邦德国承认圣约翰骑士团为全国性慈善组织。最终，在 1989 年德国统一之后，圣约翰骑士团收回了普鲁士境内的许多医院和历史建筑，包括松讷贝格。

现在，圣约翰骑士团领区团长是普鲁士亲王威廉-卡尔殿下，旗下有 3500 多名信奉路德宗或加尔文宗的骑士。除了与马耳他骑士团共同经营急救服务，骑士团还运营着 20 家大医院、7 家日间诊所和 31 家疗养院，此外还有 2 家与马耳他骑士团共管的疗养院。政府每年向骑士团投入 5 亿德国马克。虽然加入骑士团不再需要提供贵族证明，但大多数高级官员的名字都能让人回想起旧时代的普鲁士宫廷。

圣约翰骑士团在奥地利、芬兰、法国、匈牙利和瑞士也有繁盛的辖区。此外，在比利时、加拿大、纳米比亚、南非和美国都有次级辖区。

骑士团的全名是"耶路撒冷圣约翰医院骑士团勃兰登堡领区"（Die Balley Brandenburg des ritterlichen Ordens St Johannis vom Spital zu Jerusalem）。在最显赫的普鲁士贵族领导下，骑士团就是普鲁士传统美德的化身——荣誉、责任、自我牺牲和路德式虔信。

附录 5

圣约翰尊贵骑士团[1]

圣约翰尊贵骑士团（the Venerable Order of St John）成立于1888 年，隶属于英国王室。骑士团最高长官就是国王，大修道长是格洛斯特公爵，成员主要是郡治安长官（Lord Lieutenant）、郡警察长（Chief Constable）等。虽然它占据了马耳他骑士团在克勒肯维尔的老修道区，采用其八角十字标记作为自己的徽章，但它与马耳他骑士团或中世纪的医院骑士团都没有历史联系。它并不是"世界上最古老的骑士团"，反而是最年轻的骑士团。

直到现在，骑士团的早期历史仍晦暗不清。1967 年，已故的哈利·卢克（Harry Luke）爵士，一名高级执行长官，出版了一部名为《不列颠王国的圣约翰尊贵骑士团》的著作，对骑士团早期史做了迄今为止最完整的叙述。他写道：

> 1540 年，亨利八世在议会通过法案，在解散修道院运动中没收了英格兰大修道区的财产，修道区活动暂时停止。1557 年，大修道区收回了剩下的财产，但在 1559 年，伊丽莎白一世女王又将其重新分配。由于玛丽女王颁发的特许证并未失效，伊丽莎白女王没有正式解散英格兰的骑士团，大修道区一直处于沉睡状态，直到 1831 年在英格兰教会的框架下，由"马耳他主权军事骑士团"（SMOM）的骑士代表组织——

又被称为"牧师委员会"（Capitular Commission）——发起动议，被重新唤醒。维多利亚女王特许令的一览表的第一段就明确界定了骑士团的历史沿革："英格兰大修道区是耶路撒冷圣约翰医院尊贵骑士的英语区或第六分部之首。"

他继续写道：

被称为"牧师委员会"的法国机构主要由普罗旺斯、奥弗涅和法兰西三大法国语言区的成员组成。拿破仑战争后，他们代表了主权骑士团中仅剩的有生力量。而骑士团不仅丧失了马耳他岛的领土，还在法国大革命和随后的动乱中遭到掠夺，流离失散。

1888年，维多利亚女王颁布王家特许令，英格兰大修道区由此复兴。这个英国的骑士团必然与其本源相分离，但依然致力实现其最初的人道主义目标。

哈利爵士为1970年版《大英百科全书》写了一段更加凝练但稍有不同的叙述。他说，就英格兰大修道区的复兴而言，"罗马的主权骑士团起初接受了这种做法，随后又于1858年予以批驳"。

哈利爵士的叙述有严重的错误，但直到20世纪90年代，这一直是圣约翰尊贵骑士团对自身起源的官方说法。为更准确地了解骑士团的历史，有必要回顾马耳他骑士团在19世纪头25年的历史，尤其是"牧师委员会"的历史。

法国语言区的委员会并不是"主权骑士团仅剩的有生力量"。1805年大团长托马西去世后，骑士团一直由副团长管理，其治所起初在西西里的卡塔尼亚，后来在费拉拉。（直到 1834 年才在罗马建立了副团长的治所）罗马教宗和奥地利帝国依然承认骑士团的主权地位，奥地利的强大首相梅特涅亲王还是骑士团的一名执行长官。

1814 年，骑士团建立了法国委员会，试图收回大革命期间被没收的财产。有异想天开的记录说，"骑士团的法国语言区在 1815 年后得到恢复"[2]，但事实并非如此。当年 12 月，路易十八世批准了一项立法，同意将价值 2900 万法郎的财产——主要是林地——归还骑士团，只要骑士团获得一块可组成一个独立国家的领土。然而，维也纳议会不同意归还马耳他岛，梅特涅虽提议将厄尔巴岛授予骑士团，但这意味着奥地利皇帝有权任命大团长，骑士团亦不能接受。因此，法国的立法也搁置了。虽如此，法国政府仍指示"荣誉军团"官署（chancellery of Legion of Honour，负责管理法国的勋章、绶带等）对骑士团新招募的骑士予以官方认可。

1821 年，委员会秘书，来自前奥弗涅语言区的辖区指挥官让-路易·德·迪耶纳（Jean-Louis de Dienne）因为年老决定退休。他为自己指定了一名出身不明的神秘继任者，（用他侄女的话来说）"迪耶纳爱这人胜过爱自己"。这人是个典型的冒险家，在现代那些冒牌的圣约翰骑士团中很常见，自称"圣十字莫莱侯爵"（Marquis de Sainte-Croix-Molay）或"圣日耳曼尼公爵"（Duc de Santo-Germanie），这些头衔在任何一部法国贵族纹章书中都找不到。他也没有在骑士团大教长（Grand Magistery）处登记注册。我们无从得知他的真名，他或许从委员会处得到了一枚十字徽章，但不太可能获得马耳他骑士团副团长的认可，因为副团长曾提到他，称他为"所谓的圣十字莫莱侯爵"。顶着这么一个虚构的名号，他不可能为自己出具身份证明，更不可能提供贵族血统证明。

委员会的经济来源是旅费、入团申请费。法国骑士（约700人在1814年至1825年加入骑士团）需缴纳6000金法郎，骑士团捐赠人（donat）需缴纳4000金法郎。由此，委员会得以在巴黎一座华丽的"公署酒店"办公。莫莱很快就将自己由秘书擢升为外务官，计划再多卖出几千个十字徽章。

1822年，希腊爱国人士致信卡塔尼亚的副团长布斯卡，请求马耳他骑士团协助其反抗土耳其人，实现民族独立。布斯卡没有资源，让他们试试求助法国的委员会。莫莱从中看到了大好商机。1823年，他建议马耳他骑士团派一支海上远征军收复罗得岛，由他亲任舰队司令。法国首相维莱勒（Villèle）伯爵对此似乎很感兴趣，后来莫莱宣称，法国政府为他提供了"2艘战列舰、2艘护卫舰、500名领半饷的军官，还有土伦的弹药和各种支援"。为给这次远征筹资，莫莱和他的同事们［尤其是"男爵"菲利普·德·夏特兰（Philippe de Chastellain）——另一个伪造头衔的骗子，和一位唐纳德·柯里（Donald Currie）先生］想通过银行家休利特兄弟在伦敦货币市场上借贷64万英镑。他们还计划新招募4000名马耳他骑士，不经副团长同意就为希腊东正教骑士设立"摩里亚修道区"，向每位加入的骑士征收500威尼斯西昆金币。［少数几个登记入团的希腊人中，有一位"马尼人（Maniots）王子彼得罗斯·贝伊（Petros Bey）"。］

这一计划将进一步影响奥斯曼土耳其帝国，可能会激怒梅特涅亲王。马耳他骑士团只有仰仗哈布斯堡王朝的土地才能生存，才能保留古老的波希米亚和奥地利辖区，以及坐落在布拉格和维也纳的宫殿。副团长布斯卡不敢惹恼梅特涅，他通过骑士团驻维也纳代办，请奥地利首相的心腹银行家罗斯柴尔德通知伦敦各大报纸，说这项贷款不靠谱，把计划扼杀在摇篮中。

一些法国历史学家很重视莫莱的计划，但这是不切实际的。不论中世纪的情形如何，在19世纪20年代，信仰希腊东正教的罗得岛不大可能会欢迎天主教法国的大规模殖民。1824年3月，骑士团副外务官维拉（Vella）从卡塔尼亚给驻维也纳代办写信说："战争计划无论从哪一方面看都荒唐可笑，圣十字（莫莱）居然还出了个堂吉诃德……"

维拉在同一封信中指出，法国委员会不承认这项贷款，也不承认与希腊人协商——"他们把罪名全加在所谓的圣十字侯爵身上"。莫莱被迫辞职，用极其偏颇的口吻向副团长写信抱怨西西里和法国的"无法无天和反叛"。他还说，委员会"不顾传统规范"，随意接收骑士和女爵，后者被授予女伯爵的头衔。（他指的似乎是免除贵族证明一事，但他自己恐怕也提供不了任何证明。）他还预测说，委员会很快就会充斥着"法务顾问和已婚骑士"。

布斯卡命令他在巴黎的使者，执行长官费雷特（Ferrette）男爵，向法国外交部长递交一份关于委员会活动的文书材料，要求他停止委员会的活动。因此，法国在1824年4月颁布了一道王家法令，宣布"荣誉军团"官署只承认那些于大团长在位期间加入骑士团的马耳他骑士。不过，法国政府在7月正式承认了副团长的职位，"荣誉军团"官署同意承认那些持有卡塔尼亚签发文书者为骑士，拒绝接受"位于巴黎的假冒委员会所做出的非法任命"。法国首相维莱勒伯爵受赠并接纳了一枚虔敬大十字勋章。

布斯卡禁止委员会召集会议，也不允许其以别的名义重组。但委员会并没有服从这一明确禁令，在 1826 年初以"议事会"名义重新现身，迪耶纳也在其中，莫莱任"大外务官"。4 月，它在巴黎召开了"骑士大会"，狂言要任命另一位副团长以取代布斯卡，但由于缺乏法律依据，"议事会"什么事也没做成。在警察的干预下，会议取消。但即便如此，"议事会"一直在售卖加入骑士团的资格，不断写信给布斯卡，请他授予这些人"骑士身份"——布斯卡一封信都没回。

不过，莫莱不愿放弃他的罗得岛计划。尽管梅特涅亲王反对，但国际政治大环境似乎变得更加有望了。1826 年，英国外交大臣乔治·坎宁提议，法国、俄国和英国联手帮助希腊独立。1827 年 7 月，三国签署包含一项秘密条款的协定，同意调动海军共同对抗土耳其舰队。

为获得英国的支持，莫莱想出了一个办法——"以新教形式"恢复英格兰大修道区，这个计划大概就是其失败的东正教"摩里亚修道区"的翻版。他在英吉利海峡对岸的主要协调人就是唐纳德·柯里，"伦敦摄政街的殖民地及通用服装商"，曾在借贷一事中扮演了关键角色。1826 年至 1827 年，一群感兴趣的英国人来到巴黎，经一名真正的马耳他骑士介绍给莫莱。骑士名叫德尼·奥苏利文（Denis O'Sullivan），1783 年进入法兰西语言区。这些英国人中，唯一留存下来的名字是罗伯特·皮特（Robert Peat）爵士，米德尔塞克斯新布伦特福德（New Brentford）的终身助理牧师（curate）。

正如前面所述，莫莱的委员会是非法组织，他自己也不是真正的骑士。即便不是这样，他也无权恢复一个大修道区。若宣称他能够这样做，就是说任何一个由异见骑士组成的机构都有类似权限。

我们对罗伯特·皮特爵士的了解要比圣十字莫莱侯爵多得多。皮特生于 1770 年，是达灵顿一位钟表匠人的儿子，曾经获得剑桥大学圣三一学院的"十年期"学位（Ten Year Man）——也就是说，只要出钱就能拿到学位，而不用费力去念书。他还以同样的方式从格拉斯哥大学买到了神学博士学位。他当上了摄政王的"特别礼拜牧师"，但事实上从未见过摄政王——这类牧师有 100 多个。凭借这一职位，皮特假装自己是摄政王亲密的私人朋友。同样不可靠的是，他宣称自己作为随军牧师参加了（伊比利亚）半岛战争。他身形瘦小，打扮花哨；他的头衔来自他那可疑的波兰圣斯坦尼斯拉斯勋章（Order of St Stanislas）；他嗜好赌博，曾在赌桌上遭遇臭名昭著的威廉·克罗克福德（William Crockford），不得不抵押自己的牧师住所以偿还债务。他还攀附有钱的女子，曾经娶一位大自己 25 岁的贵妇，半疯的简·史密斯为妻，后来又抛弃了她。两人在 1815 年结婚前，简每年都要为他花费 1000 英镑。1831 年，因为长期不在岗，伦敦主教取消了他的助理牧师职位，但他死死抓住不放，直到 6 年后去世。

我们不知道皮特为何想当英格兰大修道长，但几乎可以肯定，这与共济会有关。1737 年，骑士拉姆赛（Ramsay）在著名的《演讲集》（Oration）中宣称，在十字军运动期间，共济会与圣约翰骑士团组成了"亲密联盟"。自那时起，皮特就对马耳他骑士团着了迷。[圣十字莫莱这个名字，如果说是经过精心考虑的话，则暗示他既信奉玫瑰十字会理念（Rosicrucianism），又假装是最后一位圣殿骑士团团长莫莱的雅克的后裔。]皮特至少在 1810 年就加入了共济会，还是多个地方分会（lodge）的成员，尤其在 1829年，皮特加入了位于桑德兰的圣约翰分会。

"公约章程"（Articles of convention）于 1826 年 6 月 11 日、1827 年 8 月 24 日和 10 月 15 日起草，宣告英格兰大修道区"复兴"。此外还有一份类似的文件，授权他们在伦敦货币市场上借一笔新贷款，或许这才是"复兴"大修道区的主要原因。这些文件用最好的纸印出，带漂亮的雕花印章，很雅致，行文可称得上含糊其词的典范：

> 我们，耶路撒冷圣约翰主权骑士团尊贵常任议事会的执行长官、大修道长和辖区指挥，代表普罗旺斯、奥弗涅和法兰西语言区，分省骑士大会和大修道区，依照法律，在我主教宗庇护七世陛下的保护和精神权威下，凭借 1814 年 8 月10 日的教宗谕令，以及同年 10 月 9 日卡塔尼亚总部伟大神圣的议事会和副团长的授权，以耶稣基督之名，向我们尊贵的兄弟们致意。鉴于此，我们有权……

所谓的 1814 年教宗"谕令"实际上不是谕令，而是一封简短的书信，只有几句赐福而已，而且副团长和神圣议事会已经收回了授权。但皮特和他的朋友们完全被这份"公约章程"折服了，这在未来将成为"新教英格兰大修道区"的授权书。伦敦的银行家们可没那么容易被骗，贷款也不了了之，罗斯柴尔德无疑打破了他们的所有幻想。无人再提收复罗得岛，此后三年时间里，也没有英格兰大修道区复兴的消息。

1830 年，莫莱又想出一个新主意。法国即将征服阿尔及尔——可不可以将它作为殖民地授予马耳他骑士团呢？罗马教廷派驻巴黎的大使兰布鲁斯奇尼（Lambruschini，也是骑士团成员）对此很热心，但法国首相波利尼亚克（Polignac）亲王对他说，阿尔及尔需要 2 万人的守备军。莫莱渴望得到英国的支持，声称一些英国绅士正请求首相威灵顿公爵重建大修道区，但没有证据证明他的话是真的。七月革命使阿尔及尔计划突然终结，新掌权的奥尔良王朝没有工夫关心马耳他骑士团。

法国的生意终结后，可想而知，莫莱开始着急推进英格兰大修道区的复兴。1831 年 1 月 31 日，莫莱的"代表"，菲利普·德·夏特兰"男爵"（他住在爱丁堡，擅长给人画大饼，曾被关进欠债人的收容所）庄严地授予罗伯特爵士"英格兰大修道长"头衔。其中，还有一些数额不为人知的金钱交易。令人迷惑的是，19 世纪 30 年代，英国境内有另一个以"亚历山大·莫尔塔拉（Alexander Mortara）伯爵"为首的团体，自称为"英格兰大修道区"，这有可能就是夏特兰男爵发起的组织。此外，还有一个组织自称盎格鲁-巴伐利亚语言区，而真正的盎格鲁-巴伐利亚语言区早在 1805 年就解散了。

早期研究圣约翰尊贵骑士团的学者们声称，1834 年 2 月 24 日，皮特在王座法庭宣誓就职，发誓遵守、服从主权骑士团的规章，"在菲利普和玛丽颁布的第 4 条、第 5 条法令的框架下，作为修道长管理第六语言区"。后来，一位新教历史学家塞西尔·托尔（Cecil Torr）评论道：

根据骑士团规章（他承诺遵守和服从的文本），他既不符合任职条件，亦非由正当的权威任命……菲利普和玛丽并没有颁布与骑士团相关的第4条、第5条法令（国会法案），只颁发了特许证。这些不能作为管理语言区或修道区的依据。所以，他只不过是根据一个想象中的法令，履行一个不可能的职务。

尊贵骑士团声称，这一誓言被记录在案。"如果真是在王座法庭中宣誓的，那当然会被记录在案，因为乔治四世颁布的第9条法令第17章当时已经生效了。"托尔在1921年写道："我找遍了档案，却没有找到。"即便如此，第六语言区的成员依然坚信皮特宣誓过。不过，玛丽女王的特许证只是允许骑士团在英格兰作为法人开展活动，能够发起诉讼，持有土地，使用公章。就算皮特真的宣誓了，像托尔说的那样，这也不过是毫无意义的举动。

时至今日，人们仍广泛接受"复兴"一说。像罗德里克·卡瓦利耶罗（Roderick Cavaliero）那样受人尊敬的、研究马耳他骑士团的历史学家，也在1960年《最后的十字军》（*The Last of the Crusaders*）中写道："一些信奉罗马天主教的乡绅在罗伯特·皮特爵士领导下建立了英格兰修道区，皮特于1831年出任修道长，但罗马教廷并不承认，受资金压力所迫，这一组织开始招募新教徒。"皮特甚至自称为"第55任大修道长"。正因为缺乏关于这次"复兴"的可靠记录，人们才产生了类似的错误认识。

皮特最早招募的四名"骑士"当然不是罗马天主教徒。他们分别是：邓博因（Dunboyne）勋爵，一位住在加来的爱尔兰破产贵族；约翰·菲利帕特（John Phillipart）"爵士"，持有瑞典勋章的政府职员；詹姆斯·劳伦斯"爵士"，一名记者，声称自己在 1789 年还是个小男孩时，在伊顿公学放假期间加入了马耳他骑士团；海军上将威廉·约翰斯通·霍普（William Johnstone Hope）爵士，经俄罗斯沙皇保罗接收为马耳他骑士。不过，第六语言区后来也接收了一两名天主教徒。

莫莱在任上又鼓捣了 10 年。1837 年夏天，他曾以"法兰西语言区大总管"的身份短暂访问伦敦，住在哈雷街，新任英格兰语言区总秘书比格斯比（Bigsby）博士去那里拜访了他。莫莱此访"完全是为了（马耳他骑士团的）公事，他即将在维也纳推进类似的目标"，比格斯比十分信任莫莱，他记录道："我认为他为骑士团鞠躬尽瘁，却没有什么成果。"1840 年至 1841 年，莫莱"侯爵"还试图劝说声名狼藉的摩纳哥亲王奥诺雷五世（Honoré V）把蒙特卡洛给马耳他骑士团，以换取大团长之位。

莫莱好像在那之后不久就死了。1841 年 9 月，一名成员把号称英格兰语言区"复兴"的授权文件带到巴黎，以此为交换，收取"尊贵的法兰西语言区临时秘书长"骑士塔耶皮耶·德·拉加隆（Taillepied de la Garonne）允诺支付给他们的余款。10 月，英格兰语言区收到了"法兰西语言区总负责人"诺特雷·德·圣利斯（Notret de Saint-Lys）一封貌似十分有理的书信，信中哀叹只有区区 80 名法国骑士，且只有 8 名在 30 岁以下。据三等秘书理查德·布龙（Richard Broun）说，英格兰语言区与"尊贵的法兰西语言区"保持着联系，直到 1848 年革命爆发后断交。

喜悦的"英格兰语言区"还不知道，自己是一场精心策划的骗局的受害者，所有成员都完全相信自己就是真正的马耳他骑士。他们的日常活动纯粹是宴饮作乐，虽然含糊地提到过设立一个"医院"，但也不过是说说而已。他们的兴趣就是穿上漂亮的骑士服装，就像埃格林顿比武大会（Eglinton Tournament）那样，这在皮特之后的两任大修道长身上体现得淋漓尽致。亨利·迪莫克（Henry Dymoke，1837—1847 年在任）爵士是国王武士（king's champion），他在乔治四世加冕宴会上全副武装骑马进入威斯敏斯特大厅，试图声明索取马米恩（Marmion）男爵领。查尔斯·兰姆（Charles Lamb，1847—1860 年在任）爵士是英格兰宫内司法官（Knight Marshal），曾在埃格林顿比武大会上担任裁判。他追求享乐，有谣言说，他因纵情声色而健康大损。1911 年版的《大英百科全书》说，英格兰语言区"是浪漫主义时期典型的'伪哥特式'的复辟"，这话倒有几分道理。

1843 年，听说大执行长官克里斯托福罗·费雷蒂（Cristoforo Ferretti）在伦敦，英格兰语言区就托他把布龙起草的倡议书带给罗马的副团长。这些倡议书要求"英格兰语言区"和"意大利语言区"相互承认；并慷慨地提出，等有足够多英国成员后，他们愿意向骑士团缴纳赋税。副团长卡洛·坎迪达礼貌地回信称，骑士团规章规定禁止招募新教徒。

英格兰语言区首位总秘书（或副外务官）约翰·菲利帕特住在汉默史密斯区，是一个有些神秘的角色，担任富勒姆和汉默史密斯区工程委员会（Board of Works）主席多年。因获得过瑞典瓦萨勋章（Order of Vasa），他称自己为"约翰爵士"——这是不对的。菲利帕特的继任者是罗伯特·比格斯比博士，他一点也不神秘，住在佩卡姆的榆树丛街榆树别墅 1 号，是一个爱好文物收藏的作家和诗人，顶着"大总管"（grand seneschal）头衔，写了一部名为《翁波》（Ombo）的叙事诗，又名《马耳他骑士团：十二幕中的戏剧罗曼史》（*the Knights of Malta. A Dramatic Romance, in Twelve Acts*）。他像皮特一样，从格拉斯哥大学买了一个博士学位。他的第一段任期突然终结，就像《匹克威克外传》里描写的那样：因诽谤一位寄宿学校的女校长被罚，却付不起罚金，结果被关进了负债者监狱。

后来，在第二段任期内，比格斯比博士出版了一部关于语言区的回忆录，列举了他的许多荣誉。其中，他是"罗马金民兵骑士"（Golden Militia of Rome）、"拉特兰帕拉丁伯爵"、"圣殿主权骑士团荣誉骑士"、"普世道德亚洲帝国骑士团大总管"（Grand-Maître Conservateur de l'Ordre Imperial Asiatique de Morale Universelle）①，还是"伊庇鲁斯贵族骑士团指挥官男爵"（Commandeur Baron de l'Ordre Noble d'Épire）。1864 年，比格斯比还将成为"东方基督教军团"（Armée Chrétienne d'Orient）的荣誉上校，这支部队是由"希腊-阿尔巴尼亚政务会"（Junte Gréco-Albanaise）组建的。比格斯比博士——他更喜欢这个称谓，而不是比格斯比上校伯爵——在英格兰语言区中威望甚高，1867 年他作为总秘书、登记官和纹章鉴定者的第二个任期结束时，英格兰语言区还为他颁发了一座银奖杯。

第三任总秘书理查德·布龙有些疯狂，是个破产的准男爵，住在切尔西的斯芬克斯地方分会的住所里。他是"沃金伦敦大墓地（London Necropolis）和国家陵墓（National Mausoleum）的设计师"，还写了"各种关于纹章学、农学、殖民、公共卫

---

① 这个"亚洲帝国骑士团"很可能就是 1858 年 9 月 8 日《泰晤士报》上登的"亚洲骑士团"（Asiatic Order），据说是由一位自称"蒙古苏丹阿尔迪纳·德迪尔"（Aldina del Dir）的骗子成立的。

生等领域的著作"。作为"特权男爵委员会"（Committee of the Baronetage for Privileges）的荣誉秘书，他极力证明所有准男爵都有权在议会中获得一个席位，招致不少骂名。布龙也出版了关于英格兰语言区的回忆录，提供了很多信息，其中一部于 1837 年问世，另一部在 20 年后——名为《概述》（*Synoptical Sketch*）。

1857 年 7 月，布龙告知一位住在马耳他的语言区成员约翰·詹姆斯·瓦特，他已被任命为"英格兰语言区驻南欧特派员"。第二年夏天，瓦特访问罗马，拜会马耳他宫，发现副团长从未接到过有关成立英格兰语言区的通知。有人告诉他："（法国）委员会还活着的主管们年迈昏聩，有关事务落到了一个毫无原则的秘书（莫莱）及其同僚手中，他们盗用钱财、贩卖十字勋章、伪造文书，换句话说，他们以委员会的名义从事最虚伪的非法勾当。"瓦特意识到皮特上当了，他后来写道："落入了法国骗子的一个小小圈套。"

即便如此，瓦特还是向布龙回报（在 1859 年 6 月 19 日的一封信中），他劝说副团长考虑恢复英格兰大修道区，并设立一个由新教贵族组成的附属协会。鉴于 1852 年新教圣约翰骑士团得以复兴，这个主意看起来还有几分道理。毕竟，副团长科洛雷多对重建圣约翰骑士团表示欢迎——新任领区骑士团长曾写信告知他的当选，科洛雷多就给他回了一封贺信，赞赏骑士团在世风日下的年代坚守原则。

副团长曾设想过恢复宗教改革前的英格兰大修道区，使其拥有充足的资金，从事医护活动。一旦大修道区运转起来，就可以建立一个非天主教的英格兰修道区（也就是语言区），作为骑士团不可分割的一部分。1858 年 8 月，当副团长科洛雷多的秘书戈泽（Gozze）伯爵来伦敦考察时，却很快就发现这个计划完全行不通，因为英格兰语言区有不同的态度，其成员质量也匪夷所思。

英格兰语言区想的是另外一回事。它只想要一个小型的、纯粹名义上的天主教大修道区，由它自己来管辖，其唯一功能就是为它提供它所缺乏的历史延续性和合法性。这个"英国分支"（English Branch）不想在任何方面受副团长管辖，始终称副团长为"意大利分支"。

布龙作为总秘书，把持着英格兰语言区的谈判——大修道长兰姆病得很重，无法亲自操持。但布龙并不是个好打交道的人，谈判很快就破裂了。可怜的布龙死于一次中风，显然是被谈判破裂气坏了。后来，戈泽伯爵写道，和布龙谈判就像"一场噩梦"。（英格兰语言区从布龙在斯芬克斯分会的女房东处购买他的文稿时——她为了拿到拖欠的房租，扣押了这些文稿——他们痛苦地发现，布龙的《概述》是用贷款印刷的，他们不得不为他买单。）

无论如何，戈泽伯爵根本不在意他了解到的英格兰语言区的成员资格问题。英国新教徒"骑士"肯定与圣约翰骑士团的路德派容克贵族很不一样。（在 9 月 24 日一封悔恨的书信中）戈泽伯爵承认，英格兰语言区中有一些人还是很优秀的，但它"绝对不是一些'绅士'（Gentlemen）"的组织。其中有些成员的头衔很成问题，不能让他信服。即便宽容如比格斯比博士，也认为，"苏格兰的分团官"詹姆斯·伯恩斯博士虽然是汉诺威教宗党勋章骑士，却无权自称"詹姆斯爵士"。前任副外务官菲利帕特一直自称"约翰爵士"。最糟糕的是，还有一个"梅拉诺（Melano）伯爵"。

令人尴尬的是，在戈泽伯爵访问伦敦期间，9 月 3 日和 8 日的《泰晤士报》还报道了巴黎"头衔和荣誉勋章买卖案调查进展"（转引法国法律报刊《权利报》的报道）。据《泰晤士报》，该案元凶是"一个住在伦敦的皮埃蒙特人，自称梅拉诺伯爵安东尼奥"。他兜售的假勋章有：德意志四帝（Four Emperors of Germany）勋章、（阿登的）圣胡伯特（St Hubert）勋章、荷尔施泰因之狮勋章、金马刺勋章和亚洲骑士团勋章。《泰晤士报》称"他与西班牙、德意志、意大利尤其是法国从事同样勾当的人保持着密切联系"。梅拉诺在巴黎的代理人中，有一个"自称诺特雷·德·圣利斯男爵、四帝骑士团辖区长的人"。（用比格斯比的话说，这是"法国常任议事会的高级官员"，英格兰语言区在 1841 年就是与他联系的。）这个团伙在法国被捕，有的被处罚金，有的则蹲了监狱。

当时在英国的真正的马耳他骑士（也就是"意大利分支"的成员）确认戈泽伯爵已了解到《泰晤士报》上这一骇人听闻的消息。在这种情形下，"卡尔奇纳的梅拉诺伯爵上校安东尼奥·劳伦特"（Antonio Laurent）竟会是英格兰语言区的一名辖区指挥官，简直太不幸了。他住在伦敦新旺兹沃斯区公园路，是比格斯比博士的邻居和密友，《泰晤士报》直言不讳的报道似乎没对他产生什么负面影响。几年后，比格斯比用最恭维的辞藻，将他的名字列入了已故成员列表。

《泰晤士报》提到的另一名英格兰语言区成员是"卢多维科·里亚里奥-斯福尔扎（Ludovico Riario-Sforza）公爵"，布龙称他为金马刺勋章的"意大利受托执行长官（Bailiff Mandatory）"——法国团伙兜售的头衔之一。（1841 年以来，只有教宗才有权颁发金

马刺勋章。）里亚里奥－斯福尔扎是英格兰语言区的大十字骑士、
"驻意大利特派员"。比格斯比说："了解他的人都一致认为，他是
一个才华横溢、情操高尚、坦诚直率、和蔼可亲的人。"

除比格斯比外，英格兰语言区的其他成员也被梅拉诺和里亚
里奥－斯福尔扎所骗，满怀自豪地佩戴着他们的假勋章。一些人也
从事类似的勾当。据《注解与询问》（*Notes and Queries*）季刊[3]，
有人在 1857 年 11 月的伦敦报纸上登载了这样一条广告：

> 本人在欧洲某王室担任要职，在多个外国宫廷中有相当
> 影响力，愿意用这影响力为信仰天主教的绅士谋求**侯爵**、**伯**
> **爵**或**男爵**头衔。这头衔将为渴望提升社会地位或打算访问罗
> 马和欧洲大陆的家族提供莫大助益。

值得注意的是，戈泽伯爵（在 1858 年 9 月 24 日的信中）用
讽刺的口吻写道，詹姆斯·伯恩斯"爵士""是共济会会员中最
显贵的苏格兰人"。人们都知道，伯恩斯是印度西部的前任总会
长（grand master），《国家人物传记辞典》（*Dictionary of National
Biography*）上说，他在那里"为当地人设立了一个分会"。即便
英格兰语言区的成员资格都可以被接受，但因为该语言区从一开
始就与共济会有关系，故注定了"马耳他骑士团英格兰新教分支"
计划必然要失败。比格斯比博士的回忆录于 1864 年首次出版，书
中列举了自"复兴"以来的成员名单，其中至少三分之一都是共
济会会员。比格斯比就是一个——他在 1873 年去世时，《共济
会》刊物上登出了他的讣告。

这种关联可不能促进教派大联合。当时，天主教会很害怕共

济会，罗马就始终处在对一位著名共济会会员——加里波第——的恐惧中。他是未来的意大利东部总会长，曾在 1849 年攻占"永恒之城"罗马，是罗马教会的死敌。事实上，在 1864 年发布的通谕《何等关心》（Quanta Cura）中，教宗庇护九世严正谴责共济会："秘密结社应当受诅咒。"在那时，教会还没有认识到，英国共济会与拉丁共济会的性质完全不同，对基督教没有敌意，英国共济会员也对慈善事业做出了巨大贡献。（自那时起，天主教会也大大转变了态度。）

最终，英格兰语言区不再期待得到副团长的认可。他们不愿接受皮特上当受骗这一事实，于 1862 年成立了一个独立的骑士团，即"英格兰耶路撒冷圣约翰主权和卓越骑士团"（Sovereign and Illustrious Order of St John of Jerusalem, Anglia）。一位晚近的作者 G. S. 桑提——他是当代尊贵骑士团的成员——坦率地承认："没有副团长的承认，19 世纪早期的英格兰修道区只是个纯粹的私人组织。"其继任者"主权和卓越骑士团"也一样。今天，人们把它们归为"伪圣约翰骑士团"之列。

不过，新骑士团想办法得到了曼彻斯特公爵的庇护，他也是第一个加入骑士团的英国贵族，后来出任大修道长。此后，骑士团开始招募真正有奉献精神的成员，爱德华·莱奇米尔（Edward Lechmere）爵士尤其突出，他挖掘了骑士团的潜力。最终，这个原本充斥着怪人和假勋章贩子的华服宴会俱乐部变成一个伟大的全国性组织，从事十分重要的人道主义活动。1872 年，莱奇米尔负责购买克勒肯维尔的宗教改革前圣约翰修道区治所门楼，也就是从前的老耶路撒冷酒馆，英格兰语言区曾在这里举办骑士宴会。他还开始收集马耳他骑士团从前拥有的绘画、武器、盔甲和书籍等财产，创造一种历史延续的气氛。他从一座西班牙大教堂搬来一座中世纪医院骑士塑像，放在礼拜堂里，用金色字母刷上老英格兰大修道长们的名字，再加上"罗伯特·皮特爵士，第 55 任大修道长"。他同成员们说，他们来自"世界上最古老的骑士团"，以哈里·卢克的叙述作为骑士团的官方版历史。几乎没人听过"圣十字莫莱侯爵"的故事。

不过，莱奇米尔也继承了骑士团救死扶伤的优良传统，"圣约翰救护车运动"于 1872 年启动。可以想见，这一活动为骑士团吸引了很多优秀人才。在曼彻斯特公爵邀请下，1876 年威尔士公主加入，1883 年阿尔巴尼（Albany）公爵加入。其他王室成员纷纷效仿，在某种程度上是受到了新教圣约翰骑士团的激励，因为英国和普鲁士宫廷始终保持着密切联系。1888 年，维多利亚女王授予骑士团一份特许令，将其重组为国王下属的骑士团，任命威尔士亲王为大修道长，并宣布"英格兰大修道区是耶路撒冷圣约翰医院尊贵骑士团的英格兰语言区或第六分部之首"。

骑士团与共济会的关系仍然发达，许多高级成员都在共济会内身任要职，例如斯卡布罗伯爵在爱德华七世统治期间成为修道长，同时也是英格兰共济会总会长（Grand Master Masons）。

1961 年，尊贵骑士团成为"圣约翰骑士团联盟"的一员，与圣约翰骑士团德国、荷兰和瑞典分部都签署了协定。两年后，尊贵骑士团和主权骑士团签订了宗教协定，大方地同意将"尊贵骑士团是否是主权骑士团原大修道区的直系继承者"这一争议降级到"学术讨论的领域"。尊贵骑士团开始和主权骑士团合作举办各类慈善活动，并互派代表参加对方的活动。

尽管"学术讨论领域"的争议远未消弭，尊贵骑士团并非源自老医院骑士团，二者在理念上却有很多共通之处。英国和曾隶属于大英帝国的许多国家，都有理由为尊贵骑士团的伟大善举感谢上帝，不用太过在意其世系血统。尊贵骑士团和马耳他骑士团的教派关系也在不断发展。

圣约翰尊贵骑士团有大约 2.5 万名成员，其中约 1500 名是骑士或女爵。近年来，骑士团逐渐演变成一个国际性组织，在原属大英帝国的许多国家（包括美国）建立了修道区，这些修道区与克勒肯维尔的母体拥有同等地位。骑士团由各修道长和外务官组成的大议事会管理，它取代了原来主要由英国人组成的骑士大会。

附录 6
自封的圣约翰骑士团

　　大部分（尽管不是全部）自封的"圣约翰骑士团"都把其权利主张建立在某个所谓俄罗斯的源头上。[1]

　　1798 年马耳他岛失陷后，一个刚成立不久的俄罗斯大修道区以及一些流亡在外的法国骑士，选举沙皇保罗一世为大团长。沙皇最喜欢的读物就是韦尔托写的马耳他骑士团历史书，他于是很高兴地接受了。这次选举是完全无效的。保罗既不是天主教徒，更不是宣誓过的骑士，他的大团长之职从未得到罗马教廷承认。不过，他在事实上获得了大部分天主教国家的认可。

　　沙皇仿照瓦莱塔的神圣议事会，在圣彼得堡建立了骑士团的议事会。1797 年，在征得大团长罗昂同意后，沙皇设立了俄罗斯天主教大修道区，还为东正教的骑士设立了一个大修道区。很快，大修道区有了 250 名俄罗斯骑士，此外还有皇室成员和经保罗授予十字架的贵妇们（其中有纳尔逊的朋友汉密尔顿夫人）。保罗还鼓励捐建"庇护权"（ius patronatus）辖区，捐建者家族有权决定辖区指挥官人选。辖区指挥官必须加入骑士团 5 年以上，并曾在俄罗斯军中服役。

　　1801 年保罗被杀后，他的儿子亚历山大一世请在西西里避难的骑士选举一位新大团长。1803 年，当教宗指定执行长官托马西为大团长后，圣彼得堡的"神圣议事会"很快就承认了他，并投票决定自身解散。1810 年至 1811 年，沙皇没收了俄罗斯天主教、东正教大修道区的财产，于 1817 年正式宣布其解散。辖区土地则归还捐建者家族。

由于解散令执行不力，各处缺乏协调，加之人们误以为辖区变成了世袭领地，不断有人试图复兴俄罗斯大修道区。20 世纪初，美国公民威廉·兰姆上校宣布，他是伊凡·兰姆将军的后代，而伊凡据说是沙皇保罗建立的俄罗斯大修道区的成员之一。1908 年，他在纽约沃尔多夫·阿斯托里亚酒店举办了一场会议，据说有 8 名俄罗斯前辖区指挥官的后裔出席，成立了一个美国大修道区。1991 年，这个组织登记为"马耳他骑士股份有限公司"，后来在宾夕法尼亚州的希克欣尼（Shickshinny）设立了总部。该组织许多年默默无闻。然而到 20 世纪 50 年代末，至少出现了 30 个所谓的"圣约翰骑士团"，大部分都号称是希克欣尼组织的"真正"传人，每个组织都有一位大团长、大修道长或守护人，有一两个组织中还有俄罗斯或南斯拉夫统治家族的成员。某些组织曾试图贩卖头衔或假护照，有的居然还成功了。不过并非所有"骑士团"都号称源自俄罗斯。一个丹麦组织坚称，它就是丹麦的圣约翰骑士团，因为丹麦国王从未废止其境内的骑士团分支。

为打击这类机构的活动，阻止它们使用骑士团的名号和标志，主权骑士团成立了一个"假冒圣约翰骑士团委员会"（False Orders of St John Commission）。除了主权骑士团派出的代表，委员会中还有"圣约翰骑士团联盟"的代表（德国的圣约翰骑士团及其在奥地利、芬兰、法国、瑞士和匈牙利的辖区，荷兰的圣约翰骑士团和瑞士的圣约翰骑士团），以及，从其历史上看颇具讽刺意味的大不列颠圣约翰尊贵骑士团的代表。

文献名缩写

C.A.R.H.P.	*Collecçam de documentos e memorias da Academia Real da Historia Portuguesa* (Lisbon 1720)
Dugdale	*Dugdale Monasticon Anglicanum*, ed. W. Dugdale, 8 vols (London 1817–30)
H.R.S.E.	*Historiae Ruthenicae Scriptores Exteria*, 2 vols (Berlin 1841)
M.P.L.	*Patrologiae cursus completus. Series Latina*, ed. J. P. Migne, 221 vols (Paris 1844–55)
R.H.C.	*Recueil des historiens des croisades* (Paris 1841–1906):
R.H.C. oc.	*Historiens occidentaux*, 5 vols (1844–95)
R.H.C. arm.	*Documents arméniens*, 2 vols (1869–1906)
R.H.C. Lois	*Lois. Les Assises de Jérusalem*, 2 vols (1841–3)
S.R.L.	*Scriptores Rerum Livonicarum*, 2 vols (Riga and Leipzig 1848–53)
S.R.P.	*Scriptores Rerum Prussicarum*, 6 vols (Leipzig 1861–74)

注　释

第 2 章　新使命的诞生

1　Fulcherius Carnotensis, *Historia Hierosolymitana*, in *R.H.C. oc.*, vol. III, p. 468.

2　见 F. Macler, 'Armenia', in *Cambridge Medieval History*, vol. IV. (Cambridge 1923)。

3　见 R. C. Smail, *Crusading Warfare 1097–1193* (Cambridge 1956)。

4　"法兰克步兵，不论是行军途中还是在战场上，通常都被部署在骑兵和敌军之间……他们是配备了长矛和弩的活盾牌。"同上书，p. 130。

5　Smail 博士认为，军士的战斗模式与步兵相似。同上书，p. 91。

6　同上书，p. 75，"突厥战术"。

7　Smail（前引书，p. 87 n. 6）引用了提尔的威廉在一场残酷战役中对埃及人的描述："埃及人又卑鄙又柔弱，不仅帮不上什么忙，还成为阻碍和累赘……" 见 *Historia rerum in partibus transmarini gestarum*, bk 19, ch. XXV, in *R.H.C. oc.*, vol. I, p. 925。

8　关于法兰克人的冲锋，见 Smail, pp. 112–15, 200–201："在很多情况下，法兰克人分编队次第冲锋。"（以梯次编队进攻）

9　E. Barker, *The Crusades* (Oxford 1949), p. 48.

10　关于圣殿骑士团起源的最早叙述，见 William of Tyre, 前引书，

bk 12, ch. VII, pp. 520–21, 'Ordo militiae templi instituitur'. Jacques de Vitry, *Historia orientalis seu Hierosolymitana* 增添了一些细节，例如赠予圣殿等，这些一定是他从圣殿骑士那里听来的。

11 关于医院骑士团的起源，见 William of Tyre，前引书，bk. 18, ch. 4, pp. 822–3, 'Describitur, unde habuit ortum et initium domus Hospitalis'（在 *Estoire d'Eracles*，一份 13 世纪的法语译稿中，这部分被俏皮地翻译为 "Comment li Hospitalier orent petit commencement"）。另见 Riley-Smith, *The Knights of St John in Jerusalem and Cyprus*, p. 32 et seq.，作者在书中充分考察了关于医院骑士团起源的所有文献和传说。

12 J. Delaville le Roulx, *Cartulaire Général des Hospitaliers de Saint Jean de Jérusalem 1100–1310*, vol. I, cart. no. 30.

13 "1113 年的教宗通谕《至虔请求》（Pie postulatio voluntatis）是这个新生骑士团的奠基章程。" Riley-Smith，前引书，p. 43。

14 'Un document sur les débuts des Templiers', ed. J. Leclercq in *Revue de l'histoire ecclésiastique*, LII (1957).

15 见 H. de Curzon, *La Règle du Temple* (Paris, 1887)。关于圣殿骑士团主要章程的简介，见 Marion Melville, *La Vie des Templiers*, pp. 42–7。（Melville 并不认为这份规章是圣贝尔纳的手笔，即便它有西多会的模式——p. 20。）关于圣殿骑士团的译本 *Book of Judges*，见上书，pp. 81–3，Melville 认为这个译本把文献变成了 "某种骑士小说"。

16 这是关于骑士日常生活最易得也最精彩的一段描述，同上书，ch. 18。

17 见 B. A. Lees, *Records of the Templars in England in the Twelfth Century* (London 1935)。

18　见 D. Pringle, 'Templar Castles between Jaffa and Jerusalem', in H. Nicholson (ed.), *The Military Orders*, Volume II。

19　见 D. Pringle, 'Templar Castles on the Road to the Jordan', in M. Barber (ed.), *The Military Orders*。

20　关于圣殿骑士团等级更详细的描述，见 Melville，前引书，pp. 84–101。

21　此前，学界普遍认为这份通谕颁布于 1139 年，但 Riley-Smith 证明其不可能早于 1152 年——在那一年，圣殿骑士团仍要服从宗主教的管辖。见 *English Historical Review*, vol. LXXXIV (1969)。

22　Ekkehard of Aura in *Hierosolymitana*, in *R.H.C.* oc., vol. V.

23　Trans. G. Webb and A. Walker, quoted in L. Bouyer, *The Cistercian Heritage* (Mowbray 1958).

24　Riley-Smith 认为，战斗是辅助活动——是"慈善职责的延续"（*The Knights of St John in Jerusalem and Cyprus*, p. 55），其重要性直到 13 世纪才与修道生活等同。

25　同上书，p. 257。一些较为虚荣的骑士似乎把零用钱花在了材质更好、装饰金线的衣服或丝绸头巾等物品上。

26　同上书，pp. 227ff。

27　西部大指挥一职有时会由某个大执行长官——例如圣吉尔（南法兰西）修道长担任，同上书，p. 367。

28　见 B. K. Zedar, 'A Twelfth-Century Description of the Jerusalem Hospital', in Nicholson (ed.)，前引书。

29　H. de Curzon，前引书。

30　见 J. Nichols, *History of the County and Antiquities of Leicestershire*, vol. II, pt. I。另见 'The Hospital of Burton Lazars', *Victoria County History: Leicestershire*, vol. II, pp. 36–9。创立特许令见 Dugdale, vol. VI, pt II, p. 632。

31　见 Delaville le Roulx, 'L'Ordre de Montjoie', in *Revue de l'Orient Latin*, vol. I (1893)。另见 A. J. Forey, 'The Order of Mountjoy', in *Speculum*, vol. XLVI (1971)。

第 3 章　耶路撒冷的柱石

1　关于特雷默莱的贝尔纳之死，见 *Estoire d'Eracles*, in *R.C.H. oc.*, vol. I, p. 805。

2　"马赛是从法兰西到圣地的转运中心，1253 年和 1255 年还颁布了交通运输规章。每艘船最多只能容纳 1500 名朝圣者。头等舱旅客住甲板上的舱房，票价 60 苏；二等舱旅客住甲板之间，票价 40 苏；三等舱旅客住最下层甲板，票价 35 苏；四等舱旅客住底舱，票价 25 苏。每名朝圣者持一张编号的船票……" Joan Evans, *Life in Mediaeval France* (London 1969), p. 98。

3　见 William of Tyre，前引书，bk. 20, ch. 26, p. 990 – 'Milo Armenus, frater domini Toros' – 'De la grant desloiauté Meslier le frere Toros'。

4　见 Delaville le Roulx, *Les Hospitaliers en Terre Sainte et à Chypre*, pp. 65–76, 以及他的 *Cartulaire général des Hospitaliers de Saint Jean de Jérusalem*, vol. I, cart. No. 402（这场大豪赌的法律凭证）。

5　关于梅尼勒的戈蒂埃、圣阿芒的厄德和阿马尔里克国王，见 Melville，前引书，pp. 103–4, and William of Tyre，前引书，bk. 20, ch. 30, pp. 997–9。

6　见 E. Gibbon, *The Decline and Fall of the Roman Empire*, ch. 59。

7　提尔的威廉说，团长当真气得"鼻孔喷火"（'spiritum furoris habens in naribus'），前引书，bk. 21, ch. 29, p. 1057。

8　方济各会修士 Johann von Würzburg 在 12 世纪 70 年代访问过耶路撒冷的圣殿，为这座建筑的华美壮观深深沉迷，写下了一段著名的描述。见 *Johannis Wirburgensis Presbyterii Descriptio Terrae Sanctae, in MPL,* vol. CLV。

9　见 *Estoire de Eracles, R.H.C. oc.,* vol. II, p. 40。

10　同上书，p. 52。

11　同上书，p. 65, 'En cele bataille fu la Sainte Crois perdue'。Marion Melville 详细阐述了一名圣殿骑士带着真十字架逃脱并将其埋入沙中的故事；后来，这名骑士回去寻找，却没有找到。但阿拉伯文献非常肯定地说，真十字架已被缴获。

12　这些细节的主要来源是 Ralph de Diceto, *Ymagines Historiarum*。见 W. Stubbs (ed.), *The Historical Works of Master Ralph de Diceto,* Dean of London, ed., p. 80。

13　见 M. D. Legge, *Anglo-Norman Literature and its Background* (Oxford 1983), p. 191。

14　见 Riley-Smith，前引书，pp. 272–3。

15　关于欣赏圣殿骑士团的同时代作家，见 Melville，前引书，ch. 16, 'Un archevêque et deux trouvères' (Jacques de Vitry, Guiot de Provins, Christien de Troyes)。

16　关于埃森巴赫的沃夫拉姆对圣殿骑士团的赞赏，同上书，p. 182。

17　见 G. Masson, *The Emperor Frederick II of Hohenstaufen* (London 1957), p. 147。

18　直到最近，人们都认为腓特烈自封为王，但有证据证明事实并非如此——他只是戴了一下王冠而已。见 H. E. Mayer, 'Das Pontifikale von Tyrus and die Krönung der Lateinischer Koenige von Jerusalem', in *Dumbarton Oaks Papers,* no. 21 (1967)。

19　只有马修·帕里斯提到了这次密谋。见 Riley-Smith，前引书，p. 168。

20　"战争中，成功占据或保卫重要地点是最重要的，赢得战斗胜利则是次要的。"Smail，前引书，p. 139。

21　同上书，pp. 60, 61：城堡"是住所、行政中心，也是军营、治安岗哨"。Smail 还认为城堡是殖民和经济发展的中心。

22　'Quingentas marcas'（50 马克）在当时来看可是一笔大数目。见 Matthew Paris, *Chronica Majora*, ed. Luard, vol. III, p. 490。

23　一位名叫 Roger l'Aleman 的圣殿骑士曾被俘虏，他同意叛教，随后又逃脱了。他被圣殿骑士团开除。Melville，前引书，p. 206。

24　见 Matthew Paris，前引书，vol. IV, p. 342。

25　马修·帕里斯在 1250 年写下过去 50 年来发生的主要历史事件，他注意到："圣殿骑士团、医院骑士团和德意志圣母骑士团成员两次被俘虏、杀害、击溃。"他指的是拉佛比之战和圣路易带来的灾难。同上书，vol. V, p. 192。

26　见 Joinville, *Life of St Louis*, in M. R. B. Shaw (trans.), *Chronicles of the Crusades*, p. 300。

第 4 章　哈米吉多顿大战

1　见 Matthew Paris，前引书，vol. V, p. 745。

2　"1236 年至 1239 年，在孔普的贝特朗的管理下，骑士地位高于神父。以至于后来有人说，贝特朗为骑士所做的超过其他所有团长。"Riley-Smith，前引书，p. 238。见 *Chronica magistrum defunctorum*, XVII, in Dugdale, vol. VI。

3　医院骑士团 1262 年全体大会做出决定，"修道长、执行长官或骑士只能接受骑士之子或来自骑士家族的人为骑士团成员"。 Delaville le Roulx, *Cartulaire general des Hospitaliers de Saint Jean de Jérusalem*, vol. III, p. 42 (trans. by E. J. King in *The Rule, Statues and Customs of the Hospitallers, 1099–1310*, London 1934)。

4　'...ces Césars mamelûks, bêtes de proie traitresses et féroces, mais soldats de génie, connaisseurs et manieurs d'hommes...' R. Grousset, *Hostoire des Croisades et du Royaume Franc de Jérusalem* (Paris 1934–6), vol. III, p. 615.

5　博热的纪尧姆"出身高贵，是法国国王的表亲，以慷慨、豪爽、仁慈著称"。这段评价无论怎么看，都出自他的秘书，"提尔的圣殿骑士"。*R.H.C. arm.*, II, p. 779。

6　见 *Les Gestes des Chyprois*, 同上书 , p. 793。

7　同上书。

8　同上书，p. 808, '...le Mensour ce est a dire le Victorious'。

9　同上书，p. 812, '...une grant nacare...quy avoit mout oryble vois'。

10　同上书，p. 816, '...frere Mahé de Clermont...come chevaliers preus et hardis, bon crestiens. Et Dieus ait l'arme de yaus!' 值得注意的是，元帅之死的情形是"提尔的圣殿骑士"与目击者交谈后写下的。医院骑士团团长后来这样描述元帅："……他高贵、英勇、武艺高超。愿上帝垂怜他！"见 Delaville le Roulx, 前引书 , vol. III, cart. no. 4157。

11　*Les Gestes des Chyprois*, in *RHC arm.*, vol. II, p. 813, 'Et il lor respondy hautement que chascun l'oy: Seignors, je ne peu plus, car je suy mort – vées le cop.'

12　医院骑士团团长后来写信给圣吉尔修道长（上述引文）："……带着泪水和叹息，怀着沉痛的悲哀，我们通知您，伟大的阿卡城已不幸陷落了！"他还说，"我们伤亡惨重……"

13 Grousset 把这段故事讲述得尤其精彩，前引书，pp. 760off。

第 5 章 波罗的海十字军

1 Dusburg, *Chronica Terre Prussie*, I, 1, in *SRP*, vol. I.

2 "这个人能言善辩、和蔼可亲，睿智、谨慎又很有远见，无论做什么都值得称道。"同上书，I, 5。

3 见 J. G. Herder, *Der Orden Schwertbrüder*，作者辨析了大量宝剑骑士团成员的来历。

4 "在骑士团的弟兄之中，有个名叫韦格贝特的人内心更向往繁华俗世，而不愿遵守宗教纪律，在骑士中引发了很多冲突……他是个真正的犹大……像混入羊群的狼……他以传递密报为名进入上层房间，用随身携带的斧头突然砍掉了团长的头……" Heinrich von Lettland, *Chronicon Livonicum vetus*, in *S.R.L.*, vol. I, p. 132（Balthasar Rüssow, *Chrónica der Provintz Lyfflandt*, in *SRL*, vol. II, p. 13 将谋杀案的时间错认为 1223 年）。

5 "红发格拉克（Gerlac the Red）突然从利沃尼亚来，宣称福尔克温团长和许多骑士、朝圣者、信上帝者被杀害了——在战场上惨遭屠戮。" Dusburg，前引书，III, 28。

6 '...terram horroris et vaste solitudinis.' 同上书，II, 10。

7 他们把所有造物都错认作上帝，彼得鲁斯说，"……太阳、月亮、星辰、雷电、甚至四脚的野兽和癞蛤蟆"，同上书，III, 5。骑士团始终忘不了这可怕的异教信仰。一位 18 世纪的骑士团历史学家写道："普鲁士，一个辽阔的国家，仍然沉浸在偶像崇拜的黑暗中。" G. de Wal, *Histoire de l'Ordre Teutonique*, vol. I, p. 94。

8 '...castrum dictum Vogelsanck quod dicitur latine cantus avium...' 这

在彼得鲁斯看来就是个沉重的笑话。Dusburg，前引书，II, 10。

9　H. von Treitschke in E. and C. Paul (trans.), *Treitschke's Origins of Prussianism*, p. 40。骑士团至少打了一场对普鲁士人的大胜仗，"在冬天，当万物冰冻，结上厚厚的霜"。Dusburg，前引书，III, 11。

10　见 S. Ekdahl, 'Horses and Crossbows: Two Important Warfare Advantages of the Teutonic Order in Prussia', in Nicholson (ed.), 前引书。

11　见 E. Christiansen, *The Northern Crusades*, p. 91。

12　事实上，过去 6 年里，福尔克温团长一直在为自己的骑士团并入条顿骑士团而谈判。见 Dusburg，前引书，III, 28。

13　'in errores pristinos sunt relapsi'，同上书，III, 89。

14　有一次，戈林的马丁（可能是个异姓弟兄）俘获了一艘立陶宛船只，并驾船顺流而下抵达 250 英里外的托伦。彼得鲁斯说，马丁经常在黄昏时分袭击普鲁士村庄，俘虏正在洗浴的战士。Dusburg，前引书，III, 199。

15　"……这片土地上的所有部落要么被征服，要么被驱逐，留下来的人当中，没有谁敢不向最神圣的罗马教会低头。"同上书，III, 221。

16　宣誓仪式中包含一段剑的祝福，'Benedicio ensis ad faciendum militum'。见 M. Perlbach, *Statuten des Deutschen Ordens*, p. 129。书中除拉丁语、德语祝词外，还给出了法语、低地德语和荷兰语版本——在早期，条顿骑士团并未仅限于德意志人加入。

17　分团长的旗帜上描绘了圣母马利亚，据 Johannes Dlugosz, *Banderia Prutenorum*, in SRP, vol. IV。

第 6 章　骑士团国：拥有国家的军队

1　这是 E. J. Carsten 的观点，见 *The Origins of Prussia*, p. 7。

2　见 K. Militzer, 'The Role of Hospitals in the Teutonic Order', in Nicholson (ed.)，前引书。

3　Carsten，前引书，pp. 30 and 52。

4　在普鲁士的头 50 年，只有约 100 个骑士家族受封了骑士团的土地；同上书，p. 54。

5　"最晚到 15 世纪，有一位大团长还'既非医生，又非教士'，这就是说，他不会读，也不会写。" Treitschke, in E. and C. Paul, 前引书，p. 97。

6　"在这个本质上十分政治化的世界，人们只勤勉钻研一个学科，那就是历史编纂学。" 同上书，p. 98。

7　"但这并不代表所有等级。在东波罗的海地区，只有骑士和一些镇民。" 见 H. Aubin, 'The Lands East of the Elbe and German Colonisation Eastwards', in *Cambridge Economic History*, vol. I, pp. 367–8。

8　"1343 年，上述分团长（德莱勒本的布尔夏德）率领一支武装舰队降临这些裂教者（罗斯人）面前。看哪！在圣格奥尔格节前夜，雷瓦尔教区的皈依者又回归他们的旧信仰；他们杀害了自己的领主和所有德意志人，包括儿童，还把婴儿摔在岩石上、扔进水里或火堆中，对女人犯下我耻于描述的罪行，用剑将她们划开，把腹中婴儿穿在长矛上……" Hermann von Wartberge, *Chronicon Livoniae*, in *SRP*, vol. II, p. 70。

9　'...Rutenos...subditores et co-operatores paganorum...' 同上书，p. 115。

10　瓦特贝格的赫尔曼描述了 14 世纪 80 年代的一次突袭。"在圣瓦伦丁节前六天，利沃尼亚分团长（弗里默斯海姆的）威廉迅速带人袭击奥匹辛的立陶宛人，他大杀 9 天，放火烧毁了城镇，把一切变成废墟。"同上书，p. 115。

11 "克尼普罗德的温里希……一个出身高贵的人，十分虔诚，又十分睿智。"见 *Historia Brevis Magistrorum Ordinis Theutonici Generalium, ad Martinum Truchses Continuata*, in *SRP*, vol. IV。

12 关于圣殿骑士团和医院骑士团在波美拉尼亚和勃兰登堡的财产，简短而精彩的总结见 Carsten，前引书，p. 13。

13 见 *Le Livre des faicts du Marechal Boucicaut: Comment messire Boucicaut alla la troisème fois en Prusse, et comment il voulut venger la mort de messire Guillaume de Duglas*, in *SRP*, vol. II。

14 "1390 年，德比伯爵亨利乘船进入普鲁士，在普鲁士元帅和一位攻击了维陶德的王公的帮助下，击败了立陶宛（Lettow）的王，让他仓皇逃跑。亨利俘虏了他手下的三个公爵，杀死了四个公爵，连同好多贵族和骑士，屠戮了三百多人。"（亨利国王的贡献某种程度上被夸大了！）见 John Capgrave, *Chronicle of England*, ed. F. C. Hingeston (London 1858)。

15 见 G. Miller, *Hoghton Tower* (Preston 1947), p. 144。

16 见 J. H. Metcalfe, *A Great Historic Peerage, the Earldom of Wiltes* (London 1899) 和 *Burke's Landed Gentry*，在 "Scrope" 条目下。乔弗里爵士的兄弟就是未来的大主教斯克罗普，在莎士比亚的《亨利四世》中出现，因犯叛国罪被处决。

17 乡村小调里就这么称呼他，根据 Treitschke，前引书，p. 85。

18 "……亨宁·辛德科普夫，他的心像他的名字一样坚硬。"同上书，p. 75。

19 '...une secte que après leur mort ils se font ardoir en lieu de sepul-ture, vestus et aournez chascun de leurs meilleurs aournemens, en

ung leur plus prochain boi ou forest qu'ilz ont, en feu fait de purain bois de quesne...' 见 J. Lelewel (ed.), *Guillebert de Lannoy et ses voyages en 1413, 1414 et 1421* (Brussels 1844), p. 38。

20 见 Johann von Pusilge, *Annalista Thorunensis III–IV*, in *SRP*, vol. III, p. 316.

21 见 *Banderia Prutenorum*, in *SRP*, vol. IV，1448 年波兰人 Jan Dlugosz 编纂于克拉科夫。被缴获的旗帜可能仍悬挂在这里。

22 不过，最终人们认出了他的遗体，并将其带回马林堡埋葬，即便 "……鞑靼人和哥萨克人使出他们卑鄙的诡计，损毁了大团长的遗体"。Treitschke，前引书，p. 115。

23 "他们用各种各样的攻城器械、火炮和其他强力武器围攻城堡，两个多月来日夜不息。" 见杜伊斯堡的彼得鲁斯著作的续写者 Conrad Bitschin, *Chronica terrae Prussiae*, in *SRP*, vol. III, p. 485。

第 7 章　失去目标的十字军

1 前任大团长 1414 年被指控勾结波兰人，试图重掌权力，因此被判 9 年监禁。就连 Treitschke（前引书，I, p. 125）也认为这项指控不公正。

2 这里所指的瘟疫就是痢疾——利沃尼亚分团长鲁滕贝赫的西苏斯就因病去世。见 Dyonisius Fabricius, *Livonicae Historiae compendiosa series*, in *SRL*, vol. II, p. 460。

3 见 Conrad Bitschin，前引书，p. 502。

4 已故的 R. W. Seton-Watson 教授在书中简述了这个故事，*History of the Roumanians* (Cambridge 1934), p. 35。另见 J. Sarnovsky, 'The Teutonic Order Confronts Turks and Mongols', in Barber (ed.), 前引书。

5 "皇帝和帝国自顾不暇，神权统治僵化无能，无法无天、傲慢自大的商业贵族和扈从将新德意志拱手送给波兰人。"Treitschke，前引书，p. 135。

6 "这些粗鲁的家伙冲进房间，把骑士们捆起来，开始割掉他们的胡子。"同上书，p. 133。

7 A. B. Boswell, 'Poland and Lithuania in the Fourteenth and Fifteenth Centuries', in *Cambridge Mediaeval History*, vol. VIII (Cambridge 1936), p. 578.

8 "他为此召集了一支将近 10 万人的大军，利沃尼亚从未有过一位分团长能做到这一点。"见 Dyonisius Fabricius，前引书，p. 461。这个数字几乎不可信。

9 两百年后，人们依然记得他。"普勒滕贝格的沃尔特兼具勇气、智慧和好运，人民十分喜欢他，超过其他任何一位分团长。"C. J. von Blomberg, *An Account of Livonia with a Relation of the Rise, Progress and Decay of the Marian Teutonick Order*, p. 11。

10 "利沃尼亚人与罗斯人打了一场激烈而著名的战争……对虔诚的天主教徒世代相袭的敌人……"Johannes Levenclavius, *De Moscovitarium bellis adversus finitimos gestis*, in *HRSE*, vol. I。

11 J. Fennell, *Ivan the Great of Moscow* (London 1961) 一书对这场战争做了不错的总结。

12 这本书中对此有精彩的叙述：Wal，前引书，vol. VI。

13 关于普勒滕贝格的征战，见 Levenclavius，前引书。

14 见 A. Bond (ed.), *The Travels of Sir Jerome Horsey, Kt*。

15 伊凡只是像对待他自己的叛臣一样对待利沃尼亚。关于罗斯人的视角，见 I. Grey, *Ivan the Terrible* (London 1964)。

16 关于奥登博克的卡斯帕，见 Balthasar Rüssow，前引书，p. 65。另见 Dyonisius Fabricius，前引书，p. 476。他说，罗斯人"很

不体面地"（cum ignominia）撤退了。

第 8 章　再征服运动

1　关于卡拉特拉瓦，见 J. F. O'Callaghan, 'The Affiliation of the Order of Calatrava with Cîteaux', 在 *Analecta Sacri Ordinis Cisterciensis*, vols XV and XVI 中的一系列文章，这是对卡拉特拉瓦骑士团唯一的全面研究。

2　同上书, vol. 16, p. 285。"可以肯定的是，（卡拉特拉瓦骑士团的精神）本质上出自西多会，其不仅建立在《本笃规章》和《慈善章程》（Carta Caritatis）基础之上，还建立在相对不那么容易捉摸的 12 世纪骑士精神之上，被西多会士视为改善和净化人生的另一种方式……"

3　同上书，pp. 33–8。

4　同上书，p. 31。

5　现代的权威研究著作是 D. W. Lomax, *La Orden de Santiago 1170–1275.*

6　圣地亚哥骑士团规章的 13 世纪卡斯蒂利亚译本见上书，p. 221。

7　同上书, p. 238。1190 年的一份契据显示，骑士帕隆巴的维塔利斯的妻子也被骑士团接纳。

8　见 J. F. O'Callaghan, 'The Foundation of the Order of Alcántara', in *Catholic Historical Review*, vol. XLVII。

9　见 J. da Purificão, *Catalogo dos Mestres e administradores da illustre e antiquissima Ordem Militar de Aviz*, in *CARHP*, vol. II。

10　葡萄牙圣殿骑士团团长瓜迪姆·帕艾斯统治时间近半个世纪，死于 1195 年，因抗击摩尔人几乎获得民族英雄的地位。见 Catalogo dos Mestres da Ordem do Templo Portugueza, e em outras da Hespanha, in CARHP, vol. II, 书中为他冠以 "永恒的荣耀"。

11 就像其他军事修会一样，骑士修士的生活更加注重冥思，若获团长允许，他们可以转为教士或去另一个骑士团。Lomax（前引书，p. 94）举了两个例子，其一是费尔南多·迪亚斯团长，他后来成为圣地亚哥的守律教士；其二是一名骑士，后来加入了以极端严苛著称的格兰蒙（Grandmont）隐修会。

第9章 大举进攻

1 F. Rades y Andrada, 'Discordia y scisma en la Orden', *Chrónica de Calatrava*, p. 21, in his *Chrónica de las tres Ordenes y Cavallerias de Sanctiago, Calatrava y Alcantara*.

2 伊比利亚的医院骑士团经常不向修道院缴纳岁入，也常常忽视大团长，因此，他们当中有一名修道长偶尔会被任命为 "西班牙大指挥"，对半岛上所有圣约翰骑士都有管辖权。见 Riley-Smith，前引书，p. 369。

3 见 M. M. Cocheril, 'Essai sur L'Origine des Ordres Militaires dans la Péninsule Ibérique', in *Collectanea ordinis Cisterciensium Reformatorum*, vols XX–XXI。

4 前引书 Rades, *Chrónica de Calatrava*, pp. 28–30 绘声绘色地描述了这场战役。

5 骑士团保护殖民者、促进农业发展的观点，来自 Almeida, *Historia da Igreja em Portugal*, vol. I, p. 552。

6 见 E. Rodriguez-Picavea Matilla, 'Agrarian Structure in the Calatravan Lordships of the Southern Meseta of Castile in the Twelfth and Thirteenth Centuries', in Barber (ed.), 前引书。

7 "总而言之，他扮演了一个好人和一个公正君主的角色。" John

Stevens, *The General History of Spain* (London 1699)。

8　战斗并不会使他们忘记宗教义务；1245 年，西多会全体大会将卡拉特拉瓦骑士团称作"高贵和特殊的西多会成员"（membrum nobile et speciale Ordinis Cisterciensis）。见 O'Callaghan, 'The Affiliation of the Order of Calatrava with Citeaux', in *Analecta Sacri Ordinis Cisterciensis*, vol. XVI, p. 287。

9　见 J. Matelanes Merchan, 'Organisation of Land in the Peninsular South East: The Commandery of Siguera de la Sierra of the Order of Santiago, 1246–1350', in Barber (ed.), 前引书。

10　见 Lomax，前引书，pp. 14, 15。

11　意味深长的是，这位团长以"西班牙约书亚"之名被骑士团久久铭记。见 D. W. Lomax, 'A Lost Mediaeval Biography: The Crónica del Maestre Pelayo Pérez', in *Bulletin of Hispanic Studies*, vol. XXXVIII (1961)。

12　当然，其中有一些竞争，对土地和管辖区的争夺不可避免。见 Lomax, *La Orden de Santiago 1170–1275*, ch. 6, 'La rivalidad con Calatrava' and 'disputas territoriales y fiscales'。

13　同上书，pp. 14–15。

14　在 1259 年大会中，圣地亚哥骑士团规定只有出身贵族的骑士才能出任城堡主，只有骑士的后代才能宣誓，还为骑士后代的成员——包括教士和俗人——保留了很多特权。Lomax（同上书，p. 88）认为，在此之前，很多骑士应该是出自平民阶层。

15　葡萄牙圣地亚哥骑士团直到 1317 年教宗约翰二十二世颁布通谕后才真正获得独立。见 F. de Almeida, 前引书，vol. I, p. 330。

16　"至此，再征服运动退化成为基督徒和摩尔人骑士之间的一系列比武活动，而激励众骑士的修士-战士理想形象则慢慢变为浪漫小说中的宫廷骑士形象。"Lomax，前引书，P. 99。

17　见 Rades, 'Deposicion del Maestre', *Chrónica de Alcántara*, p. 15, 前引书。

18　Almeida，前引书，vol. I, p. 340。

19　在 14 世纪阿拉贡多次叛乱中，"……坚定支持国王的有安波斯塔城堡主、蒙特萨骑士团团长和阿拉贡的圣地亚哥骑士团大指挥"。见 A. Luttrell, 'The Aragonese Crown and the Knights Hospitallers of Rhodes 1291–1350', in *English Historical Review*, vol. LXXVI。这篇文章（pp. 17–18）还认为，到 14 世纪中叶，阿拉贡医院骑士团已牢牢受国王控制，既具国际性，也是民族的骑士团。

20　见 Rades, *Chrónica de Calatrava*, pp. 50–51, 'vn llano cerca de Vaena'。另见 O'Callaghan，前引书，vol. 16, p. 260。

21　见 Rades, Chrónica de Alcántara, p. 23, '...le hizo degollar y aun hizo quemar su cuerpo'。另见 Stevens，前引书，p. 261。"卡拉特拉瓦的努涅斯被控犯下数项骇人听闻的罪行，受召出庭为自己辩护，他逃到格拉纳达寻求庇护……然而，到了春天，阿方索国王进入安达卢西亚，在巴伦西亚——一个坐落于古卢西塔尼亚的城镇，围攻卡拉特拉瓦骑士团团长。努涅斯被俘，以叛国罪论处，被砍头、焚烧，以儆效尤。"（Mariana 在 *Historiae de rebus Hispaniae* 中将卡拉特拉瓦误作阿尔坎塔拉。）

22　A.de Torres y Tapia, *Crónica de la Orden de Alcántara*, vol. II, p. 50.

23　见 P. Russell, *English Intervention in Spain and Portugal in the time of Edward III and Richard II* (Oxford 1955)。

第 10 章　国王和团长

1　古斯曼的唐娜莱昂诺尔在兄弟古斯曼的阿隆索·梅伦德斯团

长去世后，把圣地亚哥骑士团的印鉴留给自己的儿子。见 P. Lopez de Ayala, *Crónica del Rey Don Pedro*, in his *Crónicas de los reyes de Castilla*, vol. I, p. 22。一条脚注引用了圣地亚哥骑士团的敕书。

2　Rades, *Chrónica de Alcántara*, p. 25, 前引书。庞塞是莱昂诺尔的表亲。

3　见 Rades, Chrónica de Calatrava, p. 54, 前引书。'Don Iuan Núñez de Prado degollado'。

4　同上书，p. 56，"国王杀死了唐佩德罗·埃斯特瓦涅斯"。Rades 说，佩德罗国王"在母后面前刺了他，他当场就死了"。然而，Ayala（前引书，p. 208）却说，他被骑士团团长竞争者帕迪利亚的迭戈·加西亚的扈从用一根狼牙棒在城堡外打死。

5　Ayala，前引书，pp. 240–42：这名奴隶是"国王住所的一名守门人"。

6　"红国王"和他的随从似乎是被标枪刺死的。见上书，p. 347：'...E el Rey don Pedro le firio primera de una lanza...'

7　1362年，同上书，p. 336。另见 Rades, *Chrónica de Calatrava*, p. 57, 前引书。"摩尔人国王（阿布·赛义德）为团长举办了热情的欢迎仪式，给予他巨大尊荣"，因为他是帕迪利亚的布兰切的兄弟。

8　帕迪利亚的迭戈·加西亚也受邀支持他。同上书，p. 58。

9　Ayala，前引书，vol. II, pp. 21, 22。'que el Rey Don Enrico le guardaria al seguro que le avia fecho'。

10　不过，当时有人批评卡拉特拉瓦骑士团团长胡安·努涅斯说，"这个团长在女人身边相当放纵"。O'Callaghan，前引书，p. 25。

11　见 *Catalogo dos Grampriores do Crato da Ordem de S. João de Malta*, in *CARPH*, vol. IV。

12 见 Torres y Tapia，前引书，vol. II, p. 179："摩尔人射出的飞镖、箭矢和标枪密密麻麻，几乎没人能够逃脱，团长也死了。"

13 1444 年，莫里蒙修道院院长巡视蒙特萨骑士团，发现见习骑士都十分穷困，于是他下令所有申请入团者先从亲戚那里获得资助，直到获得某个骑士团辖区。O'Callaghan，前引书，vol. 16, p. 14 n. 6。

14 "他们的徽章是一个红十字，中间有白色的旋纹。"Stevens，前引书，p. 248。

15 见 I. MacDonald, *Don Fernando de Antequerra* (Oxford 1948)。

16 "卡拉特拉瓦骑士团日益散漫放纵，主要归因于允许那些品行不端、不适合挥舞世俗和精神之剑保卫基督教世界的人加入……他们面临两大诱惑：满足个人野心和贪欲。"O'Callaghan，前引书，vol. 16, p. 285。

17 见 M. Múñoz de S. Pedro, *Don Gutierre de Sotomayor, Maestre de Alcántara.*

18 见 J. R. L. Highfield, 'The Catholic Kings and the Titled Nobility of Castile', in J. R. Hale et al. (eds), *Europe in the Late Middle Ages* (London 1965)。

19 见 MacDonald，前引书。

20 Rades, *Chrónica de Calatrava*, p. 66, 前引书。"这位卡拉特拉瓦骑士团团长、比列纳侯爵恩里克对人类的学问很有研究，包括人文学科、占星术、天文学、地理学、数学等；他对法律和巫术也很着迷，以至于很多人认为，他曾与魔鬼订下契约。"

21 见 J. F. O'Callaghan, 'Don Pedro Girón, Master of the Order of Calatrava 1445–66', in *Hispania*, vol. XXI (1961–2)。

22 "他整个人生都在声色犬马中度过。"Stevens，前引书，p. 381。

23 "随后，一名法庭传令员宣布对国王的判决，给他安上了许多可怕的罪名。在宣读判决的同时，他们随意地扯下雕像上的袍子，最后一边咒骂一边将雕像从架子上推下来。"同上书，p. 407。

24 "团长死前不久，一场蝗灾在哈恩地界上爆发，蝗虫数量庞大，遮天蔽日。"同上书，p. 408.

25 Rades, *Chrónica de Calatrava*, p. 78, 前引书："高贵、强大和最为尊荣的领主，卡拉特拉瓦骑士团团长，卡斯蒂利亚和莱昂国王的宫廷大臣、议事会成员唐佩德罗·希龙在此长眠：在他担任团长的 20 年间，骑士团得到良好管理，越发繁荣和强大。他于 1466 年 5 月的第二天去世。"

26 Rades, *Chrónica de Alcántara*, p. 45, 前引书。'Ocasion de las discordias entre el Maestre y el Clauero.'

27 同上书，p. 49。'Dan al Maestre unos grillos de hierro por principio de la cena.'

28 同上书，p. 47。'Duquesa de Plasencia pretende el Maestradgo para su hijo.'

第 11 章　胜利与报应

1 Rades, *Chrónica de Calatrava*, p. 81, 前引书。'En tiempo de paz siempre residio en al Convento de Calatrava; y alli continuava el Choro y guardara en todo la vida reglar come buen reglar.'

2 教宗西克斯图斯四世允许骑士穿任一颜色的衣服，但他们仍保留了白色斗篷和醒目的十字标志。O'Callaghan, 'The Affiliation of the Order of Calatrava with Citeaux', in *Analecta Sacri Ordinis Cisterciensis*, vol. XVI, p. 37。

3 这些数据经常被引用，出自 Marineo Siculo，见 *Obra de las Ca-*

sas Memorables de España (Alcala de Henarer 1539)。

第 12 章　再调整和圣殿骑士团的解散

1　这就是后来的团长维拉雷的富尔克。Riley-Smith，前引书，p. 330。

2　同上书，p. 328。

3　同上书，pp. 210–13。

4　见 'The Preceptory of Locko', *Victoria County History: Derbyshire*, vol. II, pp. 77–8。

5　见 'St Thomas of Acon', *V.C.H., London*, vol. 1, pp. 491–5。

6　据传，都柏林的圣托马斯修道院属于骑士团，但修道院的房产契据册管理人则认为，修道院自奠基起就属于圣维克托派（奥古斯丁会）教士团。见 P. Gilbert (ed.), *The Registers of the Abbey of St Thomas, Dublin* (London 1889)。

7　见 A. J. Forey, *The Military Orders from the Twelfth to the Early Fourteenth Century*, p. 225。

8　1309 年，阿马尼亚克伯爵写信给阿拉贡国王："……我刚刚得知，格拉纳达国王打算率一支由萨拉森人、犹太人和改宗萨拉森信仰的圣殿骑士组成的大军入侵和劫掠你的王国。"见 Finke, *Papstumm und Untergang des Templerordens*, vol. II, p. 188 (no. 105)。

9　见 K. Schottmueller, *Der Untergang des Templer-Ordens*, vol. II, 关于在塞浦路斯开展调查的档案。

10　同上书，vol. I, p. 441。

11　J. Michelet, *Procès des Templiers*, vol. I, p. 34. '...quod observatur a Saracenis et Tartaris contra tales perversos.'

12　同上书，p. 44。'...quod in cronicis, quae erant apud Sanctum Dionisium, continebatur quod tempore Saladine...Templarios fuisse dictum adversitatem perpessos, quia vicio Sodomitico laborabant, et quia fidem suam et legem prevericati fuerant...'

13　同上书，p. 42。'...miles illiteratus...'

14　同上书，p. 275。'...dictus testis, palidus et multum exterritus.'

15　同上书，p. 276。'...et quod eciam interfecisset Dominum, si pateretur ab eo.'

16　见 L. B. Larking (ed.) and J. M. Kemble (introd.), *The Knights Hospitallers in England, Being the Report of Prior Philip de Thame to the Grand Master Elyon de Villanova for A. D. 1388*。

17　偶尔会有逃亡的圣地亚哥骑士成为穆斯林。见 Lomax，前引书，p. 95 关于 1251 年的章节。

第 13 章　罗得岛和海上骑士

1　Riley-Smith，前引书，p. 216。

2　*The Chronica magistrum defunctorum*, XXIV 说，这些骑士差点在睡梦中杀死富尔克，若非他的管家帮他逃走的话。

3　"他在贫困中死去"（'Obiit frater simplex et egenus'），同上书。

4　见 F. Karassava-Tsingiliri, 'The Fifteenth-Century Hospital of Rhodes: Tradition and Innovation', in Barber (ed.), 前引书。

5　L. Le Grand, *La Prière des Malades dans les Hôpitaux de Saint-Jean de Jérusalem*.

6　J. Delaville le Roulx, *Les Hospitaliers à Rhodes jusqu' à la mort de Phillibert de Naillac (1310–1421)*, pp. 78, 79.

7　同上书，p. 89。

8 同上书，pp. 94, 95, 108, 109。

9 'The Hospital of Burton Lazars'，前引书，p. 36。

10 W. Stubbs, *The Mediaeval Kingdoms of Cyprus and Armenia* (Oxford 1878).

11 E. J. King, *The Knights of St John in the British Realm*, p. 52.

12 Delaville le Roulx，前引书，p. 141。

13 同上书，p. 152。

14 A. Luttrell, 'The Crusade in the Fourteenth Century', in J. R. Hale et al. (eds)，前引书。

15 Delaville le Roulx, 'Deux aventuriers de l'Ordre de l'hôspital – les Talebart', in his *Mélanges sur l'Ordre de St Jean de Jérusalem*.

16 关于他的生平，见 Delaville le Roulx, *Les Hospitaliers à Rhodes jusqu' à la mort de Phillibert de Naillac*, F. Herquet, *Juan Ferrandez [sic] de Heredia, Grossmeister des Johanniterordens (1339–99)*。后一本书中有关于他的文学活动的附录。

17 见 A. Luttrell, 'Jean and Simon de Hesdin – Hospitaller Theologians', in *Recherches de théologie ancienne et mediévale*, vol. XXXI。

18 见 A. S. Atiyah, *The Crusade of Nicopolis* (London 1934)。

19 见 Delaville le Roulx, 'L'Occupation Chrétienne à Smyrne, 1344–1402', in his *Mélanges sur l'Ordre de St Jean de Jérusalem*。

20 Delaville le Roulx, *Les Hospitaliers à Rhodes jusqu' à la mort de Phillibert de Naillac*, p. 309.

21 同上书，pp. 478–80。基罗基蒂亚曾经有一个医院骑士团辖区。

22 G. Bosio, *Dell' istoria della Sacra religione et Illma. Militia de San Giovanni Gierosolimitano*, vol. II, p. 146.

23 同上书，p. 147。另见 G. F. Hill, *A History of Cyprus* (Cambridge 1940–52), vol. II, p. 487。

第 14 章　三次围攻

1　'The Hospital of Burton Lazars'，前引书，p. 37。

2　F. de Belabre, *Rhodes of the Knights*, p. 28 讲述了这段历史，但没有给出来源。Bosio（前引书，pt. II, pp. 162,163）的叙述细节不多，但讲到了埃及人用炮火轰击 40 天，给骑士团造成巨大损失，骑士团奋力突围，把埃及人赶回船上。据悉，拉斯蒂克和米德尔顿也在修道院里。

3　见 King，前引书。

4　见 R. Bagwell, *Ireland under the Tudors* (London 1885)。

5　见 F. Ducaud-Bourget, *The Spiritual Heritage of the Sovereign Military Order of Malta*, p. 153。

6　同上书，p. 154。

7　见 A. Bouhours, *The Life of the renowned Peter d'Aubusson*。

8　"一个魔鬼般的伪君子……"见 J. Taaffe, *The History of the Holy, Military, Sovereign Order of St John of Jerusalem*, vol. III, p. 50。

9　见 H. W. Fincham (ed.) and J. Kay (trans.), *Caoursin's Account of the Siege of Rhodes in 1480*, p.14。"……在海水涨潮和退潮的位置，安装了布满钉子的管子、酒桶和木牌……"

10　同上书，p. 24。"……一座名为'贡品'的攻城器械，有点像投石机，又大又高，十分有力，能够投掷很多大石头。"另见 Bosio，前引书，p. 331。

11　同上书，p. 338。

12　Fincham (ed.) and Key (trans.)，前引书，p. 30。"大团长身上受了五处伤，一处可致命……但在上帝的恩典和水蛭、外科医生的帮助下得以好转。"

13　大团长写了一封信给皇帝腓特烈三世，生动描述了这场围城战，见 Taaffe，前引书。拉丁文原件收录在 vol. IV, app. CLXXII，译稿在 vol. III, p. 53。

14　见 D. Knowles and R. N. Hadcock, *Mediaeval Religious Houses—England and Wales*。

15　Bosio，前引书，p. 488。

16　同上书，p. 489。

17　同上书，p. 491。

18　苏莱曼的信收录于 G. Aubert de Vertot, *Histoires des Chevaliers Hospitaliers de S. Jean de Jerusalem*, vol. II, p. 456。

19　Bosio，前引书，p. 525。

20　同上书，pp. 533ff，有一份完整的在场骑士名单，但许多人的名字都拼错了。

21　见 *The begynnynge and foundacyon of the holy hospytall, & of the ordre of the knyghtes hospytallers of saynt Iohan baptyst of Ierusalem. (Here foloweth the syege, cruell oppugnacyon, and lamentable takynge of the cyte of Rodes.) Imprynted by Robert Coplande: London, the xxiii of Iuly 1524*。

22　这些都是 Bosio 给出的数据。前引书，p. 544。

23　Vertot，前引书，p. 482。

24　Bosio，前引书，p. 558。

25　同上书，p. 559。

26　同上书，p. 560, 563；Vertot，前引书，p. 482。

27　关于安德烈亚的故事，见 Bosio，前引书，pp. 576, 577。

28　同上书，p. 578。

29　罗伯茨的信收录于 Taaffe，前引书，bk. 4, app. CCIV。

30　Bourbon，前引书，p. XXXVIII。

31　Taaffe，前引书，vol. 4, app. CCIV。

32 Bosio 认为，费尔法克斯是一个"非常有趣、精明的人"，前引书，p. 578。

33 同上书，pp. 589, 590; J. Baudoin (ed. And trans.), *Histoire des Chevaliers de l'Ordre de S. Jean de Hierusalem*, vol. I, pt. 267; Taaffe, 前引书 , vol. III, p. 25。

第 15 章　争夺地中海的战争

1 关于约翰·罗森，见 *the Dictionary of National Biography*。

2 关于威廉·韦斯顿，见上书。

3 关于骑士团派去马耳他的调查委员会不乐观的报告，见 Vertot, 前引书，vol. III, p. 41ff。

4 E. W. Schermerhorn, *Malta of the Knights*, p. 108，故事取自 *La Soberana Orden Mil. de S. Juan de Jer, par Un Caballero de la Orden* (Madrid 1899)。

5 1548 年，英国的马耳他骑士团穷到要靠典卖盘子为生。见 H. P. Scicluna (ed.), *The Book of Deliberations of the Venerable Tongue of England 1523–1567*。

6 关于阿德里安·福蒂斯丘，见 *the Dictionary of National Biography*。

7 T. Fuller, *The Historie of the Holy Warre* (Cambridge, 1640).

8 G. O'Malley, 'The English Knights Hospitaller, 1540–1557', in *St John Historical Society: Proceedings*, vol. IX (1997).

9 关于托马斯·利，见 *the Dictionary of National Biography*。关于放弃修道院，见 'The Hospital of Burton Lazars', 前引书 , p. 38。

10 Bertrand de la Grassière, *L'Ordre Militaire et Hospitalier de Saint-Lazare de Jérusalem*.

11 见 Vertot，前引书，vol. III, p. 291ff。

12 *The Memoirs of Benvenuto Cellini*, p. 396; C. Cotton (trans.), *The Commentaries of Messire Blaize de Montluc*, p. 288. 关于斯特罗齐的生平，见 P. de Bourdeille de Brantôme, *Les vies des hommes illustres et grands capitaines François de son temps*, vol. II, p. 352。

13 关于罗姆加斯，见 Vertot，前引书，p. 411ff。关于他的神奇脱逃，见 Bosio，前引书，vol. III, p. 367。

14 有一份对现代锡赫纳的精彩描写——在 1936 年锡赫纳被西班牙共和党毁灭、屠城之前——见 Sir Sacheverell Sitwell, *Monks, Nuns and Monasteries* (London 1965)。

15 F. Balbi, *The Siege of Malta*, trans. E. Bradford, p. 27.

16 关于托马斯·特雷瑟姆，见 *the Dictionary of National Biograph*。

17 关于詹姆斯·桑迪兰兹，见上书。

18 见 P. Helyot, 'De l'Ordre Militaire de Saint Étienne Pape & Martyr en Toscane', in his *Histoire des orders religieux monastiques et militaires*, vol. VI, p. 248。

19 Einar Rud, *Vasari's Life and Lives: The First Art Historian*, trans. R. Spink (London 1964), p. 74.

20 见 Balbi，前引书，pp. 28–31; Vertot，前引书，pp. 421, 424。

21 Balbi，前引书，p. 36。我接受了 Balbi 的数据。

22 同上书，p. 41。

23 Vertot，前引书，p. 436。

24 同上书，p. 444。

25 Balbi，前引书，p. 56。

26 Vertot，前引书，p. 461。

27 同上书，p. 432。

28 Balbi，前引书，p. 81。

29　Bosio，前引书，p. 561。

30　同上书，pp. 572, 573；Vertot，前引书，p. 490。

31　Balbi，前引书，p. 91。

32　Vertot，前引书，p. 492。

33　同上书，p. 492。

34　同上书，vol. IV, p. 3。

35　Balbi，前引书，p. 101。

36　同上书，p. 111。

37　同上书，p. 117。

38　Vertot，前引书，p. 51。

39　同上书，p. 61。

40　同上书，p. 80。

41　Balbi，前引书，p. 189。

42　B. dal Pozzo, *Historia della Sacra Religione Mililare di S. Giovanni Gerosohmitano*, vol. I, p. 19.

43　同上书，p. 30。

第 16 章　巴洛克骑士

1　关于干地亚的条顿骑士团，见 J. Voigt, *Geschichte des Deutschen Ritterorden in seinen zwölf Balleien in Deutschland*, vol.II, p. 387。

2　见 D. D. *Macpherson, De Poincy and the Order of St John in the New World* (London 1949)。

3　见 H. P. Scicluna, *The Church of St John in Valetta*。

4　见 J. H. de Vey Mestdagh, *De Utrechtse Balije der Duitse Orde ruim 750 jaar geschiedenis v/d Orde in de Nederlanden*。

5　见 E. Finke, *K. (u.) k. Hoch- und Deutschmeister. 222 Jahre fur Kai-*

ser und Reich (Graz 1978)。

6　根据一位目击者的叙述，这盛况一直持续到 1805 年在梅根特海姆的最后一次即位大典，F. Taubl, *Der Deutsche Orden im Zeitalter Napoleons* (Bonn 1966), p. 86。

附录 2　德意志语言区

1　见 A. Wienand et al., *Der Johanniter-Orden – Der Malteser-Orden. Der Ritterliche Orden des hl. Johannes vom Spital zu Jerusalem. Seine Geschichte, seine Aufgaben* (Cologne 1988)，以及 B. B. Szczesniak, *The Knights Hospitallers in Poland and Lithuania* (The Hague and Paris 1969)。

附录 3　北美的马耳他骑士团

1　见 R. Pichette, *Une Croix honorable: Les ordres de Saint-Jean au Nouveau Monde* (Ottawa 1999)。

附录 4　圣约翰骑士团（新教）

1　见 Wienand et al., op. cit.; W. G. Rodel, *Der Ritterliche Orden St Johannis vom Spital zu Jerusalem. Ein Abriss seiner Geschichte* (Niederwesel 1989); C. Herrlich, *Die Balley Brandenburg des Johanniter-Ordens von ihrem Enstehen bis zur Gegenwart und ihren jetzigen Einrichtungen* (Berlin 1886)。

2　关于圣约翰骑士团成员对这次密谋的英勇贡献，见 Wilhelm-Karl Prinz von Preussen and Bernd Baron Freytag von Loringhoven, *Johanniter und der 20 Juli 1944* (Niederwesel 1985/1989)。

附录5　圣约翰尊贵骑士团

1　来源：*The Tongue of England, 1858–9, 1859–60*（未出版的书信集，为马耳他主权骑士团所有）；R. Bigsby, *Memoirs of the Illustrious and Sovereign Order of St John of Jerusalem* (Derby 1867); R. Broun, *Hospitallaria, or A Synopsis of the Rise, Exploits, Privileges, Insignia, etc., of the Venerable Order of St. John of Jerusalem* (London 1837), and *Synoptical Sketch of the Illustrious and Sovereign Order of Knights Hospitallers of St John of Jerusalem and of the Venerable Tongue of England* (London 1857); Sir H. Luke, *The Venerable Order of St John in the British Realm* (London 1967); J. Morgan, 'Who Really Was Sit Robert Peat?', in *St John Historical Society: Proceedings*, vol. IX (1997); M. de Pierredon, *Histoire politique de l'Ordre Souverain de Saint-Jean de Jerusalem* (Ordre de Malte) de 1789 a 1955, vol. II (Paris 1963); W. K. R. Redford and R. Holbech, *The Order of the Hospital of St John of Jerusalem* (London 1902); J. Riley-Smith, 'The Order of St John in England, 1927–1858', in Barber (ed.), 前引书, and *Hospitallers: The History of the Order of St John of Jerusalem* (London and Rio Grande 1999); G. S. Sainty, *The Order of Saint John* (New York 1991); C. Torr, *Small Talk at Wreyland*, vol. II (Cambridge 1921); J. Wilson, *St. John's Gate* (London 1869)。

2　Riley-Smith, 前引书, p. 125。

3 *Notes and Queries*, 3rd series, vol. III, p. 342.

附录 6　自封的圣约翰骑士团

1 Fra' Cyrial Toumanoff 的 *L'Ordre de Malte et l'empire de Russie* (Rome 1979) 是对俄罗斯马耳他骑士团的可靠研究，而对自封的圣约翰骑士团那盘根错节世界的最好介绍，则是 A. Chaffanjon and B. Gallimard Flavigny, *Ordres et Contre-Ordres de Chevalerie* (Paris 1982)。

参考文献

1. 有关骑士团的教宗通谕集、敕令集、规章、法令、编年史、档案和同时代史书

一般主题

AMMAN, J., *Cleri totius Romanae ecdesiae* (Frankfurt 1585).

BUONANNI, F., *Ordinum Religiosorum in ecclesia militanti catalogus* (Rome 1714).

GIUSTINIANI, B., *Historie Cronologiche degl'Ordini Militari e di tutte Religioni Cavalleresche*, 2 vols. (Venice 1692).

HELYOT, P., *Histoire des ordres religieux, monastiques et militaires*, 7 vols. (Paris 1714–21).

HERMANT, J., *Histoires des Religions ou Ordres Militaires* (Paris 1696).

JONGELINUS, *Originis equestrium militanum ordinis Cisterciensis* (1640).

RADES Y ANDRADA, F., *Chrónica de las tres Órdenes y Cavallerías de Sanctiago, Calatravay Alcántara* (Toledo 1572).

阿尔坎塔拉骑士团

Difiniciones [sic] y Estableciementos de la Orden y Cavalleria de Alcántara (Madrid 1609).

ORTEGA Y COTES, I . J ., *Bullarium Ordinis Militiae de Alcántara, Olim Sancti Juliani de Pereiro* (Madrid 1759).

TORRES Y TAPIA, A. DE, *Crónica de la Orden de Alcántara*, 2 vols. (Madrid 1763).

阿维斯骑士团

PURIFICÃO, J. DA, *Catalogo dos Mestres e administradores da illustre e antiquissima Ordem Militar de Aviz*, in *C.A.R.H.P.*, vol. 2.

卡拉特拉瓦骑士团

Diffiniciones de la Orden y Cavalleria de Calalrava (Valladolid 1603).

ORTEGA Y COTES, I. J., *Bullarium Ordinis Militiae de Calatrava* (Madrid 1761).

基督骑士团

Definiçoes e estatus da ordem de Christo (Lisbon 1746).

马耳他骑士团

BALBI, F., *The Siege of Malta*, trans. E. Bradford (Folio Society 1965).

The Book of Deliberations of the Venerable Tongue of England 1523–1567, ed. H. P. Scicluna (valletta 1949).

BOSIO, G., *Dell'istoria della Sacra religione et Illma. Militia de San Giovanni Gierosolimitano*, 3 vols. (Rome 1594).

—, *Histoire des Chevaliers de l'Ordre de S. Jean de Hierusalem*, trans. and ed. by J. Baudoin (Paris 1629).

BOURBON, J. DE, *La Grande et merueilleuse et tres cruelle oppugnation de la noble cite de Rhodes prinse naguères par Sultan Séliman à pres-*

ent grand Turq ennemy de la très saincte Joy Catholique que redige par escript par excellent et noble chevalier Frère Jacques bastard du Bourbon commandeur de Sainct Mauluiz, Doysemont e fonteynes au prieuré de France (Paris 1525).

CAOURSIN, G., *Obsidionis Rhodiae Urbis Descriptio* (Ulm 1496), trans. John Kay, ed. H. W. Fincham (St John's Gate 1926).

The Cartulary of the Knights of St John of Jerusalem in England, ed. M. Gervers (London 1982).

Catalogo dos Grampriores do Crato da Ordem de S. João de Malta, in *C.A.R.H.P.*, vol 4.

Chronica Magistrum Defunctorum in Dugdale, vol. VI.

DELAVILLE LE ROULX, J., *Cartulaire General des Hospitallers de Saint Jean de Jérusalem 1100–1310*, 4 vols. (Paris 1894–1906).

The Knights Hospitallers in England, being the report of Prior Philip de Thame to the Grand Master Elyon de Villanova for A.D. 1338, ed. L. B. Larking, introd. J. M. Kemble (Camden Soc, London 1858).

LE GRAND, L., *La prière qui se doit dire au Palais des Malades (a Chypre), La prière des malades dans les hôpitaux de l'ordre de Saint-Jean de Jerusalem*, in Bibliothèque de l'École des Chartes LVII (1896).

POZZO, B. DAL, *Historia della Sacra Religione Militare di S. Giovanni Gerosolimitano*, 2 vols. (1703, 1715).

VERTOT, G. AUBERT DE, *Histoire des Chevaliers Hospitaliers de S. Jean de Jérusalem*, 4 vols. (Paris 1726).

慈悲会

Regula et constitutiones Fratrum Sacri Ordinis Beatae Mariae de

Mercede Redemptionis Captivorum (Salamanca 1588).

蒙特萨骑士团

RADES Y ANDRADA, F., *Diffiniciones de la sagrada Religion y Cavalleria de Sancta Maria de Montesa y Sanct large d'Alfama* (Valencia 1573).

SAMPER, H. DE, *Montesa Ilustrada*, 2 vols. (Valencia 1669).

圣地亚哥骑士团

Bullarium Equestris Ordinis S. Iacobi de Spatha (Barcelona 1719).

Regla y Establescimientos de la orden de la Caualleria de San Sanctiago del Espada (1555).

宝剑骑士团

ALNPEKE, DIETLEB VON, *Die Riterlichen Meister und Brüder zu Leiflant*, in *S.R.L.*, vol. I.

LETTLAND, HEINRICH VON, *Chronicon Livonicum Vetus*, in *S.R.L.*, vol. I.

RÜSSOW, BALTHASAR, *Chronica der Provintz Lyfflandt*, in *S.R.L.*, vol. II.

WARTBERGE, HERMANN VON, *Chronicon Livoniae*, in *S.R.P.*, vol. II.

圣殿骑士团

ALBON, MARQUIS D', *Cartulaire general de l'ordre du Temple 1119– 1150. Recueil des chartes et des bulles relatives à l'ordre du Temple* (Paris 1913).

Catalogo dos Mestres da Ordem do Templo Portugueze e em outras da

Hespanha, in *C.A.R.H.P.*, vol. 2.

CLAIRVAUX, BERNARD OF, *Liber ad Milites Templi de Laude Novae Militiae*, in Leclercq, J. and Rochais, *H. M., S. Bernardi Opera*, vol. III (Editiones Cistercienses, Rome 1963).

CURZON, H. DE, *La Regie du Temple* (Paris 1887).

—, *La Maison du Temple a Paris* (Paris 1888).

LECLERCQ, J., 'Un document sur les debuts des Templiers', *Revue de l'histoire ecclésiastique*, vol. LII (1957).

LIZERAND, G., *Le Dossier de l'Affaire des Templiers* (Paris 1923).

MICHELET, J., *Procès des Templiers*, 2 vols. (Paris 1841–51).

The Rule of the Templars: the French text of the Rule of the Order of Knights Templar, trans. J. UPTON-WARD (London 1992).

条顿骑士团

BITSCHIN, CONRAD, Chronica Terrae Prussiae, in *S.R.P.*, vol. III.

BLUMENAUE, L., *Historia de Ordine Theutonicorum Cruciferorum*, in *S.R.P.*, vol. IV.

Chronicon Equestris Ordinis Teutonici (Netherlands 1738).

Das grosse Amterbuch des Deutschen Ordens (Danzig 1921).

DUELLIUS, E., *Debita seu statuta Equitum Theutonicorum* (1724).

DUSBURG, PETRUS VON, *Chronica Terre Prussie*, in *S.R.P.*, vol. I.

—, *Chronicon Prussiae...cum incerti auctoria continuatione usque ad annum MCCCCXXXV* (Frankfurt and Leipzig 1679).

Historia Brevis Magistrorum Ordinis Theutonici Generalium ad Martinum Truchses continuata, in *S.R.P.*, vol. IV.

PERLBACH, M., *Statuten des Deutschen Ordens* (Halle 1890).

PUSILGE, JOHANN VON, *Annalista Thorunensis*, in *S.R.P.*, vol. III.

STREHLKE E., *Tabulae Ordinis Teutonici* (Berlin 1869).

WAL, G. DE, *Histoire de l'Ordre Teutonique*, 8 vols. (Paris and Rheims 1784–9).

2. 其他文献

AYALA, P. LOPEZ DE, *Crónicas de los reyes de Castilla*, 2 vols. (Madrid 1778–80).

BORCH, M. J., *Lettres sur la Sicile et sur l'Isle de Malte* (Turin 1782).

BRANTOME, P. DE BÔURDEILLE DE, *Les Vies des Hommes Illustres et Grands Capitaines estrangers de son temps* (Amsterdam 1665).

—, *Les Vies des Hommes Illustres et Grands Capitaines François de son temps*, 4 vols. (Amsterdam 1666).

BRYDONE, P., *A Tour through Sicily and Malta* (London 1773).

CELLINI, B., *The Memoirs of Benvenuto Cellini* (Oxford University Press 1961).

CHARTRES, FULCHER OF, *Historia Hierosolymitana. Gesta Francorum Iherusalem peregrinantium*, in *R.H.C. oc.* vol. 3.

DICETO, RALPH DE, *Ymagines Historiarium, The Historical Works of Master Ralph de Diceto, Dean of London*, ed. W. Stubbs, 2 vols. (Rolls Series, London 1876).

Gesta Francorum, ed. Rosand Hill ((Nelson 1962).

HORSEY, J., *The Travels of Sir Jerome Horsey, Kt.*, ed. A. Bond (Hakluyt Soc. 1856).

IBELIN, JEAN D', *Le Livre du Jean d'Ibelin*, in *R.H.C. Lois. I.*

Itinerarium peregrinorum et gesta regis Ricardi, in *Chronicles and Me-*

morials of the Reign of Richard I, ed. W. Stubbs (Rolls Series, London 1869).

JOINVILLE, J. DE, *Histoire de Saint Louis*, ed. N. de Wailly (Paris 1874); trans. M. R. B. Shaw, *Chronicles of the Crusades* (Penguin 1963).

LELEWEL, J. (ed.), *Guillebert de Lannoy et ses voyages en 1413, 1414 et 1421* (Brussels 1844).

MARIANA, J. DE, *Historiae de rebus Hispaniae* (Toledo 1592–1610), trans. John Stevens, *The General History of Spain* (London 1699).

MONTLUC, B. DE LASSERAN-MASSENCOME DE, *Commentaires de Messire de Monluc*, 2 vols. (Lyons 1593), trans. C. Cotton, *The Commentaries of Messire Blaize de Montluc* (London 1674).

PARIS, MATTHEW, *Chronica Majora*, ed. H. R. Luard, 7 vols. (Rolls Series, London 1872–83).

VILLEHARDOUIN, G. DE, *La Conquête de Constantinople*, ed. E. Faral, 2 vols. (Paris 1938–9), trans. M. R. B. Shaw, *Chronicles of the Crusades* (Penguin 1963).

VITRY, JACQUES DE, *Historia orientalis seu Hierosolymitana*, ed. J. Bongars (Hannau 1611).

3. 晚近的骑士团文献和研究

一般主题

BARBER, M. (ed.), *The Military Orders: Fighting for the Faith and Caring for the Sick* (Aldershot 1994).

BRASIER, L., and BRUNET, J., *Les Ordres Portugaises* (Paris 1898).

CLINCHAMPS, G. DU PUY DE, *La Chevalerie* (Paris 1961).

COCHERIL, M. M., 'Essai sur l'Origine des Ordres Militaires dans la Péninsule Ibérique', in *Collectanea ordinis Cisterciensium Reformatorum*, vols. 20 and 21 (1958–9).

Encyclopaedia Britannica: articles on Order of St John of Jerusalem, Teutonic Knights and Templars.

FLECKENSTEIN, J. and HELLMANN, M. (eds.), *Die geistlichen Ritterorden Europas* (Sigmaringen 1980).

FOREY, A., *The Military Orders and Crusaders* (London 1992).

—, *The Military Orders from the Twelfth to the Early Fourteenth Century* (London 1992).

Grande Enciclopedia Portuguesa e Brasileira: articles on Alcántara, Aviz, Calatrava, Order of Christ, Santiago, etc.

LLAMAZARES, J. FERNANDEZ, *Historia Compendiada de las Cuatres Órdenes Militares* (Madrid 1862).

LOMAX, B. W., *Las Órdenes Militares en la Península durante la Edad Media* (Salamanca 1976).

—, *The Reconquest of Spain* (London 1978).

MACKAY, A., *Spain and the Middle Ages* (London 1977).

NICHOLSON, H., *Templars, Hospitallers and Teutonic Knights: Images of the Military Orders* (Leicester 1994).

—(ed.), *The Military Orders Volume II: Welfare and Warfare* (Aldershot 1998).

SALLES, F. DE, *Ordres Religieux de Chevaliers*, 2 vols. (Paris 1887–9).

阿尔坎塔拉骑士团

O'CALLAGHAN, J. F., 'The Foundation of the Order of Alcántara', *Catholic Historical Review*, vol. 47 (1961–2).

S. PEDRO, M. MÚÑOZ DE, *Don Gutierre de Sotomayor, Maestre de Alcántara* (Caceres 1949).

阿维斯骑士团

OLIVIERIA, M. DE, 'A Milicia de Evora e a Ordem de Calatrava', in *Lusitania Sacra* I (1956).

卡拉特拉瓦骑士团

GUTTON, F., *L'Ordre de Calatrava,* Commission de l'ordre de Cîteaux, P. Lethellieux (Paris 1955).

O'CALLAGHAN, J. F., 'The Affiliation of the Order of Calatrava with Cîteaux', in *Analecta Sacri Ordinis Cisterciensis*, vols. 15 and 16 (1959–60).

—, 'Don Pedro Girón, Master of the Order of Calatrava 1445–66', in *Hispania*, vol. 21 (1961–2).

圣乔治君士坦丁骑士团

SEWARD, D., *Italy's Knights of St George: the Constantinian Order* (Gerrards Cross 1986).

马耳他骑士团

BASCAPE, G. C, *L'Ordine di Malta e gli Ordini Equestri della Chiesa nella Storia e nel Diritto* (Milan 1940).

BELABRE, F. DE, *Rhodes of the Knights* (Oxford 1908).

BERTINI FRASSONI, C. A., *Il Sovrano Militare Ordine di S. Giovanni di Gerusalemme, detto di Malta* (Rome 1929).

BOISGELIN, P. M. C. DE, *Ancient and Modern Malta and the History of the Knights of Jerusalem* (London 1805).

BOUHOURS, A., *The Life of the renowned Peter d'Aubusson* (London 1679).

BRADFORD, E., *The Great Siege* (Hodder & Stoughton 1961).

BREMOND D'ARS, A. DE, *Le Chevalier de Téméricourt* (Paris 1904).

CAMPO BELLO, CONDE DE, *A Soberan Militar Ordem de Malta e a sua acção em Portugal* (Lisbon 1931).

CAVALIERO, R., *The Last of the Crusaders* (Hollis & Carter 1960).

CHAFFANJON, A., and GALLIMARD FLAVIGNY, B., Ordres et Contres-Ordres de Chevalerie (Paris 1982).

DAUBER, R., *Die Marine des Johanniter-Malteser-Ritterordens* (Vienna 1989).

DELAVILLE LE ROULX, J., *Les Hospitaliers en Terre Sainte et à Chypre (1100–1310)* (Paris 1904).

—, *Les Hospitaliers à Rhodes jusqu'à la mort de Phillibert de Naillac (1310–1421)* (Paris 1913).

—, *La France en Orient au XIVe siècle. Expéditions du Maréchal Boucicaut*, 2 vols. (Paris 1885–6).

—, *Mélanges sur l'ordre de St Jean de Jérusalem* (Paris 1910).

DESCHAMPS, P., *Les Châteaux des croisés en Terre Sainte. Le Crac des Chevaliers* (Paris 1934).

DUCAUD-BOURGET, F., *The Spiritual Heritage of the Sovereign Military Order of Malta* (Vatican City 1958).

EASSON, D. E., *Mediaeval Religious Houses – Scotland* (Longmans, Green 1957).

FIGUERIDO, J. A., *Nova Historia da Miltar Ordem de Malta...en Portugal* (Lisbon 1800).

GABRIEL, A., *La Cité de Rhodes* (Paris 1921 and 1922).

GAEA, M., *German Knights of Malta* (Valetta 1986).

GATTINI, M., *I Priorati, i baliaggi e le commende del Sovrano Militare Ordine di San Giovanni nelle provincie meridionali d'Italia* (Rome 1928).

HERQUET, K., *Juan Ferrandez [sic] de Heredia, Grossmeister des Johanniterordens (1337–99)* (Mulhausen i. Th. 1878).

HUMPHREY-SMITH, C, *Hugh Revel, Master of the Hospital of St John of Jerusalem 1258–1277* (Chichester 1994).

JURIEN DE LA GRAVIERE, J. E., *Les Chevaliers de Malte et la Marine de Philippe II* (Paris 1887).

KING, E. J., *The Knights Hospitallers in the Holy Land* (Methuen 1931).

KING, E. J. and LUKE, H., *The Knights of St John in the British Realm* (St John's Gate 1967).

KNOWLES, D. and HADCOCK, R. N., *Mediaeval Religious Houses – England and Wales* (Longmans, Green 1953).

LA VARENDE, J., *Tourville et son Temps* (Paris 1943).

LACROIX, A., *Déodat de Dolomieu* (Paris 1921).

LAVIGERIE, O., *L'Ordre de Malte depuis la Revolution Française* (Paris 1889).

LUTTRELL, A., 'The Aragonese Crown and the Knights Hospitallers of Rhodes 1291–1350', *English Historical Review*, vol. 76 (1961).

—, 'Jean and Simon de Hesdin – Hospitaller Theologians', *Recherches de Théologie Ancienne et Mediévale*, vol. 31 (1964).

—, *The Hospitallers in Cyprus, Rhodes, Greece and the West 1291–1440* (London 1978).

—, *Latin Greece, the Hospitallers and the Crusades 1291–1440* (London

1982).

—, *The Hospitallers of Rhodes, and their Mediterranean World* (Aldershot 1992).

MALLIA-MILANES, V. (ed.), *Hospitaller Malta, 1530–1798: Studies on Early Modern Malta and the Order of St.John of Jerusalem* (Valletta 1993).

MICHEL DE PIERREDON, COUNT G., *Histoire Politique de l'Ordre Souverain de Saint-Jean de Jerusalem (Ordre de Malte) de 1789 à 1955*, 3 vols. (Paris 1956–90).

MIFSUD, H., *Knights Hospitallers of the Venerable Tongue of England in Malta* (Malta 1914).

PORTER, W., *History of the Knights of Malta* (London 1858).

PROKOPOWSKI, C, *L'Ordre Souverain et Militaire Jérosolymitain de Malte* (Vatican 1950).

RILEY-SMITH, J., *The Knights of St John in Jerusalem and Cyprus, 1050–1310* (Macmillan 1967).

ROSSI, E., *Storia della Marina dell'Ordine di S. Giovanni di Gerusalemme, di Rodi e di Malta* (Rome 1926).

SAINTY, G. S., *The Orders of St John* (New York 1991).

SCHERMERHORN, E. W., *Malta of the Knights* (Heinemann 1929).

—, *On the Trail of the Eight-Pointed Cross* (New York 1940).

SCICLUNA, H. P., *The Church of St John in Valetta* (Rome 1955).

SIRE, H. J. A., *The Knights of Malta* (Yale University Press 1994).

SPAGNOLETT, A., *Aristocrazie e Ordine di Malta nell'Italia Moderna* (Rome 1988).

TAAFFE, J., *History of the Order of St John of Jerusalem* (London 1852).

WALDSTEIN-WARTENBERG, B., *Die Vasalen Christi* (Vienna 1988).

WIENAND, A. (ed.), *Der Johanniterorden, Der Malteserorden* (Cologne 1988).

圣地亚哥骑士团

LOMAX, D. W., *La Orden de Santiago, 1170–1275* (Madrid 1965).

—, 'The Order of Santiago and the Kings of León', in *Hispania* vol. 18 (1958).

MONTHERLANT, H. DE, *Le Maître de Santiago* (Paris 1947).

圣拉撒路骑士团

CIBRARIO, G. A. L., *Précis historique des Ordres Religieux et militaires de S. Lazare et de S. Maurice avant et après leur reunion*, trans. H. Ferrand (Lyons 1860).

GRASSIERE, P. BERTRAND DE LA, *Histoire des Chevaliers Hospitallers de Saint Lazare* (Paris 1932).

—, *L'Ordre Militaire et Hospitalier de Saint-Lazare de Jerusalem* (Paris 1960).

'The Hospital of Burton Lazars', in *Victoria County History: 'Leicestershire'*, vol. 2 (Oxford University Press 1954).

NICHOLS, J., *History of the County and Antiquities of Leicestershire*, 2 vols. (London 1795).

'The Preceptory of Locko', in *Victoria County History: 'Derbyshire'*, vol. 2 (Constable 1907).

Regi magistrali provvedimenti relativi all'ordine dei santi Maurizio e Lazzoro (Turin 1855).

SHAHAR, S., 'Des lépreux pas comme les autres,' in *Revue Historique*, vol. CCLXVII (1982).

圣托马斯骑士团

FOREY, A., 'The Military Order of St Thomas of Acon', in *English Historical Review* vol. XCIII (1977).

'St Thomas of Acon', in *Victoria County History: 'London'*, vol. 1 (Constable 19O9).

STUBBS, W., *The Mediaeval Kingdoms of Cyprus and Armenia* (Oxford 1878).

WATNEY, J., *Some Account of the Hospital of St Thomas Acon in the Cheap, London, and of the Plate of the Mercers' Company* (London 1892).

宝剑骑士团

BENNINGHOVEN, F., *Der Orden der Schwertbrüder* (Cologne 1965).

BLOMBERG, C. J. VON, *An Account of Livonia with a Relation of the Rise, Progress and Decay of the Marian Teutonick Order* (London 1701).

BUNGE, F. G. VON, 'Der Orden der Schwertbrüder', *Baltische Geschichtstudien* (Leipzig 1875).

HERDER, J. G., *Der Orden Schwertbrüder* (Cologne 1965).

LEVENCLAVIUS, JOHANNES, *DeMoscovitarium bellisadver-susfinitimos gestis*, in *H.R.S.E.*, vol. 1.

SCHURZFLEISCH, H., *Historia Ensiferorum Ordinis Teutonici Livonorum* (Wittemberg 1701).

圣殿骑士团

ADDISON, C. G., *The Knights Templars* (London 1842).

BARBER, M., *The Trial of the Templars* (Cambridge 1978).

—, *The New Knighthood: A History of the Order of the Temple* (Cambridge 1993).

BORDONOVE, G., *Les Templiers* (Paris 1963).

BOUYER, L., *The Cistercian Heritage* (Mowbray 1958).

CAMPBELL, G. A., *The Knights Templars* (Duckworth 1937).

DESSUBRE, M., *Bibliographic de l'Ordre des Templiers* (Paris 1928).

EDWARDS, J., 'The Templars in Scotland in the thirteenth century', in *Scottish Historical Review*, V, no. 17 (October 1907).

FINKE, H., *Papstumm und Untergang des Templerordens* (Munster 1907).

LIZERAND, G., *Jacques de Malay* (Paris 1928).

MARTIN, E. J., *The Trial of the Templars* (Allen & Unwin 1928).

MELVILLE, M., *La Vie des Templiers* (Paris 1951).

OURSEL, R., *Le Procès des Templiers* (Paris 1955).

PARKER, T. W., *The Knights Templars in England* (Tucson 1963).

PIQUET, J., *Les Banquiers du Moyen Âge: Les Templiers* (Paris 1939).

PRUTZ, H., *Entwicklung und Untergang des Tempelherrenordens* (Berlin 1888).

SCHOTTMUELLER, K., *Der Untergang des Templer-Ordens,* 2 vols. (Berlin 1887).

SIMON, E., *The Piebald Standard* (Cassell 1959).

条顿骑士团

ARNOLD, U., and TUMLER, M., *Der Deutsche Orden. Von seinem Ursprung bis zur Gegenwart* (Bad Münstereifel 1992).

BOOCKMANN H., *Der Deutsche Orden* (Munich 1981).

BOSWELL, A. B., 'The Teutonic Order', in *Cambridge Mediaeval His-*

tory, vol. VII (1932).

CARSTEN, F. J., *The Origins of Prussia* (Ozford University Press 1954).

CHRISTIANSEN, E., *The Northern Crusades: the Baltic and the Catholic Frontier 1100–1525* (Macmillan 1980).

DE VEY MESTDAGH, J. H., *De Utrechtse Balije der Duitse Orde ruim 750 jaar geschiedenis v/d Orde in de Nederlanden* (Utrecht- Alden Biesen, 1988).

FABRICIUS, DYONISIUS, Livonicae Historiae Compendiosa series, in *S.R.L.*, vol. II.

HALECKI, O., *Borderlands of Western Civilisation* (New York 1952).

KOCH, H . W., *History of Prussia* (Longmans 1978).

LAVISSE, E., 'Chevaliers Teutoniques', in *Revue des Deux Mondes*, vol. 32 (1879).

MICKIEWICZ, A., *Konrad Walenrod* (California 1925).

SALLES, F. DE, *Ordres Religieux de Chevalerie*, 2 vols. (Paris 1887–9).

SCHUMACHER, E., *Die Burgen in Preussen und Livland* (1962).

SIENKIEWICZ, H., *The Teutonic Knights* (trans. ed., London 1943).

TREITSCHKE, H. VON, *Das deutsche Ordensland Preussen* (Leipzig 1915); trans. E. and C. Paul,*Treitschke's Origins of Prussianism* (Allen & Unwin 1942).

TUMLER, P. M., *Der Deutsche Orden im Werden, Wachsen und Wirken bis um 1400* (Vienna 1955).

VOIGT, J., *Geschichte Preussens*, 9 vols (Koenigsberg 1827–39).

VOIGHT, J., *Geschichte des deutschen Ritterordens in seinen zwölf Balleien in Deutschland*, 2 vols (Berlin 1857–9).

WAL, G. DE, *Recherches sur l'ancienne constitution de l'Ordre Teu-*

tonique (Mergentheim 1807).

WIESER, K. (ed.), *Acht Jahrhunderte Deutscher Orden* (Bad Godesberg 1967).

术语表

adelantado	省区长官
alcalde	城堡长官
atabeg	阿塔贝伊，突厥领主
auberge	语言区驻所
bailiff	执行长官，骑士团高级军官
bailiwick	执行长官的辖区
cadi	摩尔人执法官
caravan	海外领地或地中海上的突袭
cavalgada	骑兵突袭
chapter-general	所有骑士参加的大会
claveiro	司钥或城堡主（葡萄牙和加泰罗尼亚）
clavero	司钥或城堡主（卡斯蒂利亚）
colon	十字军的巴勒斯坦的殖民定居者
confrater	荣誉骑士弟兄，同侪骑士
constable	治安官，首要军官
corso	在海上突袭穆斯林
Deutschritter	条顿骑士
domus conventuales	修道院住所，在此须守规章
donat	骑士团捐赠人，是不宣誓的骑士，通常不是贵族
escudero	乡绅
espada	圣地亚哥骑士团红色剑形十字标志
familiares	友人和雇工
freiles caballeros	骑士修士（卡斯蒂利亚）
freiles clerigos	教阶修士（卡斯蒂利亚）
ghazi	加齐，为信仰而战的穆斯林勇士
gomeres	黑人持刀手

grosskomtur	大指挥
grossmarschall	大元帅，条顿骑士团元帅
gross-schaffer	大牧官，字面意思"大牧人"，实际是条顿骑士团财务官员
halbbruder	荣誉骑士弟兄
hauskomtur	辖区长，辖区指挥官
hermandad	兄弟会
hermangilda	西班牙互助团体
houchmeister	大团长
Hoch-und Deutschmeister	大团长和德意志团长
jinetes	轻骑兵
junker	乡绅，容克
keffiyeh	阿拉伯棉布头巾
komtur	指挥官
komturei	指挥官辖区
lagarto	"蜥蜴"，圣地亚哥骑士团红色十字剑标志的俗名
landkomtur	领区指挥
landmeister	分团长
landpfleger	领区指挥
landsknecht	长枪雇佣兵
landthing	地方庭，殖民者的地方会议（条顿骑士团）
langue	"语言区"（各国骑士协会）
maestrazgo	团长职（卡斯蒂利亚）
maestre	团长（卡斯蒂利亚）
meseta	台地，高原
mestrat	团长职（葡萄牙或加泰罗尼亚）
Mestre	团长（葡萄牙或加泰罗尼亚）
mudéjar	穆德哈尔，受基督徒管理的穆斯林
Office	日课，每天在特定时刻念诵的祷词或唱诵的圣诗
ordensmarschall	条顿骑士团元帅
pfleger	辖区长，辖区指挥官
Poor Knights	圣殿骑士
poulain	出生于叙利亚的"法兰克人"

preceptor	分团官，同指挥官
professed	已宣誓守贫、守贞、服从
rabito	拉比托，里巴特的守军或边境巡逻队
razzia	突袭队
reysa, reysen	突袭（条顿骑士团）
ribat	里巴特，带有防御工事的穆斯林"修道所"
ricos-hombres	贵族（西班牙）
ricos-homems	贵族（葡萄牙）
ritter	骑士
Schwertbrüder	宝剑骑士
sergeant	军士
Spittler	医院骑士
taifa	泰法，伊斯兰小国
treces	（圣地亚哥骑士团）十三人大议事会
turcopolier	土科波利尔，近东土著军队的总指挥
vega	低地平原，开阔平原
vogt	（宝剑骑士团）指挥官
Wiltnisse	立陶宛荒野

出版后记

骑士团是欧洲历史爱好者津津乐道的话题。各个骑士团独特的标志和装束、骑士的勇武精神和强大战斗力吸引了不少人。"骑士团"这个译名其实不太准确。它对应的英文原词有 Order、Knights、Brethrens 等，其本义有微妙的区别（修会、骑士组织、兄弟会）。如本书所言，骑士团其实是一种"军事修会"，是修士组织和骑士组织的结合体。

本书记述了大大小小的骑士团十余个，从 12 世纪于圣地发源，到新千年，前后有九百年历史。起初是各骑士团在圣地战斗，后有条顿骑士团转战开拓普鲁士，圣殿骑士团覆灭后医院骑士团转战地中海，伊比利亚半岛则有圣地亚哥骑士团等投身再征服运动。令人感佩的是，医院骑士在罗得岛和马耳他两次抗击土耳其人，医院骑士团最终演变为马耳他骑士团并顽强生存至今，圣约翰骑士的分支在欧美各地开枝散叶。

英雄时代落幕后，骑士重拾修道使命，条顿骑士和马耳他骑士等投身看护、救助、慈善事业。而这也是长期被历史叙述忽视的骑士团另一个本来面目。

服务热线：133-6631-2326　188-1142-1266

服务信箱：reader@hinabook.com

后浪出版公司

2021 年 4 月

© 民主与建设出版社，2023

图书在版编目（CIP）数据

骑士团九百年 / (英) 德斯蒙德·苏厄德
(Desmond Seward) 著；文俊译. -- 北京：民主与建设
出版社，2021.9（2024.1重印）
书名原文: The Monks of War
ISBN 978-7-5139-3632-3

Ⅰ.①骑… Ⅱ.①德… ②文… Ⅲ.①骑士 (欧洲中世
纪)—历史 Ⅳ.①D59

中国版本图书馆CIP数据核字(2021)第133759号

The Monks of War: The Military Religious Orders
by Desmond Seward
Copyright © Desmond Seward, 1972, 1995, 2000
The moral right of the author has been asserted.
This edition arranged with Andrew Lownie Literary Agent
Through Big Apple Agency, Inc., Labuan, Malaysia.
Simplified Chinese edition copyright © 2021 Ginkgo (Shanghai) Book Co., Ltd.
All rights reserved.

本书中文简体版权归属银杏树下（上海）图书有限责任公司。

版权登记号：01-2023-1634
地图审图号：GS（2021）2749号

骑士团九百年
QISHITUAN JIUBAINIAN

著　　者	［英］德斯蒙德·苏厄德	
译　　者	文　俊	
出版统筹	吴兴元	
责任编辑	王　颂	
特约编辑	曹　磊	
营销推广	ONEBOOK	
封面设计	尬　木	
出版发行	民主与建设出版社有限责任公司	
电　　话	（010）59417747　59419778	
社　　址	北京市海淀区西三环中路 10 号望海楼 E 座 7 层	
邮　　编	100142	
印　　刷	河北中科印刷科技发展有限公司	
版　　次	2021 年 9 月第 1 版	
印　　次	2024 年 1 月第 4 次印刷	
开　　本	889 毫米 ×1194 毫米　1/32	
印　　张	13.5	
字　　数	302 千字	
书　　号	ISBN 978-7-5139-3632-3	
定　　价	88.00 元	

注：如有印、装质量问题，请与出版社联系。